너를 스캔

너를 스캔

1판 1쇄 인쇄 2020년 12월 14일
1판 1쇄 발행 2020년 12월 24일

지은이 황상준
펴낸이 정용철
편집인 김보현
펴낸곳 도서출판 북산

등록 2010년 2월 24일 제2013-000122호
주소 서울시 강남구 역삼로 67길 20, 201호
전화 02-2267-7695
팩스 02-558-7695
홈페이지 www.glmachum.co.kr
이메일 glmachum@hanmail.net

ISBN 979-11-85769-35-6 03150

너를 스캔

상대방 속마음까지 알아내는 비법

황상준 지음

운의 시기와 인생 사이클을 알아야 성공한다

북산

:

자신이 원하는 삶,
주도적인 삶을 찾는 법

우리는 모두 성공을 꿈꾼다. 하지만 사회생활은 야생의 정글처럼 맹수들이 즐비하다. 내가 어떻게 대처하느냐에 따라 성공과 실패의 변곡점이 달라진다. 세상의 변화가 심하여 미처 대응하지 못하므로 목표를 이루기가 쉽지 않은 것이 현실이다.

계획대로 안 되어도 뜻대로 되지 않는다고 의기소침하지 마라. 우리 내면의 잠재의식은 무궁무진하므로 그것을 어떻게 깨워주어 실행하느냐가 성공의 관건이다. 훌륭한 도자기로 탄생하려면 뜨거운 불을 견뎌내야 하듯이 성공에 접근하기 위해서는 열정을 품고 자신에게 투자해야 한다.

열정이 식으면 인생의 무게가 그만큼 무거워지는 것이 기정사실이다.

사람들은 모두 꿈을 지니고 산다. 이루고자 하는 꿈의 내용은 모두 다르지만, 자신의 꿈을 이루기 위해 노력한다. 꿈이 무엇이든 꿈을 향해 가는 길은 행복하다. 세상을 살아가는 데 정신적으로 충만함이 우선이지만 현대 사회에서는 부자가 꿈인 사람들이 많다. 돈이 많아야 더욱 행복해진다고 믿기도 한다.

실제로 우리 현실은 돈이 모든 것을 좌지우지하는 시대에 살고 있다고 해도 과언이 아니다. 누구나 성공을 꿈꾸지만 인생은 의도대로 이루어지는 것보다 항상 엇박자를 내고 다른 길로 가려고 한다.

성공을 빨리 이루고 싶은가?

성공하려면 사람들의 마음을 얻어야 한다. 마음을 얻으려면 상대방 속마음을 꿰뚫고 대처하는 방법을 알아야 한다. 지피지기이면 백전백승이라 하지 않는가. 독자들이 이 책을 잘 활용하여 성공하는 사람들이 많았으면 하는 바람이다.

한편 혈액형을 흥미로 보는 사람들이 많은데 이 책에서는 조금 더 심도 있고 정확도를 높게 해주었다. 일주가 같으면 성향이 같으므로 혈액형 4가지를 모두 봐도 상관이 없으며, 그중에서도 상대에게 해당하는 혈액형의 특징이 가장 강한 것을 선별하여 기술해 주었다.

끝으로 이 글을 쓰면서 내가 발가벗겨진 느낌이라 부끄러운 것 또한 사실이다. 자식에게도 말하지 못한 속 깊은 이야기를 이 책에서 저술하였다. 그러나 후회는 하지 않으며 자식들도 이해해 줄 것이라 믿는다.

마지막으로 영원한 인생의 스승이신 법운 큰 스님과 도원 거사님께서 자비심을 베풀어 주시고 큰 가르침을 주신 은혜를 조금이라도 보답하는 날이 오기를 고대해 본다. 많이 부족한 글을 넓은 아량으로 받아주시고 좋은 책으로 출간해 준 북산 출판사 정용철 대표님과 김보현 편집장님께 감사를 드리는 바이다.

　앞으로 독자 제현들의 무궁한 발전과 성공을 달성하는 데 조금이라도 보탬이 되기를 기원한다.

모악산에서 **황 상 준**

숙명은 태어남과 동시에 부모와 형제가 정해지는 등
주어진 환경에서 살아가야 하므로 나의 의지로 바꿀 수 없다.
그러나 운명은 각자 주어진 그릇이 있으나 자신의 노력 여하에 따라
삶이 얼마든지 바뀔 수 있기에 삶에 최선을 다해야 한다.

차례

제2부　상대를 파악하는 지피지기 기술

제1부

위기를 기회로
바꾸는
성공의 기술

1. 인연의 소중함

사람이 우선이다

인간은 고독한 존재이다. 고로 인간은 혼자서는 절대 살아갈 수 없는 동물이다. 누구나 인생을 살다 보면 각자 영역에서 자의든 타의든 수많은 사람들과 인연을 맺게 된다. 가족이나 친구는 하늘에서 내려준 귀중한 선물이다. 사람의 인연은 하늘이 맺어주고 그 몫은 인간이 만든다는 이야기가 있다. 그만큼 인간관계에 신중을 기해야 한다.

사람의 복중에 으뜸으로 여기는 것이 인복이라고 한다. 사람과 사람과의 관계가 중요하다는 것을 의미하며 인연의 중요성을 강조한다. 불교에서는 옷깃만 스쳐도 500겁 인연이고 부부의 인연이 되려면 7,000겁의 인연이 있어야 한다고 했다. 1겁이란 4억 3,200만 년으로 천 년에 한 번 지상에 내려온 선녀가 치맛자락을 스쳐 큰 바위가 닳아서 없어질 때까지 걸리는 시간이라고 한다. 감히 헤아릴 수조차 없는 시간이다. 그만큼 인

14

연이 소중하다는 것을 일깨워 준다.

0이 만 개가 있어도 앞에 1이라는 숫자가 없으면 아무 쓸모가 없듯이 사람과의 인연이 너무 중요하다. 한 곳에 0을 하나 더해 주고 다른 곳에 하나 빼는 것은 100배 차이가 난다. 조그만 차이가 실로 엄청난 결과를 초래하는 것이다. 인간관계도 마찬가지로 조금만 신경을 써주고 배려해 주면 어떠한 결과로 나타날지 아무도 모른다.

사회생활에서 인간관계가 중요한 것은 어떠한 사람을 만나느냐에 따라 자신의 인생이 달라질 수 있기 때문이다. 사람을 만나다 보면 인생의 벗이 되고 멘토가 되는 사람이 있는 반면에 얽혀서는 안 될 인연을 만나는 경우도 생긴다. 그렇기에 진정한 사람과 의미 없는 인연을 구분하는 안목을 길러야 한다.

서로 이해 관계없는 순수한 만남이 되어야 인연이 끈끈해지고 영원한 벗이 된다. 진실한 만남은 오랜 기간 알고 지낸 시간적 기준이 아니고, 서로의 마음이 얼마나 통하고 돈독한 사이냐 하는 것이다. 좋은 인간관계를 오래 지속하려면 내가 조금 손해 보고 산다는 희생정신이 있어야 틀이 깨지지 않는다.

사람의 인연은 원만할 때는 한없이 좋다가도 싫은 소리를 하거나 다툼이 생기면 서운함이 넘쳐흐른다. 방치하면 마음이 완전히 돌아서고 돌처럼 굳어 관계 회복이 쉽지 않다. 그렇게 되기 전에 화해하는 타이밍이 절대 필요하다.

서로 만난 지 얼마 되지 않아도 마음이 유달리 잘 맞는 사람이 있다.

사회에서 만난 지 30년 정도 된 1급 장애인이 있는데, 내가 참으로 존경하는 분이다. 그분은 하반신 마비에 등이 많이 굽었다. 그분과 함께 외국여행도 하고 수시로 만나 살아가는 이야기도 나누면서 가르침을 많이 받는다.

인생은 순리대로 살아야 한다고 말하는 그분은 죄는 지은 대로 가고 공은 닦은 대로 간다고 누차 강조한다. 맞는 말이다. 세상엔 육체적으로 장애가 없지만, 정신적으로는 장애가 있는 사람들이 많다. 순리를 거스르고 나쁜 짓을 하면서 돈을 벌면 반드시 그 대가를 치르게 될 것이다. 그분과 이야기를 나누다 보면, 정직하게 열심히 일하는 것이 얼마나 인간적인지를 느끼게 된다. 자신의 일을 열심히 하는 것, 미래를 향해 어느 상황이든 긍지를 갖고 산다는 것은 분명 성공적인 인생이다.

인연은 인맥이자 자산

인간관계에서 큰 나무 덕은 못 보아도 큰 사람 덕은 본다는 어른들 말씀이 있다. 꼭 덕을 보려고 하는 것은 아니지만 잘 사귀어 놓으면 나에게 이로움을 줄 때가 반드시 온다는 말이다. 사회생활을 할 때 인간관계를 잘 유지하는 것은 성공의 밑거름이자 가장 큰 원동력이 된다. 좋은 사람이 곁에 있다는 것은 계산할 수 없는 무궁무진한 자산이다.

사람을 만날 때 상대의 겉모습만 보고 판단하지 마라. 사람을 볼 때 중요한 것은 그 사람이 어떠한 마음 자세를 지니고 있는지 인성과 태도를 봐야 한다. 만남에 목적이 있으면 관계가 오래가지 못하고 깊은 사이로 발전하지도 않는다. 재능이 뛰어나고 실력이 우수해도 인간의 기본이 되어 있지 않으면 곧 한계를 드러내 주위 사람들과 마찰을 일으킨다.

사회생활을 하다 보면 아쉬울 때는 간이라도 빼줄 것처럼 하다가도 어려움이 없어지면 언제 그랬냐는 듯이 안면을 싹 바꾸는 사람들도 존재한다. 진정성이 없는 사람은 자칫 악연으로 이어질 수 있으므로 깊게 사귀지 말아야 한다. 믿었던 사람에게 배신을 당하면 잊히지 않고 상처가 평생 간다.

나 또한 형제처럼 친밀하게 지내던 동생에게 생각지도 못한 배신을 당했다. 스트레스 때문에 머리를 움직이지 못할 정도가 되어 노스님에게 대침을 맞았다. 머리에서 흘러내린 피가 옷을 적시고, 온몸이 뒤틀릴 정도로 고통은 이루 말할 수 없었다. 그러나 육체적인 아픔보다, 돈을 잃은 것보다, 사람에게 배신당했다는 상처가 오래도록 후유증으로 남았다.

사업을 하고자 하는 사람들은 때에 따라 사람보다 돈을 좇는 경우가 있는데, 자칫하면 사람 잃고 돈도 놓치는 우를 범할 수 있다는 사실을 명심해야 한다. 인간관계가 신뢰로 맺어져야 성공도 따라온다.

조선 후기의 거상 임상옥은 "장사란 이익을 남기는 것이 아니라 사람을 남기는 것"이라고 했다. "장사에서 이익을 남기는 것도 중요하지만 이익이 사람보다 앞서게 되면 본의 아니게 거짓말도 늘어놓게 된다. 조금씩 쌓인 거짓말은 걷잡을 수 없이 커져 콩으로 메주를 쑨다고 해도 믿지 못하는 경우가 생긴다. 신뢰로 하는 장사는 눈앞의 이익은 줄어들지 모르지만, 장기적으로는 분명 이익이다."라는 명언을 남겼다.

장사의 이익도 사람의 신뢰를 얻어야 가능하다는 이야기다. 인간관계는 그 무엇보다 신뢰가 최우선이다.

'베푸는 만큼 되돌아온다'는 말이 있다. 주변을 돌아보면 자신의 삶이 힘든데도 나눔을 실천하는 사람들이 많다. 자신이 가진 것을 베풀고 나누는 사람에게는 나눈 만큼 반드시 되돌아온다. 그러나 내가 가진 99가 부족해 없는 자의 것을 빼앗아 100으로 만들려는 사람들은 사람 잃고 돈도 잃게 된다. 이타심을 갖고 주위를 살피며 신뢰를 주어야 한다.

상대가 마음에 들지 않는다고 냉정하게 자르지 말고 먼저 맞추어주며 존중해주어라. 의사를 전달하여 서로 마음이 통할 때 친구도 되고 직장에서도 소통이 잘 된다. 인간관계의 순수한 만남은 무엇보다 중요하다. 술친구는 아무리 많아도 쓸모가 없다. 어려울 때 아픔을 같이 나누는 진정한 친구가 한 명만 있어도 세상은 행복하다.

살아가면서 중요한 결정을 내려야 할 때 도움을 요청할 수 있다는 것은 커다란 행운이다. 내가 만나는 사람 주변에는 숱한 인맥이 있을 것이며, 그 사람들이 나와 어떻게 엮어질지 세상일은 아무도 모른다. 좋은 인연이 인맥을 키워나가고, 인격이 명성을 낳는 순환이 지속되어야 한다. 지금이라도 늦지 않았으니 소중한 인연의 탑을 쌓아 올리자!

내 곁에 있는 소중한 사람

절에서 생활하고 있을 때의 이야기다.

어느 여름날, 신도가 수박을 사 왔다. 주지 스님은 무더운 날씨에도 매

듭으로 묶인 수박 끈을 일일이 풀고 계셨다. 가위로 자르면 될 것을 왜 힘들게 푸시냐고 여쭤보았다. 스님께서는 모든 것을 끊으면 안 된다며, 사람과의 인연도 서운함이 앞선다고 끊으면 안 된다고 하셨다. 하찮은 수박 끈의 교훈이지만 잔잔한 감동을 받았다.

사람과의 관계를 말할 때, 내 옆에 있을 때 잘하라는 말이 있다. 사람들은 평소에 내 곁에 있는 사람이 소중한 줄 모르고 지내다가 곁에서 사라지면 그제서야 절실함을 느낀다. 중요한 것을 잃어보지 않은 사람은 그 소중함을 가늠하기 어려운 법이다.

일상에서 스트레스를 받으면 자신과 가까운 사람에게 화를 내는 경우가 많다. 나와 가까울수록 소홀히 하고 아무렇지 않게 대하는 경우가 허다하다. 세상에서 제일 소중한 사람에게 화풀이하여 마음을 아프게 하는 바보 같은 짓을 반복하고 있는 것이다.

인간관계는 신뢰가 중요하다. 믿음이 있는 상태에서 서로 배려와 존중을 해주면 인간관계가 더할 나위 없이 돈독해진다. 상대를 높여주고 칭찬을 많이 해주는 것이 자신의 빛을 발하고 품격이 올라가는 데 도움이 된다. 주변 사람 모두 나를 좋게 볼 수는 없겠지만, 많은 사람에게 좋지 않은 소리를 듣고 있다면 자신을 돌아보고 반성해봐야 한다.

잔잔한 호수에 돌을 던지면 파문이 일듯이 말 한마디가 격려와 용기도 주지만 때로는 비수가 되기도 하니 항상 조심해야 한다. 상대를 눈물 나게 하면 나도 피눈물을 흘릴 때가 있다는 사실을 명심하여 다른 사람에게 가슴 아픈 일을 해서는 안 된다.

우리는 대체로 다른 사람의 평가에는 냉철한 잣대를 들이대고 자신에게는 관대한 경우가 많다. 상대를 지적하기는 쉬워도 칭찬이나 배려하는 것은 결코 쉬운 일이 아니다. 그러나 인간관계를 잘하려면 상대를 배려하고 자기 자신에게는 냉철해져야 한다.

사람을 만나면 가급적 기분 좋은 말로 대해야 하는 줄 알면서도 마음과는 다르게 그렇게 하지 못하는 경우가 많다. 어릴 때 칭찬을 많이 듣고 자란 사람이 성장해서도 긍정적인 성향이 된다고 한다. 타인을 배려하고 칭찬하는 습관은 인간관계에서도 일에서도 성공으로 가는 지름길임을 명심해야 한다.

인연은 만남이 있으면 언젠가는 반드시 헤어짐이 있기 마련인 것이 만고의 법칙이다.

대학 입학 전에 만난 형이 있다. 그 형은 내가 전방에서 군대 생활할 때 그 먼 곳을 두 번이나 면회를 왔을 정도로 나와 친했다. 사회생활 하면서도 서로 어려울 때는 지갑에서 돈을 빼줄 정도로 흉허물 없이 가깝게 지냈다.

지방에서 생활할 때였는데, 몇 년 만에 형에게서 만나자는 연락을 받고 형이 머무르고 있는 형의 처갓집으로 갔다. 형은 바짝 말라 거죽만 남은 상태로 목에 붕대를 붙이고 누워있었다. 난생처음 들어보는 침샘암이라고 하였다. 내가 해줄 수 있는 것이 없어서 너무나 가슴이 아팠다. 그것이 형과의 마지막 만남이었다. 세월이 흘렀지만 다정했던 형에 대한 기억과 함께 조금 더 자주 만나고, 조금 더 잘해줄걸 하는 후회가 밀려오곤 한다.

내 곁에 좋은 사람이 있을 때 잘 대해주어야 후회가 없다. 내 곁에 머무는 사람이 가장 소중한 사람이라는 것을 명심하고, 지금이라도 내 곁에 있는 사람에게 잘해주자.

책 속 인물과의 대화

좋은 책을 만난다는 것은 인생의 스승을 만나는 것과 같다. 사람과 달리 책은 시간과 장소의 구애 없이 언제 어느 때나 만남이 가능하다. 책 속의 훌륭한 인물을 만나 대화하다 보면 미래가 달라진다.

사람의 지혜는 수많은 경험을 통해서 만들어지고 완성된다고 할 수 있다. 하지만 사회생활에서 인생의 모든 것을 경험할 수는 없다. 그러므로 평소에 책을 많이 읽어야 한다. 책 속에는 내가 체험하지 못한 지혜가 있으니 그것을 나의 것으로 만들 수 있다. 책 속에 길이 있고 삶의 경험들이 녹아 있다. 미래를 설계하려면 현재 자양분이 저장되어야 하는데, 그것은 독서로 가능하다. 책은 인생의 좋은 길잡이가 되어 준다.

책과의 인연은 그 어떤 인연보다 중요하다. 독서를 통해 변화되지 않는다면 그것은 책을 읽은 것이 아니라는 말이 있다. 책을 읽지 않는 사람과 탐구심이 부족한 사람은 발전성이 없고 그 자리에서 정체하게 된다. 책 속의 지혜가 내 것이 되도록 마음의 양식으로 채워야 한다.

책을 읽고 가슴에 남는 한 문장이라도 메모하고 삶에 적용하려고 노력하면 정말 변화가 되는 것을 경험할 수 있다. 책의 문장뿐 아니라 일상 속에서도 메모하는 습관은 삶의 변화를 가져온다. 메모는 흘러가는 생각들을 정리할 수 있게 한다. 추억뿐 아니라 정갈하게 메모로 정리된 것들을 보면 두뇌도 활성화된다. 메모에 적힌 것을 실천하면 스스로 자기 관리가 되니 메모는 비즈니스 사회에서 살아남는 길이기도 하다.

책을 읽는다는 것은 삶의 지혜뿐 아니라 자신감을 끌어올리는 데 도움이 된다. 스스로에 대한 믿음 없이 살아가는 사람들도 자신감에 대한 문장이나 명언을 자신에게 세뇌하면 자신감이 생긴다. 자신감의 부족은 삶을 살아가는 데 있어 많은 걸림돌이 되기 때문에 반드시 자신감을 되찾아야 한다. 자신감은 자존감이 높아져 삶의 목표를 이루게 하는 원동력이 된다.

여러분이 이 책을 선택한 것도 저자의 마음을 엿보는 인연으로 연결된다고 볼 수 있다. 읽고 난 후 내 것으로 만들어 응용해서 활용한다면 금상첨화가 될 것이다.

책을 읽고 틈틈이 메모하며 글을 쓰다 보면 다양한 소재가 생긴다. 그 소재로 책을 써보는 것도 좋다. 인생을 살면서 자신이 생각하는 주제로 한 권의 책을 남기는 것도 소중한 의미가 되지 않겠는가.

2. 미쳐야 성공한다

꿈을 꾸어라, 그리고 확신하라

　자신이 하는 일에 미쳐야 성공할 수 있는 시대이다. 열정을 품고 자신이 하고자 하는 일에 미치지 않고서는 성공하기 어렵다. 성공은 능력보다 자신에 대한 믿음과 열정에 의해서 결정된다. 성공할 수 있다는 신념으로 자기 자신을 믿으며 행동할 때 비로소 길이 열린다. 성공을 꿈꾸는 사람은 성공할 자격이 주어지며, 꿈꾸지 않는 사람보다 훨씬 앞서가게 된다.

　과거에는 남들보다 조금만 더 노력하면 성공할 수 있는 시절도 있었다. 하지만 현대는 스펙을 쌓은 사람들이 너무 많다 보니, 경쟁이 너무 치열하다. 경쟁자를 물리치고 우뚝 서는 성공의 비결은 자신에 대한 믿음이다. 자신에 대한 믿음과 확신은 성공의 마중물이다.

　좋아하는 일을 찾아 열정을 쏟아부으면 그 일에 미칠 수 있다. 일에 미친다는 것은 즐거운 마음으로 삶의 희망을 껴안는 것이며 성공의 열쇠를 움켜잡는 것이다.

　자신의 분야에서 성공하여 정상에 서고 싶으면 그 무게를 감당할 각오와 노력으로 시작해야 한다. 성공은 시련과 위기 극복의 결과물이다. 정상에 선 사람들은 자신이 하는 일에 모든 것을 바친 사람들이라 해도 과언이 아니다. 꿈, 희망, 열정으로 일했음에도 그들 역시 실패의 길을 걸었다. 그러나 일반인과 다른 것은 성공한 사람들은 실패했을 때 주저앉지 않고, 실패의 위기를 기회로 삼아 더욱 열정적으로 해결했다. 즉 실패를 극복하고 이겨냈기에 성공의 열쇠를 거머쥘 수 있었던 것이다.

　우리는 성공할 수 있는 잠재 능력과 위대한 일을 창조할 수 있는 유전자를 갖고 있다. 훌륭한 유전자를 제대로 살리기 위해서는 자신이 좋아하는 일을 찾아야 한다. 하고자 하는 일을 찾았다면 열정을 갖고 제대로 덤벼들어 미쳐라. 험난한 협곡이 가로막아도 실망하지 않는 긍정의 힘으로 힘껏 밀어붙여라. 그러면 당신이 원하는 것이 정상에서 기다리고 있을 것이다. 정상으로 올라설 때까지 제대로 미쳐보자!

　성공하고 싶은가? 그러면 웅대한 꿈을 꾸어라. 그리고 반드시 성공할 것이라고 확신하라. 꿈은 반드시 이루어진다. 그러나 해보고 싶은 것이 많다고 이것저것 꿈만 꾸다 보면 그중 하나도 제대로 실천하기 어렵다. 꿈은 명확하고 구체적이어야 한다.

　뜻을 세우고 성공하기 위해서는 간절함이 절실하다. 자신에게 가장 중요하고 소중한 것을 담은 것이 꿈이니 간절히 원해야 한다. 하지만 아무리 꿈이 원대하고 목표가 구체적이라 해도 생각에서만 멈춘다면 아무 일도 일어나지 않는다.

꿈에 대한 의심과 도전에 대한 두려움 때문에 실천하지 않는다면, 성공의 길은 점점 멀어질 뿐 아니라 자신감이 하락할 수밖에 없다. 행동해야 변화하고 변화의 과정에서 성공의 길로 다가설 수 있다. 그러니 꿈을 이루기 위해 계획대로 행동하는 것이 무엇보다 중요하다. 용기와 믿음을 갖고 실천한다면 남들보다 먼저 성공할 수 있다.

큰 웅지를 품은 사람은 작은 것에 연연하지 않는다. 어려운 상황이 되면 사람은 자신의 경험에서 삶의 방법과 해법을 찾으려고 한다. 실패의 원인을 찾아보고 무엇이 잘못되었는지 짚어보면서 노력한다면 성공 확률이 훨씬 높다. 실패해도 좌절하지 않는 인내력과 추진력은 성공의 지름길이다.

이루고 싶은 꿈은 소중하게 가꾸고 키워나가야 한다. 자기 자신을 믿고 성공을 간절하게 원하라. 간절함은 지친 나를 다시 일으켜 세우고 앞으로 나아가게 한다. 당당하고 멋지게 성공한 자신의 미래를 꿈꾸면서 실천하는 삶은 아름답다.

인간은 위대한 일도 창조할 수 있는 무궁무진한 잠재력을 지닌 존재이다. 잠재력을 믿고 좋아하는 일을 실천하면 즐거움이 동반된다. 사명감을 갖고 즐겁게 일하다 보면 가족과 사회에 이로움을 주는 것은 물론 일에 점점 미치게 된다. 일에 미치게 되면 아름다운 성공의 꽃밭에 반드시 안착하게 된다. 성공한다는 긍정적인 믿음으로 한계에 도전하면 이루지 못할 일이 없다. 어려운 환경에서 새로운 것을 창조하여 개척해 나가는 것은 얼마나 멋진 일인가!

　홍선대원군 이하응의 집권 전 일대기는 경외심을 갖게 한다. 안동 김
씨 세도가들에게 멸시를 당하면서 왕족으로서의 권위도 내팽개친 채 살
아남기 위한 몸부림은 실로 처절하다. 왕인 철종에게까지 '강화도령'이라
는 별명을 붙이고 있던 안동 김씨 세력은 그에게도 '궁도령'이란 별명을
붙였다가 나중에는 '상갓집 개'라고 불렀다. 파락호로 행세하며 상갓집
개라는 치욕적인 상황에서도 그는 이를 악물고 훗날을 도모했다.
　야욕을 숨기며 긴 시간 동안 수모를 견뎌낸 홍선대원군. 미치광이 노
릇을 하면서 야망을 위한 기반을 마련하는 과정은 보통 사람으로서는 감
히 흉내 내기도 어렵다. 미쳐야 성공한다는 단면의 최고치를 보여주었다
해도 과언이 아니다. 자신이 하는 일에 미쳐라. 그래야 성공한다.

목표는 구체적으로

　성공의 시작은 명확한 목표로부터 시작된다. 열망하는 것을 얻기 위해
서는 목표를 명확하게 결정하는 것이 중요하다. 목표를 정하려면 인생에
서 무엇으로, 어떻게 성공하고자 하는지를 정확히 알아야 한다. 목표는
명확하고 구체적으로 쓰는 것이 좋다.
　목표가 명확하고 구체적으로 결정되었다면 목표를 성취하기 위해 무
엇을 해야 하는지 반드시 종이에 옮겨 써서 목록으로 만들어야 한다. 당
신이 적어 놓은 미래의 삶에 대한 가치들은 성공으로 나아가는 중요한

동기부여가 될 것이다. 직접 쓴 목표를 보며 계획하고 실천하는 것이 머릿속의 생각보다 훨씬 짧은 기간에 최고의 성과를 달성하게 한다. 목표를 여러 사람에게 알리는 것은 각오를 더욱 확실히 하는 계기가 되며 주변에서 도움을 받을 수도 있다.

목표를 향해 걸음을 시작했으면 반드시 끝이 있다고 자기 암시를 걸어라. 그래야 중간에 포기하고 싶은 마음이 생기지 않는다. 목표로 향해 가다 지칠 때 반드시 성공한다는 암시를 하면 기운이 돌아 다시 시작하게 된다. 성공에 대한 암시는 실패를 겁나지 않게 하며 포기를 용기로 바꾸는 힘이 있다.

목표를 향해 도전하다 실패해도 두려워하지 않고 계속 두드리면 빛을 보게 될 날이 반드시 올 것이다. 자신의 목표가 확실하다면 지금 미천한 일을 한다고 해도 전혀 부끄럽지 않다. 승부수를 띄어야 할 때 과감하게 도전해야 더 높은 곳을 오르게 된다. 목표에 다가갈수록 당신은 즐거울 것이다. 즐거움은 곧 사명감으로 바뀌고, 사명감은 당신이 하는 일에 더욱 신명 난 힘을 보태 줄 것이다.

바둑은 조화를 이루는 게임이며 인생의 축소판이라 비유하기도 한다. 『목숨을 걸고 둔다』라는 책을 집필한 바둑 기사 조치훈 명인의 '휠체어 대국'에 관한 유명한 일화를 소개한다.

그는 1986년에 기성전 결승을 열흘 앞두고 교통사고로 전치 6개월의 중상을 당했다. 교통사고로 1국은 불참하여 실격패를 당한 그는 혼수상태에서 깨어나자 죽는 한이 있어도 바둑을 두겠다며, 의사의 만류에도 불구하고 깁스를 한 채 2국부터 참가한다. 4대 2로 져서 승리하지는 못했지만, 그의 정신력에 많은 사람이 감동의 박수를 보냈다.

그렇듯 한 가지 일에 미쳐야 정상에 설 수 있다는 것을 배워서 실천해야 한다. 자신이 하고 싶은 일에 집중하고 반복하다 보면 뜻도 이루고 대가도 따라온다. 저돌적으로 미친 듯이 노력하는 사람은 성공하지만, 적당한 수준은 뒤처질 수밖에 없다.

성공으로 가는 길에 쓴맛을 보는 사람은 일시적인 실패자일 뿐 영원한 패배자는 결코 아니다.

진정한 성공이란 조치훈 명인처럼 어렵고 고통스러운 상황이라도 결코 자신에 대한 믿음, 자신의 일에 대한 신념을 내려놓지 않는 것이다. 자신이 하고자 하는 일에 모든 뜻을 모으고, 좋지 않은 상황에도 용기를 갖고 일어서는 것이 진정한 성공의 길이다.

계획하고 추진하라

소프트뱅크의 손정의 회장은 '뜻을 세우는 일이 중요하다'고 했다. 그러나 더 중요한 것은 계획한 것을 실천하는 추진력이다. 경쟁자는 나와 경쟁하는 상대가 아니라 자신과의 약속을 실천으로 옮겨서 이겨내는 사람이다.

성공은 목표를 이루기 위해 계획을 세우고 차근차근 만들어나가는 것이다. 치밀한 계획과 열정, 승부욕이 있어야 남들보다 앞서 나갈 수 있다. 성공한 사람들은 생각에 머무르지 않고 지속적으로 실천한다. 실천하지 않으면 성공 또한 당신 곁에서 점점 멀어진다.

결정을 내리기 전에는 신중해야 하지만 일단 결단을 내리면 무서운 추진력으로 돌파해야 한다. 인생은 바람대로 이루어지기보다 엇박자를 내고 나의 뜻과 다르게 다른 길로 가려고 기를 쓴다. 이것을 이겨내고 스스로 주인이 되어 추진하는 사람만이 인생의 달콤함을 맛보게 될 것이다.

계획한 것을 멈추지 않고 계속 실행한다는 것은 결코 쉽지 않다. 추진력이 점점 떨어짐을 느낄 때는 명상으로 잠시 마음을 가다듬고 지나온 길을 되돌아보는 혜안도 갖추어야 한다. 그래야 어디서 무엇이 어긋나기 시작했는지가 보인다. 다시 시작하는 마음으로 일어서면 위기를 이겨내고 기회를 극대화해 자신이 구상한 결실을 만들어 낼 수 있다.

계획했으면 추진해야 하고, 추진했다면 즐거운 마음으로 열정을 다해야 한다. 그러면 성공이 당신을 향해 걸어오는 것을 느낄 수 있을 것이다.

중국 춘추시대의 백규라는 사람은 상업에 천부적인 재능을 타고났다. 전쟁터에서의 실수는 생명을 보장할 수 없다는 것을 일찌감치 간파한 그는 장사도 전쟁하듯이 하라고 2,000년 전에 설파하였다. 사업에 실패하면 재기하기까지 엄청난 시간과 열정이 필요하다는 것을 알았던 것이다.

'장사의 신'이라 불린 그는 박리다매의 상술을 응용하여 거상이 되었으며, 한참 뒤인 송나라 때에는 상성(商聖)으로 봉해질 정도였다. 그는 시장변화를 주시하여 상황에 적합하고 빠르게 대처하였다. 때로는 역발상의 중요함이 시장 법칙의 기본이라며 유연한 대처를 강조했다.

그는 일찌감치 '장기적 안목'으로 먼 미래를 내다보고 성공을 위해 계획하고 추진했다. 물론 과정에서 실패도 있었겠지만, 실패를 발판삼아 부가가치를 창출할 줄 알았던 것이다. 자신의 능력을 최대한 발휘하여 시장의 가능성을 알아보고, 철저한 계획하에 실천했던 백규의 사업 철학 은 시간을 초월하여 배울 점이다.

하버드 대학의 에드워드 밴필드 박사는 50년 이상 연구를 진행한 끝에 '몇 년 후의 미래까지 생각해 현재의 결정을 내리는 장기적 안목'이 삶의 경제적, 개인적 성공을 좌우하는 가장 중요한 요인이라고 했다.

성공하고 싶고 돈을 벌고 싶으면 돈을 좇아가는 것이 아니라 돈이 나 를 따라오게 해야 한다. 장기적 안목을 발휘하여 자신이 하는 일에 열정 적으로 집중하다 보면 부와 명예는 결코 배신하지 않을 것이다.

3. 기회는 반드시 온다

준비하는 자에게 기회가 있다

　인생을 살아가다 보면 누구에게나 일생에 세 번의 기회가 있다고 한다. 하지만 백세시대를 사는 요즘에 일생에 기회가 단 세 번뿐이라면 너무 야박하다. 옛날에는 인간의 수명을 고려했을 때 청 · 장년기에 들어오는 대운의 시기를 특별히 세 번의 기회라고 명명했을 수도 있다. 인간이 가장 왕성하게 활동하는 시기에 돌아오는 대운을 세 번의 기회라고 예상한 것이다.

　그러나 현대에서는 세 번의 기회만 있다는 말은 시의적절하지 못하다. 다양한 환경의 변화에서 오는 불확실성과 위기 속에 기회는 존재하기 때문이다.

　미국의 석유왕 존 록펠러는 "사업에 성공하고 경제적인 부를 누리고 싶다면 노력만으로는 부족하다. 지혜를 끌어모아 적극적으로 기회를 만들 줄 알아야 성공할 수 있다. 행운을 잡고 싶다면 자신의 선택에 확신을 갖고 끝까지 밀고 나갈 수 있어야 한다"고 말했다.

성공한 사람들은 야망을 키우면서 기회가 오면 놓치지 않는 특징이 있다. 기회가 왔을 때 잡는 것이 성공의 지름길이라고도 한다. 기회는 누구에게나 공평하게 찾아온다고 하지만 아니다. 준비된 자만이 그 기회를 잡을 수 있다. 오랜 시간을 준비하고 노력하는 자와 그렇지 않은 자의 기회가 똑같다는 것은 이치에 맞지 않는 논리다.

기회는 도전정신을 살려 스스로 만들어나가는 것이다. 기회가 왔을 때 잡느냐 잡지 못하느냐는 각자 개인의 능력과 안목에 따라 달라진다. 안목이란 자신의 분야에 투자한 시간과 노력만큼 키워진다.

기회를 잡기 위해서는 자신의 장점과 아이디어를 활용해야 한다. 그러면 훨씬 수월하게 기회를 잡을 수 있다. 자신의 장점을 살려 시간과 노력을 투자했을 때 전문가가 된다. 전문가는 기회가 왔을 때 그것이 기회라는 것을 즉각 알 수 있다.

기회를 보는 안목이 생겼다면 기회를 단 세 번뿐이 아니라 수십 번 발견 할 수도 있다. 사람은 진정 이루고 싶은 일, 가치 있는 일을 할 때 흥이 나게 마련이다. 자신의 일에서 즐거움을 느낀다면 일을 열심히 하게 되고, 그 분야의 전문가가 될 수 있다. 주어진 일을 즐겁게 하고 있고, 전문가가 되기를 희망한다면 기회를 보는 안목을 키워야 한다. 그러면 기회가 왔을 때 재빨리 기회를 잡을 수 있다.

위기 또한 기회다. 그러니 위기가 왔을 때 자신의 장점을 살려서 하고 싶은 일을 추진해야 한다. 그러면 성취감을 느끼게 되고 성취감은 곧 당신을 성공으로 안내할 것이다.

흔히 무엇을 하던 운이 따라야 한다고 하는데, 운도 실력을 갖추고 준비가 철저하게 되어 있을 때 찾아온다. 운이 따르는 것도 성공한 사람과 실력자들의 공통점이다. 운이 따르는 사람들은 위기조차 긍정적으로 받아들인다. 반면에 실패하는 사람들은 위기 때 이것은 안 돼, 하면서 부정적인 기운을 불러 모은다. 그러니 항상 긍정적인 마인드로 임해야 운이 따라온다.

성공과 실패의 분기점은 좋은 습관을 지니고 사느냐 아니면 나쁜 습관이 몸에 젖어있느냐의 차이다. 그중에서도 태만과 게으름은 가장 경계해야 한다. 태만과 게으름이 습관 되면 심한 고질병이 된다. 목표를 향해 노력하는 사람에게는 많은 기회가 찾아올 것이나 태만한 자에게는 기회의 문이 열리지 않는다. 노력하지 않는 사람에게 기회란 존재하지 않는다.

개척하고 노력해야 기회가 찾아왔을 때 그것을 잘 활용할 수 있다. 물 들어올 때 노 저으라는 말이 있듯이 기회가 왔을 때 주저하지 말고 밀어붙여야 한다. 반드시 성공한다는 자기 암시를 걸어 포기하고 싶은 마음이 생기지 않도록 조절하자. 성공하는 비결은 오로지 끝까지 포기하지 않고 최선을 다하는 것이다. 거센 파도가 유능한 선장을 만들 듯이 준비한 자에게 기회가 온다.

미국 보험업계의 전설이며 최연소 백만장자로 기네스북에 오른 폴 마이어. 어려운 여건을 딛고 화려하게 성공하여 마침내 신화가 되었다.

젊은 시절에 폴 마이어는 면접에서 무려 57번이나 떨어진 끝에 겨우 보험회사에 취직하게 된다. 그러나 간신히 합격한 회사에서 소심하고 내성적이며 말을 더듬는다는 이유로 3개월 만에 해고당했다. 어렵게 취업했지만, 뜻도 펼치기 전에 해고된 그는 자신에 대한 실망과 낙담으로 모든 것을 포기한 채 노숙 생활을 하게 된다.

삶의 의욕을 잃고 무기력하게 지내던 그는 어느 날 자살하려고 미시시피강으로 갔다. 그런데 강변에 있는 사람들 모두 행복한 표정으로 경치를 즐기고 있는 것을 보게 된다. 순간, 죽는다는 것이 너무 억울하다는 생각을 하게 되었다. 그는 죽는 대신 꼭 성공해 보리라는 결심을 하고 발길을 돌렸다.

폴 마이어는 성공한 사람들을 만나보며 그들의 성공 노하우를 분석한다. 그 결과 성공한 사람들은 **'뚜렷한 목표의식', '적극적인 태도', '좋은 습관'**을 가지려고 노력했다는 사실을 알아낸다. 성공한 사람들을 만나면서 나도 할 수 있다는 확신을 가진 그는 보험회사에 다시 입사했다. 그는 성공한 자신의 모습을 이미지화하며 자신감을 갖고 열정적으로 일했다. 열심히 뛰어다니자 실적이 오르는 것은 당연했다. 탄력을 받아 더욱 열정적으로 뛴 결과 폴 마이어는 마침내 기네스북에 오르는 최고의 명성과 함께 보험업계의 전설이 되었다.

자신감으로 보험업계에서 대성공을 거둔 그는 과감하게 보험업계를 떠나 '성공 동기부여 인터내셔널(Success Motivation Institute)'을 설립한다. 자신의 성공 노하우와 인생철학을 공유하는 새로운 사업에서도 성공을 거둔 폴 마이어는 '자기 개발 연구의 창시자'로 불리게 되었다.

폴 마이어처럼 혹독한 실패의 쓴맛은 보약이 될 수 있으며 좋은 자산이 되기도 한다. 그처럼 인생의 위기가 닥쳤을 때 기회의 문도 함께 열린다. 바닥으로 곤두박질치면 올라갈 기회만 남아 있다는 이치이다. 그러니 한두 번 실패했다고 해서 좌절하지 말고 다시 일어서는 용기를 내야 한다.

살다 보면 뜻대로 되는 것보다 안 되는 일이 훨씬 많다. 한 번에 성공한다는 것은 정말로 운이 좋은 사람이 아니면 쉽지 않다. 대부분 몇 번씩 실패의 쓴맛을 본 후 성공하기 마련이다. 불가능하다는 강박관념에서 벗어나 도전을 해야 불가능을 가능으로 바꿀 수 있다. 불가능을 가능으로 바꾸는 것은 자신감이다. 자신감을 갖고 도전해야 목표를 이룰 가능성이 커진다.

현재 어려움에 봉착했더라도 성공한 자신의 모습을 생각하면서 열정적으로 행동한다면 위기에서 충분히 벗어날 수 있다. 정신을 재무장하여 강한 신념과 자신감으로 도전한다면 분명코 성공의 기회가 펼쳐진다. 절망 속에서도 희망의 꽃은 핀다.

온상 속의 꽃은 아름답고 우아하지만 거센 바람에 노출되면 환경의 변화를 견디지 못하고 꺾어진다. 그러나 잡초는 생명력이 질기고 강하다. 실패의 쓴맛을 본다 해도 잡초처럼 강한 정신력으로 추진한다면 충분히 성공의 기회를 얻을 수 있다.

하는 일마다 항상 성공할 수는 없다. 그러니 실패를 두려워하지 마라. 실패가 주는 교훈으로 문제를 파악하여 성공의 받침대로 삼아야 한다. 힘들어도 자신의 능력을 믿고 자신감으로 헤쳐 나가야 한다. 자신의 능력이 드러난 것은 빙산의 일각에 불과함을 믿고 더 큰 세상을 향해 나아가야 한다. 자신을 믿어라. 그리고 무궁무진한 당신의 능력을 마음껏 발휘하라. 운은 노력하는 당신 편이다.

시간 활용의 비법

성공은 강한 의지와 땀과 노력이라는 대가를 요구한다. 성공하기 위해서는 시간을 잘 활용하는 것이 중요하다. 성공은 시간 활용에 성패가 달렸다 해도 과언이 아니다. 목표를 설정했다면 성공의 길로 가기 위해 우선순위를 결정하고, 그것에 따른 시간 계획과 관리를 효율적으로 해야 한다.

시간을 관리한다는 것은 곧 자기 관리이다. 자기 관리가 철저한 사람은 타인보다 앞서가는 인생을 살 수 있다. 평상시와 같이 대충 시간을 보낸다면 자기 관리는커녕 목표로 가는 길을 잃고 헤맬 수 있다.

시간 활용을 효율성 있게 작성하여 지키다 보면 시간에 쫓기는 것이 아니라 스스로 시간을 누리게 된다. 시간이 나면 일을 하는 것이 아니라, 시간을 내어 할 수 있는 일들을 미리 적어 놓고 실행해야 한다. 그래야 자투리 시간도 아낄 수 있다. 그것이 일상적으로 생활화가 될 때까지 시간을 올바로 사용하는 습관을 들여야 한다.

'아마추어와 프로의 차이는 5분을 덜 하느냐, 더 하느냐에 달려 있다'는 말도 있다. 하찮게 여기는 5분의 가치가 성공한 사람들에게는 황금의 가치처럼 여겨졌다. 단 5분만 명상에 잠겨도 마음이 차분해져서 일을 더욱 명확하게 구분할 수 있게 된다. 5분은 시간이 아니라 금이라고 생각하라. 그 5분이 당신을 성공으로 이끌 것이다.

목표를 위해 하루에 1시간씩 10년만 투자하면, 3,600시간이라는 엄청난 시간이 성공의 자산으로 만들어진다. 한 방울씩 떨어지는 낙숫물이 마침내는 바위도 뚫는다고 하지 않는가.

시간 관리를 할 때는 무엇을 먼저 해야 할지 우선순위를 결정해야 한다. 나중에 해도 될 일을 하느라고 우선해야 할 일을 하지 못한다면 실타래가 엉키는 것처럼 쓸데없는 일에 시간을 낭비하게 된다. 효율적인 시간 관리는 삶의 균형을 잡는 것은 물론 자신의 일에 좀 더 집중할 수 있게 한다.

시간에 투자하고 관리하라. 그러면 삶의 질이 높아지고 일취월장한 자신의 모습을 볼 수 있을 것이다.

긍정은 기적을 만든다

성공하고 싶다면 '나는 할 수 없어, 나는 부자가 될 수 없다'는 부정적인 생각부터 버려야 한다. 나는 할 수 없다, 될 수 없다는 부정적인 생각은 부정적인 행동을 낳는다. 부정적인 생각에 휩싸이면 자신감을 잃게 되고 의욕도 사라진다. 그러므로 부정의 생각은 경계해야 한다.

성공하기 위해서는 '나는 부자가 될 거야. 나는 꼭 성공할 수 있다'는 긍정의 생각을 키워야 한다. 성공한다는 믿음, 부자가 될 수 있다는 꿈이 성공을 부르고 부자로 거듭나는 기회가 함께 온다.

부정의 생각을 긍정으로 바꾸어서 가능성의 한계를 넓혀야 한다. 상상이 곧 현실이 된다는 말이 있다. 긍정적인 상상을 하면 그대로 좋은 일이 일어나고, 부정적인 상상을 하게 되면 좋지 않은 일이 생긴다. 그러니 부정적 사고와 편협한 고정관념에서 벗어나야 한다. 부정적 사고나 편협한 고정관념에서 벗어나면 자신이 원하는 더 넓은 세상을 볼 수 있다.

긍정적인 사람은 자신을 사랑하며 적극적으로 행동한다. 언제나 밝은 마음으로 일을 하고 사람들을 대하다 보니 스트레스에 훨씬 유연하게 대처할 수 있는 능력을 키우게 된다. 긍정적인 사람은 매사에 감사할 줄 안다. 감사는 또 다른 감사를 불러들이고 행복의 마음을 전달한다. 그러므로 병에 걸릴 확률도 훨씬 적다고 한다.

그러나 모든 것을 부정적으로 대하는 사람은 스트레스가 쌓이게 되고, 결국 감사한 마음도 사라지게 되니 삶도 행복하기보다는 우울할 때가 더 많아지게 된다. 결국 몸과 마음이 망가지게 되니 부정적 사고는 하루빨리 버려야 한다.

긍정과 감사의 사고를 지니고 행동한다면 다른 사람보다 훨씬 안정적으로 성공의 길에 다가갈 수 있다. 당신의 긍정적인 면모를 찾아 더욱 발전시켜라. 긍정적인 사람에게 성공의 확률이 높아진다.

어느 날 밤을 쪄서 먹다가 불현듯 깨달은 것이 있다. 밤을 감싸고 있는 속껍질이 두꺼울수록 맛있고 속껍질이 얇을수록 물렁하다. 속내가 얇은 사람일수록 큰 나무는 되지 못한다는 것을 조그만 밤에서 알게 된 것이다. 그것처럼 인간도 내면이 긍정적으로 단단해야 성공의 가능성이 커진다.

주변을 돌아보면 부를 이어받은 부자도 있지만, 어려운 환경에서 시련을 딛고 자수성가한 사람들도 많다. 성공하기까지 수십 번 쓰러지고 처절할 정도로 몸부림치면서 오뚝이처럼 일어서는 이야기는 감동적이다. 성공한 사람들, 자수성가한 사람들은 대부분 내면이 단단하다. 살다 보면 어려움에 부닥칠 때가 많지만 그럴 때일수록 내면도 단단하게 다져야 한다. 내면이 단단해져야 힘든 시련에도 흔들리지 않고 성공의 길을 개척할 수 있다.

생각이 삶을 바꾼다. 부정적인 생각은 어두운 일을 만들고 긍정적인 생각은 어두움도 환하게 밝힌다. 좋은 생각은 좋은 행동을 낳으니 자연적으로 좋은 습관이 만들어진다. 좋은 습관은 결과적으로 좋은 일을 만들어낸다. 그러니 당장 나쁜 습관은 버리고 좋은 습관을 지니도록 노력해야 한다.

이루고자 하는 소망을 가슴 속에 긍정적으로 심어놓으면 일이 술술 풀리며 기적도 만들 수 있다. 나쁜 상황이 닥치더라도 긍정적인 믿음으로 내면을 단단하게 하면 실패가 두렵지 않을 것이다. 긍정적 사고는 성공의 기회를 불러온다.

에디슨은 전구를 발명하기까지 무려 1만 번에 가까운 실험을 반복했다고 한다. 발명왕이라는 성공을 이루기까지는 실패를 두려워하지 않고 끊임없이 노력하는 긍정적인 도전정신이 있었기에 가능했던 것이다.

세상에 불가능한 일은 없다. 그 누구도 당신의 꿈을 제한할 수 없다. 성공하려는 의지만 굳건하다면 어떠한 것이든지 해낼 수 있는 것이 인간이다. 실패를 두려워하지 않는 성공에 대한 신념과 긍정은 자신을 지탱할 수 있게 해주는 원동력이다.

현재를 어떠한 마음으로 살아가느냐에 따라 인생이 달라진다. 불가능하다는 고정관념에서 벗어나 넓은 세상으로 뛰쳐나와라. 부자로 풍족한 인생을 누리게 될 것을 긍정적으로 굳게 믿고 실천한다면 믿음은 배반하지 않을 것이다. 목적을 달성하지 못하고 실패하는 때도 생기겠지만 그래도 긍정의 마음으로 다시 일어서야 한다. 추락을 두려워한다면 성공할 기회마저 없다. 진정한 성공은 실패를 두려워하지 않고 위기를 극복하는 것이다.

성공에 대한 집념은 격렬한 열정을 불타오르게 한다. 자신에게 주어진 삶을 긍정적인 자세로 받아들여 열심히 노력하면 꿈은 이루어진다. 긍정적인 자세로 자신이 더 발전할 수 있는 사람이라고 여길 때 실제로 그렇게 될 가능성이 크다. 세상을 바꾸어 나가는 것은 결국 인간이고, 인간을 바꾸는 것은 지혜와 창조이다. 당신의 꿈이 세상을 바꿀 수도 있음을 명심하라.

4. 꿈에 투자하라

인간은 한 치 앞을 모르는 미래의 불안감 속에서 살아간다. 그럼에도 스스로 인생을 개척해서 발전시켜 나가는 것 또한 인간만의 특권이자 주어진 숙제이다. 그렇기에 웅지를 품고 노력하여 목표에 도달한 사람도 있겠지만 꿈을 이루지 못한 사람이 더 많은 게 현실이다. 원하는 것을 이루지 못한 사람들이 더 많기에 꿈이라고 부른다.

인간의 능력은 무한하다. 잠재의식이 무궁무진하고 발상이 풍부하여 상상력의 끝을 알 수 없을 정도로 무한대다. 현대 시대는 직업이 다양해져서 도전할 것이 많아졌다. 잠재의식 속 발상을 찾아내 한 가지 분야에서 확실한 프로가 되어보자. 그래야 성공의 가능성이 크다. 상상력을 실천으로 한 경험이 쌓여 개인의 역사가 만들어진다. 개인의 역사가 성공으로 만들어지기 위해서는 부단히 경험을 쌓아야 한다.

2002년 월드컵 당시에 '꿈은 이루어진다'는 대형 현수막이 우리의 가슴을 뜨겁게 했었다. 그리고는 마치 거짓말처럼 월드컵 4강에 올랐다. 꿈꾸던 것이 현실로 나타난 것이다. 흙 속에 숨겨진 보석도 세상 밖으로 나와 가공되어야 아름다운 빛을 보듯이 우리의 꿈도 언젠가는 찬란하게 피어날 것이다. 이루고자 하는 당신의 꿈도 세상에 나와 성공의 빛을 발할 것이라고 믿어라. 꿈은 반드시 이루어진다.

성공은 그냥 주어지는 것이 아니라 노력과 창조로 이루어진다. 혹여 실패를 한다 해도 값진 경험으로 성공의 발판이 될 수 있다. 실패를 교훈 삼아 성공하는 인생의 밑거름으로 삼아야 한다. 성공한 사람들도 모두 실패를 경험했다. 당신도 실패를 경험했다면 성공으로 가는 첫걸음이라 생각하고 실패의 원인을 찾아 처리하면 된다. 내일은 또 다른 태양이 떠오르듯이 현재 처한 상황이 어렵고 힘들더라도 포기하지 말고 끝까지 도전하면 좋은 결과가 반겨줄 것이다.

지금 살고 있는 집의 문에 구멍이 있는데 그 사이로 벌이 집을 지었다. 어느 순간 개체 수가 점점 불어나더니 방안으로 들어오기도 하지만, 벌들의 생명도 소중하여 같이 산다. 벌들은 얼마나 근면한지 새벽부터 해질 녘까지 쉬지 않고 일을 한다. 조그만 생명체가 하루 종일 열심히 일하는 모습을 보면서 만물의 영장이라고 일컫는 인간이 나태하면 안 되겠구나, 느낀 것이 많다.

벌처럼 미래에 대해 투자해야 한다. 실패의 두려움을 이겨내고 한계에 도전하라. 미래에 대한 투자와 시간 활용도 하지 않는 사람은 패배감에 젖어 성공할 수 없다. 성공한 자신의 모습을 꿈꾸며 경영자의 관점에서 행동한다면 당신의 인생은 분명 성공의 길을 걸을 것이다.

장에 가면 소도 보고 말도 본다는 말이 있다. 시장에 가면 자신이 보고 싶은 것 외에 장에 널린 이것저것을 보게 된다는 말이다. 그것처럼 인생을 살다 보면 좋은 일만 생기는 것이 아니라 나쁜 일도 생긴다.

사업을 하다 보면 늘 성공할 수만은 없다. 목표를 향해 가다 보면 실패도 할 수 있다. 그러니 일희일비(一喜一悲)하지 말고 목표를 향해 정진하자. 그러다 보면 우뚝 선 자신의 모습을 보게 될 것이다.

희망은 면역력을 높인다

제롬 그루프먼(Jerome Groopman) 하버드대 의학 교수는 "미래에 대한 믿음과 희망이 면역력을 높여주고 건강을 주지만, 미래에 대한 상실은 면역력을 떨어트려 건강을 잃는다"고 했다. 또한 "희망이란 사고와 느낌이 섞이면서 발생하며, 그 느낌은 몸의 기관들과 조직들이 보내온 신경 정보에 의해서 생겨난다. 도미노의 효과처럼 각각의 결과가 다음번의 결과를 더욱 크게 만드는 연쇄반응을 희망으로 보았다"고 한다.

긍정적인 꿈과 희망을 품는 것은 인간만이 누릴 수 있는 특권이다. 개인의 장점과 능력은 신이 선물한 귀중한 보물이다. 잠재적 능력이 보석으로 빛을 내기 위해서는 힘든 과정을 딛고 일어서야 한다.

사람이 배우려는 마음자세가 되어 있으면 하늘이 스승을 내려준다고 한다. 하늘은 스스로 돕는 자를 돕는다는 속담도 있다. 스스로 노력하는 사람을 성공하게 만든다는 뜻으로 어떤 일을 이루기 위해서는 자신의 노력이 중요함을 말한다. 목표를 향해 가는 길에 힘들고 괴로워서 중도에 그만두려고 망설일 때도 있을 것이다. 그러나 기꺼이 일어나서 끝까지 가는 것이 중요하다. 고통스러운 시간을 보내고 얻은 성공의 뿌듯함은 말할 수 없이 클 것이다.

나는 환갑이 넘은 나이에 큰 꿈을 안고 지방에서 대한민국 서울 1번지인 강남으로 갔다. 남들은 여행을 계획하거나 제2의 인생을 설계하는 나이에 꿈을 좇아서 역행하였으니 설렘보다 압박감이 컸다. 강남은 대한민국의 중심지답게 꿈과 욕망, 돈과 사람이 집결된 특별한 장소이다.

강남에서는 기발한 발상만 잘하면 수입이 몇 배가 될 정도로 다른 세상이다. 어떻게 경제 활동을 해야 할지 막막하여 컨설팅을 받으려고 하니 시간당 220만 원을 요구하였다. 1년간 노하우를 교육하고 진출시키는 데는 2천3백만 원을 받는다고 한다. 고액의 수업료를 내야 하지만 그곳을 졸업하기 전에 투자 금액보다 몇 배 수익을 창출할 수 있다면 충분히 도전해볼 만한 가치가 있다고 생각한다.

강남에서의 생활은 개인적으로 꿈을 이루어가는 유익한 시간이었다. 환갑을 넘은 나이라 남들은 경제 활동을 하기에 늦었다고 생각할 수도 있지만, 성공을 확신하며 신나게 달리고 있다.

상류층으로 진입하고 싶다면 성공한 사람들의 좋은 습관을 습득하는 것도 도움이 된다. 성공한 사람들이 어떻게 재산을 증식하고 성공하게 되었나를 알려면 그들의 기호를 알아야 하고 일반인과 어떻게 다른지 알아내 유익한 점을 배워야 한다. 부자들의 특성을 파악하고 모델로 삼아 노력하는 것은 성공으로 가는 빠른 길이다.

기회가 된다면 로터리나 라이온스 모임에 들어가서 활동하는 것도 좋은 방법이다. 가급적이면 CEO(Chief executive officer) 과정 모임에 가입하여 활동하기를 적극적으로 추천한다. 함께 활동하다 보면 친목과 인맥도 다지면서 얻는 것이 많다. 자신의 그릇이 좀 더 커지고 성숙하는 발전적인 모습을 보게 될 것이다.

원하는 대로 쉽게 이루어지지 않는 게 인생이지만, 희망을 품고 목표에 도전해볼 만한 가치가 충분히 있다. 게으름과 태만에서 깨어나 남들보다 조금 더 열심히 일하고 배우면 희망이 빛을 발하는 시간이 온다.

돈보다도 먼저 일을 즐겨야 하고, 일을 통해 성취감과 희열감을 맛보다 보면 성공은 더욱 가까워진다. 그러면 돈은 저절로 따라올 것이다. 성공한 자신의 미래를 생각할수록 그 미래를 실현할 수 있는 결정을 내리게 된다. 희망은 면역력을 높여 줄 뿐만 아니라 돈도 벌게 해줄 것이다.

꿈은 여행지도다

낭만주의 대표 작가인 프랑스 빅토르 위고(Victor Hugo)는 "용감한 사람도 소중한 꿈을 잃어버리면 나락으로 떨어져 공허함에 휩싸일 것이다. 인생은 여행과 같고, 꿈은 여행 지도와 같다. 지도를 잃어버리면 가던 길을 멈출 수밖에 없는 것처럼 인생에 목표가 없으면 열정도 메말라 버린다."고 말했다.

삶을 소중하게 이끌어 가는 것은 꿈과 열정이다. 꿈이 있으면 열정적으로 살게 되고, 열정은 꿈을 이루게 해준다. 부자가 되고 싶은 것이 꿈이라면 부자가 되는 꿈을 키우면서 도전하면 된다. 선생님이 되는 것이 꿈이라면 부단히 임용고시를 준비하고, 사업가가 되고 싶다면 당장이라도 구체적으로 계획을 짜고 실행하라. 꿈이 이루어진다면 당신의 인생은 보다 보람찰 것이다. 만약 꿈이 없다면 오늘이라도 만들어보자. 꿈을 이루지 못한다 해도 도전정신과 경험은 자존감을 높게 만들 것이다.

나는 판사가 되는 것이 꿈이었다. 초등학교 다닐 때 집에서 멀지 않은 곳에 법원이 있었다. 나는 틈만 나면 법원으로 달려가 재판 과정을 지켜보았다. 어린 나이임에도 법원에서 재판하는 과정을 구경하는 것이 그렇게 신기하고 재미있을 수가 없었다. 근엄해 보이는 판사의 법복과 높은 자리에 앉아 피의자들에게 판결하는 것이 너무 멋지게 보였다.

맹모삼천지교를 굳이 논하지 않더라도 주변 환경이 얼마나 중요한지는 누구나 공감할 것이다. 내가 성장한 곳은 대형 시장이 있는 동네였다. 하루가 멀다고 싸움이 잦았고 동물을 잡는 곳도 많았다. 보고 배우는 장소가 교육에 좋지 않은 환경이었다. 주변에는 중학교를 졸업하지 못한 친구도 많았을 뿐 아니라 나쁜 짓을 서슴없이 하다가 교도소에 가는 선배들도 많았다. 나는 중학교를 간신히 졸업하고 나쁜 친구들과 어울렸다. 그러면서도 마음속으로는 이것이 아닌데, 하는 생각에 방황이 심했다.

군대에 갔는데 소대원 중에 나만 중학교 졸업 학력인 것에 자존심이 상하고 창피했다. 나는 군 생활에 어느 정도 적응하자 마음을 독하게 먹고 고졸 검정고시를 준비하였다. 취침 시간에는 잠을 줄이고, 옆의 전우에게 피해를 줄까 봐 모포를 뒤집어쓰고 랜턴을 켜놓고 공부도 해봤다. 시간이 부족하니 오히려 정신적으로 열의가 불타올라 지독하게 매달려서 공부하기도 했다.

독학으로 고졸 검정고시에 합격했는데 부대장이 칭찬을 많이 해주었다. 제대 후에는 서울에 있는 대학교에 들어가서 꿈에 그리던 대학생이 되었다. 세상을 얻은 기분이었다. 세상에 뜻을 품고 행하면 이루지 못할 것이 없다는 것을 그때 크게 깨달았다.

소프트 뱅크 손정의 회장 또한 "화장실에 갈 때도 교과서를 손에서 내려놓지 않았으며, 차를 운전할 때도 수업을 녹음한 테이프를 이어폰으로 들으면서 다시 복습했다. 몽롱한 상태에서도 잠자는 시간 외에는 계속 공부했다."고 저서에서 밝혔다. 그렇기에 크게 성공할 수 있었던 것이다.

무엇을 이루고자 소망할 때 진인사대천명(盡人事待天命)을 생각하면서 실천하면 이루지 못할 것이 없다. 삶이 어렵거나 힘들 때는 일체유심조(一切唯心造)를 되새기면 한결 마음이 가벼워지며 위안을 받는다. 진인사대천명과 일체유심조는 서로 어울리지 않는 것 같으면서도 결국에는 일맥상통한다. 진리는 하나인 것이다.

나이가 들수록 꿈이 시들해지고 열정은 젊을 때보다 약해지는 것은 사실이다. 그럼에도 나는 오래전에 마음속으로 부처님과 약속한 소박한 꿈을 지니고 있다. 그것은 일 년에 몇 명씩 노숙자들의 재기를 도와 그들이 가족들과 행복하게 살게 해주는 것이다. 재기에 실패하는 노숙자도 분명 있을 것이고, 쉽지 않은 일이지만, 재기 후에 그들이 행복해하는 모습을 본다면 희생과 보람은 몇 배가 되고도 남을 것이다.

　노숙자들은 모든 것을 포기하고 자포자기한 채 살아가는 인생이라 해도 과언이 아니다. 노숙자들의 가장 큰 적은 나태함과 상실감으로 인한 무력감이다. 특별한 계기와 명분으로 의식의 전환을 시켜줘야 한다. 나도 할 수 있다는 자신감을 찾게 해주는 동기부여가 무엇보다 중요하다고 할 수 있다.

　그들이 다시 일어날 수 있도록 도와주는 것이 나의 꿈이다. 노숙자들을 도울 수 있는 단체의 명칭으로 '징검다리 재단'이라 정해 놓았다. 하루빨리 그 일을 실천할 수 있도록 기도하고 있다. 많은 사람 앞에 꿈을 이야기하는 것은 앞으로 나 자신과 약속을 지키기 위함이다. 당장은 실현하기 어렵지만, 최선을 다하면 꼭 이루어지리라 믿고 있다.

　인생은 예측하기 힘들고 오늘의 결정이 어떠한 결과로 나타날지 짐작하기 힘들다. 그러나 뜻이 있는 곳에 길이 있다. 시작은 어려워도 시간이 지나면 목표를 이루는 위대함이 우리에게는 있다. 꿈이 있기에 인생의 아름다움을 느끼며 멋진 삶을 살아가게 된다. 꿈에 투자하자. 그러면 당신의 꿈이 영롱하게 이루어지는 것을 보게 될 날이 반드시 올 것이다.

5. 개천에서도 용이 나온다

결승점에 먼저 도착하는 자가 이긴다

　요즘은 개천에서 용이 나지 않는다고 한다. 그만큼 살아가기 어렵다는 이야기일 것이다. 취업하지 못하는 사람들도 많고, 젊은 사람들도 비전이 없다며 힘들어 한다. 물론 부모가 잘살아서 유산을 물려받아 고생 없이 살아갈 수 있다면 좋겠지만, 그렇지 못하다고 해서 실망할 필요는 없다.

　부자 부모를 둔 자녀는 출발점에서 조금 앞서고 가난한 부모를 둔 자녀는 출발이 조금 느리다는 차이만 있을 뿐이다. 출발점은 다르지만, 결승점에 누가 먼저 도착할지는 세상사 아무도 모르는 일이다. 그러므로 부모가 잘 산다고 해서 으스대지 말고 부모가 가난하다고 해서 기죽거나 움츠러들 필요가 없다. 일단 소자본을 모아 종잣돈을 마련해서 사업의 마중물을 만들어 가면 된다.

성공한 사람들은 젊은 시절에 하루하루를 허투루 보내지 않았다고 한다. 소극적이고, 나태해지는 자신을 이겨내고, 배우려고 노력했으며 어제보다 더 나은 오늘을 만들기 위해 치열하게 살았던 것이다. 그러니 성공하고 싶다면 계획표를 짜서 시간을 허투루 보내지 않는 노력을 해야 한다.

개천에서 용이 나오려면 남들만큼 해서는 절대 이루지 못한다. 성공하는 사람들은 새로운 무언가를 시도하는 것을 절대 두려워하지 않는다. 강인한 정신력으로 시련과 고통을 극복하여 성공으로 끌어내고야 마는 것이다.

삶의 정글에서는 사소한 것들이 차이를 만들어내고 문제를 해결하며 결국 승패를 가름한다. 문제가 생겼다면 어떡하든 해결하려는 습관을 지녀야 한다. 목표를 이루기 위한 행동의 습관과 실천 능력이 곧 결승점으로 가는 지름길임을 명심하자.

성공을 확신하는 말들을 종이에 쓰고 날마다 읽으면 스스로 확신을 주기 때문에 실천 의지가 높아진다. 그러니 매일 그 문장들을 읽어라. 문장들이 가슴에서 용솟음칠 때마다 확신은 더욱 깊어지고 일이 즐거울 것이다. 불가능이 없다는 것을 믿으면 무한한 잠재의식은 반드시 소망을 이루어 준다.

자기 계발의 힘

인간은 누구나 저마다의 재능과 소질이 있다. 자신을 대중에게 알리려면 자신의 재능을 펼쳐야 한다. 현대 사회는 변화가 빠르다. 변화를 빨리 체감하여 의식을 변화시키기 위해서 남들과 다른 자기만의 재능이 필요한 것은 당연하다. 자신만의 노하우로 남들 앞에서 자신감으로 호감을 주는 것은 성공으로 향하는 빠른 걸음이다.

인간은 환경에 적응하는 동물이다. 빠른 변화에 적응하기 위해서는 자기 계발이 필수다. 자기 계발은 생각의 틀을 보다 진취적이고 효과적으로 바꾸게 한다. 끊임없는 자기 계발은 당신의 미래를 걸고 변화를 시작하는 걸음이기에 중요하다.

내가 변하면 나의 일상과 나의 주변도 변화한다. 계발에 따른 변화는 성공이 부르는 손짓임을 명심해야 한다. 자기 계발 서적을 읽고, 변화를 추구하는 강의를 듣는 것도 좋다. 허투루 읽거나 듣지 말고 진심으로 책을 읽고, 두뇌를 풀 가동시켜 강의를 들어라. 미래를 위해 수입의 10% 정도를 투자하면 당신은 나날이 발전할 것이다.

무한한 정보를 당신의 두뇌에 끊임없이 담아 사고방식을 세뇌시켜라. 그러면 저절로 열정적으로 일하게 된다. 열정은 당신을 성공으로 이끌 것이며 보다 더 현명한 판단을 내리게 할 것이다.

지금 하는 사업이 잘 안 되면 정부 탓을 하거나 주변 환경을 핑계 삼는 경우가 있다. 정부의 경제정책이 잘못되어 어려운 경우가 생길 수도 있지만 그런다고 해서 해결되는 것도 아니며 상황은 변하지 않는다. 과거에 경기가 호황인 적이 얼마나 있었는지 돌아보면 손꼽을 정도도 안 되는데 불황 탓을 하는 경우가 많아 안타깝다. 경제가 호황이어도 내가 실패하면 아무 소용없다. 불황이어도 타개책을 찾아 호황으로 만드는 것이 훨씬 건설적이고 희망적이다.

현재가 어렵다고 언제까지나 가난하게 살 수는 없지 않은가? 물줄기가 큰 강은 소리를 내지 않고 유유히 흐르지만, 개울물은 소리가 요란하다는 뜻을 가슴 깊이 새겨야 한다. 진취적으로 노력하는 당신의 내일은 오늘보다 훨씬 빛날 것이다.

성공하기 위해서는 어떠한 콘텐츠를 정할 것인가를 염두에 둔 자신만의 노하우 개발이 필요하다. 우주의 수많은 별이 저마다 빛나는 것처럼 신께서는 개인마다 특별한 장점을 갖고 태어나게 하였다.

생각을 깊게 하고, 자기 계발을 통해 아이디어를 창출하려고 노력해야 한다. 조금만 신경 쓰고 들여다보면 틈새시장이 분명히 존재한다. 그 빈틈을 공략해 조그마한 아이디어라도 소중하게 생각하여 좋은 유실수가 되도록 키워주어야 한다.

나의 아이디어로 만든 제품이 있는데, 어느 회사에서 나에게 자본금을 투자하고 싶다고 하였다. 그만큼 아이디어가 중요하다.

기회가 왔을 때 장점을 살릴 수 있는 아이디어를 발휘하는 것이 성공을 빠르게 앞당길 수 있다. 자신이 잘하는 장점을 살린 일에 모든 역량을 집중한다면 반드시 좋은 결과를 얻게 될 것이다. 도전을 멈추지 않는 열정은 당신의 아이디어가 당신을 정상으로 데려다줄 것이다.

실패와 시련을 겪지 않고 성공하는 사람은 얼마 되지 않는다. 자기 계발은 하지 않고 부정적으로 생각하는 그 시간에 자신을 위한 노력에 집중한다면 현재보다 훨씬 나은 미래를 보장받을 수 있다. 긍정의 사고는 당신을 성공으로 이끈다는 것을 명심하라.

압구정동에 큰 빌딩을 두 동이나 소유하고 있는 회장을 만나러 간 일이 있다. 건물 한 동의 임대료가 월 2억 정도라니 두 동이면 한 달에 얼마를 버는 건지, 일반인으로서는 상당히 큰 금액이다.

대화가 끝나고 나오는데 회장이 직접 문을 열어주고, 엘리베이터 앞에서 버튼을 눌러준 다음, 문이 닫힐 때까지 기다렸다가 인사한다. 감동적인 모습이었다.

그 회장은 지방에서 상경하여 고생을 무척 많이 했는데, 성공하고서도 흐트러짐 없는 모습을 보여준다. 재물이 많다 보면 남을 우습게 생각하는 기본이 덜된 사람도 있지만, 그래도 겸손한 경우가 더 많다. 그런 사람을 만나면 존경심이 드는 것이 사실이다.

막상 부자들을 만나보니 재산이 어설프게 있는 사람은 목에 힘도 주고 건방을 떠는 사람도 있지만, 진정한 부자는 오히려 겸손하고 가진 티를 내지 않으며, 자중할 줄 안다. 벼는 익을수록 고개를 숙인다는 것을 몸소 실천하고 있다. 인간은 탐욕의 덩어리라지만 이성이 존재하므로 어떻게 사는 것이 올바른 삶인지 진지하게 생각하고 실천해야 한다.

부자가 되려면, 부자들이 어떻게 재산을 형성했는지, 살아온 삶이 어떠한지 유심히 관찰할 필요가 있다. 그들을 만나서 경험할 수 있으면 더욱 좋다. 용이 되고 싶으면 존경하는 멘토를 자신만의 이상형으로 간직하고 그의 인생관과 철학을 배워나가는 것도 좋은 방법이다. 멘토는 틀림없이 많은 도움이 될 것이다.

나는 혼자서 어렵게 자라왔기 때문에 살아가는 방법을 나 혼자 터득해야만 했다. 그러다 보니 실수의 연속이었다. 그런 데다 젊어서 돈을 쉽게 벌었기 때문에 마음만 먹으면 항상 돈을 벌 수 있다고 생각할 정도로 세상을 몰랐다. 만약 내게 정신적인 멘토가 있었다면 훨씬 더 일찍 정신적으로 성숙한 삶을 살았을 것이다.

책을 읽고 배우기를 게을리하지 말아야 혜안이 생긴다. 맑아진 마음으로 인생의 멘토를 두어라. 그러면 당신의 삶은 훨씬 더 원숙해지고 깊어질 것이다.

시련을 견뎌야 프로다

셰익스피어는 '아플 때 우는 것은 삼류이고, 참는 것은 이류이며, 즐기는 것이 일류 인생이다'라고 했다. 프로는 즐겨야 한다고 하지만 말처럼 쉬운 일이 아니다. 프로는 혹독한 시련의 과정을 견뎌내야 한다.

세상은 넓고 올라갈 곳도 많아 보이지만, 우리가 사는 세상은 넓지만 올라갈 곳은 한정되어 있다. 인간은 더 높아지고 나아가려는 욕망이 있어 경쟁을 통해 발전을 이루게 된다. 높은 곳에 오르기 위해서는 공중전과 수중전에 이어 지하전도 있다는 것을 알아야 한다. 그것을 염두에 두고 기꺼이 행동하는 사람은 성공할 수 있다. 실패를 거듭하면서도 다시 도전하는 것은 위험이 큰 만큼 보상 또한 지대하리라는 것을 알기 때문이다.

하지만 대다수의 사람은 높은 곳을 쳐다만 볼 뿐, 감히 용기를 내지 않는다. 그러면서도 낮은 곳에 있는 자신을 한탄한다. 한탄과 태만은 성공으로 가는 길을 막는 방해물이다. 세상을 살아가는 것은 절대로 만만하지 않다. 그러니 게으름 속에서 한탄만 하지 말고 일어나서 즉시 무언가를 해야 한다. 게으른 자신을 경계해야 한다.

에이브러햄 링컨 미국 대통령의 생애는 실패의 연속이었으나 패배를 극복하고 위대한 승리를 기록하였다. 그의 학력은 초등학교 중퇴이다. 가난한 농민의 아들로 태어나 어려서부터 노동을 하였기 때문에 학교 교육을 제대로 받지 못했다. 하지만 독학으로 변호사가 되었다. 하원, 상원의원에 출마하였다가 두 번이나 낙선의 고배를 마셨다. 말도 잘하지 못하였으며 연설도 너무 짧게 한다고 혹평을 받기도 했다. 하지만 포기하지 않고 끊임없는 노력으로 자신을 갈고닦아 나중에는 뛰어난 연설로 대중을 사로잡았다.

링컨이 대통령으로 재임 시 나라가 남북으로 분열되어 역사상 가장 치욕으로 기록되는 최악의 유혈사태를 겪었는데, 이것이 바로 유명한 남북전쟁이다. 링컨은 계속된 패배에도 불구하고 심기일전해서 결국 위대한 승리를 거두었다. 링컨이 미국 역사상 가장 위대한 대통령으로 칭송받는 인물이 된 것은 불굴의 의지와 집념이 있었기 때문이다.

자신의 환경이 어렵다고 한탄한들 달라지는 것은 아무것도 없다. 가난하게 자랐기 때문에 오히려 좋은 환경에서 성장했던 사람보다 장점으로 작용할 수 있는 부분도 있다. 부유하게 자란 사람은 작은 시련에도 좌절하고 일어서지 못하는 경우가 생기지만, 잡초처럼 모든 것을 겪은 사람은 힘들고 어려워도 쓰러지지 않는다. 가난한 가정에서 태어났다면, 부자인 가정에서 태어난 사람보다 몇 배의 노력을 해야겠지만, 그것 또한 성공으로 향하는 커다란 힘이자 자산이다. 내면에 숨어있던 잠재의식을 깨우면 엄청난 일이 생기지 말라는 법도 없다.

기독교를 열심히 믿는 분이 어느 날 방언이 터지고 하나님을 보았다고 하였지만 믿지 않았다. 그런데 내가 기도에 집중하고 매달리다 보니 어느 순간 구름을 탄 부처님이 눈앞에 정말로 보이는 것이 아닌가! 말로 표현할 수 없을 정도로 황홀하여 꿈인지 생시인지 분간을 하지 못할 정도였다. 간절하고 절실하면 기적이 이루어진다는 것을 믿게 된 좋은 경험이었다.

우리는 존재하는 것만으로도 고마움을 느끼면서 살아가야 하나, 인간인지라 세상만사가 귀찮고 싫어질 때도 있다. 그래도 내일을 위해 힘든 것을 툭툭 털고 다시 일어서야 한다. 삶의 궤적에서 자랑스러운 것과 후회하는 것을 돌아보며 힘을 내자. 잘한 부분은 더 키워나가고 잘못된 것은 반면교사 삼으면 된다. 결승점에 도착하는 그날까지 웅지를 품고 시련을 견뎌내자. 운명 앞에 좌절하지 말고 인생의 승리자가 되어 행복한 결실을 맺자!

6. 존재만으로 축복

잉태는 우주의 근원이요 태어남은 생명의 신비스러움이다. 당신은 존재 자체만으로도 너무 소중한 사람이다. 광활한 우주에 비하면 인간의 존재는 티끌에 불과하다. 하지만 내가 있으므로 해서 모든 것이 존재하므로 세상에서 자신이 제일 중요한 중심축이 된다. 자신이 이 세상에서 가장 고귀하고 유일무이한 존재이므로 존엄성과 존재감을 높이면서 멋지게 살아가야 한다. 인생을 살다 보면 고통도 따르겠지만 그럴수록 자신을 소중하고 귀중하게 여기며 진정 사랑해주어야 한다.

삶은 경이로움과 놀라움의 연속이요, 신비의 바다이다. 우주 전체의 조화 속에서 내가 구성원이라는 자체가 감동이다. 거대한 우주의 한 부분에 내가 핵심이 되었다는 것은 나라는 사람이 그만큼 위대한 존재라는 것이다. 자신을 가볍고 하찮게 생각하지 말아야 할 이유가 여기에 있다.

그러니 자부심을 느껴야 한다.

세상에 태어나 경험해보는 것도 운명이요 숙명이니 경이롭기까지 하다. 이 세상 구경을 하고 싶어서 태어나는 사람이 없듯이 다시 바꿀 수도 없는 것이 우리들의 숙명이다. 인간은 태어나는 순간부터 기나긴 한편의 감동적인 드라마가 시작된다. 인생은 대본 없는 한 편의 생방송이므로 살아가는 데 정답이란 것은 있을 수 없다.

인생은 한번 가면 다시 오지 않는다. 인간으로 태어나 삶을 살아가는 동안 삶의 각본은 자신이 쓰고 연출하며 스스로 주인공이 된다. 긴 여백을 채워나가며 자기 인생은 각자 책임져야 한다. 사람들이 일하는 영역은 저마다 다르지만, 모두가 소중하고 중요하니 자기 자리에서 열심히 살아야 한다.

어차피 태어난 인생, 주인공으로 무대에 올랐으니 이왕이면 축복받는 주인공이 되어야 하지 않겠는가?

존재만으로 축복이라고 하면 금수저로 생각하겠지만 나는 흙수저 중의 흙수저로 생활했다. 아버지는 내가 초등학교 입학 후 석 달도 채 안 돼 지병으로 돌아가셨다. 나는 아버지 연세 55세에 늦게 얻은 막둥이라 부모님들이 무척 애지중지하셨다. 내가 학교에 가면 아버지는 아픈 몸을 이끌고 학교 정문까지 와서 내가 있는 교실만 쳐다보고 계셨단다. 그만큼 나는 아버지의 사랑을 듬뿍 받았지만 길지 못했다.

어머니는 나의 초등학교 졸업도 지켜보지 못하고 화병으로 이 세상을 떠나셨다. 제일 믿고 밀어주었던 자식에게 불효를 당하자 화를 삭이지 못해 화병이 생겼고, 약해진 몸이 견디질 못했던 것이다. 화병이라는 것이 얼마나 무서운지 나는 어머니 곁에서 그 과정들을 낱낱이 지켜보면서 생활했다.

화병으로 고생하던 어머니는 숨이 차서 100m를 채 걷지 못할 정도였다. 결국에는 자리에 보전하여 대소변을 받아내야 했다. 철부지 시절인지라 바깥에 나가 놀기 바쁜 나는 어머니가 요강을 비워달라고 부탁하면 재빨리 달아나곤 했다. 어리고 철이 없던 시절이었지만 지금도 그것이 마음에 걸린다.

우리 모두 뱃속에 변을 한가득 담고 생활하면서도, 막상 병든 부모의 기저귀를 갈아야 할 때는 더러움에 고개를 돌리고 인상을 쓰는 경우가 많다. 내 자식이 어렸을 때는 기저귀 갈아주는 것이 더럽다고 생각하지 않았으면서도 나를 키워준 부모에게 그러지 못한 나 자신부터 반성한다.

어머니가 돌아가신 후, 대청마루에 광목으로 병풍을 치듯이 네모지게 상청을 만들어 위패와 사진을 모셔놓고 일 년간 조석으로 밥을 지어 올렸다. 형님들이 모두 객지에 나가 있는 관계로 초등학교 6학년 말부터 중학교 진학해서 1년간 나 혼자 그렇게 생활했다. 혼자 생활하다 보니, 저녁에 촛불을 켜고 상식을 올릴 때나 천둥 번개가 치는 날은 너무 무서웠다. 하지만 견뎌내야 하는 도리밖에 없었다.

과거에는 학년 초가 되면 담임선생님이 학생들의 가정을 방문하는 제도가 있었다. 학생 집으로 찾아가 부모와 상담도 하고 가정환경을 살펴보는 것이었다. 중학교 1학년 때 담임선생님은 체육 과목을 담당했는데, 유도를 하여 체격도 건장했다. 우리 집을 방문한 선생님은 내가 사는 환경을 보더니 너무 놀라 기둥을 잡고 엄청나게 우셨다. 그 정도로 내가 살던 환경은 너무 열악했다.

내가 어렵게 성장한 이야기를 하는 것은 젊은 사람들이 불우한 환경에서 고난이 닥치더라도 용기를 잃지 말고 위안이 되기를 바라기 때문이다. 아무리 나쁜 환경이라도 긍정적으로 생각이 바뀌면 바라보는 시각이 달라지고 세상이 변하는 것을 느끼게 될 것이다.

좋은 습관을 지녀라

나는 콤플렉스 때문에 고생을 무척 많이 했는데, 어머니 때문에 생긴 트라우마가 반평생을 따라다니며 나를 괴롭혔다. 어머니는 내가 살던 고장에서 유명한 무속인이셨다. 어머니도 신을 받지 않으려고 5년이나 교회에 다니면서 방법을 모색해 보았다고 한다. 그러나 거부하면 할수록 자식을 먼저 보내고, 집안이 풍비박산이 날 정도로 가혹한 형벌을 내려 어쩔 수 없이 신을 받았다고 한다.

어린 마음에 엄마가 무속인이라는 사실이 너무 창피하고 부끄러웠다. 남들이 엄마가 무당이라고 놀리는 것만 같아 남 앞에 나서는 것을 싫어하고 뒤로 빠지기 일쑤였다. 그것이 지속되다 보니 남들과 어울리기를 기피하는 내성적인 성격이 되고 말았다. 성인이 되어서도 많은 사람 앞에 서면 떨리고 두려운 마음이 지속되는 고질병이 되었다. 잘못된 습관을 고치기까지 너무 힘든 시간을 보냈기에 여러분은 일찍부터 좋은 습관 가지기를 당부하고 싶다.

사람은 생각하는 마음이 행동으로 이어지는데 이것이 반복되면 습관이 된다. 게으르거나 의미 없는 습관은 태만한 삶에서 벗어나지 못하게 한다. 태만한 삶을 벗어나기 위해서는 익숙한 습관들과 결별해야 한다. 미래의 성공적인 삶을 꿈꾼다면, 귀찮고 힘들더라도 진취적인 새로운 습관을 만들어야만 한다. 의식적으로라도 좋지 않은 습관에서 벗어나려고 노력해야 하고, 같은 사물이라도 다른 시각으로 봐야 다른 세상이 보이는 법이다. 두려움도 습관이므로 콤플렉스가 있다면 피하지 말고 과감하게 맞서 이겨내야 한다. 나를 힘들게 하는 것들은 과감하게 버리고 미래의 꿈을 키우는 습관에만 집중하라. 좋은 습관을 갖기 위해 집중하고 또 집중해야 한다.

우울하거나 지칠 때 나는 재래시장을 한 바퀴 돌아보면서 기분전환을 한다. 어렸을 때 어머니와 함께 다니던 추억도 있지만 사람 사는 일상적인 모습에 활력이 느껴지고 정감이 가기 때문이다.

지치고 힘들 때는 삶을 포기하고 싶은 순간도 있겠지만 힘든 시기를 넘어서면 산다는 것에 희열과 감사함을 느끼게 된다. 우리는 사랑받기 위해 태어났다. 그러므로 사랑하고 사랑받으며 행복하게 살아야 한다.

성철 스님 말씀 중에 "산은 산이요. 물은 물이로다." 누구나 아는 유명한 법어가 있다. 힘들어하며 아웅다웅 사는 세상이지만 지금 서 있는 이곳이 그래도 살만한 세상이라고 감히 해석하고 싶다. 그러니 여러분들도 지금 환경이 힘들어도 나약해지지 말고 힘을 내기 바란다. 당신은 틀림없이 사랑받기 위해 태어났다. 그러니 충분히 사랑하고 사랑받는 삶을 살 권리가 있다.

인간은 세상에 태어났다는 사실 만으로도 축복된 존재다. 존재하지 않는다면 도전해볼 만한 가치가 있는 세상을 체험할 수 없을 것이다. 그러니 인간은 존재하는 자체만으로도 축복이며 가치 있는 삶이다. 이 세상의 빛을 보게 해준 부모에게 감사하고 고마움을 가져야 하는 이유다. 부모가 없다면 어떻게 세상 구경을 하겠는가.

내가 나의 인생을 나답게 살기 위해서는 나는 어떠한 사람인지, 무엇을 해야 하는지, 인생관이 어떠한지 정확히 아는 것이 무척 중요하다. 그래야 내 인생은 나의 것이라는 확신을 갖고 풍요로운 삶을 살아갈 수 있다. 인생은 어떻게 살아가야 하는지 공식이 없다. 그러나 각자의 자리에서 꼭 필요한 사람이 되는 것이 잘사는 인생이다.

삶이란 스스로 개척해 나가는 인생 역량이다. 각자 목표가 있고 누구나 성공을 원한다. 성공하고 싶다는 욕망은 분발을 촉구하는 자극제가 되어 자신을 성숙하게 만든다. 자신을 성장시키는 것은 결국 본인 자신이다.

성인이 되면 내 인생은 내가 책임져야 한다. 자신이 하고 싶은 일이 있는데도 타의에 의해 하지 못하는 것은 시간적으로도 낭비지만 자신에게도 손해다. 사회나 직장의 규칙에 따라 인생을 살다 보면 자신의 능력을 제대로 발휘하지 못하는 경우가 허다하다. 내 인생은 나의 것이다. 부모가 원한다고, 사회가 원한다고 해서 무조건 가야 할 길이 아니다.

성공한 사람들은 대부분 자신이 잘하거나 좋아하는 일을 찾아 열정적으로 노력했다. 그러다 보니 성취감 또한 대단하다. 자신의 분야에서 우뚝 서고 싶다면 자신이 좋아하는 것, 하고 싶은 일에 집중해야 한다. 내가 좋아하는 일을 하면 천국이요, 하고 싶지 않은 일을 억지로 하는 것은 지옥이다.

나답게 살기 위해서는 나의 적성과 능력을 찾아 나의 길을 개척해야 한다. 용기 있는 자만이 목적을 달성하고 자기 자신의 삶을 찾게 될 것이다. 시련이 닥쳤을 때 어떤 사람은 주저앉고 어떤 사람은 성공의 반전을 이루기도 한다. 내 인생을 내 것으로 만드느냐, 아니면 주저앉아 있느냐도 스스로 결정하는 것이다. 나답게 살기 위한 삶을 선택한 당신은 진정 성공한 인생이 될 것이다.

현대는 인터넷 세상이 되다 보니 서로 왕래도 잘 하지 않고 온라인 세상에서의 삶을 즐기는 사람들도 많다. 그러다 보니 타인의 삶에 도가 지나친 악성 댓글을 다는 사람들이 세상을 어지럽게 하고 있다. 상대에게 지울 수 없는 상처가 되고, 심하면 목숨을 앗아가기도 하는 악성 댓글을 다는 사람들은 대부분 자존감이 낮고 자신을 사랑하지 못하는 사람들이다. 그러니 상대를 마구 할퀴고 흠집 내 마치 자신이 잘난 것처럼 착각하는 것이다. 잘못된 근성을 깨닫지조차 못하는 사람들은 자신의 생이 흙탕물 속에서 허우적거리고 실타래처럼 뒤엉킬 수 있다는 것을 알지 못한다. 참으로 안타까운 일이다.

사람은 사람답게 살아야 한다. 온라인 세상에서 살고 있는 사람은 진정한 인간관계를 맺기 어렵다. 그러니 하루빨리 인터넷 세상의 중독에서 빠져나와야 한다. 성공적인 삶, 사람다운 인생의 울타리를 만들려면 악성 댓글을 달 시간에 자기 계발을 해야 한다. 쓸데없는 일에 시간과 인생을 낭비하지 말고 온라인에서 벗어나 내 곁에 있는 사람에게 친절을 베풀어라. 그래야 진정한 인간관계를 형성할 수 있다.

역사는 내가 창조하고 만들어가는 것이다. 이 세상의 주인공은 나라는 긍지를 갖고 평소에 자기 계발을 하고 이타심으로 이웃을 돌아보아야 한다. 성공의 미래를 위해 가능하다는 불굴의 의지로 돌파하면 이루지 못할 것이 없다. 삶의 궤적에서 자존감과 자긍심을 잃지 않는다면 정신이 풍요로운 인생이 될 것이다.

나를 찾아 떠나는 여행

자신의 삶을 찾기 위해서 명상을 하거나 끝없이 고민하는 사람들이 많다. 나는 왜 살아가며 무엇을 이루고자 하는가? 스님들은 수행할 때 화두를 한 가지 정해 놓고 해탈을 이루고자 끝없는 고행을 한다. 자신에게 문제를 던지고 도를 깨달아가는 참선 수행방법 중 하나이다. 수많은 스님이 깨달음을 얻기 위해 오늘도 고해의 정진을 계속하고 있다.

스님뿐 아니라 일반인들도 종교를 떠나 나에게 가장 중요한 화두는 무엇인가를 찾고 있다. 나는 누구이며 어디로 와서 어디로 가고 있는가라는 나 자신을 찾는 마음공부가 필요하다. 마음공부는 인생에서 크게 이탈하지 않고 마음의 중심을 잡아 흐트러지지 않고 살게 하는 방법 중 하나이다.

인생의 항로 중에 비교적 젊었을 때 여행을 많이 하라고 조언해주고 싶다. 국내 여행도 좋지만, 여건이 된다면 외국 배낭여행을 권한다. 넓은 세상으로 나가보면 시야가 넓어지는 것을 느낄 수 있다. 크고 넓은 세상에서 나날이 변화하는 시대에 필요한 것이 무엇인지 몸소 체험할 수 있으며, 낯선 곳에서의 새로운 체험들은 앞으로 어떻게 살아가야 할지에 대한 이정표 역할을 할 것이다.

모든 것이 낯선 외국에서의 생활은 나에게 더욱 몰입할 기회가 된다. 자신이 어떤 사람인지, 무엇을 하며 살고 싶어 하는지를 구체적으로 생각해 보는 기회를 만들 수 있다. 외국 여행을 하게 되면 여행 중 가야 할 곳, 즉 목표가 정확해진다. 그것처럼 자신의 삶에서의 목표가 무엇인지 확고하게 알고 몰입한다면 보다 더 긍정적인 피드백을 얻을 수 있다.

나이 들어서 새로운 도전을 한다는 것은 자신감도 떨어지고 실패하면 복구하기가 쉽지 않다. 그러니 패기가 넘치는 젊었을 때 꿈을 향해 비상해야 한다. 꿈을 가졌다면, 자아를 찾고 싶다면, 조금이라도 젊었을 때 큰 무대에 나가서 새로운 도전을 해보라. 실패마저 좋은 경험으로 성공의 밑거름이 될 것이다. 나이가 더 들기 전에 자신이 해보고 싶은 것에 도전해 봐야 죽기 전에 후회하지 않는다. 젊음의 장점은 실패마저 성공의 자양분이 되고 다시 일어설 힘이 된다는 것이다. 시대가 원하는 것을 알고 도전한다는 것은 아름다운 일이다. 패기가 있을 때 도전하고, 세상을 여행하면서 자신의 꿈을 키워라. 넓은 세상만큼 당신이 해야 할 일도 많다. 세상에 나의 존재가 있음을 축복하자. 신뢰로 쌓은 인간관계를 유지하면서 좋아하는 일을 찾아 찬란하게 꽃피우는 인생은 얼마나 멋진가!

7. 인생은 사이클

나무가 아닌 숲을 보라

사람마다 일정한 사이클이 존재한다. 산은 한없이 올라갈 것 같아도 반드시 내리막길이 있다. 인생도 마찬가지다. 힘들 때는 끝이 보이지 않을 것 같지만 어둠이 걷히고 반등하기 시작한다. 사람은 이러한 주기가 반복되는데 정점에 섰을 때 관리를 잘하고 대비를 해야 어려운 고비가 찾아와도 무사히 넘길 수 있다.

인생을 살아가다 보면 누구나 한 번쯤은 반드시 위기가 찾아온다. 지금 하는 일이 순풍이 될지 역풍이 될지 판단이 되지 않을 때가 많다. 결국 해결할 수 있는 것은 자신의 몫이다. 위기를 어떻게 대처하느냐에 따라 나락으로 떨어질 수 있고 아니면 슬기롭게 대처하여 더 발전할 수도 있다.

상황이 어려울 때 조급하게 빠져나가려고 몸부림을 칠수록 상황이 더

꼬여 수렁 속에서 허우적대며 악화된다. 망상은 번뇌를 낳고 번뇌는 괴로움의 원인이 되는 악순환이 이어져 영혼을 지치게 한다. 급박한 상황이 되면 눈앞에 닥친 것에만 몰입하여 상황을 제대로 파악하기 어려워진다. 멀리 숲을 보지 못하는 것이다. 이러한 상황은 안개 정국과 똑같은 이치이므로 우선 냉정해질 필요가 있다. 주저앉는 것보다 백 배 나을 터이니 절대로 절망하여 포기해서는 안 된다.

상황이 어려울 때일수록 낙담하기보다는 더욱 냉정하게 돌아보며 문제를 찾아야 한다. 문제를 해결하다 보면 발전의 길이 보일 것이다.

인생은 매 순간이 선택이다. 가장 기본인 음식에서부터 짜장을 먹을까, 짬뽕을 먹을까. 구두를 살까, 운동화를 살까. 매 순간 선택을 해야 한다. 우리가 선택 앞에서 망설이는 이유는, 그것의 결정이 온전히 스스로에게 있기 때문이다. 선택을 잘못하는 순간 후회하고 실패하기 때문에 선택을 신중히 해야 한다.

어느 대학교수는 인생의 교훈을 이렇게 말했다.

"갈까 말까 할 때는 가라. 살까 말까 할 때는 사지 마라. 말할까 말까 할 때는 말하지 마라. 줄까 말까 할 때는 줘라. 먹을까 말까 할 때는 먹지 마라."

어떠한 선택을 하든 그것은 당신에게 달려있다. 당신의 선택이 혹여 실패를 했더라도 좌절하지 마라. 산에는 나무가 많다. 그 많은 나무가 모여 숲을 이루었다. 그 많은 나무 중에 한 그루가 부러졌다 해도 숲은 여전히 숲으로서 존재한다. 당신의 미래도 아름다운 숲이다. 그러니 부러진 한 그루 나무를 보지 말고 숲을 보아야 한다.

자신의 분야에서 최고가 되기 위해서 노력하고 헌신해야 한다. 그래야 노력의 나무들이 자라서 숲을 이루게 된다. 하늘에서 뚝 떨어진 성공은 어느 곳에도 없다.

지금도 늦지 않았다

어느 날 신도가 세상 살아가는 것에 마음이 너무 힘들다며 스님께 하소연하니, 고통스러운 마음을 꺼내어 놓으면 치유해 주겠다고 한다. 마음이란 것이 꺼내어 놓거나 눈에 보이는 것도 아닌데 왜 얼토당토않은 말씀을 하실까? 잠시 갸우뚱하긴 했지만, 마음이란 생각하기 나름이므로 생각부터 고치라고 일부러 그런 말씀을 하신 것이리라.

인생을 평범하고 순탄하게 사는 사람도 있는 반면에 실패하고 어렵게 사는 사람도 많다. 실패한 사람은 어떻게 딛고 일어서서 재기하느냐가 관건이다. '늦었다고 생각할 때가 시작할 때'라는 말처럼 어느 때이건 시작하는 것은 다시 일어서는 방법이다.

사회에서 잘 나가다가 실패하면 그 처절함은 이루 말할 수가 없다. 실패를 인정하고 싶지 않아 더욱 나락으로 떨어지는 것이다. 세상은 돌고 도는 것이라 올라가는 사람이 있으면 내려가는 사람도 있다지만, 바닥은 같아도 떨어지는 높이가 달라 충격이 다르다.

가난은 죄가 아니라고 떳떳하게 살아가라고 하지만, 살아가면서 느껴야 하는 감정은 형벌과 진배없다. 상황이 어려워 경제적으로 곤란함을 겪기도 하지만 외부에 드러내지 못하는 마음의 상처가 더 문제인 경우가 많다.

가난에 직면하여 일가족이 자살하는 내용을 매스컴에서 접하면 너무 안타깝고 무섭다. 죽을 용기가 있으면 그 용기로 사는 길을 생각한다면 어떨까 말하는 사람도 있지만, 오죽하면 막다른 죽음을 선택할까. 삶이 힘들고 괴로워서 때로는 죽음이 유혹할 때도 있겠지만, 남아 있는 가족들을 생각하고, 다시 일어설 기회가 반드시 있으니 과감하게 떨쳐내야 한다. 혼자서 감당하기 힘들면 주위에 알려서 도움을 청하는 것도 방법이다. 혼신의 힘을 다해 살자.

삶의 의욕을 잃고 무기력한 생활에서 벗어나지 못하고 헤매는 분들에게 권하고 싶은 곳이 있다. 비용은 조금 들겠지만, 생의 의욕을 다질 겸 필리핀 팍상한 폭포(Pagsanjan Falls)를 한번 다녀오라고 추천한다. 팍상한 폭포는 세계 7대 절경 중의 하나에 속하며 많은 영화 촬영지로도 유명한 장소이다.

팍상한 폭포에 가면 카누처럼 생긴 배인 방카에 관광객이 타는데, 사공 두 명이 앞에서 끌고 뒤에서 밀어주면서 강의 급류를 1시간 정도 거슬러 올라간다. 관광객이야 편히 앉아서 가면 되지만, 급류를 거슬러 올라가야 하는 그들의 직업은 너무 힘들어서 세계 극한 직업 중 하나로 꼽힌다.

다른 이들과 마찬가지로 나 또한 방카에 탔는데, 사공들의 노고에 저절로 미안해지면서 나의 생활을 뒤돌아보게 되었다. 저분들은 저렇게 힘들게 일하는데 나도 힘을 내자 반성의 마음을 갖고 돌아왔다.

사공 중에는 손가락과 발가락 절단 부상을 당한 사람도 많다고 한다.

일이 너무 고되고 힘겹기 때문이다. 그러나 그들은 힘들게 일하면서도 결코 웃음을 잃지 않는다. 그들의 웃음을 보면서 나는 상황이 힘들다고 무기력하게 늘어져 있다면 삶에 대한 모독이라는 생각을 했다.

팍상한 폭포는 지친 마음을 다잡을 만큼 충분히 다녀올 만한 가치가 있다. 한 번 다녀오면 마음의 상처를 받은 사람들은 위안을 받고 열심히 살아야겠다는 다짐을 하게 될 것이다.

사는 것이 내가 제일 힘든 것 같지만 주위를 둘러보면 나보다 더 불행한 사람들도 많다. 그러니 오뚝이처럼 다시 일어서자. 마음 깊이 남아 있는 상처를 보듬고 스스로 치유하는 법도 알아야 한 단계 성장한다.

다시 일어서기

누구나 가슴에 작은 소망이나 꿈, 앞으로 나아질 것이라는 기대를 안은 채 살아가고 있다. 그러나 사방에서 조여 오는 삶의 무게가 무겁게 짓누르고, 조금 행복해지려면 그것을 시기하여 고행의 길로 안내하려고 한다. 세상을 똑바로 가려고 하는데 주변 환경이 만만하지 않아 나를 흔드는 경우도 많다. 주변 사람들에게 받은 상처는 쉽게 잊히지 않고 삶을 무력하게 만들기도 한다.

이런저런 상처를 받으면 잊어야만 견딜 수 있는데, 세월이 흘러도 쉽게 잊지 못하고 가슴 한편에 쌓인다. 때로는 흔들리기도 하고 고통을 느끼지만, 살다 보면 어느새 적응력이 키워져 내성이 생기기도 한다. 그럼에도 여전히 흔들리고 불안한 것이 인생이고, 흔들림 속에서 주저앉기보다는 한 단계 성장하기 위해서 오늘도 열심히 사는 것이 삶이다.

　나는 절에서 10년 동안 생활하다 하산하였다. 인생의 황금기를 사회와 차단한 채 절에서 지내다 사회생활을 다시 시작하려니 모든 것이 새롭고 어렵기만 했다.

　절 생활을 하면서 얻은 것도 많지만 사회생활하는 데는 별로 도움이 되지 않는다. 시간이 지날수록 사회인도 아니고, 절 생활을 하는 사람도 아닌 회색 인간이 되어 겉돌게 된다. 그럴 때 주변 사람들이 많은 위로와 격려를 해주었다. 위로와 격려에 힘입은 것이 다시 사회생활을 할 수 있는 원동력이 되었다.

　주변에 세상사로 힘든 일을 겪는 사람이 있다면 금전적인 지원은 못 해주더라도 먼저 공감을 해주어라. 목이 마른 사람에게 물을 주고, 배고픈 사람에게 라면이라도 끓여주는 것이 사람을 보듬는 것이다. 고통에 휘말릴 때 위로를 해주면 상대는 감격하고 때론 눈물도 보인다. 눈물은 면역력을 강화해주는 약이다. 그러니 당신이 어려움에 처한 사람에게 공감하고 위로해주는 것은 한 사람의 정신적, 육체적 면역력을 높여주는 것이다.

　많은 사람이 흘리는 눈물은 미래의 보석으로 만들어야 고생한 보상을 받는다. 우리에게 좌절과 시련을 주는 것은 큰 그릇으로 만들기 위한 과정이며 신의 섭리라고 위안으로 삼아야 한다. 인간은 나룻배처럼 세파에 흔들리면서도 중심을 잡으려고 안간힘을 쓰며 노력한다.

　나는 어려움이 닥쳐도 강한 척 마음의 유리벽을 쳐서 남들에게 내보이지 못하는 성향이 짙다. 역으로 말하면 나 자신이 강하지 못하다는 것을 알고 상처받지 않으려는 마음이 앞서기 때문일 것이다. 친구들은 나에게 사막에 떨어져도 살아남을 것이라고 말하지만, 겉으로 강한 척하는 사람이 외로움을 많이 느끼고 내면은 더 약하다는 것을 반증하는 것이라 생각한다.

대부분 심성이 착하고 남에게 싫은 소리를 하지 못하는 사람들이 혼자 가슴앓이를 하다 우울증으로 발전하는 경우가 많다. 세상 사는 것이 무의미하고 재미없어서 의욕을 잃기도 한다. 우울증이 심한 사람에게는 아무리 좋은 이야기를 해줘도 쉽게 헤어 나오지 못한다. 우울증은 심해지면 자신의 목숨마저 버리는 무서운 병이다. 정신과 치료를 받는다고 해도 의사가 조언과 치료를 해주지만 헤치고 나와야 하는 것은 결국 자신이다.

힘들고 복잡한 세상을 살면서 스트레스를 받지 않고 살아갈 수는 없겠지만, 잘못한 것이 있더라도 자신을 너무 학대하지 마라. 스트레스를 받았을 때 스스로 벗어나려는 지혜가 필요하다. 그래야 충격을 줄일 수 있다.

세상을 살면서 힘들 때는 종교를 갖는 것도 하나의 방법이다. 개성과 적성에 맞는 종교를 선택해서 믿다 보면 의지가 된다. 이단 종교도 있으니 선택을 잘해야 한다. 나 자신이 우선이며 다음에 종교가 존재한다는 사실을 염두에 두고 너무 깊이 빠져들지 말아야 한다.

인간의 모든 괴로움은 탐(貪), 진(瞋), 치(癡)에서 비롯된다. 살아가면서 이 세 가지만 잘 다스리면 고행에 빠져들지 않는다는 부처님의 가르침이다. 지나치게 욕심을 부려 화를 자초하고, 마음에 들지 않으면 화부터 내서 분위기를 망치고, 사리판단을 바르게 하지 못해 어려운 길로 들어선다는 내용이다. 종교를 초월하여 가슴에 새기고 실행한다면 지혜로운 사람이 되어 세상사를 살아가게 될 것이다.

자신이 맡은 일에 최선을 다하고, 소홀히 여기지 않는다면 성공은 저절로 따라오기 마련이다. 여유를 갖고 일을 하다 보면 자연스레 자기 일이 좋아지고, 타인에게까지 좋은 영향을 끼치게 된다. 자신이 좋아하는 일을 하다 보면 설사 실패의 기로에 서 있다 하더라도, 좋아하는 일을 놓지 않기 위해 치열하게 방법을 찾게 된다. 열심히 모색하다 보면 실패의 위기에서 전화위복이 되어 그 일이 더 잘 되는 경우가 많다. 그러니 실패했다고 너무 낙담하지 말고 탈출구를 찾아라.

가난한 집에서 태어났다면 더욱 성실하게 일하여 가치를 찾으면 된다. 배움에 한이 맺혔다면 배움에 관심을 갖고 노력하면 된다. 불행하다고 생각하는 것보다는 나에게 도움이 되는 길을 찾아야 한다. 그러면 성공의 문이 조금씩 열리게 되어 있다.

성공한 사람들은 아이디어도 좋지만 신중하면서도 일단 결정을 내리면 저돌적으로 추진하는 뛰어난 모습을 보여준다. 하지만 자신의 분야에서 성공의 반열에 올랐다고 해도 지키기가 쉽지 않아 무너지는 것도 순식간일 수 있다. 다시 일어서려면 몇 배의 열정과 노력으로도 재기하는 것은 매우 어려운 것이 현실의 한계이다. 그러니 신중하고 치밀하게 기획해서 꼼꼼하게 짚어보는 것이 잘못되어 후회하는 것보다 백번 낫다.

실패한 사람이 좌절과 고통을 딛고 일어서면 더 큰 그릇으로 만들어진다. 하나의 그릇으로 만들어지려면 뜨거운 불 속에서 견뎌내야 하듯이 인간도 수많은 실패를 이겨내야 큰 인물로 탄생하는 것이다. 눈물 젖은 빵을 먹어 봐야 인생의 깊은 맛을 안다고 한다. 시련이 닥쳐도 꼭 다시 일어서고야 말겠다는 각오로 도전하다 보면, 성공의 자리에 선 그날, 시련을 추억 삼아 이야기할 날이 올 것이다.

위기를 전화위복의 계기로 만드는 것은 신념이다. 신념을 갖고 다시 일어서겠다는 마음가짐이 필요하다. 내가 존경하는 사람은 유명한 사회 인사들이 아니라 어려움을 이겨내고 자수성가한 당당한 사람들이다. 그들은 모두 신념을 갖고 우뚝 섰다.

강한 신념은 어렵고 힘든 순간이 닥치더라도 삶을 지탱해주고 이겨낼 힘을 선물한다. 어둠이 진할수록 별이 빛나듯이 어려움을 딛고 일어섰을 때 감동은 더욱 진하다. 앞으로 잘될 거라는 희망을 가슴에 품고 열심히 산다면 장밋빛 인생이 다가올 것이다.

8. 사랑과 행복을 위해

소소한 행복 누리기

인간의 궁극적 삶의 가치는 행복을 느끼며 사는 것이다. 사람은 자신이 원하는 것을 얻거나 마음이 충만해질 때 행복해진다. 소소한 일상에서 기분 좋은 시간을 만들어 기쁨으로 충만하면 그것이 재미요, 행복이다. 그러나 행복한 시간보다 고민하고 괴로워하며 세상을 재미없게 보내는 사람이 더 많은 것이 현실이다. 행복을 너무 거창하게 생각하기 때문이다.

행복해지려면 어떻게 해야 하는가? 본인이 좋아하는 일을 하게 되면 자연히 열중하게 되고, 만족감이 생기면서 자존감도 높아지는 것은 당연한 이치이다. 행복은 멀리서 찾지 말고 가까운 내부에서 찾아라. 소소한 것부터 챙기다 보면 충만감이 생긴다. 행복은 조건에 있지 않고 마음에 있다는 것을 새겨야 한다.

나는 산을 좋아해서 기회가 되면 자주 오른다. 힘들고 어려울 때도 언제나 반겨주는 산 정상에 서면 쌓인 스트레스가 모두 날아간다. 산에서 내려오다가 절이 보이면 법당에 들어가 명상을 하면 머리도 맑아지고 충만감이 느껴진다. 나만의 소소한 행복이다.

독일의 철학자 칸트는 행복의 원칙에서 어떤 일이든 자신에게 주어진 일을 잘하고, 누군가를 사랑하며, 어떤 일에도 희망을 가진다면 행복해진다고 했다. 그렇듯 돈을 많이 벌었거나 정상에 있다고 행복한 것이 아니다. 돈이 많아도 정신적으로 불행한 사람들이 많다. 성공한 자신의 위치에서 벗어나지 않기 위해 행복과 점점 멀어지는 사람들도 많다. 그러나 인간의 궁극적인 삶의 질은 물질이 아니라 정신적인 행복이다. 행복해지려면 지금 생활하는 공간에서 하고 싶은 일이 무엇인지를 찾아내 실천에 옮겨야 한다.

법정 스님은 가진 것이 많으면 소중함을 모른다고 무소유를 몸소 실천한 분으로 유명하다. 많이 소유하면 행복하리라 생각하지만 인간의 만족은 끝이 없는 게 사실이다. 현재 주어진 상황을 어떻게 생각하느냐 하는 것은 주관적이지만, 소중함을 잊고 사는 경우가 허다하며 감사함을 모른 채 지나치는 경우가 많다. 주변 환경을 원망하면 더 나빠질 수도 있는 것을, 이 정도로 끝나서 다행이라고 긍정적으로 생각하면 위안이 되기도 한다.

행복은 작은 일도 소중하게 여기는 습관에서 비롯된다. 행복을 스스로 찾는 사람들은 아무리 바빠도 마음의 여유를 갖고 생활한다. 자신에게 치유의 시간을 주어 다시 힘을 얻는 충전의 시간을 갖는 것이다. 혹여 문제가 생기더라도 묵묵히 받아들이며 좋아질 상황을 긍정적으로 기다리기도 한다. 모든 완벽주의로부터 벗어나는 것도 자유를 만끽하는 행복이다. 그렇듯 행복은 스스로 찾아야 한다.

인간은 누구나 행복할 권리가 있다. 즐거운 인생을 산다는 것은 행복할 권리를 누리는 것이다. 기분이 좋거나 매사에 감사하는 마음을 유지하는 것도 행복의 한 방법이다.

사랑하고 또 사랑하자

이 세상에 사랑만큼 좋은 단어가 또 있을까? 사랑하는 사람과 행복하게 살고 싶은 것이 누구나 갖고 있는 소망일 것이다.

결혼한 사람들을 보면 대다수가 성향이 반대인 경우가 많아 살면서 사사건건 부딪치는 경우가 허다하다. 전기도 (+), (−)가 있어야 통하듯이 인간은 자신이 갖지 못한 부분이 있는데 채워줄 사람을 배우자에게서 찾게 되는 본능이 잠재되어 있다. 사랑은 처음에는 달콤하지만 시간이 지나면서 애정은 식기 마련이다. 부부간이라도 성향과 욕망이 다르다 보니 서로 이해하고 맞추어가면 다행인데 그렇지 않으면 다툼으로 이어진다.

어머니 배에서 나온 형제도 성격이 다르고 내 몸에 있는 손가락도 길이가 전부 다르다. 그런데 몇십 년을 다른 환경에서 성장한 남남끼리 만나서 살아야 하니, 맞추어가는 것이 그리 쉬운 것은 아니다. 아니, 너무도 어려운 일이다.

순간의 선택이 되었든, 오랜 세월 지켜봐왔든, 결혼하는 동시에 부부는 상대를 보듬고 맞춰가는 평생 동반자가 되어야 한다. 사는 것이 힘들고 재미없다고 엉뚱한 짓을 하게 되면 나락으로 떨어지게 된다. 불나방이 화려한 불만 보고 덤벼들면 목숨을 보전하지 못하듯이, 인생도 재미만 추구하다 보면 불나방 신세가 되기 십상이라는 것을 명심해야 한다. 인생이 허무하다고 느껴지면 건전한 취미나 새로운 것을 배우는 것에 의미를 찾아야 한다.

서로의 차이를 인정하는 과정에서 서로를 배려하여 모자란 부분을 채워주고 보듬어주면서 맞추어가는 것이 부부가 가야 할 길이다.

사랑은 내가 대접받으려고 하는 것이 아니라 상대에게 맞추어 주면서 조화를 만들어내는 것이다. 상대가 먼저 해주기를 바라지 말고 내가 먼저 상대가 원하는 것을 해주어라. 자존심을 버리고 감싸주는 격려가 필요하다. 지는 것이 이기는 것이다. 가족의 평화를 위해 이 방법이 지혜롭게 사는 비결이다.

행복이 들어올 수 있게 마음의 문을 열어 놓아야 한다. 혼자 가는 길은 외로움이 묻어나지만 둘이 함께 가면 아름답고 행복한 사랑과 우정이 가득하다. 일을 하다 잘못되었을 때 가장 든든하게 받쳐주고 믿을 수 있는 사람은 역시 가족이다. 세상을 살아가는 데 가족의 소중함은 이루 말할 수 없다.

남성은 겉으로 강한 것 같아도 속으로는 여린 면이 있다. 여성은 약한 것 같아도 고난이 닥치면 강해지는 모성애를 발휘한다. 밖에서 고생하고 오는 남편을 아내가 조금만 감싸주고 위로해주면 힘들었던 것도 언제 그랬냐는 듯이 금방 풀어진다.

아내는 결혼과 동시에 자기실현의 욕구를 접고 가정을 위해 희생한다. 그러니 남편이 사랑으로 보듬어주어야 한다. 아내들은 큰 것을 바라는 것이 아니라 작고 사소한 일에도 감동하고 행복감을 느낀다. 살면서 긍정적인 자세로 편안한 삶을 꾸려나갈 수 있게 노력해야 한다. 옆에서 자리를 지켜주고 어려울 때 마음의 위안을 주고 어루만져 주는 것이 진정한 사랑이다.

남녀 간의 사랑이나 행복을 가정에서 찾을 수 있겠지만 정말 위대한 사랑이 어떠한 것인지 나에게 심어준 분이 계신다.

시골의 허름한 집에서 중증 장애인들을 보살펴주는 목사 부부를 만난 적이 있다. 목사 부부는 부모마저 외면한 중증 장애인들과 생사고락을 같이하고 있었다. 자신들이 힘든 것은 뒤로하고 중증 장애인들을 헌신적으로 돌봐주는 모습은 하늘에서 내려온 천사로 보였다. 사모님의 손이 수세미처럼 거칠어진 것을 보고 가슴이 뭉클하였다. 세상이 알아주지 않아도 자신을 희생하면서 남을 위해 헌신하는 사람들은 거룩하고 존경스럽다. 성인(聖人)이 따로 없다.

사람의 정이 그리운 원생들은 내가 안아주니 떨어지지 않으려고 했다. 헤어지려고 나오는데 원생들이 울면서 매달려 발길이 떨어지지 않았다. 일상의 생활을 뒤로한 채 중증 장애인들을 돌보며 지내는 존경스러운 목사 부부의 모습은 시간이 지나도 가슴속에 선명하게 남아 있다.

나는 책과 자연을 사랑한다. 비 오는 날 빗소리를 듣는 것도 좋아하고, 음악을 들으면서 책 읽는 시간에는 잔잔한 즐거움이 존재하니 좋다. 글을 쓸 때 좋은 글귀가 생각나지 않는 고통스러운 순간도 있지만, 글을 써 나갈수록 충만감을 느낀다. 마음속에 묻혀 있는 이야기를 백지 위로 끄집어내어 친구가 되기도 하고, 때로 글귀들은 나의 반면 선생이 되기도 한다. 자신이 주인공이 되어 이야기를 전개해 나가고 몰입하다 보면 시간 가는 줄 모르고 모든 것을 다 잊게 된다.

글을 쓰는 공간이 삭막했었는데 작은딸이 어버이날에 사준 카네이션 화분이 공간을 밝게 채워준다. 카네이션을 보고 있으면 행복감에 젖는다. 자그마한 것이지만 행복하다.

몇 년 전, 시에서 운영하는 양로원에 위문을 간 적이 있다. 할머니 한 분이 귤을 드시지 않고 주머니에 넣기에 왜 그러시냐고 여쭤보았더니 좋아하는 할아버지에게 주려고 챙기는 거란다. 나이를 먹어도 이성을 사랑하는 할머니의 순박함이 인상적이었다.

좋아하는 감정과 감사한 감정은 가장 기분 좋은 마음이다. 기분 좋을 때 분비되는 쾌락 호르몬은 진통제인 모르핀의 150배의 진통 효과를 낸다고 한다. 그러니 누군가를 좋아하고, 끊임없이 감사한 감정을 갖는 것은 건강을 유지하며 최고의 행복을 누리는 것이라 할 수 있다.

100세 시대가 되다 보니 경제력도 중요하지만, 무엇보다 건강이 최고다. 얼마나 오래 사느냐보다 사는 동안 건강하게 사는 것이 우선이다. 늙는 것도 서러운데 몸이 아프다 보면 환자의 고통이야 말할 것도 없지만,

옆에서 간호를 해주는 사람의 고생도 이만저만이 아니다. 건강해야 경제적인 문제와 가정이 안정된다. 그러니 건강은 건강할 때 지켜야 한다. 건강해야 삶이 행복하다.

행복과 사랑을 위해, 무엇보다 소중한 자신을 위해 심신이 건강해지는 투자를 해야 한다. 일상생활이 쳇바퀴 돌 듯 만사가 귀찮고 의욕이 저하되면, 혼자서 여행을 떠나는 것도 기분전환을 위해 좋다. 나는 혼자 부산에서 동해안을 따라 강원도를 거쳐 전국을 일주했다. 혼자라 가끔 고독해지기도 하지만, 그 고독한 것조차 힐링이 되는 것이었다. 혼자만의 여행, 나만의 시간을 갖는 것도 나름대로 매력이 있고 삶을 즐겁게 해준다.

여행을 하다 보면 일상에서 만나지 못하는 새로운 세상을 접하게 되고 기분 좋은 에너지를 축적하게 된다. 멀리서 무지개를 찾지 말고 작은 것도 소중하게 여기면서 감동이 있는 삶을 찾으려고 노력하면 삶의 질은 당연히 높아질 것이다.

9. 미완성 그림

　인생은 결코 길지 않다. 우리는 잠시 왔다 가는 나그네이다. 잘난 사람이든 못난 사람이든 인생의 종착역을 거부할 수 없다. 누구나 이 세상에 태어나면 반드시 죽기 마련이다. 죽음은 언제 찾아올지 아무도 모르기 때문에 누구나 죽는 것에 대한 두려움을 지니고 있다.

　죽음은 그 누구도 거부할 수 없으므로 대비는 하고 살아야 한다. 사람은 죽음에 이르렀을 때, 이룬 것에 대한 기쁨보다는 이루지 못한 것에 대해 아쉬움을 많이 토로한다고 한다. 그중에서도 주변 사람들에게 베풀지 못하고 죽는 것에 대한 후회가 제일 크다고 하니, 평소에 베푸는 인생을 실행해야 한다. 가진 것이 많을 때 남을 도와주는 것도 좋지만, 가진 게 적어도 이웃에게 나누는 삶, 더불어 사는 삶을 살면 후회가 적을 것이다.

　가족에게 재산을 상속해주는 것도 중요하지만, 어려운 사람들에게 관심을 갖고 보듬어주는 삶을 지향한다면 우리가 사는 세상이 좀 더 따뜻해질 것이다. 주변의 어려운 이웃들에게 경제적으로 도와주는 방법도 있겠지만 후원단체에 가입하고, 육체적으로 봉사도 할 수 있다. 적선(積善)을 많이 하면 후대에 복을 많이 내려준다는 이야기를 떠나 나눔을 실천하면 나 자신이 뿌듯해져서 자존감이 올라간다.

등대는 어둠 속의 바다 위를 비춰 배가 잘 가도록 인도해주는 고마운 역할을 한다. 법당의 초도 자기 몸을 태우면서 주변을 밝힌다. 누구나 등대가 되고 초가 되는 인생을 살 수는 없지만, 그럼에도 주변을 환하게 밝히는 인생은 죽음에서 마저 자유로울 것이다.

절에서는 사람이 죽으면 49재를 지내준다. 이승에서 저승으로 가는 길을 인도하는데 다음 세상에서는 좋은 곳에 윤회하기를 비는 제례의식이다.

한 치 앞도 모르는 인간의 삶. 죽음 앞에서는 동전 하나 가지고 갈 수 없음에도 베풀기는커녕 돈의 노예가 되는 경우도 흔하다. 돈에 대한 애착심이 강할수록 돈의 노예가 된다. 그런 사람들은 베푸는 것에 인색하고 저승에 갈 때 모든 것을 가지고 갈 것처럼 행동한다. 하지만 수의에는 주머니가 없다는 것이 무엇을 의미하는지 알아야 한다.

주변에 몇백 억 재산이 있는 사람이 있다. 그런데 친구들의 모임에도 식사비가 5만 원 이상만 되면 슬금슬금 사라지곤 한다. 인색하게 생활했기에 그 정도 재산을 모았겠지만 불쌍한 인생이라고 수군대는 것을 그 사람은 정녕 모른다.

우리가 가장 많이 하는 착각은 현재 가진 재물이 모두 내 소유물이라고 생각하는 것이다. 그러나 영원한 것은 하나도 없다. 한시적으로 잠깐 내 품에서 머물다 어느 시기가 되면 떠나가게 된다. 결국 세상은 돌고 도는 것이다. 그러니 살아있는 동안에 돈과 욕망에 탐욕하지 말고 어려운 이웃을 도와주는 이타적 삶을 살아야 한다.

나는 등산을 자주 하는데 어느 날 산에서 내려오다가 미끄러져 발을 골절당하는 부상을 당한 적이 있다. 수술을 하고 요양병원에서 치료를 받았다. 그곳에 입원한 어르신 중에는 집이 부유해 상속해줄 재산이 있는 분은 가족들이 계속 면회를 오지만, 재산이 없는 어르신은 면회를 거의 오지 않는다고 한다. 심지어 몇 달씩 병원비가 밀려서 독촉하면 병원비만 내고 부모는 찾지도 않고 그냥 가는 자식도 있다는 소리를 들었다. 모두 각자 삶의 모양새가 다르겠지만, 돈 때문에 부모와 자식 관계가 멀어지는 일은 없어야 한다. 하늘이 내린 천륜을 어기는 짓은 하지 말아야 한다.

삶을 살기 위해 돈은 필요하지만, 돈의 노예가 되지 말고 베풀면서 인생을 즐기라고 권유한다. 가족을 소중하게 여기며 행복지수를 높이는 것이 무엇인지 찾아내 여유를 즐기는 생활을 해야 한다.

평상심을 유지하라

조용한 산사에서 딱따구리가 집을 짓느라 나무 위에서 쪼아대는 소리가 청량하게 들린다. 스님이 말씀하시길 딱따구리가 집을 만들기 위해서는 10만 번 정도를 쪼아야 새 둥지가 완성된다고 한다. 그렇게 힘들게 지었음에도 가끔은 보금자리를 다른 동물들에게 내주는 경우가 있다고 하니 불공평하기도 하다. 둥지를 빼앗긴 딱따구리의 마음은 어떨까?

현대는 문명이 발달하면서 의식주에 여유가 생겼다. 삶의 질은 높아진 반면 외로움과 고독감을 느끼는 사람들도 많아졌다. 집을 빼앗긴 딱따구리처럼 여러 가지 상황을 맞닥뜨리면서 평정심을 유지하기 어려운 것도 사실이다.

평소에 생활할 때는 평상심을 유지하는 것이 쉽게 느껴진다. 하지만 하는 일이 뜻대로 되지 않거나 어떤 일이 닥쳐 화를 참지 못할 때는 평상심을 유지한다는 것이 정말 어렵다.

생각지 않게 속세를 떠나야만 했을 때, 나 또한 마음을 다스리는 것이 너무 힘들었다. 요사채의 벽에 걸린 액자에 일체유심조(一切唯心造)라는 글이 있는데 항상 눈에 들어왔다. 모든 것은 오로지 마음이 지어낸다고 하지만, 나 자신조차 이겨내지 못하고 정신적으로 방황하는 시간이 너무 많았다.

사회적인 물욕과 정신세계의 틈바구니에서 갈등을 느끼는 시간이 길었다. 평정심을 유지하기 위해 나는 명상과 기도에 매달렸다. 갈등이 깊어질 때마다 명상하고 기도하는 시간이 늘어나자 차츰 평상심을 찾기 시작했다.

그런데 모든 것을 내려놓았다 싶으면 쓸데없는 번뇌가 더 큰 구름을 만들고 소나기를 내려 나를 흠뻑 적시기도 한다. 소나기에서 빠져나오려 하면 할수록 나를 놓아주지 않고 더욱 힘들게 만든다. 그래도 끊임없이 평상심을 찾으려고 부단히 애썼다. 그러다 보니 절제가 익숙해지고 마음도 편안해진다.

　불교에서는 해탈을 목표로 하는데 모든 속박에서 벗어나 초월하는 것을 말한다. 열반은 괴로움이 모두 소멸되는 것을 의미한다. 인간으로 태어나서 남보다 앞서 나가고 싶은 욕망은 누구에게나 있기 마련이다. 돈이나 명예도 중요하지만 그보다 마음이 편해야 한다. 해탈까지는 아니더라도 평상심을 유지해야 삶이 편안하다.

　삶이 고달플수록 마음의 평정을 찾기가 쉽지 않다. 물을 먹은 솜처럼 지탱하는 것조차 힘들 때도 있겠지만 운명에 순종하며 마음을 편하게 하는 습관을 길들이자. 보다 나은 나의 건강과 미래를 위해 평상심을 유지하도록 노력해야 한다. 마음이 흩어질 때 명상을 하면서 평상심을 유지하자. 명상은 삶의 질을 보다 좋게 할 것이다.

감사하는 삶이 행복하다

　우리나라는 경제적으로 세계 10위권을 놓고 경쟁하지만 행복지수는 한참 뒤에서 맴돈다. 과거에 서로 어렵게 살 때는 몰랐는데, 경제력이 올라가 눈높이가 높아지다 보니 주변 사람들과 경제력을 비교하기 때문이다. 타인과 비교하다 보면 자칫 열등감에 사로잡힐 수 있다. 열등감은 무기력을 동반하고 그러다 보면 패배주의에 빠지기 쉽다. 나의 삶은 타인과 비교 대상이 아닌, 나만의 목적이 있는 삶이다. 남이 잘되는 것을 보고 무기력해지는 것은 내 삶에 대한 모독이다. 열등감과 무기력함은 악순환을 반복하게 하니 극복하고 이겨내야 한다.

자신을 사랑하는 사람은 아무리 거센 파도가 온다 해도 회피하지 않는다. 자신을 사랑하는 사람은 매사에 감사할 줄 안다. 감사함은 감사한 일을 더 많이 만들게 하고, 결국엔 인간관계도 좋아지고 성공의 길, 행복의 길로 안내한다.

데일 카네기의 인간관계론을 보면 교도소에 수감 중인 살인자들조차 자신이 나쁜 사람이라고 여기는 죄수가 극히 적다고 한다. 자신의 잘못보다 남과 주변 환경을 탓하고 각종 이유를 대면서 반사회적 행동이 정당했다고 여기며 변명을 하는 사람이 많다고 한다.

자신을 사랑한다면 매사에 감사하고 잘못을 인정할줄 알며 이타적인 삶을 산다. 자신의 잘못을 인정하지 않고, 변명을 일삼는 사람은 자기 자신을 사랑하지 못하는 사람일 수 있다. 그런 사람에게 인생에 대한 충고를 함부로 했다가는 반감을 사기 쉽다. 충고도 상대가 받아들일 그릇이 되었을 때 하는 것이다.

주변을 둘러보면 굵고 강하게 살자, 라고 말하는 사람이 많은데 너무 강한 것도 좋지 않다. 대나무는 태풍에도 부러지지 않지만 굵은 고목도 쓰러진다. 대나무는 성장하면서 속을 비우고 마디를 만들기 때문에 태풍에도 흔들리기만 할 뿐 쉽게 부러지지 않는다.

살아가는 동안에 힘든 시간이 오면 음악의 쉼표처럼 휴식과 여행을 해주며 나만의 시간을 가져야 한다. 대나무가 마디를 만들 듯이 지쳐있는 심신도 충전하여야 더 큰 그릇으로 성장할 수 있다.

나는 절에서 오래 생활했는데, 절에서의 생활은 아주 단순하면서도 어렵다. 절에서는 돈 쓸 일도 없으니 기도와 명상, 책 읽는 일에 주력한 생활이었다. 단순하지만 그 속에서 행복했고 인생에 관해 많은 생각을 하게 되었다.

인생이란 고행과 기쁨이 반복되지만, 세상을 살아갈 수 있음에 감사한 마음으로 살아가야 한다. 태어난 자체가 축복이고, 사랑받아 마땅한 삶이니 감사하지 않을 수가 없다. 감사는 할수록 감사할 것이 많아진다.

우리가 꿈꾸는 행복은 진정한 자유를 얻는 것이다. 자신이 하고 싶은 일이나 이루고자 하는 목표를 향해 질주하는 인생은 얼마나 감사한가? 그러니 당신이 하고 싶은 일에 집중하고 열중하라! 그러면 행복해질 것이고, 매사에 감사함이 따를 것이다.

자신을 사랑하고 감사할 줄 아는 사람은 최고의 멋쟁이며 인생을 성공적으로 이끌어 간다. 축복받은 자신에게 감사하자. 그리고 또 감사하자. 감사할 줄 아는 당신은 이미 성공으로 가는 길 위에 존재할 것이다.

10. 너를 스캔

명리 사상과 인생

동양학의 하나인 역학은 2,000년 전 중국 은나라에서 처음 시작되었다. 송나라와 명나라를 거치면서 음양오행의 상생과 상극이론을 결합하여 간명(看命)한 것이 획기적인 발전을 이루게 되었다.

우리나라도 고려시대 때 과거제도에서 잡과를 통해 정5품부터 정3품 벼슬인 명리관까지 배출하였다. 역술에 통달하신 분들이 관직은 물론 국사에도 참여하였다. 정도전 선생이나 이율곡 선생도 역학에 능통하신 분들이다.

명리사상은 개인의 능력 중에서 뛰어난 부분을 찾아 알려주는 학문으로 자연과 인간의 조화로운 진리이다. 명리학은 동양의 음양과 오행으로 요약되는 자연철학이며, 태어난 날과 시간에 해당하는 사주로 한 사람의 운명 즉 길흉화복을 예측하는 동양철학의 한 학문이다. 천지인(天地人)

중에서 '천'은 하늘의 이치를 탐구하는 천문학, '지'는 지리학, 풍수지리학, '인'은 인간이 살아가는 이치를 연구한다.

　우주에 태극의 기류가 발생하여 분열의 법칙에 의해 세상 만물은 음과 양으로 이루어지며, 음양오행으로 변화한다. 하늘과 땅, 남자와 여자, 태양과 달 등은 동시에 존재하면서 상반된 의미를 지닌다. 이것이 서로 조화를 이루어 두 개의 톱니바퀴와 같이 맞물려 순조롭게 돌아갈 때 비로소 천지 만물이 균형을 이룬다. 이것이 음양의 사상이다.

　천지만물이 지배하는 공간을 천리(天理)라고 하는데 하늘과 땅 사이의 모든 것을 지배하는 원리로 음양의 조화가 깃들어 있다. 인간 또한 천지 간에 존재하는 삼라만상의 하나이기에 천리에 따라 당연히 음양의 영향을 받는다. 때로는 극하고 대립하면서 세상의 진리를 밝혀내니 신비스러우면서도 변화하는 수가 무궁무진하다.

　서로 주어진 운명과 숙명을 안고 살아가야 하는 것이 우리들의 삶이다. 인간들의 행복한 삶을 위하여 음과 양의 조화를 창출하고 발전시켜 나간다면 이상적인 화합이 될 수 있다.

　사람은 누구나 태어난 년, 월, 일, 시가 존재한다. 이것을 네 기둥이라는 의미로 사주(四柱)라 한다. 네 기둥은 천간(天干)과 지지(地支)로 구분하여 여덟 글자로 이루어지는데 이를 팔자(八字)라 부른다. 사람이 태어난 사주를 분석하여 인간의 길흉화복과 미래를 예측하는 명리학은 통찰력 있는 고귀하고 소중한 학문이다.

　명리학은 일반인들이 어려워하면서도 관심과 호기심을 갖는다. 인생의 흐름을 파악하여 미래가 어떻게 펼쳐질지 예견해주는 신비스러움이 존재하기 때문이다. 명리학은 너무나 심오하고 오묘하여 책만 보고 10년을 공부해도 통변하는 것이 쉽지 않다.

사람은 환경과 교육에 의해 인격이 형성되는데, 명리학에서는 성격과 심리파악이 가능하다. 평생 불리는 사람의 이름도 무시할 수 없으며 사주팔자와 상호 상관관계를 형성한다. 오랜 기간을 연구하다 보니, 종합적인 운명을 판단했을 때 성명이 10%, 관상이 20%, 사주가 70%를 차지한다고 개인적으로 추명(推命)해 본다.

사주는 선천명이고 이름은 후천명으로 평생 따라다닌다. 관상은 마음에서 쌓인 심상(心像)이 얼굴에 나타나 인상이 만들어지므로 중요하게 여긴다. 역술가마다 보는 법이 천양지차이다. 성명이나 관상을 중시하는 분도 계시고 사주만을 전체적으로 보는 분도 계신다. 개인적인 의견이 다르므로 어느 것이 맞다 틀리다 단정할 수 없다.

사람의 인생은 복잡하고 미묘하여 명리학에서도 하나로 결론 내기는 쉽지 않다. 각자 인생사가 다르고 사람마다 성격과 적성이 다르며, 다양한 학문의 접근 방법으로 심리적 특성을 분석하기 때문이다. 나는 종합적인 학문으로 인식하여 다방면으로 보는 것이 효과적이라고 생각한다.

명리학의 목적은 어려운 일이 닥칠 것을 미리 조언하여 어려움을 최소화하고, 고통에 잠긴 사람은 벗어날 수 있도록 도와주는 것이다. 그렇기에 행복과 희망을 나누어 주는 아름다운 활인법(活人法)이다.

사람이 태어난 날에 받은 하늘의 기운을 천성이라 하며 본래 타고난 성품을 말한다. 숙명은 태어남과 동시에 부모와 형제가 정해지는 등 주어진 환경에서 살아가야 하므로 나의 의지로 바꿀 수 없다. 운명은 각자 주어진 그릇이 있으나 자신의 노력 여하에 따라 삶이 얼마든지 바뀔 수 있기에 삶에 최선을 다해야 한다.

거울만큼 우리 모습을 잘 비추어주는 물건도 없다. 하지만 거울은 겉만 보여줄 뿐, 내면의 성향은 전혀 파악하지 못한다. 몇 번 만나도 사람의 속마음은 쉽게 알지 못한다. 오죽하면 열 길 물속은 알아도 한 길 사람 속은 모른다는 속담이 있을 정도이다. 사람의 마음을 파악하는 것이 그만큼 어렵다는 이야기이다.

성공하려면 우선 상대를 정확하게 파악해야 한다. 상대방의 첫인상은 10초 이내면 어느 정도 파악할 수 있으나 추측만 할 뿐이다. 지피지기면 백전백승이라는 말이 있다. 상대를 알고 나를 알아야 이길 확률이 높다. 상대의 성향을 빠르게 파악하여 대처한다면 사회에서 성공할 확률이 훨씬 높아진다. 상대방 내면의 특성을 정확히 파악하여 이에 맞게 대처하는 것은 엄청난 결과의 차이로 나타난다. 이 책에 해답이 있으므로 일상에서 잘 활용하기 바란다.

첫 인상도 중요하지만, 상대방의 호감을 얻는 방법은 바로 상대의 이름을 기억해 주는 것이다. 다음 만남이 이루어졌을 때, 상대방의 이름을 기억하지 못하고 쩔쩔맨다면, 상대는 당신에게 신뢰를 주지 않을 것이다. 상대방의 이름과 특성을 기억해 주는 것은 상대에게 호감과 신뢰를 얻는 빠른 길이다. 상대방의 이름을 꼭 기억하라.

내가 존중받는 것을 원한다면 상대도 마찬가지로 존중받기를 원할 것이다. 그러니 내가 칭찬받고 싶은 만큼 상대를 칭찬하고, 도움을 받았다면 감사함을 적극적으로 표현해야 한다. 그러면 상대도 자연스럽게 나에 대한 호감도와 신뢰를 높일 것이다. 긍정이 긍정의 순환이 되고, 에너지의 파장 또한 넓어지니 상대방에 대해 불평하는 것보다는 차라리 상대가 잘 되게 빌어주는 것이 지혜롭고 현명하다.

솔로몬 왕은 "현명한 사람들의 조언에 귀를 기울이며 지혜를 찾겠다"고 했다. 상대를 파악하려면 상대의 말에 귀를 기울여 경청해야 한다. 경청은 상대의 신뢰를 얻는 기본 예의다. 나의 말만 장황하게 늘어놓는 것은 스스로 경계해야 한다.

내가 아는 분은 유명한 대형교회의 신도이다. 그분은 주위에 아픈 사람이 있으면 손수 죽을 끓여서 대접하고, 어려움을 당한 사람이 있으면 먼저 달려가 위로해준다. 이타심이 강한 그분의 보살핌에 감동한 사람들은 전도를 한다 해도 거부하지 않을 것이다. 그처럼 상대의 처지를 먼저 알아주고 공감해 주는 것은 상대의 신뢰를 얻는 큰 덕목이다.

비즈니스 방법도 옛날과 달라져야 한다. 과거에는 일일이 사람들을 찾아다니면서 비즈니스를 하였다면 지금은 상대가 나를 찾아오게 만들어야 한다. 현대는 정보통신 시대이니 SNS와 유튜브, 카페, 블로그 등을 잘 활용하는 것도 비즈니스의 방법이다. 여러 가지 유용한 방법들을 잘 모색하여 앞날에 무지개가 환하게 펼쳐지도록 발전시켜 나가야 한다.

명리학을 공부하는 사람들은 인생의 진정한 상담자가 되어야 한다. 사람의 운명을 감정한다는 것은 결코 쉽지 않다. 그러므로 본질을 찾으려 노력해야 하며 미래의 운명 전개에 희망의 등대가 되어야 한다.

그러나 얕은 지식으로 손님들을 현혹하는 일부 역술가 때문에 명리학의 진정성이 흐려져 이미지가 많이 퇴색되었다. 안타까운 일이다. 일부 역술가들은 좋지 않은 일이 생긴다고 약점을 잡아 부적이나 액막이를 한다고 악용하여 목돈을 챙기는 사례도 있다.

인생을 살아가면서 절박하게 기도하며 빌어본 적이 있는가? 보통 때는 그냥 넘어가다가 어려움이 닥치면 종교가 없더라도 신에게 간절하게 빌게 된다. 인생의 어려움을 겪고 있을 때 상담하러 온 사람에게 거짓된 사주를 봐주면서 마음을 아프게 하거나 절망을 느끼게 해서는 안 된다.

내가 절에 머무르고 있을 때의 일이다. 젊은 사람이 절 마당을 서성거리는데 생기를 잃고 힘이 없어 보였다. 이유를 물어보니, 인생이 제대로 풀리지 않아 무속인에게 점을 봤는데 3개월밖에 살지 못한다고 했다는 것이다. 그 말을 듣고 의욕을 잃은 중에 지나가다가 절이 보여서 힘든 마음을 부처님께 기도하기 위해 왔다고 하였다.

젊은이의 처지가 딱해서 상담을 해주었다. 사주를 풀어주면서 그럴 일이 없을 테니 찜찜한 마음을 버리고 다시 출발하라며 용기를 주었다. 6개월 정도 지나 그 젊은이가 고맙다는 인사를 하러 왔다. 힘을 내어 건강하게 살아가는 젊은이를 보고 내가 반가울 정도이니 당사자는 얼마나 힘들고 고통이 컸을까.

사람을 죽여야만 살인이 아니다. 상담자가 말 한마디 잘못하면 마음에 지울 수 없는 상처를 주고 폐인도 만들 수 있다. 말 한마디는 사람을 죽이는 무서운 도구가 될 수도 있다. 그러니 타인에게 상처 주는 말은 되도록 삼가야 한다.

역시 절에 머물렀을 당시의 일이다. 어느 날 나이 드신 보살이 방문하였다. 아들 둘이 있는데 직장생활을 하던 장남이 여름에 유원지에 갔다가 물에 빠져 숨졌다고 한다. 작은 아들마저 교통사고로 뇌를 다쳐 지적장애인이 되어 작은 아들 뒷바라지를 하고 있다고 한다. 남편과는 사별했는데 시동생이 조상 묘를 마음대로 이장한 것이 마음에 걸린다고 했다.

딱한 마음에 두 아들의 사주를 풀어보니 안타깝게도 그 시기에 불행한 일이 벌어지는 사주였다. 그래도 보살에게 마음의 위안을 해주니 보살이 고맙다며 힘을 내었다. 인생살이 별것도 아닌데 왜 이렇게 삶이 고단한지 참으로 안타깝다. 주위를 둘러보면 나보다 훨씬 큰 상처를 가슴에 묻고 살아가는 사람들이 부지기수로 많다. 인생을 살아가면서 힘들지 않은 사람이 어디 있으랴. 힘들어도 다시 한번 기운 내자!

상담할 때에는 마음속에 있는 것을 거의 숨기지 않고 이야기를 하므로 많은 것들을 속속들이 알 수 있다. 사람들을 상담해주다 보면 젊은 사람은 취업과 이성 문제로 고민하고, 중년은 사업과 배우자, 자식 문제가 대두되며 노년은 건강문제와 경제력이 주를 이룬다.

상담을 원하는 사람들은 대체로 운이 좋지 않을 때 찾아오는 경우가 많아 좋은 소식보다는 가슴 아픈 일을 많이 듣게 된다. 그러니 인생을 설계하는 데 조언을 해주고 시행착오를 줄이며 성공에 접근하도록 보살펴주어야 한다. 인생의 굴곡을 가급적 최소화하여 바르게 가도록 하는 것이야말로 훌륭한 상담자의 역할이다. 잘되는 사람은 더 잘되게 살펴주고 고통과 실의에 빠진 사람에게는 희망과 위로를 주어 좋은 길로 인도하는 것은 보람된 일이다.

프로이트와 쌍벽을 이루는 정신의학 분야의 개척자로 스위스의 정신과 의사인 칼 구스타프 융(Carl Gustav Jung)이 있다. 분석 심리학의 기초를 세운 그는 모든 사람은 외향 기질과 내향 기질을 동시에 갖고 있으며 한쪽이 우세한가에 따라 유형이 결정된다고 보았다. 경험을 바탕으로 한 응용심리학으로 자신의 생애는 "무의식이 그 자신을 실현한 역사"라고 말했다.

현대 사회는 서구적인 물질 사상에서 건너와 정신세계를 중요시하는 동양철학에 관심을 두기 시작했다. 동양철학의 깊이와 심오함이 재조명을 받는 것은 세계적인 흐름이며 더욱 연구될 수밖에 없다.

물질문명이 발달할수록 정신과 심리는 복잡미묘해져 정신질환자가 늘어나는 추세이다. 명리학과 심리학은 겹치는 부분이 많은데 우울증이나 정신질환 치료에 도입하여 응용한다면 발전시켜 나갈 범위가 넓다고 할 수 있다.

명리학은 현대에서는 술수학(術數學)이라 칭하기도 하는데 전통역학에 과학과 학문, 종교 등 자연철학을 포괄하는 종합적인 학문이 되었다. 명리학은 종교와 무관하며 학문적인 시각으로 봐야 하는데 현대에서 미신으로 터부시되는 것이 안타깝다.

아직도 명리학이 점을 보는 것으로 과소평가하는 사람들이 많기는 하지만 현대에는 과학적인 학문으로 입증되어 인식이 달라졌다. 명리학은 일기예보와 같아서 이 학문을 부정한다면 어부가 고기를 잡으러 갈 때 태풍주의보를 무시하는 것과 같은 이치라고 하겠다.

한 가지 안타까운 사실은 많은 사람들이 사업 시기를 잘못 선택하여 실패하는 것을 볼 때이다. 인생이 오르막 내리막이 있듯이 확장할 때와 축소해야 할 시기가 있다는 것을 명심해야 한다. 앞으로 명리학을 제대로 공부한 사람들은 사회 상담가로 자리 잡아 진로상담을 해주는 등 사회에서 할 일이 많을 것이다. 명리학이 세계로 진출하는 날도 올 것이라 자부한다.

제2부에서는 태어난 일자 하나만 가지고 상대방 성향과 특성을 쉽고 빠르며 정확하게 파악할 수 있도록 정리했다. 남성과 여성으로 구분하여 성격, 경제관, 유의할 점과 대응방법까지 기술하였다. 일반인들이 막연하게 생각하는 혈액형까지 60갑자로 분류하여 흥미와 적중률을 훨씬 높여주었다. 이 책을 참고하여 상황에 맞게 대처한다면 독자들에게 많은 도움이 될 것이다.

:

모든 독자들이
행복해지기를 바라며

개인적인 소망들을 모두 이루길 빌면서 국민의 한 사람으로서 대한민국도 앞으로 잘 될 것이라 믿는다. 우리 민족의 우수성과 강한 힘을 세계 만방에 제대로 보여줄 수 있는 그런 날이 오기를 고대해본다.

특히 현재 사는 것이 힘들고 암울한 사람은 언젠가 좋은 소식이 꼭 올 것이라는 희망과 기대감으로 열심히 살기를 당부한다.

모든 독자에게 신의 은총이 가득하여 행복해지기를 빌면서 마무리한다.

진정으로 원하는 것을 얻기 위해서는
주변 사람이나 환경에 의해 설계되는 삶보다
자신이 원하는 삶, 주도적인 삶을 찾는 것이
무엇보다 중요하다.

상대를
파악하는
지피지기 기술

만세력 보는 법

2부를 읽으려면 일간과 일주로 나누어 설명하고 있으므로, 3부 만세력에서 알고 싶은 사람의 일간과 일주를 찾아야 한다. 가급적 알기 쉽게 설명하겠지만 책에서는 설명이 길고 복잡하여 독자가 어려움을 겪을 수 있다.

책의 설명이 어렵다고 생각되면 휴대폰에서 앱을 다운로드 받아 사용할 수 있다. 필자도 휴대폰에서 '원광 만세력'이라는 앱을 다운로드 받아 활용하고 있으니 참고 바란다. 단, 생년월일을 입력할 때 음력과 양력을 정확하게 해야 한다.

생년월일 밑에 있는 글자 중에서 생일 위의 한 글자가 일간이요, 위아래 두 글자가 일주이다. 해당하는 일간과 일주를 찾은 다음 책에서 설명하는 각 일간에 해당하는 성격과 성향에 대한 특징을 참고하면 된다.

다음의 설명을 참고하여 상대방 일간과 일주를 찾아보기 바란다.

1. 일간과 일주 구별

3부 만세력을 보면 태어난 일만 기준하여 한 글자로 풀이한 것을 일간이라 하고 두 글자로 풀이한 것을 일주라고 한다.

예) 일간: 을, 일주: 을사

		1	2	3	4	5	6	7	8	9	10	11	12	13	14	15	16	17	18	19	20	21	22
1월	음력	1	2	3	4	5	6	7	8	9	10	11	12	13	14	15	16	17	18	19	20	21	22
	일주	을해	병자	정축	무인	기묘	경진	신사	임오	계미	갑신	을유	병술	정해	무자	기축	경인	신묘	임진	계사	갑오	을미	병신
	양력	27	28	29	30	31	2/1	2	3	4	5	6	7	8	9	10	11	12	13	14	15	16	17
2월	음력	1	2	3	4	5	6	7	8	9	10	11	12	13	14	15	16	17	18	19	20	21	22
	일주	을사	병오	정미	무신	기유	경술	신해	임자	계축	갑인	을묘	병진	정사	무오	기미	경신	신유	임술	계해	갑자	을축	병인
	양력	26	27	28	3/1	2	3	4	5	6	7	8	9	10	11	12	13	14	15	16	17	18	19

2. 음력 보는 법

만세력은 생일을 음력과 양력으로 구분하는데 본 책은 음력이 기준으로 되어 있음을 잊지 말아야 한다.

먼저 출생 년도를 찾는다. 생일이 음력인 사람은 페이지 좌측에서 출생 월을 찾는다. 그다음 해당 월의 음력 칸을 가로로 따라가며 출생 일을 찾는다. 그 아래에 세로로 글자가 보이는데 위에 있는 한 글자가 일간이요, 두 글자를 합하여 일주라 한다.

예) 1967년 음력 5월 15일 (일간: 정, 일주: 정사)

		1	2	3	4	5	6	7	8	9	10	11	12	13	14	15	16	17	18	19	20	21	22	23	24	25	26	27	28	29	30
5월	음력	1	2	3	4	5	6	7	8	9	10	11	12	13	14	15						21	22	23	24	25	26	27	28	29	30
	일주	계묘	갑진	을사	병오	정미	무신	기유	경술	신해	임자	계축	갑인	을묘	병진	정사	◀ 음력 5월 15일					계해	갑자	을축	병인	정묘	무진	기사	경오	신미	임신
	양력	8	9	10	11	12	13	14	15	16	17	18	19	20	21	22	23	24	25	26	27	28	29	30	7/1	2	3	4	5	6	7
6월	음력	1	2	3	4	5	6	7	8	9	10	11	12	13	14	15	16	17	18	19	20	21	22	23	24	25	26	27	28	29	
	일주	계유	갑술	을해	병자	정축	무인	기묘	경진	신사	임오	계미	갑신	을유	병술	정해	무자	기축	경인	신묘	임진	계사	갑오	을미	병신	정유	무술	기해	경자	신축	
	양력	8	9	10	11	12	13	14	15	16	17	18	19	20	21	22	23	24	25	26	27	28	29	30	31	8/1	2	3	4	5	
7월	음력	1	2	3	4	5	6	7	8	9	10	11	12	13	14	15	16	17	18	19	20	21	22	23	24	25	26	27	28	29	
	일주	임인	계묘	갑진	을사	병오	정미	무신	기유	경술	신해	임자	계축	갑인	을묘	병진	정사	무오	기미	경신	신유	임술	계해	갑자	을축	병인	정묘	무진	기사	경오	
	양력	6	7	8	9	10	11	12	13	14	15	16	17	18	19	20	21	22	23	24	25	26	27	28	29	30	31	9/1	2	3	

3. 양력 보는 법 (좌측 월로 보면 안 됨)

음력과 마찬가지로 먼저 출생 년도를 찾는다. 양력인 사람은 유의할 것이 있는데 페이지 좌측에 표시된 월은 무시하고 양력 칸에서만 월과 일을 동시에 찾아야 한다. 양력 칸을 보면 월과 일의 시작을 표시하고 있으므로 날짜를 따라가며 출생일을 찾은 뒤 일간과 일주를 찾는다.

예) 1967년 양력 5월 15일 (일간: 기, 일주: 기묘)

3월	음력	1 2 3 4 5 6 7 8 9 10	11 12 13 14 15 16 17 18 19 20	21 22 23 24 25 26 27 28 29
	일주	갑진 을사 병오 정미 무신 기유 경술 신해 임자 계축	갑인 을묘 병진 정사 무오 기미 경신 신유 임술 계해	갑자 을축 병인 정묘 무진 기사 경오 신미 임신
	양력	10 11 12 13 14 15 16 17 18 19	20 21 22 23 24 25 26 27 28 29	30 5/1 2 3 4 5 6 7 8
4월	음력	1 2 3 4 5 6 7 8 9	11 12 13 14 15 16 17 18 19 20	21 22 23 24 25 26 27 28 29 30
	일주	계유 갑술 을해 병자 정축 무인 기묘 ◀ 양력 5월 15일	을유 병술 정해 무자 기축 경인 신묘 임진	계사 갑오 을미 병신 정유 무술 기해 경자 신축 임인
	양력	9 10 11 12 13 14 15	21 22 23 24 25 26 27 28	29 30 31 6/1 2 3 4 5 6 7
5월	음력	1 2 3 4 5 6 7 8 9 10	11 12 13 14 15 16 17 18 19 20	21 22 23 24 25 26 27 28 29 30
	일주	계묘 갑진 을사 병오 정미 무신 기유 경술 신해 임자	계축 갑인 을묘 병진 정사 무오 기미 경신 신유 임술	계해 갑자 을축 병인 정묘 무진 기사 경오 신미 임신
	양력	8 9 10 11 12 13 14 15 16 17	18 19 20 21 22 23 24 25 26 27	28 29 30 7/1 2 3 4 5 6 7

해설 보기

일간과 일주를 찾았으면 목차에서 해당되는 페이지를 찾아 읽으면 된다. 일간과 일주 찾는 법을 혼동하거나 한 글자라도 옆의 것을 잘못 보면 다른 사람 것이 나올 수 있으니 유의해서 찾아보아야 한다. 일부 사람이 나이를 속이는 사람들이 있는데 해설이 틀리게 나올 수 있으므로 실제 나이를 꼭 확인해야 한다.

사주로 보면 정확도가 더 높겠지만 그 내용과 풀이가 너무 방대해 책에 담는 데에는 한계가 있다. 사람들이 이해하고 활용하기 쉽도록 책 한

권에 정리하여 담았으니 독자들의 이해를 바란다. 일주로만 보는 것과 다른 성향이 나올 수 있으나 그것은 극히 일부이다. 여기서는 태어난 일만 가지고서 간단하고 쉽게 볼 수 있도록 중점을 두었으며 고객을 파악하는 데 조금도 부족함이 없게 하였다.

만세력을 보기 까다로운 사례

음력: 1967년 12월 29일 (양력 1968년 1월 29일) 일간: 정, 일주: 정유

양력: 1974년 6월 11일 (음력 윤달 4월 21일) 일간: 계, 일주: 계미

양력: 1967년 1월 4일 (음력 1966년 11월 24일) 일간: 무, 일주: 무진

양력: 1953년 2월 8일 (음력 1952년 12월 25일) 일간: 경, 일주: 경인

※생년월일, 음력, 양력, 윤달을 꼼꼼히 확인하고 3부 만세력에서 찾아보자.

甲

갑에 대한 해설

1. 갑 일간 성격&스캔

　갑은 마음이 어질고 착해 상대방의 입장을 잘 이해한다. 그래서 인정이 많고 배려심이 돋보인다는 평가를 받으며, 부드럽고 온화하여 사교적으로 부담을 주지 않는다. 또한 갑은 신용을 중시하며 덕망이 있다.

　이러한 갑 일간은 따뜻한 마음의 소유자로 대인관계가 대체로 원만하다. 경우에 밝으며 설득력이 있어서 자신의 의견을 논리적으로 관철할 수 있다. 또한 정직하고 진실성이 있어서 비굴하게 술수나 요령으로 속이지 않는다. 성정이 곧고 자부심이 강하여 명예를 소중하게 여기는 성향이 존재한다. 일을 할 때는 한 방향으로 직진하는 성질이 있어서 앞만 바라보고 달린다. 하지만 안정적인 측면에서 자신의 위치를 다져나가며 명분이 확실한 것을 선호한다.

갑은 목적의식이 뚜렷하고 매사 적극적이며 활동적이다. 또한 이성적이고 긍정적이어서 지나간 일로 크게 고민하지 않는다. 곧고 강하며 진취적인 기질로 이상이 높다는 평가를 받는다. 그래서 한번 결정을 내리면 끝까지 관철시키려는 기질이 있어서 굽히기 싫어한다. 안정적인 생활을 유지하면서도 더 넓은 세계로의 진출을 항상 꿈꾸고 있다. 평소에 이해심이 있으면서도 주체성이 뚜렷하여 자기주장에 대해 강경한 입장을 취하는 경우가 많다.

갑 자체가 진실성이 있어서 비굴하게 속이지 않기 때문에 당신도 그를 정직하고 담백하게 대해야 할 것이다. 자존의식이 높아서 독창적인 개성이 있으면서도 개방적인 성향이다. 시각이 논리적이고 이성적이어서 정연한 이론으로 자신의 주장을 관철시키는 힘이 강하다. 항상 생각성이 깊고 자기 이상을 현실적으로 실현시키기 위해 어려움에 굴복하지 않는다. 어설프게 접근하거나 함부로 부풀리다가는 사리판단이 분명한 갑의 신뢰를 얻기 힘들 것이다.

유의할 점

갑은 자유스러운 기질이 있어서 남들에게 구속받는 것을 싫어한다. 자기 뜻대로 되지 않으면 조급성이 나타나 참을성이 부족해진다. 낮은 것은 눈에 차지 않고 높은 이상을 바라보고 일을 진행하는 경우가 많다. 일을 시작하면 앞뒤 가리지 않으므로 차분함이 부족할 때가 나타난다. 그러면서 남들에게 마음속에 있는 것을 숨기지 못하여 손해 보는 일도 생긴다. 자기 비위가 상하면 감정의 변화가 겉으로 드러날 정도로 억제력이 취약하다. 불의를 보면 강자에게 강하고 약자에게는 정에 이끌려 손해를 보기도 한다. 특히 자존심이 강해 체면이 손상되는 것을 싫어하므로 특별한 주의를 요한다.

TIP. 갑 일간과 좋은 인연이 되는 법

1. 추구하려는 힘이 강하므로 호응해주어라.
2. 담백하고 솔직하게 접근하여 신용을 쌓아라.
3. 자부심과 신념이 대단하므로 체면을 세워주라.
4. 자유지향적인 개성이 존재하므로 간섭을 삼가라.
5. 인정이 많고 정의감이 강하기 때문에 감정에 호소하라.

태어난 생년월일에 의해 부여받은 생일이 우리 삶에 어떤 방식으로 드러나는가는 상황마다 다를 수 있다. 가령 일간이 갑인 사람의 주체성이 강한 성격은 타고난 기본 자질에 해당할 뿐 그것이 어떤 색깔, 어떤 얼굴로 나타날 것인가는 그의 사주팔자와 음양오행이 함께 작용하는 원리에 따라 다양하다. 예컨대 갑처럼 사고방식을 다방면으로 개방시켜 남들보다 한발 앞선 인식을 획기적으로 전환시켜야 한다. 하지만 자신의 한계와 그릇을 아는 사람은 허황된 꿈을 꾸며 살아가지 않는다는 점이다. 순리는 흐르는 물의 방향을 거슬러 올라가지 못하듯이 인생을 살면서 우리도 이에 따르면 마음이 편해지는 것을 알 수 있다. 이 책에서는 여러 성향 중 가장 특색 있는 것으로 하여 이해하기 쉽게 하였다.

2. 갑 일간 남성

갑의 남성은 이해심이 풍부하다. 그의 이해심은 융통성이 많고 자부심이 뛰어난 것으로 표현된다. 즉 갑의 남성 역시 갑과 동일한 성향이지만 현실에서는 보다 남성적인 흐름을 띠는 것이다. 가령 주관이 뚜렷한 성향은 여성의 경우 때로는 약점이 될 수 있어 자제하는데 반해, 갑의 남성에겐 뚜렷한 주관은 성공의 디딤돌이 될 수 있음이다. 그 영향으로 갑의 남자는 발전적인 기상이 있어서 목표를 정하면 실행에 옮겨 반드시 이루려는 강한 집념의 소유자이다.

기획력이 풍부하고 미래지향적으로 창조적인 재능을 발휘하는 것 역시 같은 맥락에서이다. 그가 가진 진취적인 기상을 만족시키는 방향으로 접근해야 할 것이다. 솔선수범하는 행동으로 관리자 역할도 잘 해내는 갑의 남성은 리더십을 발휘하기도 한다. 융통성이 있으면서 주관이 확실한 사람이 눈에 띄는 실적을 남기는 경우가 많은 것은 주지의 사실이다. 현실에 처한 환경을 긍정적으로 생각하며 성실하게 성공의 길을 밟아가는 갑은 명분이 확실한 것을 선호하는 기질이 있다.

물론 갑의 남성에게 성공에의 꽃길만 놓인 것은 아니다. 갑의 남자는 자제력이 부족하여 좋아하는 것에 집중하면 쉽게 빠져드는 경향이 있다. 기분과 기질이어서 겉으로는 화려하게 보이나 실속이 적고, 지출을 가볍게 여기는 경우도 있다. 뿐만 아니라 주체성이 강하다 보니 남에게 비위 맞추는 것을 싫어하여 손해 보는 경우도 생긴다. 이와 같이 감성적이고 즉흥적이면서도 주관이 강하여 없어도 있는 체하는 성향이 갑 남성에게 내재해 있음을 명심해야 한다. 그 어떤 경우에라도 끝까지 그의 체면을 살려주라.

경제 관점

갑의 남성은 자신이 직접 재무계획을 수립해 관리하는 경우가 많다. 그렇지만 재물에 크게 집착하지는 않고 함부로 낭비하지도 않는다. 고상하고 담백하여 부정한 행동으로 재물을 모으지도 않는다. 그런데 어느 정도 성공을 거두었어도 만족하지 못하고 과욕을 부리는 경우가 있어, 남들의 조언을 듣지 않고 밀고 나가다가 손실을 당한다. 경제적으로는 자립적 의지력이 강하여 부모에게 기대려고 하지 않는다. 금전에 대한 관념이 강하고 현실적이어서 자신이 노력하지 않고 그냥 얻으려고 하지 않는다. 인생을 살면서 시련과 고난이 닥쳐도 어려움을 슬기롭게 헤쳐 나가는 모습을 보여주는 갑의 남성이다.

인정이 많고 배려심이 돋보이는 갑의 남성 김성주

방송인 김성주가 대표적인 갑의 남성이다. 공영방송 아나운서로 직장인이었다가 프리랜서 선언하면서 방송계에서 본보기로 기피하는 인물로 견제당해 한동안 방송활동을 하지 못하였다. MBC 간판 아나운서일 정도로 무게감이 있었는데, 갑작스러운 퇴사에 화가 난 방송국에서 괘씸죄를 적용하여 출연정지를 시켰다. 처음에는 쉬게 되어 좋았지만 시간이 길어지다 보니 심신이 너무 힘들었다고 토로했다. 이러한 시기에 같은 소속사였던 강호동이 많은 도움을 주었다고 전해진다.

하지만 융통성 있는 갑의 성향으로, 당시 누구도 도전하기를 꺼리던 케이블 TV의 진행자로 발군의 실력을 발휘할 기회를 놓치지 않아 오늘의 성공을 이루었다 할 수 있다. 또한 아들과 함께 출연했던 예능프로에서 감정적이고 화합을 잘하는 갑의 성향이 잘 나타나, 시청자들에게 친근감을 주면서 제2의 전성기를 가져오는 기폭제가 되었다. 최근 국민들에게 열풍을 일으킨 미스 트롯과 미스터 트롯의 능수능란한 사회 진행 솜씨는 성공 신화라고 불리어도 과찬이 아닐 정도이다. 결과론적이지만 프리랜서로 전향한 것이 처음에는 고전했지만 지금은 본인에게 많은 발전이 되었다고 볼 수 있다. 명품 MC의 새로운 지평을 열었으며 남다른 내공을 보유하고 있어서 앞으로가 더 기대되는 인물인 갑의 일간 남성이다.

3. 갑 일간 여성

갑 여성도 갑의 기본 성향과 동일하다. 다만 일간 갑이 양이기에 음인 여성과 조화를 이루어 갑 여성은 현실에서 상당히 긍정적인 기운을 띤다. 가령 이성에게 마음의 상처를 받아도 갑 여성은 다른 여성보다 충격이 적다. 결혼 후에도 남편에게만 의지하지 않고, 생활력과 의지력이 강하다. 뿐만 아니라 낙천적이고 명랑하며 활동적인 갑 여성은 단정하고 용모가 보통 이상인 경우가 많다. 이해심이 많으면서도 할 말은 해야 직성이 풀리고, 신용을 중시하여 공사(公私)가 분명한 것도 갑의 기본 성향과 같다.

무엇이든 하려는 의욕이 대단한 갑 여성은 독립적이고 활동적인 삶을 영위하는 진취적인 성향을 보여준다. 능동적인 사고방식으로 선두에 나서기를 좋아하고 사회 참여 활동도 높다. 게다가 과감한 성향이 있어서 결단력이 돋보이고, 자신의 신념대로 밀고 나가며 분명한 모습을 보여준다. 또한 능동적인 사고방식으로 순간적 포착이 뛰어나고 대인관계가 활발하다. 외향적이고 경우가 바른 갑 여성은 동정심과 인정이 많을뿐더러 남에게 베푸는 것을 좋아한다.

갑 여성도 아쉬운 점이 있다. 자신의 판단이 옳다고 생각되면 강직해서 물러서지 않는다거나, 누구에게 지는 것을 싫어하고 욕심을 부리다 화를 자초하기도 한다. 또 갑 여성은 재물을 모았다가도 가까운 지인이 부탁하면 쉽게 거절하지 못한다. 귀가 얇아 누가 솔깃한 말을 하면 넘어가 손실을 당하기도 한다. 크든 작든 이런 실수들을 반복하는데 이러한 것 또한 삶의 일부이지만, 또 이런 실수와 과오를 바로잡거나 대비해야 한다. 자신과 맞지 않으면 미련을 두지 않으며, 심사숙고하기 보다는 행동이 앞서는 모양새를 보여준다. 남에게 의존하려고 하지 않고 리드하려는 잠재의식이 있어서 남성이 이해해주지 않으면 마찰이 일어난다.

경제 관점
갑 여성의 경제관은 갑 남성과 차이가 나지 않는다. 강한 자립 의지를 보여주어 다른 사람에게 의존하려고 하지 않는다. 신용과 능력을 발휘하여 가계나 사업을 발전시키는 수완가가 많으며, 확실한 투자 계획을 수립하고 계획에 없는 낭비는 싫어한다. 금전적인 욕심도 많으며 저축이나 투자에 의한 재산증식에도 남다른 재능을 보여주기도 한다. 또 현실주의자여서 조심성이 많으며 이재에 밝아서 실패가 적고, 투기와 모험을 좋아하지 않아 무모하게 무리하지 않는다. 금전이 수중에 들어오면 금전 출입이 빈번하여 일정하지 않는 성향이다. 갑 남성이 사교적인 지출로 돈이 새는 것에 비해, 갑 여성의 지출은 귀가 얇아 지인을 믿거나 도우면서 발생할 때가 많다.

낙천적이고 명랑한 밝은 성향의 소유자 갑의 여성 황정음

아이돌 그룹이었다가 지금은 연기자로 활동하고 있는 황정음이 갑의 여성에 해당한다. 어릴 때부터 리틀앤젤스 단원으로 활동했으며 당시 평양 공연에 참가하기도 했다. 어려서부터 활동한 것이 가수와 연기자라는 두 마리 토끼를 잡지 않았나 생각한다. 처음에는 걸그룹 멤버였다가 연기자로 전업하였으나 처음에는 매우 고전하였다. 오래 전 그녀는 모 예능 프로그램에서 자신의 텅 빈 통장을 공개했다. 어중간해진 아이돌 그룹의 현실을 보여 주듯 재정적으로 엉망이었지만 그녀는 낙천적이고 명랑해 보였다.

그 모습을 인상적으로 본 시트콤 PD는 그녀에게 어울리는 활발하고 적극적인 캐릭터를 선사해 배우의 길을 열어주었다. 그녀의 첫 출연작인 시트콤의 활약에도 자기성격에 맞을 뿐 배우로서 가능성을 높이 평가받지 못했는데, 이후 놀라운 연기력을 선보이며 여배우로 성장했다. 본인이 부족한 점을 고치려 노력한 결과, 걸그룹 중에서 뛰어난 연기를 소화한다고 평가를 받게 되었다. 결혼 후에도 드라마를 계속 찍고 있는데, 결혼을 하더라도 남편에게만 의지하지 않는 갑 여성다운 면모이다. 최근 안타까운 소식이 들리지만 이것 또한 삶의 일부이므로, 잘 딛고 이겨나가 행복한 인생이 되기를 기원한다. 밝은 성향의 소유자이므로 세상의 어둡고 그늘진 곳까지 환하게 비추어 소외받는 사람들에게 힘을 주는 역할로 연기자들의 기둥이 될 것을 믿어 의심치 않는 갑 일간 여성이다.

갑 일주 해설과
혈액형

甲子(갑자)

A	자부심이 강하다 추진력이 뛰어나다 불의와 타협하지 않는다 집념과 의지력이 강하다	B	사교성이 좋다 직감력이 뛰어나다 조언과 배려를 잘한다 상승 지향적 사고가 강하다
O	진취적인 성향이다 이해심이 풍부하다 대인관계가 원만하다 처음부터 크게 생각한다	AB	신뢰감을 준다 상황분석을 잘한다 처세에 신중을 기한다 이상이 높고 안목이 뛰어나다

甲戌(갑술)

A	주체성이 강하다 신념이 투철하다 이론적 논리가 강하다 권위에 쉽게 굽히지 않는다	B	명랑 쾌활하다 추진력이 뛰어나다 소탈하고 꾸밈이 적다 사물을 능동적으로 대처한다
O	긍정적으로 생각한다 활발하고 활동적이다 의리나 신의를 중요시한다 친근감을 주는 매력이 있다	AB	합리적인 성향이다 현실감각이 뛰어나다 생각하는 수준이 높다 명분이 확실한 것을 선호한다

甲申(갑신)

A	곧고 깨끗하다 스스로 개척해 나간다 시작과 끝이 분명하다 독창적인 개성이 강하다	B	활기가 넘친다 화제가 풍부하다 순간적인 재치가 뛰어나다 친한 사람에게 비밀이 적다
O	신의가 있다 융통성이 풍부하다 분위기를 밝게 한다 자신의 생각대로 밀고 나간다	AB	계획성이 철저하다 설득력이 뛰어나다 머리 회전이 빠르다 앞날을 대비하며 현명하다

甲吾(갑오)

A	창의적이다 사리판단이 분명하다 일의 집중력이 뛰어나다 좋고 싫음의 구별이 뚜렷하다	B	기회 포착을 잘한다 꾸밈이나 가식이 없다 적응력이 좋아 호감을 산다 결론을 빠르게 내려 실행한다
O	의욕이 강하다 조화를 잘 맞춘다 관리적인 능력이 뛰어나다 책임을 전가하지 않는다	AB	언변술이 뛰어나다 이해하는 것이 빠르다 자아실현의 욕구가 강하다 자기 절제를 하는 힘이 있다

甲辰(갑진)

A	담백하다 경우가 밝다 처세가 신중하다 뚜렷한 주관을 확립한다	B	온순하다 처세술이 좋다 순발력이 뛰어나다 생각하는 것이 긍정적이다
O	솔직하다 융통성이 많다 배려를 잘해준다 넓은 시야를 지니고 있다	AB	현실 감각이 좋다 기획력이 뛰어나다 빈틈을 잘 보이지 않는다 여유를 갖고 신중을 기한다

甲寅(갑인)

A	경우가 밝다 먼저 나서지 않는다 인생철학이 뚜렷하다 속마음을 잘 드러내지 않는다	B	솔선수범한다 합리적인 사고방식이다 하고 싶은 것은 해야 한다 형식에 얽매이는 것은 힘들다
O	배포가 있다 자부심이 강하다 추진력이 뛰어나다 대범하고 과감성이 있다	AB	의욕이 강하다 준비성 철저하다 판단력이 뛰어나다 이상과 현실 조화가 좋다

乙 을에 대한 해설

1. 을 일간 성격&스캔

을은 기본적으로 온순하고 겸손하며 심성이 착하다. 세심하고 꼼꼼하여 빈틈이 없을 정도로 정확하고, 확실하게 맺고 끊는 것을 좋아한다. 거짓말을 싫어하고 공사(公私)가 분명하여 마음에 없는 말을 가식적으로 표현하지 못한다.

이러한 을은 규칙이나 상식에 벗어나는 행동은 하지 않으므로 지극히 모범적으로 대해주어야 한다. 또한 사물을 대하는 인식이 객관적이고 논리적이어서 상황판단이 뛰어나다. 을은 행동이 단정하고 조용하며 마찰이 생기는 것을 싫어하므로 당신은 그 어느 때보다 차분하고 신중하게 만나야 한다. 현실적인 타당성을 정확히 파악하여 대처하며 창의력을 추구하는 모습을 보여준다. 이성적이고 생각이 깊은 을은 경계심이 강하고 의심이 많아 상대를 쉽게 믿지 못하고 예민한 면도 존재한다.

　논리가 확고하고 사리판단이 정확하여 깔끔한 을임을 알아야 한다. 하지만 기분이 좋을 때는 낙천적인 성향이 나타나 원만함을 보여준다. 평소 무모하게 나서지는 않지만 활력소 역할을 잘하여 주위에서 인정을 받는다. 조급하게 서두르지 않으면서도 창의력을 추구하며, 자신이 목표로 하는 것은 묵묵히 수행하는 실천가이다. 현실적인 이론에 밝고 환경에 대한 적응력이 빠르므로 임기응변에 능한 모습을 보여주는 을 일간의 본질을 알아야 한다.

　자칫 너무 빠르게 친해지려는 작은 언행이 공사(公私)가 분명한 그의 마음을 거슬리게 할 수도 있음을 명심하고, 한순간 방심하지 말고 매사 정확하고 규범에 맞게 행동하라. 논리적 사고를 앞세우는 을은 주변 정리가 깔끔한 인상을 준다. 생활 속에서 창조와 다양성을 추구하며 사리판단이 정확하여 실수를 잘하지 않는다. 부드러운 성품으로 상대방의 기분을 나쁘게 하지 않으며 자신이 하고자 하는 일은 실행에 옮기는 집념과 끈기를 보여준다.

유의할 점

　을은 자신을 낮추면서도 자기 속을 잘 드러내지 않는다. 그래서 속마음을 알기 어려운데다 포용력이 넓지 못하여 한꺼번에 모아서 터트리는 경향이 있다. 게다가 을은 시야가 좁아 영역이 넓지 못하고 자기중심적이어서 한번 틀어지면 쉽게 회복되지 않으니, 당신은 철두철미하게 접근해야 한다. 꼼꼼하고 치밀한 을은 달리 말하면, 고지식하고 융통성이 부족하다. 확신이 서지 않으면 뚜렷한 주관성이 결여되기 쉬워 과감성이 부족해지고 우유부단한 모습이 나타난다. 자존심이 강하여 무시당한다고 생각하면 미련을 두지 않으며 맺고 끊는 것이 확실하다. 한번 눈 밖에 벗어나면 좀처럼 돌아서지 않으며 쉽게 화합하지 못하는 장면이 연출된다.

TIP. 을 일간과 좋은 인연이 되는 법

1. 신중하고도 규범에 맞게 접근하라.
2. 성급하거나 경솔한 행동을 하지마라.
3. 매사가 정확하므로 실수를 하지 마라.
4. 남을 쉽게 믿지 않기 때문에 신뢰감을 쌓아라.
5. 외골수 기질이 있으므로 자존심을 건드리지 마라.

이처럼 속을 드러내지 않고 의심이 많으므로 일단 매사 삼가는 태도를 가져야 하며 그 의심을 제거해주는 게 무엇보다 중요하다. 을이 요구하지 않더라도 조용하고도 규범에 맞게 매순간 구체적인 자료를 제시해주라. 속을 알 수 없는 사람 앞에선 신뢰를 주겠다는 행동마저 그에게 의심을 사는 화근이 될 수도 있기에 매사 신중하게 상대해야 한다. 생일해석에서 서로 이질적인 성향의 본질은 동일한 경우가 많다. 예컨대 을의 안정적인 것을 중시하는 성향은 웬만해서 무리하지 않는 모습으로 신뢰를 준다. 물론 안정적으로 사는 것을 중시하여 급격한 발전은 어렵지만. 그런데 이런 안정적인 성향은 힘들면 의존하는 모습으로 탈바꿈한다. 즉 안정을 중시하는 성향의 이면은 독립심이 부족한 모습인 것이다. 따라서 당신은 겉으로 드러나는 한 가지 성향에 집착하지 마라.

2. 을 일간 남성

기본적으로 온순하고 안정된 생활을 선호하여 무리하지 않는다. 따라서 기복이 적고 성실하며 책임감이 강하여 신뢰를 받는다. 행동이 단정하고 규칙이나 상식에 어긋나는 것은 하지 않으며, 정직하여 거짓을 싫어하고 이성적이며 침착한 것도 을의 기본 성향과 동일하다. 또 명분을 중시하는 자부심이 있어서 상대가 인정해주면 기대에 부응하여 자신이 가진 능력 이상을 발휘한다. 안정성을 우선시하므로 다른 일간보다 생활의 기복이 적은 을 일간의 특성이다.

논리적 사고가 뛰어나고 정확한 것을 추구하여 일을 원만하게 해결한다. 행동을 가식적으로 꾸미지 않으며 모나지 않는 부드러운 성품으로 가급적 상대방의 기분을 상하게 하지 않는다. 상황판단이 뛰어나 사물을 보는 시야가 객관적이어서 나설 때와 물러설 때를 잘 알고 행동한다.
자신이 목표로 하는 것은 끝까지 실행에 옮기는 집념과 끈기를 보여주어 주위에서 신뢰를 받는다. 조급하게 많은 것을 얻으려 무모하게 나서지 않으며, 인정과 의리도 있어서 남을 보살피는 데 배려심을 발휘한다.
을 남성은 과묵하면서도 실속을 챙기고 치열한 경쟁에도 이겨나가는 면모를 보여준다. 꾸준한 노력으로 활력소 역할을 잘하여 주변의 신뢰를 받는다. 화합을 우선으로 생각하는 평화주의자 입장이 강하여 중용의 도를 지켜 나간다. 문제는 을 남성에게 내재한 이면이다. 즉 '융통성 부족'의 이면인 '진취적이지 못하고 작은 것에 연연하는 성향에서 비롯된 마음에 쌓아두는 경향이 있다. 미련이 많은 그에게 충분히 공감해주고, 주변 환경에 민감한 그의 자존심을 세울 수 있게 해주어라.

경제 관점

을 남성은 경제 개념이 철저하여 자립적인 의지력이 강하고 사치를 싫어한다. 사리에 밝고 계산이 철저하며 현재와 미래의 계획을 수립해서 철저한 대비책을 세워 생활을 강구한다. 사업이나 금전거래도 조심성이 많으며 무모하지 않다. 합리주의 성향이 강하여 현실을 중시하면서 내실을 기하며, 분수에 넘치는 생활을 싫어하여 안정적으로 발전할 수 있다. 물론 을의 기본 성향이기도 하다. 게다가 재물에 대한 욕심이 있어서 모아 놓아야 안심한다. 금전이 있어야 행세할 수 있다고 생각하는 금전적인 거래에서도 확실한 것을 선호한다.

> **기복이 적고 성실하며, 자립적인 의지력이 강한 을의 남자 장근석**
>
> 을의 남자인 장근석은 아시아의 프린스라 불리는 한류 스타이다. 6살에 아동복 모델로 데뷔하였으므로 연예계 생활은 오래 되었다고 할 수 있다. MBC 시트콤 '논스톱'으로 대중에게 이름을 알려지기 시작했다. 그러나 부잣집 도련님 같은 이미지와는 달리 그의 어린 시절은 가정형편이 좋지 않았다. 예능프로에서 말하기를, 20만 원 들고 상경해 외가에서 더부살이를 하다가 속옷 광고를 찍은 돈으로 월

세 보증금을 얻었다고 한다. 초등학교 저학년 때이니, 과히 자수성가형 인물이 아닐 수 없다. 불세출의 드라마 '미남이시네요'로 일본에서 뜨기 전까지만 해도 아역배우 출신의 청춘스타에 불과했던 그는 일본에서 '근사마'로 성공한 후 탁월한 공연기획으로 순식간에 돈을 쓸어 모았다.

일본에서 활약할 때 도쿄돔에서 4만5천 명이 운집한 콘서트를 할 정도로 엄청나게 인기가 많았다. 그리고 지금은 모든 흙수저들의 로망인 건물주이다. 무려 서울 강남과 도쿄 시부야에 빌딩을 갖고 있다. 청담동 빌딩은 2011년에 구입했는데 그의 나이 만 24살 때이다. 그 외 논현동 빌라와 삼성동 빌딩 등 서른도 되기 전에 부동산 자산가가 되었다. 게다가 그는 1인 기획사 사장이자, 유일한 소속 연예인이다. 놀라운 재산관리 능력이 아닐 수 없다. 을 남성의 꼼꼼하고도 계산적인 성향이 배우로서 흥행은 아직 아쉽지만 젊은 사람들의 로망인 건물주로 만든 것이다.

3. 을 일간 여성

을 여성도 기본 을의 성향과 비슷하다. 온순하고 품행이 단정하며 겸손하다든가, 이성적이고 무리하지 않아 생활의 기복이 적다든가, 경제적으로 여유가 생겨도 사치와 낭비를 하지 않는 모습 등. 모두 을의 성향과 같은 맥락이다. 분석적인 사고방식이 뛰어나면서도 실천력을 겸비했으며 꾸미지 않는 소탈함도 존재한다. 게다가 꼼꼼하고 비사교적이며 덜

대담하고 예민한 모습을 남성보다는 그나마 여성에겐 어느 정도 묵인하는 분위기인 것이 현실이다.

친구를 사귀어도 마음이 통하기까지 처음에 시간이 걸리지만 한번 사귀면 쉽게 멀어지지 않는 특징이 있다. 차분하고 조용하여 정서적으로 안정이 되어 있으며 순발력이 뛰어난 모습을 보여주고 현실적인 이론에 밝은 여성이다. 판단력이 뛰어나 기회를 포착하는 데 빠르며 섬세하면서도 주도면밀한 성향이다. 자신의 뜻이 확실하다고 생각하면 주관대로 밀고 나가는 당찬 모습을 보여준다. 그러면서도 자신의 분수를 알고 지나치지 않으며 주변 정리가 깨끗하여 깔끔한 인상을 준다.

생각이 깊은 을 여성은 전형적으로 여성스러워서 가정에 충실하고 희생적이다. 함부로 정을 주지 않고 참을성이 강하여 쉽게 좌절하지 않는다. 상대가 기대에 못 미쳐도 자존심을 지켜주며 도리를 다하는 현모양처가 많다. 을의 여성은 생활력이 강하여 살림도 야무지게 잘하며 이지적인 모습으로 편안한 분위기를 만든다. 사회에서도 현명한 판단으로 실수가 거의 없으며 일처리도 깔끔하고 빈틈이 없는 이상적인 모습이어서 상사에게 신뢰를 받는 을 일간이다.

물론 을의 여성에게도 개선할 점은 있다. 겉으로는 활발한 것 같으나 낯가림이 심하다든가, 마음속을 표현하지 않아 스트레스를 받는다든가, 거슬리면 민감한 반응을 나타낸다든가, 상처를 받으면 오래 간다든가 등. 당신은 일단 을 여성의 스트레스를 받지 않게 풀어주어라. 그녀의 마음에만 쌓아두는 성향을 잘 살피고 믿음과 신뢰를 주어 그녀의 상담자역할을 해주어라. 매사에 미련이 많고, 힘들어도 욕구나 불만을 꾹꾹 누르고 내색하지 않는 을 여성의 특징이다.

경제 관점

을 여성 역시 경제관념이 투철하고 재산관리에 철두철미하다. 재물에 대한 애착심이 강하고 알뜰하여, 금전을 쌓아 놓아야 안심하며 계획된 지출을 보여준다. 앞날에 대한 생활의 설계가 확실하여 철저히 대비책을 세워 놓으며 사치와 낭비는 거의 하지 않는다. 실속을 중시하여 자신이 손해 보는 행동은 하지 않는다든가, 빈틈이 없다는 인상을 주는 것도 기본 을의 성향과 비슷하다. 그렇지만 현재 여건이 어렵고 힘들어도 생활력이 강하여 반드시 극복해내는 억척스런 모습도 존재한다.

금전에 대한 거래도 정확하고 확실하며 생활이 안정된 유형이 많은 것이 을 여성의 특징이다.

분석적인 사고방식이 뛰어난 을의 여성 김수현

김수현 작가는 을 일간의 여성으로 고려대학교 국어국문과를 졸업한 당시로서는 인텔리 여성이다. 문화방송 개국 7주년 기념 라디오 극본 현상 공모에 '그해 겨울의 우화가' 당선되어 작가로 활동을 시작했다. 여성 특유의 감성이 어우러져 타의 추종을 불허하는 기록과 화제를 동시에 받는 작가로서 유명인사가 되었다. 그녀의 작품은 변해가는 시대 속에서 대가족 및 구성원들의 면모와 갈등을 다루는 가족극, 인물들 간 엇갈린 사랑을 그리는 멜로드라마, 명절 및 기념

일 등에 걸맞게 주제의식을 강하게 드러내는 특집극 등 크게 세 가지로 나뉜다. 가족과 애정이라는 대중적 소재를 빠르고 거침없는 대사를 경쾌하게 전달함으로써 대중적 인기를 얻었다고 평가받는다.

　을 여성의 꼼꼼하고 세밀한 부분을 어필하여 대본에 세세한 부분까지 체크할 정도여서, 유명한 배우들도 그녀 앞에서는 긴장을 놓지 못할 정도였다고 한다. 드라마를 섬세하고 감각적으로 묘사하여 내놓는 작품마다 대중들의 엄청난 인기를 독차지하고 시청률도 대단하여 독보적인 존재라 해도 과언이 아니다. 특급 작가로서 예우를 받으며 명예와 부를 얻었지만 을 여성 성향의 특색이 나타나 작품에서 배우가 눈에 들어오면 등장인물이 쉽게 변하지 않는 고집과 자부심이 존재한다.

乙丑(을축)

A	집중력이 뛰어나다 꼼꼼하고 세밀하다 우직할 정도로 성실하다 꾸미지 않는 소탈함이 있다	**B**	화합을 중시한다 부드럽고 섬세하다 행동으로 믿음을 준다 창조와 다양성을 추구한다
O	생각하는 것이 깊다 능동적이고 적극적이다 환경 적응력이 뛰어나다 목적을 달성하는 끈기가 있다	**AB**	상황판단이 빠르다 완벽함을 추구한다 활력소 역할을 잘한다 평화주의 성향이 강하다

乙亥(을해)

A	안정감 있다 실속을 중시한다 차분하고 신중하다 끈기와 집념이 강하다	**B**	재치가 있다 준비성이 철저하다 신의를 중요시 여긴다 모나지 않고 편하게 대한다
O	자립심이 강하다 솔직하고 꾸밈이 없다 명분을 소중하게 생각한다 주도적이 되어야 만족한다	**AB**	빈틈이 적다 서두르지 않는다 현실적 이론에 밝다 분석적인 사고방식이다

乙酉(을유)

A	질서정연하다 최선을 다한다 직감력이 뛰어나다 무모하게 나서지 않는다	**B**	경우가 밝다 순발력이 뛰어나다 마무리하는 것이 확실하다 여러 분야에 흥미를 갖는다
O	현실적이다 집념이 뛰어나다 차분하고 논리적이다 자립적인 의지력이 강하다	**AB**	무리하지 않는다 개성이 뚜렷하다 냉철하게 판단한다 변화에 대하여 예민하다

乙未(을미)

A	부지런하다 내실을 기한다 안정성을 중시한다 책임을 묵묵히 수행한다	B	신용을 중요시한다 인정과 의리가 있다 가식적인 언행을 못한다 상황에 빠르게 대처한다
O	언행이 단정하다 꼼꼼하고 정확하다 원만함을 보여준다 독립적 의지력이 강하다	AB	합리적이다 이재에 밝다 순리에 순응한다 섬세한 일에 재능이 있다

乙巳(을사)

A	공사가 분명하다 시야가 객관적이다 깔끔한 인상을 준다 조급하게 서두르지 않는다	B	유연성이 있다 임기응변에 능하다 처세술이 뛰어나다 끝을 봐야 직성이 풀린다
O	언변이 논리적이다 능력을 인정받는다 목적의식이 뚜렷하다 신념과 행동에 자신감이 있다	AB	다재다능하다 처신을 잘한다 기회포착이 뛰어나다 안정과 실리를 우선한다

乙卯(을묘)

A	현실을 중시한다 자기관리가 철저하다 생존 경쟁력이 강하다 일처리에 빈틈이 없다	B	재능이 많다 현실을 직시한다 진취적인 삶을 산다 부드러움 속에 강인함이 있다
O	표현력이 좋다 끝맺음이 확실하다 대처능력이 뛰어나다 주위에서 신뢰도가 높다	AB	생활에 충실하다 판단력이 뛰어나다 자아실현 욕구가 강하다 문제를 침착하게 해결한다

丙 병에 대한 해설

1. 병 일간 성격&스캔

병은 명랑하고 개방적이며 사교적이라 어디서나 분위기를 밝게 한다. 상대를 한번 신뢰하면 끝까지 변함없으며 남의 사정을 이해할 줄 알고 무엇이든 베풀려고 한다. 언어 표현력 또한 뛰어나 설득력도 강하다. 솔직 담백하며 상대에게 서운한 일이 생겨도 오래가지 않고 뒤끝이 없다.

병 일간은 과감한 추진력이 돋보이며 어려운 일도 무난히 해결하는 모습을 보여주고, 큰일이 생겨도 대범하게 처리하는 배포도 지니고 있다. 강한 의지와 실천력으로 자신의 삶을 개척하며 남에게 의지하지 않으려고 한다. 또한 직선적이고 화끈한 성격으로 좋고 싫음이 분명한 병이기에 마음에 들지 않는다 하면 가급적 그를 설득하려고 하지 마라. 그만큼 그는 호불호가 강하고 자기주장을 굽히기 싫어한다. 게다가 그는 애매모호하거나 추상적인 것과 복잡한 것을 싫어한다.

현실을 바라보는 안목이 뛰어나 정확한 분석력으로 어려움이 생겨도 뚫고 나가는 기질이 있다. 자기주장을 굽히기 싫어하는 병은 주관이 뚜렷하고 용기와 배짱이 있다는 평가도 받는다. 의도한 일에는 집념이 강하여 자신이 목표로 하는 것은 반드시 이루려는 열정이 있는 모습을 보여준다. 게다가 바른말을 잘하며 예의도 바르다. 의협심이 있어서 강자에게 강한 모습을 보이지만 약자에게는 다정다감하게 대해주는 소유자인 병의 일간이다.

병은 현재 어려워도 긍정적이어서 다시 일어선다는 신념이 강하며, 기회가 오면 그냥 넘어가지 않고 발판삼아 발전한다. 상황판단이 빨라 옳고 그름을 명확하게 가리며 경우가 밝아 정확하고 분명한 것을 선호한다. 대인관계가 원만하고 포용력과 사교성이 있어서 다른 사람에 대한 이해심이 많고 구성원들과도 잘 어울린다. 생각하는 것이 넓고 추구하려는 힘이 강하여 변화가 많은 현대 사회에도 적응을 빠르게 하는 모습을 보여주는 병 일간이다.

유의해야 할 점
병은 자부심이 강하여 일을 시작하면 빨리 끝내려고 서두르며 남보다 조금이라도 앞서야 만족하는 성향이 존재한다. 병의 화끈한 성격이 화를 부르는 경우가 있는데, 그것은 조그만 것에 만족하지 못하고 과욕을 부리다 손해 보는 때이다. 병은 추진력은 강한데 끈기가 부족하고 싫증이 빠르며, 화가 나면 감정을 자제하지 못하고 폭발해 언제든 상황이 반전될 수 있다. 자신이 결정을 내리면 다른 사람의 말을 잘 안 듣고 독자적으로 일을 진행하다가 결정적인 순간에 실리를 놓치기도 한다. 개방적인 성격이어서 분위기나 기분에 좌우되는 모습을 보이며 감정의 변화가 표면적으로 나타날 때가 많다. 성급한 면도 있지만 자신의 행동에 대해서 구차한 변명을 하지 않는 모습을 보여주는 병 일간이다.

TIP. 병 일간과 좋은 인연이 되는 법

1. 마음을 터놓고 그와 상대하라.
2. 모호하고 복잡한 제안을 삼가라.
3. 밀고 나가는 열정이 있으므로 호응해주라.
4. 성급하지만 반면에 차가운 이성도 있음을 기억하라.
5. 어려움에 처하면, 반드시 재기한다는 믿음을 주면서 때를 기다려라.

사람은 누구나 야누스적인 성향을 갖고 있다. 때로는 긍정적으로 나타나고 때로는 부정적으로 드러나는 성향의 본질은 동일하다. 병은 화끈한 것을 좋아해 뒤끝이 없고 믿을 만한 사람이지만, 그 화끈한 성향은 경솔하고 조급한 결정을 유발하여 위험요소가 되기도 한다. 병이 단체나 기업의 수장이라면 그의 화끈한 결정이 기업이나 단체를 승승장구 성공시킬 수 있지만, 또 다른 한편으론 그의 성급한 결정은 단체를 힘들게 할 수도 있다. 그러나 뛰어난 리더를 만나기도 쉬운 일이 아니지만 유능한 구성원을 만나기도 어려운 게 현실이다. 지금 시대는 서로 잘하는 부분을 역할 분담한다면 성공 가능성이 훨씬 높아질 것이다. 따라서 당신은 한 사람의 성향이 갖고 있는 야누스적 성격을 잘 파악하여 유사시에 대비해야 한다.

2. 병 일간 남성

병의 남성은 예의바르고 긍정적이며 일할 때 몸을 아끼지 않고 화끈하게 덤벼들어 처리한다. 인간관계가 원만하여 사람을 빨리 사귀고 금방 친해진다. 게다가 머리회전이 빠르고 정세파악이 뛰어나 남보다 앞서나 간다. 그는 도움이 될 만한 인물이 주변에 있으면 활용할 줄 아는 수단가이며, 의협심과 의리가 있어서 가까운 사람이 어려움을 당하면 그냥 지나치지 않는다. 따라서 병의 마음을 얻을 수만 있다면 당신에게 많은 조언과 힘을 줄 것이다.

그만큼 그는 긍정적이고 혈기 왕성하며 응용능력이 뛰어나 성공을 위해 전진할 수 있는 기질을 타고났다. 쾌활하고 개방적이어서 세상을 복잡하게 살지 않으려고 하니까 그와는 단순 명쾌하게 지내라. 병 남성 자신이 자신의 성공을 위하여 남에게 아부하거나 굽실거리지 못하는 만큼 당신도 그에게 머리 아픈 아부 따위 하지 말고, 차라리 호쾌하게 지내는 걸 권장하는 바이다. 그렇다고 너무 단순하다고 생각하지 말고 그의 가슴속엔 차가운 냉철함도 있다는 것을 항상 명심해야 한다.

병의 남성은 쉽게 타오르고 쉽게 식으니 끈기가 부족할 때가 아쉽다. 게다가 남의 의견에 귀 기울이지 않고 소신대로 밀고 나가며, 좋고 싫은 감정을 담아두지 못하고 직선적으로 표현한다. 자극을 받으면 자제심이 약하므로 진행을 자제해야 하지만 쉽게 말을 들을 위인이 아니다. 따라서 자신이 하는 일에 간섭이나 억압을 당하면 견디기 힘들어하니까 잔소리를 하거나 조언하는 식은 가급적 삼가야 한다. 당신은 이런 그의 화끈하고도 다혈질 성질을 고려해야 한다. 그와 가깝게 지낼 정도로 신망을 얻었다면 선물도 서슴지 않고 건넬 성품이며 먼저 배신하지 않을 사람이다.

경제 관점

병 일간은 사교적인 성향은 그의 경제관에 영향을 미친다. 그는 사람들과 대화 속에서 정보를 수집하는데, 경제 감각도 뛰어나고 정세파악이 빠르다. 주어진 이익이나 개발을 위한 기회가 오면 놓치지 않는다. 즉 부정한 방법만 아니고 돈을 번다면 어떠한 일도 할 수 있는 과감성을 가졌으며, 그런 만큼 금전을 써야 할 곳에는 기분 좋게 지출하는 매력 있는 남성이다. 공명정대하여 사리사욕으로 뒷거래하는 것을 싫어하고, 자기 수중에 돈이 없어도 궁핍한 내색을 하지 않는 병의 남성이다. 게다가 기분파여서 분위기에 젖으면 생각지도 않은 곳에 지출하기 쉽다.

> **좋고 싫음이 분명하고 분석력이 뛰어난 병의 남자 김구라**
>
> 방송인 김구라가 대표적인 병의 남성이다. 비교적 젊은 나이에 방송사 개그맨 공채에 합격하고도 꽤 오랜 무명생활을 했던 그를 대신해 아내가 식당에서 설거지를 해 가족의 생계를 책임졌다는 사실은 잘 알려져 있다. 그런 아내가 17억이라는 큰 빚을 지게 되었고 그 때

문에 공황장애까지 겪었던 김구라는 이혼하고도 아내의 빚을 대신 갚고 있다고 한다. 김구라 본인이 말하길 사업을 한 것도 아닌 가정 주부가 무슨 17억의 빚이냐고 했는데, 그 속사정을 살펴보면 남편 이 돈 버느라고 바쁜 틈을 탄 친정 식구가 발단이라고 할 수 있다.

이미 신용불량자였던 아내가 그 모든 사건의 원인이지만, 좀 의외인 건 평소 이미지와는 달리 자산관리를 이렇게까지 등한시한 건가 싶은 김구라다. 평소 그는 토크쇼 예능에서 게스트의 경제적 배경에 관심이 지대했으며 경제 감각도 상당했었다. 딱 전형적인 병 남성이 아닐 수 없다. 대화 속에서 정보를 수집하고 정세파악은 빠르나 돈을 모으고 관리하는 데는 그만 못한 것이 그저 안타까울 따름이다. 그런데 아내의 금전 사고가 처음도 아니었는데 끝까지 믿어주려고 했던 것이나, 헤어지면서도 그 많은 빚을 본인이 떠안고 갚아가고 있는 모습 또한 다시 일어서는 전형적인 화끈한 병 남성의 스타일이다.

3. 병 일간 여성

병 여성도 병 남성과 마찬가지로 화끈한 성격이다. 다만 여성의 경우 그 화끈함이 마음 씀씀이가 넓고 이해심이 많으며 인간미가 풍부한 것으로 표현된다. 하지만 인정과 포용력이 있고 예의 바르며 상대가 잘못한 것이 있어도 오래 담아두지 않고 풀어버린다거나, 감정을 숨기지 않고 표현하는 것 등 기본적으로 병 남성과 동일하다. 개방적인 성격이어서 기분에 좌우되는 성향이 있지만 자신의 행동에 대해 투철한 책임감을 가지고 있다.

밝고 명랑하며 교제가 활발하여 사람들과 어울리는 것을 좋아한다거나, 긍정적이어서 매사를 선하게 처리하면서도 옳고 그름이 확실한 것도 그렇다. 본성이 착하고 인정이 많아 남이 어려움을 당하면 앞장서서 도와주는 따뜻한 마음씨를 간직하고 있는 여성이다. 자아실현에 욕구가 강하고 합리적 타당성을 추구하여 근본적인 문제를 해결하는 능력도 보여준다. 진취적이고 처세술이 뛰어나 현실에 대한 대처가 빠르며, 자신의 행동에 의한 결과에 대해서는 잘못되어도 구차하게 변명하지 않는다.

동료가 잘못도 없이 당하면 손해를 감수하고 앞장서 보호해주는 의협심도 있고, 목적의식과 사리판단도 분명하고 적극적이어서 할 일이 있으면 시원스럽게 추진하여 마무리하는 것까지 모두 병의 기본 성향과 같은 궤이다. 다만 아무래도 우리 사회의 특성상 병 남성만큼 호쾌할 수 없으나 개방적이고 활동적인 여성으로 누구에게나 잔정을 베풀고 다정다감하여 주위에 친구가 많다. 개성이 강하여 까다로운 형식에 얽매이면 견디지 못하여 자유로운 사고방식으로 살아가는 생활 태도를 취한다.

문제는 병 여성의 개선해야 할 점이다. 병 여성 역시 집중력이 부족하여 끝맺음하는 것이 약하고, 직선적인 성향이 강하여 자기생각을 그대로 표현하여 비밀을 지키는 것이 어려울 때가 생긴다. 게다가 인내심이 적어 감정관리가 쉽지 않고, 순간을 참지 못하여 충돌이 생긴다. 그런데 마찰이 생기면 물러서지 않으려 하여 더 큰 다툼이 되는 게 문제다. 즉 무슨 일을 하려고 계획한 것은 빨리 끝내야 직성이 풀리는데, 이때 주위를 배려하지 못해 나타난 자잘한 마찰을 수습하기는커녕 일을 키우는 유형이다. 병 남성만큼 직선적은 아니지만 기본 성향은 자기주관대로 해야지만 직성이 풀리는 사람임을 명심해야 한다. 신세지기 싫어하는 병 여성은 받은 것의 몇 배로 갚아줄 사람이다.

경제 관점

병 여성도 정보수집능력과 응용력이 좋지만 뒷거래는 싫어한다. 계산하는 자리가 생기면 먼저 결제를 해야 마음이 편한 여성이다. 자립정신이 강하여 남에게 기대려고 하지 않으며 이해타산에도 밝아 금전관계와 거래에서 뛰어난 능력을 보여준다. 어려운 사람을 보면 인정에 약해져 아껴야 한다고 생각하지만 실행이 쉽지 않다. 그러면서도 자기 수중에 돈이 없어도 궁핍한 내색을 하지 않으며, 남들보다 행동이 앞서 지출을 하므로 재정관리가 계획보다는 다소 시간이 걸리는 병의 여성이다.

화끈한 성격, 마음 씀씀이가 넓은 병의 여성 고현정

화끈한 여배우의 대명사 고현정이 대표적인 병의 여성이다. 자기 이름을 타이틀로 한 예능프로에서 보여준 거침없는 언변과 솔직하고 털털한 모습이 전형적인 병 여성답다. 미스코리아 출신으로 세기의 명작 '모래시계'의 혜린이로 사랑받으며 출중한 미모에 연기력도 뛰어나 출연한 작품 대부분이 성공해서 배우로서는 손색이 없다고 해도 과언이 아니다. 한참 인기가 올라갈 시점에 돌연 신세계 그룹

이명희 여사의 며느리로 정용진의 아내가 되어 은퇴했다. 이혼한 후 은퇴 10년 만에 배우로 돌아와 또 다른 명작 '선덕여왕'의 미실이 되기까지 그녀의 파란만장한 배우로서의 행적에 대해서 잘 알려져 있으나 그녀의 자녀와 재산에 관해선 소문만 무성하다.

배포 있고 씀씀이도 크며 매사 옳고 그름이 확실하지만, 부정한 방법만 아니고 돈을 번다면 어떤 일도 할 수 있는 유연함과 매력이 넘치는 그녀이다. 자유로운 연예계에서 생활하다가 갑자기 재벌가의 며느리가 되어 직선적이고 마음에 담아두지 못하는 성격에 얼마나 답답하고 힘든 시간을 보냈을지 가늠하기 어렵다. 피아노 실력이 매우 뛰어난 것으로 알려졌으며 동국대학교 연극학부 겸임교수로 임용되어서도 수업을 유머러스하고 재미있게 진행하였다고 한다. 이제 연예계로 돌아왔으니 개성이 강하고 자유로운 영혼을 가진 그녀이기에 앞으로 얼마나 발전할지 귀추가 궁금해지는 병의 여성상이다.

병 일주 해설과
혈액형

丙寅(병인)

A	준비성이 뛰어나다 전진하려는 힘이 좋다 현실적이고 실리적이다 단체생활에서 능력 발휘한다	B	열정적이다 불의를 참지 못한다 새로운 것에 관심이 많다 생각을 내면에 숨기기 어렵다
O	신의가 있다 추진력이 강하다 행동하는 반경이 넓다 강자에게 강하고 약자는 살핀다	AB	설득력이 강하다 상황판단이 빠르다 환경에 구애받지 않는다 힘든 일도 재치 있게 처리한다

丙子(병자)

A	집념이 강하다 분석력이 뛰어나다 남의 간섭을 싫어한다 마음먹은 것은 실행에 옮긴다	B	긍정적이다 언변이 좋다 동정심이 많다 자기 주체성이 분명하다
O	대인관계가 넓다 준비성이 철저하다 추진력이 뛰어나다 의도대로 하려는 기질이 있다	AB	처세술이 좋다 논리가 확실하다 안정성을 추구한다 감정의 변화가 다양하다

丙戌(병술)

A	활동적이다 기회 포착을 잘한다 한번 신뢰하면 변함없다 현실에 대한 대처가 빠르다	B	낙천적이다 호기심이 강하다 대화에 막힘이 없다 능력에 대한 자부심이 있다
O	명랑하다 포용력이 있다 형식에 얽매이지 않는다 두려움이 적고 적극적이다	AB	재능이 많다 미래지향적이다 정세파악이 빠르다 공과 사의 구분이 명확하다

丙申(병신)

A	솔선수범한다 감정표현이 솔직하다 끝까지 추진하는 열정이 있다 강압적인 것에 적응하지 못한다	B	의욕적이다 포부가 원대하다 기분파 기질이 있다 빠른 발전의 기회를 모색한다
O	소통을 잘한다 궂은일도 앞장선다 대범한 기질이 있다 선두에 서야 직성이 풀린다	AB	이상이 높다 도전정신이 있다 목적의식이 뚜렷하다 자기 의도대로 밀고 나간다

丙吾(병오)

A	솔직하다 성취 욕구가 강하다 사리 분별력이 뛰어나다 옳으면 끝까지 밀고 나간다	B	활동 반경이 넓다 승부근성이 강하다 상황 판단력이 빠르다 남과 어울리는 사교성이 좋다
O	배포가 있다 독립심이 강하다 통솔력이 뛰어나다 불의를 보면 참지 못한다	AB	신념이 강하다 기세가 당당하다 처세술이 뛰어나다 좋고 싫음의 구분이 명확하다

丙辰(병진)

A	결정이 빠르다 수완이 뛰어나다 행동으로 실천한다 자립적 의지력이 강하다	B	외유내강이다 바른 말을 잘한다 추진력이 뛰어나다 환경에 구애받지 않는다
O	활발하다 논리력이 뛰어나다 결정에 주저함이 없다 잘못한 것은 짚고 넘어간다	AB	의욕적이다 조화와 균형을 맞춘다 새로움과 변화를 추구한다 위로 올라서려는 욕망이 강하다

정에 대한 해설

1. 정 일간 성격&스캔

정은 심성이 착하고 내면이 따뜻하여 남의 어려운 사정을 잘 알아준다. 다정다감하게 상대를 감싸 친근감을 주면서도 상대에게 극단적인 표현은 잘 하지 않는다. 상대방의 인정을 받으면 헌신적으로 몇 배의 능력을 발휘한다.

정은 객관적이고 이성적이어서 판단에 조심성이 많으므로 그의 믿음을 저버릴 거짓으로 다가가서는 안 된다. 상대를 편안하게 해주면서도 본능적으로 자기 보호의식이 강하여 사람이 접근하면 경계심을 갖고 대한다. 처음에 사귀는 데 시간이 걸려서 그렇지, 친밀해지면 자신의 속마음까지 털어놓을 정도로 소탈한 모습을 보인다. 순간적 상황판단이 강하고 분석적인 사고방식이 뛰어나며, 계획이 치밀하여 빈틈이 없을 정도로 참모형에 두각을 나타내는 정의 특성이다.

중용의 도가 몸에 배어있어서 한쪽으로 치우치지 않는 이성적이면서 행동력까지 갖춘 진솔한 타입이다. 그렇지만 평소에는 착한 양이지만, 건드려서 화가 나면 직선적으로 변하여 자제하지 못하고 격정적이 되어 전혀 다른 모습을 보여준다. 그때가 지나면 언제 그랬냐는 듯이 본래의 착한 사람으로 돌아온다. 의외로 강자에게 강한 면을 보이면서 약자에게는 한없이 따뜻한 마음을 베풀어주는 훈훈함이 인상적이다. 책임감이 강하고 솔선수범하며, 자신에게 주어진 임무는 끝까지 완벽하게 마무리하는 것이 정의 매력적인 스타일이다.

이런 정과 친구가 되면 절대 먼저 배신을 하지 않는다. 한번 마음을 주면 언제나 변함이 없어서 친구로 둘 수만 있다면 영원한 우정으로 이어질 것이다. 정 자체가 정직하고 행동이 반듯하여 나쁜 짓을 쉽게 하지 못하는 고지식한 면이 있다는 것을 유념하여 진심으로 대해야 한다. 정은 도덕성이 강하고 봉사정신이 있어서 헌신적이며 친절하지만, 원리원칙주의자이면서도 가끔씩 엉뚱하게 일탈하는 모습도 보여준다.

경제 관점
경제는 신용을 중시하고 현실주의자여서 거래가 확실하여 계산이 정확하며, 신중을 기하면서도 투자할 때는 과감한 모습도 보인다. 기분파 기질이 있어서 수중에 금전이 있으면 앞장서서 계산해야 직성이 풀린다. 반대로 주머니에 돈이 없으면 남에게 신세지는 것을 싫어하여 밖에 나가지 않으려고 하며 의기소침해지는 모습도 보인다. 이분법적 성향이 존재하여 실리추구에 민감하고 빈틈이 없는 것 같으면서도, 의외로 이익을 차지하는 것에 강하게 주장하지 못하고 전체를 우선하여 양보를 하는 경우가 많은 정의 일간이다.

유의할 점

정은 융통성이 부족하기에 대범하지 못한 성향이 있고, 복잡한 것을 싫어하며 즉흥적인 경우가 나타난다. 평소에 이성적인데 열을 받으면, 감정의 변화를 다스리지 못하고 변화가 겉으로 드러나 직선적으로 표현하며 그 순간만 지나면 후회를 하게 된다. 정은 경쟁심과 자존심이 강하여 지는 것을 극도로 싫어하므로 공연히 승부욕을 자극하지 않도록 조심하라. 또 개성이 강하여 겉으로 드러나는 것보다 속정이 많은데, 바로 그 정(情) 때문에 손해를 많이 본다. 마음이 여리고 상처를 쉽게 받으며, 너무 정직하고 단순하여 요령이 부족하다는 소리를 듣기도 하는 정의 일간이다.

TIP. 정 일간과 좋은 인연이 되는 법

1. 가급적 친구로 만들어라.
2. 확실하고 정확하게 대하라.
3. 내면의 승부욕을 자극하지 마라.
4. 능력이상의 실력을 발휘하게 조성해주라.
5. 변화를 기대하여 귀가 얇은 그의 단점을 커버해주라.

인간은 누구나 후회를 거듭하면서 성장한다. 반복하지 않으려고 애를 써봐도 잘 되지 않는 게 우리가 사는 인생살이다 정 일간은 칭찬에 약하고 기분에 따라 감정기복이 심한 게 흠이다. 귀가 얇아 남의 말에 솔깃하여 잘 넘어가는 경우가 비일비재하다. 그렇지만 주변 사람들이 이용하는 것이 문제이다. 사실은 이런 사람들이 올바르게 더 대접받아야 한다. 한 치 앞을 모르는 것이 우리 인간들이다. 미래를 내다보고 사람에게 투자하는 안목을 길러야 한다. 전자 제품의 선택은 대략 10년 남짓. 사람의 인연은 평생을 갈 수 있으니 얼마나 중요한가? 남을 속이면서 얻은 부귀영화는 때가 되면 부질없이 사라진다. 절대 길게 가지 못하는 것이 세상만사 진리이다. 더불어 사는 세상이 밝고 아름다워 행복함을 느끼는 사람이 많았으면 좋겠다.

2. 정 일간 남성

정의 남성은 믿음을 주면 신의를 가지고 변하지 않는 의리가 있다. 또한 차분하고 헌신적이며 남에게 권모술수를 쓸 줄 모른다거나, 합리적인 사고방식으로 친절하면서도 부담감을 주지 않고, 융통성이 부족한 모습 등은 정의 기본 성향과 동일하다. 다만 상하를 구분할 줄 안다거나, 업무처리가 정확하고 어려운 일에 부딪쳐도 언젠가 해낸다는 믿음이 있는 모습은 정의 남성에게 특히 두드러진 특성이다.

보수적이긴 하지만 개성을 살려주고 칭찬해주면 능력을 몇 배 발휘하는 정의 일간이다. 그러므로 조직생활에서 자칫 두드러질 그의 고지식한 성향을 억제시키고, 분위기를 파악하고 자중할 줄 아는 그의 장점을 도드라지게 부각시켜줘야 한다. 창조적이고 재치가 있어 일단 수용한 것은 자신의 것으로 만드는 능력도 있는 정이기에 당신의 능력 여하에 따라 그의 창조성을 증폭시킬 수 있을 것이다. 처세술이 뛰어나 주위 사람들과 원만하게 조화를 이루면서도, 의리를 중시하고 인간의 정(情)에는 약하여 손해를 많이 보기도 한다.

복잡한 것을 싫어하는 정의 남성은 직선적으로 감정을 표현하고 돌아서서 후회한다. 경계심이 강하면서도 주변에서 솔깃한 말을 하면 넘어가고, 감정 기복이 있어서 좋고 싫은 구분이 확연하다. 한마디 사회생활에서 손해를 많이 볼 스타일로 본인 자질보다 저평가되는 성향이다. 정(丁)은 보기보다 속정이 많은 사람으로 상황에 따라 억울하게 손해 보는 경우가 많다. 사람이 좀 유연하고 필요할 땐 아쉬운 소리도 할 줄 알고 해야 하는데, 도무지 고지식한 성품으로 완고한 그는 화가 나면 다혈질이 되어 격정적으로 변하기도 하니까 그럴 때 슬쩍 당신이 그를 대신해 일을 수습할 수 있을 만큼 신뢰를 쌓아 도움을 주면 후에 몇 배가 되어 돌아온다.

경제 관점

정의 남성은 꼼꼼하고 세밀하여 경제계획은 철저하게 수립한다. 공사가 분명하여 사사로운 이익을 챙기지 않는다. 경제적으로 여유가 있으면 자신감을 가지고 활발하다. 신용을 중시하여 금전에 관한 약속은 확실하게 지킨다. 그런데 자존심 때문에 남에게 신세지는 것을 무척 싫어하고, 자신이 대접받는 것보다 남에게 베풀어야 할 자리가 많다. 고지식한 그는 약속을 지키지 못하면 안절부절 못하며 걱정이 많고, 금전이 없으면 사람을 만나는 것도 꺼리고 외출도 잘하지 않는다. 게다가 상대가 조금만 잘해주면 넘어가 이용당하기도 하는 정의 일간이다.

믿음을 주면 신의를 보이고 몇 배의 능력을 발휘하는 정의 남성 유재석

개그맨 유재석이 대표적인 정의 남성이다. 자신의 분야에서 정상에 오른 사람이면서 모범적이고 온후한 인상으로 자기 관리에 뛰어나다. 3사 연예대상과 백상예술대상을 합하여 최다 대상 수상자이다. 그는 개그맨 동료들에게 의리 있는 것으로도 알려져 있다. 동료 개그맨 신동엽이 차린 기획사에서 출연료를 제때 받지 못하는 일까지 발생했을 때도 유재석 쪽에서 인내한 것으로 알려져 있다. 그 후 오랫동안 소속사 없이 활동하다가 '런닝맨'이 인기를 얻으면서 중국 진출 문제로 새로운 소속사와 결합했는데 이번에도 동료들 추천이 결정적인 역할을 했다고 한다. 그야말로 믿음을 주면 변하지 않는 신의를 보이는 대표적인 예다. 국민 MC라 불린 이후에도 오랜 기간 정상에서 독보적인 1인자의 자리를 유지한다는 것도 대단한 일이다. 자기 관리가 철저하여 스캔들이나 사건이 발생한 적이 전혀 없고, 진행 솜씨가 매끄러워 감히 넘볼 수 없는 존재가 되었다. 그의 성실성과 노력의 결과물이 성공의 자리에 오랫동안 머무르게 되어 자랑스러우며 정의 성향이 드러난 스타일이다.

정의 여성은 명랑하고 고상하여 깔끔한 것을 좋아하고, 기품이 있고 친화성이 돋보이며 자신감을 가지고 생활한다. 따라서 활발하고 막힘이 없으며 이지적이어서 호감을 사는 한편 객관적인 시야로 이성적으로 판단하며 의외로 대담성이 있다. 결혼하면 헌신적이 되어 내조를 잘하며, 신용을 중시하여 약속한 것은 틀림없이 지키려 노력한다. 인정과 신의가 있어서 지인이 어려움을 당하면 앞장서서 도와주려는 성의가 있다.

부드러우면서도 신중하게 대처하면서도 여성적인 분위기를 느끼게 하는 매력적인 여성이다. 또한 감수성이 풍부하고 낭만적인 면이 있어서 여행을 좋아한다. 그녀는 마음이 통한다고 느끼면 적극적이고 개방적인 모습이 되므로 친구가 된다면 많은 도움이 될 것이다. 평소 이성적이고 조심스런 정 여성은 좋고 싫은 감정을 감추다가 기회가 되면 쏟아내는 성향이 있다. 자존심에 상처를 받으면 성질이 급하여 감정조절이 힘들기 때문이다. 그래서 마음을 주고 잘못되면 상처가 크기에 냉정한 척한다.

배려심도 뛰어나고 적응력이 강하여 어떠한 환경에서도 조화를 이루며 문제가 생기면 고민하기보다 행동으로 실천력을 보여준다. 경우가 밝고 싹싹하여 예의에 벗어나는 일은 하지 않으며 주위 사람들이 어려움에 처하면 고민 상담도 잘해준다. 매사에 심사숙고하면서도 마음이 유약한 면이 있어서 상대가 헌신적으로 보살펴주면 기울어지고, 마음에 드는 이성이 나타나면 조건을 별로 따지지 않는다. 즉 짐짓 냉정한 척해도 정의 여성은 마음의 상처를 받을 수밖에 없는 다정다감한 성향인 것이다.

경제 관점

정의 여성은 자립적 의지력이 강하고 침착하여 경제적으론 자기 관리를 잘하며 절제할 줄 안다. 재물에 대한 애착심이 있고, 조심성이 많으며 빈틈이 적어 재산증식에 기지를 보인다. 합리적인 사고방식으로 흐트러짐이 없으며 금전관리를 직접 하려는 자세를 보인다. 평소 자기 관리에 뛰어난 능력을 보여 자기절제에 능하면서 자기주도적인 재무관리를 하여 계획성 있게 소득과 지출을 한다. 그런데 분위기에 만족하면 기분파 기질이 표출되어 앞장서서 계산하는 면도 있다. 한편으로 정(丁)은 금전이 없으면 사람을 만나는 것도 꺼리고 외출도 하지 않는 자존심이 센 여성이므로 자존심을 건드려서는 안 된다.

기품이 있고 내조를 잘하는 정의 여성 하희라

연기자 하희라가 대표적인 정의 여성이다. 소탈하면서도 재치가 있고 시원한 모습을 보여주며 생활의 안정성을 유지하는 전형적인 정의 여성이다. 대만인 아버지와 한국인 어머니 사이에서 태어났으며 밝고 명랑한 이미지를 준다. KBS 어린이 합창단 출신으로 아역 스타부터 시작해 청소년 드라마에도 많이 출연했으며 당시 KBS에는 하희라가, MBC는 이연수가 아역계의 양대 산맥일 정도로 인기가 대단했다. 성인이 되어 현대극과 사극을 넘나들면서 여러 가지 장르의 역을 다양하게 소화하였다.

최수종과 결혼하면서 한국 국적을 취득했으며, 결혼 후에도 부부

싸움을 한 번도 하지 않을 정도의 연예계 대표적인 잉꼬부부로 사는 것을 보면 부럽기도 하고 대단한 인연이다. 대한민국 남편들의 공공의 적이 된 최수종은 아내 하희라를 위해 이벤트를 자주 하여 감동을 주는 것으로 유명하다. 결혼 후에는 출산과 육아 문제로 연기에 소홀했지만, 연세대학교에서 사회복지학과 석사학위를 받을 정도로 자신의 발전에 대한 열정이 가득하다. 국내와 해외에서 다양한 후원과 봉사 등 기부활동을 지속해오고 있는 최수종, 하희라 부부는 연예계의 모범적인 가정이다. 그녀는 솔직하고 구김이 없으며 활동적인 성향으로 속정도 깊은 대표적인 정 여성의 표본이다.

정 일주 해설과 혈액형

丁卯(정묘)

A	겸손하다 신뢰감을 준다 판단력이 냉철하다 자기 관리가 철저하다	**B**	온순하다 신의가 있다 머리회전이 빠르다 섬세하고 이지적이다
O	헌신적이다 빈틈없이 치밀하다 사전준비가 철저하다 합리적이며 끈기가 있다	**AB**	눈치가 비상하다 차분하고 꼼꼼하다 세밀한 것까지 챙긴다 바라보는 시각이 객관적이다

154

丁丑(정축)

A	희생정신 강하다 무에서 유를 창조한다 임무수행 능력이 좋다 분석적인 사고방식이 뛰어나다	B	다정다감하다 품격을 유지한다 상황을 신속하게 대처한다 친화적으로 분위기를 맞춘다
O	신중을 기한다 잔꾀를 부리지 않는다 주위와 원만함을 유지한다 원하는 것을 빨리 파악한다	AB	호기심이 강하다. 순발력이 뛰어나다 논리적인 입장을 취한다 인정을 받으면 혼신을 다한다

丁亥(정해)

A	원칙적이다 현실을 중시한다 약속하면 철저하다 어떠한 일이든 심사숙고한다	B	진실하다 솔직담백하다 외유내강형이다 처세술이 뛰어나다
O	합리적이다 자신에게 엄격하다 활동적이고 진취적이다 옳고 그른 것에 대해 확실하다	AB	착실하다 깨끗함을 선호한다 규칙은 준수를 잘한다 처지를 돌아보고 일을 도모한다

丁酉(정유)

A	신의가 있다 정신력이 강하다 거짓과 가식이 없다 신세지는 것을 싫어한다	B	진솔한 성품이다 상하관계가 확실하다 일을 남에게 미루지 않는다 근면성과 정직함이 돋보인다
O	인간미가 있다 남을 속이지 않는다 생각하면 밀고 나간다 솔선수범하는 자세가 되어 있다	AB	융통성이 적다 감성이 예민하다 계획성이 철저하다 임무는 확실하게 처리한다

丁未(정미)

A	사려가 깊다 끈질김을 보여준다 치밀하여 믿음을 준다 주도면밀하게 일처리를 한다	B	예의가 바르다 불의를 참지 못한다 조금만 잘해주면 빠져든다 새로운 분야에 관심이 많다
O	경우가 밝다 행동이 바르다 힘들어도 내색하지 않는다 이상이 높고 생각하는 바가 크다	AB	승부욕이 강하다 상식이 풍부하다 궁금한 것은 파고든다 모나지 않게 처세한다

丁巳(정사)

A	집념이 강하다 원칙대로 처리한다 성실하여 신뢰를 받는다 솔직하여 감정처리가 확실하다	**B**	생각이 유연하다 먼저 배신하지 않는다 좋아하는 일에 몰두한다 자아실현의 욕구가 강하다
O	다재다능하다 완벽함을 추구한다 사고방식이 건전하다 상대를 진실성 있게 대한다	**AB**	수완이 좋다 업무처리가 치밀하다 기회가 오면 과감하다 상황대처 능력이 뛰어나다

무에 대한 해설

1. 무 일간 성격&스캔

무는 명분을 중시하고 차분하게 관찰하여 내실을 기한다. 중용을 지켜 중간적인 역할을 잘하며 주위 사람들에게 신뢰를 받는다. 또한 그는 사교적이고 친화력이 있으면서도 우직한 면이 있다. 온화하면서도 활동적이며 신의가 있어 듬직하다.

무 자체가 인품이 수려하여 배려를 잘하는 성향으로 마음의 여유를 가지고 중용의 도를 지켜나가며, 원만한 성향으로 어디 한 군데 치우치지 않는 조화로움을 유지한다. 합리적이어서 현실적인 이론에 밝은 편으로 실리추구에도 충실하다. 또한 환경에 유연하게 적응하며 사람들과 어울리기를 좋아하는 무이기에 다양한 관계 속에서 그와의 관계를 지속하는 게 낫다. 팔방미인이라는 소리를 들을 정도로 대인관계도 원만하고 교제의 폭도 넓으며 침착성과 판단력이 뛰어난 모습을 보이는 무 일간이다.

활발하고 개방적인 모습을 보이면서도, 맺고 끊는 것이 정확하여 엄격함이 내면에 존재하며 인내와 끈기로 발전을 추구한다. 추진력이 강하여 새로운 변화도 추구하지만 무슨 일이든 심사숙고하여 절대 소홀하게 하지 않는다. 대담하면서도 무모하지 않으며 주변 시선에 개의치 않는 편이지만 마찰이 생기는 것을 싫어한다. 포용력이 있으며 신뢰하는 사람에게는 진심어린 충고도 해주므로 무의 충고를 듣게 된다면 그의 완전한 신뢰를 받는 것으로 판단해도 좋다.

생각하는 것이 한 곳에 얽매이지 않을 정도로 대범한 모습을 보이며, 재치가 있어서 많은 사람들로부터 인정을 받는다. 어려운 상황이 생겨도 서두르지 않으며 변화에 재빠르게 대처하는 능력으로 뛰어난 모습을 보여준다. 항상 준비성이 좋으며 책임감이 강하여 주어진 일은 철저하게 마무리를 하는 무의 특성이다. 또한 자립심이 강하여 남에게 의지하지 않고 독립적으로 생활의 안정감을 유지하면서 발전을 추구해 나간다. 주관이 뚜렷하고 준법정신이 뛰어나 흐트러짐이 없는 무 일간은 뜻에 어긋나면 성급하고 강렬해져 물러설 줄 모르는 무의 특성이다.

유의할 점

주체성이 강하고 영역이 확실하여 간섭하는 것을 싫어하며, 자신이 옳다고 생각하는 것은 물러서지 않는다. 게다가 무는 직선적이고 보이지 않는 까다로움이 내면에 존재한다. 특히 지나간 일도 쉽게 잊지 않고 좋지 않은 상황이 오면 돌출하기 때문에 평소에 실수하지 않도록 해야 한다. 보수적인 성향이 존재하여 고집이 있으므로 가급적 그의 심기를 건드리지 말아야 한다.

순간적인 상황이나 감정에 좌우되면 과격한 성향이 튀어나오며, 감정에 대한 억제력이 부족한 모습을 보이는 무의 특성이다.

TIP. 무 일간과 좋은 인연이 되는 법

1. 명분을 가지고 중용의 도를 지켜주라.
2. 간섭하는 것을 싫어하므로 구속하지 마라.
3. 지인들과 어울리는 것을 좋아하므로 활용하라.
4. 신뢰를 얻기까지 시간이 걸리는 것을 명심하라.
5. 잠재되어 있는 까다로움이 돌출되지 않도록 조심하라.

세월이 지나 뒤돌아보면 모든 것이 추억으로 남는다. 지금이라면 더 슬기롭게 헤쳐 나갈 텐데 아쉬울 때가 많다. 하지만 그 경험이 바로 자산이 된다.

힘든 고민도 옆에서 조언은 해주지만, 결국 본인이 헤쳐 나가야 한다. 지나고 나면 고생한 일도 승화되어 아름다운 추억으로 가슴에 남아있다. 세상을 살아가면서 중도를 지키며 융통성을 발휘하는 것이 중요하다. 무 일간은 그러한 그릇을 가지고 태어났으니 얼마나 큰 장점인가? 사람들이 모이면 중간 역할을 하는 것이 쉽지만은 않다. 그런데 무 일간은 능수능란하게 해내므로 주변 사람들에게 인기가 있다. 현대를 사는 세상에 무형의 자산을 장착했으므로 잘 활용하리라 믿는다. 우리들이 조금씩 배려해야 소통이 되고, 서로 존중해주면 건강한 사회가 만들어진다.

2. 무 일간 남성

무 남성은 중용의 미덕을 지니고 있다. 정직하고 신의가 있어서 한번 믿음을 주면 변함이 없으며, 분별력이 뛰어나 주변 상황에 대하여 정확하게 파악한다. 또한 온화하고 활발하여 중간적인 역할을 잘하며, 대인관계가 원만해 주위에 사람이 많은 것도 그의 중용을 중시하는 성향에서 연유하는 바이다.

포용력이 있어서, 좋고 싫은 것에 대해 크게 내색하지 않지만 솔직하여 숨기는 것도 별로 없다. 하고 싶은 말을 표현하는 것도 치우치지 않고 거리낌이 없는 중용의 면모이다.

과감하지만 무모하지 않으며 현실에 맞게 행동하는 것도 그러하다. 안정을 도모하고 완벽한 일처리로 주위에서 인정을 받으며, 꼼꼼하고 치밀하여 마무리가 정확하다. 돌다리도 두드려 보고 건널 만큼 신중한 성격으로 무리한 모험을 하지 않으려고 한다. 신의와 의리를 중시하여 정의감이 강하며 어떠한 환경에도 쉽게 적응하는 적극적인 기질이다. 다만 무 남성은 생각하는 것은 즉시 실행에 옮겨야 직성이 풀리므로 조급함을 보일 때가 있다.

주관이 뚜렷하고 강인한 의지력의 무 남성은 무슨 일이든 자기 소신대로 처리하려고 한다. 그러나 자신의 의도대로 안 되면 독선적인 성향이 나타난다. 또 의욕이 넘쳐 주위에서 인정받지 못하면 힘들어한다. 이런 식으로 상황이 악화되면 무 남성은 현실적응이 느리게 되고, 다툼이 생기며 물러서게 된다. 조금 시간이 흐르면 중용의 마인드로 생활력이 강한 무 남성은 안정된 생활을 하게 될 것이다. 단, 무 남성은 독립적이고 영역이 확실해, 침범하면 싫어하므로 거리를 두고 균형감을 유지하도록 해주어야 한다.

경제 관점

무 남성의 경제는 합리적으로 안정성을 중시하여 투자한다. 시대의 정세파악에 남보다 앞서가 재물의 흐름 파악이 빠르다. 즉 경제의 중요성을 잘 알고 만일의 사태에 대비한 준비성이 좋다. 하지만 작은 것에 만족하지 못하고 항상 큰 것만을 염두에 두는 성향도 존재하지만, 신중하여 중요한 문제에는 조심성을 갖고 실행에 옮긴다. 게다가 무 남성은 독점욕이 강하여 자신을 따르는 사람은 자기 능력 이상으로 돌봐주며, 자기가 갖고 싶은 물건은 수중에 넣어야 직성이 풀리는 성향이다. 계획성이 뛰어난 무이기에 현실적인 이론과 계산에 밝아 금전적인 거래가 깔끔하고 확실한 모습을 보이면서도 돈을 쓸 곳에는 아끼지 않는다.

중용의 미덕을 지니고 있으며 포용력이 있는 무의 남성 반기문

무 남성에는 대표적으로 반기문 전 UN 사무총장이 있다. 사람을 상대하고 조직을 관리하는 정점에 이른 외교관으로 직업적으로 사교성이 뛰어나고 호감을 사야 성공하는 특성이 무 남성의 성향과 상

당히 일치한다. 고시를 합격 후 관료의 길로 들어선 그는 싫고 좋은 것을 드러내지 않는 무 성향답게 5공화국 시절부터 퇴직한 그날에 이르기까지 외교관으로서 승승장구한 셈이다. UN 사무총장 임기를 마치고 퇴임하여 대선 출마운동을 열심히 하다가 2주 만에 불출마 선언을 하여 오히려 명예가 많이 훼손되었다.

하지만 한국에서 배출한 UN 사무총장을 10년이나 역임한 자랑스러운 한국인이라 하겠다. 국내정치 상황과 무관하게 뉴욕에 오래 거주하였음에도 대권후보로 거론되는 것에는 온화하고 대인관계가 원만한 무 성향과 상당히 밀접한 관계가 있어 보인다. 참여정부 시절 외교부장관으로 발탁되어 국가적으로 지원받아 UN 사무총장 자리에 오른 그는 무 일간의 합리적이고 안정성을 중시하는 균형감이 정점을 찍은 사례에 해당한다 할 수 있다. 정세 파악에 뛰어나고 논리가 정연하여 변화하는 주위 상황에 대처하는 능력이 뛰어난 무 남성의 특성이다.

3. 무 일간 여성

무의 여성도 인간관계가 원만하고 사교적이며 중심이 바르고 여유가 있다. 여러 사람이 모이면 중간적인 역할을 잘하며, 다른 사람이 어려움을 호소하면 잘 들어주고 조언도 해주므로 소통이 잘 된다. 세련되고 언변이 능숙하여 모임에서도 앞장서며 부담감을 주지 않아 인기가 많다. 적극적인 사고와 생활태도로 어떠한 상황에서도 적응하는 모습으로 자기 개발에 노력한다. 모두 무의 균형감각에서 기인한 특성이다. 뿐만 아니라 중용과 지조가 있어서 이성의 유혹에 쉽게 넘어가지 않으며, 활발하여 남자 앞에서 기죽거나 수줍어하지 않는다. 생활력이 강해서 결혼해도 직업을 갖는 경우가 많으며, 명랑하고 낭만적이어서 어울리는 것을 좋아하며 여행도 선호한다. 실현의 욕구가 강하여 사회적으로 활발하고 현실 상황에 적극적으로 활동하며 정신적 수준이 남들보다 높다. 논리적이고 언변이 뛰어나며, 주체성이 강하여 사회적인 지위나 경제적인 여건에 구애받지 않고 자신의 의도대로 밀고 나가는 여성이다.

무 여성은 자존심이 강하여 힘들어도 내색하지 않고 혼자 해결한다. 반면 아집이 있어 잘못한 것이 있어도 쉽게 굽히지 않으며, 주체성이 강하여 억압하거나 간섭이 심하면 견디지 못한다. 평소에 이해심이 많으면서도 내면에 은근한 까다로움이 존재하여, 사소한 것도 잊지 않는다. 따라서 무 여성의 까다로운 성향을 건드리지 않도록 처신에 주의해야 한다. 간혹 그녀의 까다로움이 발현될 때에는 무조건적으로 그녀의 자존심을 세워주고 그 순간을 빨리 지나쳐라. 그리고 얼마의 시간이 흐른 후, 활동적이고 집에만 있지 못하여 밖으로 돌아다니길 좋아하는 그녀의 상황을 고려하여 접근하라.

경제 관점

무 여성도 무 남성과 마찬가지로 신용을 중시하고 경제 감각이 뛰어나 금전적인 거래가 정확하고 깔끔하다. 축적심이 강하고 견실하며 재물을 모으는 데 재능이 있으며, 낭비를 싫어하지만 써야 할 곳에는 과감하게 사용한다. 그런데 무 여성은 재물에 대한 욕심이 강하여 빨리 일어서려고 한다. 돈의 흐름을 탁월하게 읽어내는 재능만큼 욕심이 생기는 것은 어쩌면 인지상정이다. 과감하게 투자하면서도 그 투자를 어느 정도 선에서 제어해야 한다. 또한 수준이 낮은 것은 금전의 수입이 좋더라도 만족하지 못한다. 독립심이 강하여 사회생활에 대한 욕구가 있으며 결혼해도 남편에게만 기대고 살지 않으려는 무의 여성이다.

적극적인 사고와 생활태도, 실현의 욕구가 강한 무의 여성 박세리

프로골퍼 박세리가 대표적인 무의 여성이다. 어린 나이에 훈련장에서 새벽 2시까지 남아 훈련을 하고, 공동묘지에서 담력을 키우느라 연습한 사실은 유명한 일화이다. 중3 시절 KLPGA 대회에서 프로선수와 연장에서 우승을 차지한 것은 신기하며, 고3이었던 아마추어 시절에 4승을 거두었다는 것은 놀라울 따름이다. IMF 시절 어렵고 힘든 시기에 박세리 선수가 유명한 트레이드마크인 양말 벗고 물에 들어가 벙크 샷을 쳐내는 장면은 감동적이며 우승까지 하여 우리에게 용기와 큰 기쁨을 선사하였다. 무 여성의 적극적이면서도, 힘들어도 스스로 해결해내는 일면이 아닐 수 없다.

우리나라 여성으로 LPGA에 진출해 메이저대회 그랑프리를 차지하는 등 우리 골프계의 선두주자인 그녀는 리우 올림픽에서 골프 대표 감독으로 변신하기도 했다. 무 여성의 솔직하면서도 통솔력 있는 모습에 해당한다. 덕분에 116년 만에 부활한 골프 올림픽 금메달을 박인비 선수가 따내는 쾌거를 이루었다. 골프선수로 성공하고 꽤 많은 유혹이 있었을 텐데도 별다른 구설수에 오르지 않는 것으로 볼 때 그녀의 균형감이 전형적인 무 여성처럼 뛰어나다는 반증이다. 뿐만 아니라 아직까지 많은 동료, 후배들에게 지지와 인정을 받는 모습은 사교적이면서도 모두에게 신뢰받는 무 여성의 표본에 해당한다 할 수 있다.

무 일주 해설과
혈액형

戊辰(무진)

A	신뢰감을 준다 준비성이 뛰어나다 결정하는 데 심사숙고한다 능력에 대한 자부심이 존재한다	**B**	진취적이다 원만하고 활달하다 새로운 변화를 추구한다 불의를 보면 참지 못한다
O	설득을 잘한다 추진력이 강하다 중간적인 역할을 잘한다 용의주도하여 신임을 받는다	**AB**	자기관리가 철저하다 다양한 것을 선호한다 활동적이고 자신감이 있다 심사숙고, 결정하면 신속하다

戊寅(무인)

A	독립심이 강하다 언행이 일치한다 정확하고 신중하다 우직하게 밀고 나간다	B	현실 적응이 빠르다 새로운 것을 추구한다 전진하려는 힘이 강하다 문제를 앞장서서 해결한다
O	중심이 바르다 서두르지 않는다 현실에 적극적이다 상황을 세밀하게 판단한다	AB	논리적으로 따진다 목표의식이 뚜렷하다 창조적인 분야에 적합하다 감각적이어서 분위기를 살린다

戊子(무자)

A	직선적이다 결단력이 있다 대충 넘어가지 않는다 침착하고 판단력이 뛰어나다	B	솔직하다 세밀하고 정확하다 합리적으로 대처한다 언변의 구사능력이 뛰어나다
O	활동적이다 중용을 잘 지킨다 추진력이 뛰어나다 일의 마무리가 정확하다	AB	신용을 중시한다 정신적 수준이 높다 현실적인 이론에 밝다 간섭받는 것을 싫어한다

戊戌(무술)

A	사리판단이 정확하다 분명한 것을 좋아한다 자신의 주장이 확실하다 이론적이면서 논리적이다	B	근면하고 성실하다 상황판단이 빠르다 여러 분야에 관심이 많다 능력에 대한 자부심이 강하다
O	포부가 원대하다 조그만 것에 만족을 못한다 대범하고 여유가 있어 보인다 관계를 맺으면 변함없다	AB	안목이 높다 균형 감각이 뛰어나다 대처하는 능력이 빠르다 힘든 일 당해도 내색하지 않는다

戊申(무신)

A	집념이 강하다 절제력이 뛰어나다 위에 서는 것을 좋아한다 맡은 일은 깔끔하게 처리한다	B	의욕이 넘친다 분위기를 맞춰준다 처세하는 수단이 좋다 무모하면서 관리에 충실하다
O	활동반경이 넓다 의도대로 밀고 나간다 한쪽으로 치우치지 않는다 남에게 베푸는 것을 좋아한다	AB	자부심이 강하다 중간적 역할을 잘한다 조급하게 서두르지 않는다 소탈하면서 당돌한 인상을 준다

戊吾(무오)

A	진취적이다 끈기가 강하다 묵묵히 자기 위치를 지킨다 잘못된 것은 바로 잡아야 한다	B	열정이 있다 심성이 착하다 개방적인 성향이다 어떠한 상황도 위축되지 않는다
O	솔직하다 포용력이 있다 화합의 중심이 된다 목표한 것은 반드시 이루어낸다	AB	적응력이 빠르다 일처리가 뛰어나다 이성적이고 차분하다 활동적이며 중심이 바르다

기에 대한 해설

1. 기 일간 성격&스캔

　기는 정확하고 빈틈이 없으며 모범생 타입으로 실수가 적다. 또 침착하고 냉철하면서 공정하여 시비를 분명히 한다. 따라서 신중하고 사려가 깊어 정도에서 벗어난 행동을 하지 않으며, 남에게 피해를 주거나 부담을 주지 않는다.

　기 일간은 행동이 단정하고 약속 개념이 철저하며, 어수룩하게 보이는 사람이 별로 없으므로 세밀하고도 진실성 있게 대해야 한다. 지혜가 뛰어나고 현실적인 상황판단이 빠르므로 정확한 이론을 바탕으로 실천하여 실패가 적다. 이처럼 기는 착실하고 부드러운 성향에 모범적인 생활을 유지하는 사람이므로 어느 일간보다 까다로울 수 있다. 그러므로 차분하고도 치밀하게 접근하여 성실한 인상을 주고, 꼼꼼하고 정확한 성향이라 실수를 하지 않아야 한다.

　기는 상당히 논리적이고 여유가 있어서 쉽게 흥분하지 않으며, 바라보는 시각이 객관성을 중요시하여 안정감을 유지한다. 일을 할 때는 무모하게 도모하지 않으며, 완벽하게 하려는 섬세함이 존재하여 주위에서 인정을 받는다. 항상 새로움을 추구하면서도 현실에 대한 적응력이 뛰어나며, 집념이 강하여 끈질긴 성향으로 맡은 일을 깔끔하게 처리한다. 그는 대체로 온순하고 말과 행동이 일치하지만, 환경에 따라 상대적으로 행동하고 감정을 숨길 때가 있다.

　즉, 솔직한 듯 보이는 한편으로 솔직하지 않은 것이 기의 성향이라 당신은 기의 겉으로 드러난 모습만 보고 제대로 판단하기가 곤란할 것이다. 언행일치이긴 하지만 말수가 적고 숨기는 것이 있으므로 어디까지 신뢰해야 할지 감을 잡기가 어려울 것이다. 따라서 당신은 어떤 사람을 만날 때보다 신중해야 하고 치밀해져야 한다. 요약하자면 기 일간을 전부 믿지는 말고 당신이 먼저 진실하게 대하면 당신의 진심을 알아줄 날이 올 것이다.

유의할 점

기는 상대가 잘못하면 냉철해지고 마음 씀씀이가 답답할 때가 있다. 또한 경계심이 강하고 긍정적인 생각이 부족한 면이 있으며 과거에 집착한다. 게다가 사물을 보는 안목이 넓지 못하고 상대를 배려하는 것도 서투르다. 사람을 가려서 사귀면서도 아집이 있어서 한번 비위에 거슬리면 다시 상대하지 않으려 한다. 경제에 대한 인식이 강하여 알뜰하고 계산이 정확하며, 자기 관리가 철저하므로 약속을 어겨서는 안 된다. 포용력과 융통성이 부족하여 단조로운 면이 있으며, 일을 추진할 때 과감한 적극성이 아쉬울 때가 있다.

TIP. 기 일간과 좋은 인연이 되는 법

1. 약속을 철저히 지켜라.
2. 깔끔하고 완벽하게 대하라.
3. 그만의 영역을 침범하지 마라.
4. 경계심이 강하므로 진실하게 대하라.
5. 현실 안정주의자라는 사실을 염두에 두라.

일간의 타고난 성향은 음양오행의 운행에 따라 그 성향이 강하게 나타날 때도 있고 덜 할 때도 있다. 따라서 부정적인 성향도 노력으로 어느 정도 제어 가능하다. 가령 시야가 좁은 성향 자체를 어떻게 할 수는 없다. 그럴 때는 자신의 아집을 버리고 신뢰할 수 있는 이를 믿어야 한다. 그런데 기는 경계심이 강하므로 노력하는 길밖에 없다. 즉 의심하지 말거나, 좁은 시야를 안목을 넓히거나 완전히 없애지는 못해도 노력을 해서 개선시켜 성향이 덜 두드러지게 할 수 있다. 인생을 산다는 것이 쉽지 않아 누구나 힘들 때 위로를 받고 싶어 한다. 누구나 인정을 받으려는 욕구가 강한 법. 이럴 때 칭찬을 많이 해주면 나이를 불문하고 그렇게 좋아하는 것이 만인의 공통된 진리가 아닌가 싶다. 대체로 남성에게는 강하게 작용하고 여성에게는 장점이 많이 부각되는 것이 특징이다.

기 일간의 남성은 행동이 단정하고 모범적인 생활자세로 신뢰를 받는다. 합리적이므로 실현 가능한 범위 내에서 목표를 설정한다. 업무적으로 냉철하고 실무능력이 탁월하여 인정받을 뿐만 아니라 상대방에게 부담을 주거나 실수하는 경우가 적다. 현실주의자인 기 남성은 한 가지 일에 집중하는 기질이 강하여 말수가 적고, 업무적으로 냉철하며 착실해 보인다. 그래서 자신의 목표를 설정하면 시간이 걸리더라도 반드시 이루고야 마는 집요함도 보여준다.

기 남성은 끈끈한 의지와 정신력으로 인정받는 한편, 마찰을 싫어하지만 빈틈이 없어서 주위사람들이 어려워한다. 그 사실을 모르지 않는 기 남성 이면에는 좋은 남자이고자 하는 욕구도 존재한다. 즉 남의 말을 들어주고, 아픈 마음을 헤아려 주기도 하는 것이다. 따라서 당신은 기 남성의 이면에 좋은 사람 이고픈 욕망을 충족시킬 수가 있어야 한다. 모두들 기 남성의 빈틈없고 고지식하기도 한 측면에 혀를 내두를 때, 오히려 당신은 그의 인간적인 면모를 칭찬하며 다가가도록 하자.

기 남성은 보수적이고 융통성이 부족해 새로운 환경에 익숙해지려면 다른 사람보다 시간이 걸린다. 게다가 시야가 넓지 못하고 처음 대하는 사람에게 경계심이 강한 반면, 사람을 한번 믿으면 관계가 오래 지속된다. 이와 같이 쉽사리 어느 한쪽으로 치우치는 경향이 있는 기 남성에게 당신이 중심을 잡아주는 역할을 할 수 있다면 금상첨화일 것이다. 현실적인 상황에서는 예리하고 처세능력이 뛰어나 실패가 적으며, 확고하게 내실을 다지므로 안정성 있는 생활을 추구한다. 기 일간에서 심심치 않게 난세의 영웅들이 출현한다는 것도 염두에 두어야 한다. 누가 영웅이 될지는 아무도 모르는 일이다.

경제 관점

기 남성의 경제관은 현실주의자의 빈틈없는 성향에서 출발한다. 손익 계산이 철저하고, 재물의 가치를 알아서 분수에 벗어나는 행동은 하지 않는다. 또한 축적심이 강하여 적은 금액을 모아서 목돈으로 불려나간다. 재물에 대한 인식이 강하고 자기 관리가 확실하여 절제된 생활을 하는 사람이 많다는 것도 기 남성의 특징이다. 따라서 생활력이 강하고 자수성가한 사람도 많다.

다른 사람과 함께 재물을 관리하면 불안해하니 경계심이 많은 그와 가급적 동업을 삼가라. 하지만 명예나 자신을 위해서는 과감하게 쓰는 측면도 있다.

빈틈이 없는 모범생 타입으로 침착하고 냉철한 기의 남성 이회창

한나라당 전 대표 이회창이 대표적인 기의 남성이다. 1960년 서울지방법원 법관으로 임명되어 박정희 정권과 전두환 정권에서 정권의 요청을 거절하는 등 기피인물로 선정되어 1986년 4월 대법관직에서 퇴임하였다. 군사정권의 청탁과 압력에 굴하지 않고 소신껏 판결을 내려 대쪽판사라는 별명이 붙기도 했다. 1988년 노태우 정부 출범이후 복귀하였으나 노태우 정부의 선거 개입과 부정선거를

질타하고 1993년 법관직을 사퇴하였다. 이후 문민정부시절 감사원장을 거쳐 대쪽 국무총리로 지지받았던 그는 IMF라는 국가적 위기 속에서도 집권당 당수로 당시 대통령에 맞서는 이미지로 대선에 도전했으나 아들 병역비리 문제로 대선에 실패했다.

15대 대통령 선거 출마 당시 같은 당에 있던 이인제 의원을 포용력으로 감싸지 못하고 분당하여 대통령 선거에 출마하게 함으로써, 자신감에 차 있다가 김대중 후보에게 39만여 표 차이로 낙마했다. 이인제 후보가 500여만 표를 가져갔으니, 이회창 후보가 같은 당에 있다가 탈당한 이인제 후보를 감싸 안았더라면 대한민국 정치가 어떻게 변했을지 아무도 모르는 일이었다. 그 후 이른바 이회창 대세론이 팽배했던 5년 뒤 또다시 대선에 실패하면서 정치적 영향력을 잃은 케이스이다. 우리나라 엘리트 정치인이 대중적으로 실패한 대표적인 사례에 해당하는데 냉철한 기 남성의 성향이 그의 성공과 실패의 분기점이 되었다 할 수 있다.

3. 기 일간 여성

기의 여성은 신중하여 흐트러지는 일이 없으며 행동을 함부로 하지 않는다. 고상하고 깔끔하여 좋고 싫음이 분명하다. 현실과 조화를 잘 이루어 남들이 들어서 기분 나쁜 이야기를 돌려서 말하는 재치가 있다. 섬세하고 부드러운 태도를 유지하여 상대를 편하게 하며 누구에게나 거부감을 들게 하지 않는다. 현실과 사회를 정확하게 파악하여 근면하고 성실한 행동으로 적응을 잘하며 더 나은 삶을 위하여 항상 무엇인가 추구하는 기 여성이다.

현실적 판단이 뛰어나므로 분위기를 잘 파악하여 임기응변하는 일처리에 능숙한 모습을 보인다. 꼼꼼하여 맺고 끊는 것이 확실하고 야무지며, 적극적 사고와 경험을 통해 일을 차분하고 세밀하게 처리하여 신임을 받는다. 자부심이 있어서 어려운 일도 합리적으로 대처하며 생활의 가치관을 바꾸지 않는 매력 있는 여성이다. 하지만 마음에 드는 이성이 나타나도 속마음을 표현하지 않는 면이 강하다. 결혼하여 배우자가 자신만 못하면 주체적이 되어 지배하려고 하는 성향도 나타난다.

또한 사치와 낭비를 싫어하고 생활력이 강해 살림을 야무지게 잘 한다. 경제적으로 힘든 상황일지라도 최소 비용으로 최대 효과를 창출하여 궁핍한 생활은 거의 하지 않는다. 이 모든 것은 기 여성의 가족을 각별하게 생각하여 평온한 가정을 만들려는 현모양처 성향에서 비롯된다. 기 여성은 가족 지향적이고 알뜰하다. 가정을 중시하는 그녀는 다른 남성에게 유혹당하지 않는 지조가 있으며, 동시에 배우자가 잘못해도 웬만하면 이별까지 가지 않는다. 기 여성은 가족 사랑이 지나칠 정도이지만 남에게 베푸는 것은 조금 미약하다.

경제 관점

기 여성의 경제관 역시 현실을 중시하고 계산이 빠르며 규모 있는 생활을 하여 지혜롭게 대처한다. 경제개념이 철저하여 구분이 확실하고 과욕을 부리지 않아 생활의 기복이 적다. 자립적 의지력이 강하여 어려운 난관도 헤쳐 나가며 경제 구분이 확실하여 스스로 해결하려고 노력한다. 이처럼 견실한 경제 감각으로 모험적이거나 무모한 도전을 싫어하지만, 재테크에 관심이 많아 수입이 들어오면 확장시킬 방법을 찾는다. 그녀는 이해득실에 민감하므로 대충 넘어가는 계산을 용납하지 않으며, 손해 보는 일은 거의 하지 않는다.

신중하며 현실적 판단이 뛰어난 기의 여성 장윤정

가수 장윤정이 대표적인 기의 여성이다. 외모나 행동 어디를 봐도 어른들이 좋아할 현모양처이다. 어렸을 때 집안이 너무 가난하여 가족들이 흩어져서 살았을 정도였다고 한다. 알려진 대로 그녀는 어려서부터 가족의 생계를 책임지며 고생을 많이 했다. 하지만 가족들이 모두 그녀만 쳐다보고 있을 정도여서 당연히 고생이 많았다. 가수로 데뷔하는 과정도 만만하지 않았는데 조그만 기획사와 계약하여 여유가 없고, 음반을 낼 돈이 없어서 단역배우로 활동하기도 했다. 20대에 '어머나'로 데뷔하여 대박을 칠 정도로 크게 성공하여 새로운 트로트 시장을 개척하였다.

트로트 가수로 성공해 전국을 누비는 그녀를 두고 중소기업이라고 할 정도로 많은 현금을 벌어 들였던 그녀는 뜻밖의 구설수로 세간의 안타까움을 샀다. 요약하자면 그녀의 어머니가 그동안 그녀가 모은 돈을 당신의 돈처럼 함부로 사용하다가 사단이 난 것이다. 사건을 알면 알수록 그녀의 지극한 가족애가 가져온 파국의 가족사인지라 차마 입에 담기조차 삼가게 된다. 어쨌거나 그녀의 가족주의 성향이 가져온 사건에도 그녀는 도경완 KBS 아나운서와 결혼해서 다시 방송에 다시 모습을 드러내는데, 사람들의 따뜻한 시선이 필요하다. 냉철한 이성과 어디서 그런 말이 나오는지 놀랄 정도로 진행 솜씨가 뛰어나 시청자들을 놀라게 한다. 이제 아들과 딸을 두어 행복한 가정을 꾸려나가는 것을 보고, 가정을 중시하는 기의 여성답게 평온한 가정을 만들 것이다.

기 일주 해설과 혈액형

己巳(기사)

A	꾸준함이 있다 환경에 충실하다 안정감을 우선한다 상황판단이 예리하다	**B**	외유내강이다 처세술이 좋다 의견을 잘 수용한다 도덕과 상식을 중시한다
O	논리적이다 생각성이 깊다 끈질긴 면이 있다 대의와 중용을 따른다	**AB**	세밀하다 이론이 정확하다 완벽함을 추구한다 의중을 빠르게 파악한다

己卯(기묘)

A	인내력이 강하다 사리판단이 분명하다 진지하며 성의가 있다 규범에 어긋나지 않는다	B	생각성이 민첩하다 높은 곳을 추구한다 온순하고 신의가 강하다 바라는 일은 이루고야 만다
O	정신력이 강하다 명석하고 논리적이다 웬만해서 흔들림이 적다 원칙에서 벗어나지 않는다	AB	계획성이 철저하다 끊고 맺음이 분명하다 꼼꼼하여 실수가 적다 검소하고 중심이 바르다

己丑(기축)

A	근면 성실하다 빈틈이 별로 없다 분석력이 뛰어나다 마음의 꾸밈이 없다	B	삶의 지혜가 있다 적응능력이 뛰어나다 진실하게 살려고 한다 할 일은 끝내야 마음이 편하다
O	묵묵히 실천한다 활력소 역할을 한다 능동적으로 대처한다 무모하지 않으며 상부상조한다	AB	판단이 분명하다 계획성이 철저하다 신의를 중요하게 여긴다 할 일은 완벽하게 마무리한다

己亥(기해)

A	차분함을 보인다 꾸밈이나 거짓이 없다 모험은 잘하지 않는다 검소하고 실속을 차린다	B	신념이 강하다 객관성을 중시한다 생활하는 자세가 반듯하다 사리에 밝고 수치에 민감하다
O	자제할 줄 안다 맡은 일에 냉철하다 끈질기고 집요함이 있다 손해 보는 일은 하지 않는다	AB	소유욕이 강하다 현실감각이 뛰어나다 치밀하여 실수가 적다 대충 넘어가지 못한다

己酉(기유)

A	자중할 줄 안다 주체성이 강하다 깔끔하고 주도면밀하다 세밀한 계획과 구상이 좋다	B	생각성이 깊다 승부 기질이 있다 현실적인 이론에 밝다 불확실한 일을 싫어한다
O	품격이 있다 준비성이 좋다 추진력이 뛰어나다 상황에 빠르게 대처한다	AB	재치가 있다 보호본능이 강하다 순간적인 포착을 잘한다 세상을 보는 시각이 뛰어나다

己未(기미)

A	실수가 적다 솔선수범한다 언행이 단정하다 묵묵히 책임을 다한다	B	안목이 높다 거짓과 가식이 없다 분위기 파악을 잘한다 일을 빈틈없이 처리한다
O	침착성을 유지한다 경우에 어긋남이 없다 근면하고 정직함이 있다 유혹에 쉽게 넘어가지 않는다	AB	심사숙고한다 시비를 분명히 한다 자신의 영역이 확실하다 성장하려는 의욕이 강하다

경에 대한 해설

경은 주관이 뚜렷하여 맺고 끊는 것이 정확한 원칙주의자이다. 자신의 분수를 알고 사리판단이 분명한 경은 내면이 굳고 강직하여 믿음직하다. 또한 과단성과 결단력이 있어서 인생철학이 뚜렷하다. 불의를 보면 참지 못하고 적극적이며 활동적인 외유내강형이다.

경 자체가 정직하고 담백한 원칙주의자로, 논리적이고 감정표현이 확실하여 바른 말을 잘한다. 맞으면 맞고 아니면 아닌, 원리원칙을 중시하는 의협심이 강한 사람이다. 큰일을 당해도 대범하여 침착한 자세로 해결하며, 진취적이어서 생각하는 수준이 높고 일의 결과가 빠르다. 준비성이 좋아서 무모하게 덤벼들지 않으며, 사교적인 성격으로 현실에 밝다. 처세술이 좋아서 상대가 원하는 것이 무엇인지 재치가 뛰어나 주위에서 인정을 받는다.

거짓을 싫어하고 의로운 경 일간이기에 상식에 크게 어긋나는 원칙을 제시하지는 않는다. 사리판단이 분명하고도 강직한 사람이기에 마음을 주면 먼저 배신하지 않으며, 한번 하겠다고 마음먹으면 반드시 이루고야 마는 적극성이 있다. 주체성이 확실하여 좋고 싫음이 뚜렷하며, 독창적이면서 가식이 없는 진솔한 모습을 보여준다. 게다가 신념이 확실하여 다른 사람에게 쉽게 굴복하거나 포기하지 않으며 결과를 보고야 마는 강인한 정신력의 소유자이다.

경은 논리적이고 분석적인 성향으로 현실적이며, 실리적인 이론에 밝아 생활의 균형을 잘 잡아 나가는 모습을 보여준다. 개방적인 분위기를 선호하여 구속을 당하면 견디지 못하며, 자신이 하는 일에 남들이 간섭하는 것을 싫어한다. 또한 순발력이 뛰어나 상황대처가 빠르면서도 완벽하고 신중한 스타일이다. 겉으로 보면 차갑고 냉철하게 느껴질 때도 있지만, 시간이 지나 인간성을 알게 되면 속정이 깊은 따뜻한 마음씨도 지니고 있다.

유의할 점
원칙주의자인 경은 아집이 강하고 배신을 당하면 용서하지 않는다. 선악의 구분이 심하여 자칫하면 주변에 적을 만드는 데 소신이 강해 자신이 옳다고 판단하면 끝까지 밀고 나간다. 심지어 상대의 잘못은 지적하고 끝까지 따져서 그냥 넘어가지 못한다. 그래서 냉정해 보이고, 융통성도 부족해 보인다. 모두 원리원칙을 중시하는 성향에서 비롯된 것이다. 게다가 뜻대로 안 되면 성급하고 격렬해져 독선적이 되는 경우가 있으므로 특별한 주의를 요하는 경 일간이다.

TIP. 경 일간과 좋은 인연이 되는 법

1. 자존심을 건드리지 마라.
2. 신의와 원칙으로 상대하라.
3. 가급적 구속하거나 간섭하지 마라.
4. 직선적이므로 감정을 건드리지 마라.
5. 의협심이 강하다는 것을 염두에 두어라.

소신과 아집은 손바닥과 손등의 관계라 할 수 있다. 주관이 강한 사람이 자기 생각이 옳다고 믿고, 자기 믿음대로 밀고 나갈 때, 그것은 상황에 따라 소신일 수도 아집일 수도 있다. 상황이 좋을 때 밀고 나가는 자기 믿음은 소신이 되고, 상황이 나쁠 때 밀고 나가는 자기 믿음은 아집이 된다. 즉 소신과 아집은 한 몸인데 마치 손바닥 뒤집듯 상황에 따라 달라질 뿐이다. 그렇지 않은가. 따라서 당신의 주관이 소신인지 아집인지를 판별하는 기준은 당신 자신의 판단이 아니고 상황이다. 주변에서 당신을 칭찬하고 응원하는 때는 소신인 것이고, 당신을 말리고 나무랄 때는 아집인 것이다. 그러니 주관이 강한 당신은 옆에서 자극할 때 자제할 필요가 있다.

경의 남성은 대의와 중용을 지키면서 언행이 단정하고, 강직하여 불의와 타협하지 않는다. 의리가 있어 소속감이 강할 뿐만 아니라 좋고 싫음이 분명하다. 사리판단이 확실하고 빈틈이 적으며, 자신이 맡은 일은 반드시 해결한다. 따라서 업무적으로 냉철하고 공사가 확실하며 청렴결백하다. 이러한 모습은 원칙주의자이면서 의로운 경의 성향에서 비롯된 것이다. 담대하고 진취적인 기상이 강하여 발전적인 힘이 있는 것 역시 그러하다.

하지만 경의 남성은 활동적이어서 무엇이든 해보려는 의욕이 강하다. 이상과 포부가 커서 조그마한 것에는 만족하지 못하지만, 새로운 일을 하다가 실패해도 쉽게 좌절하지 않는다. 즉 무엇이든 해보려는 의욕은 어떤 일을 시작하게도 하지만, 어떤 일에도 좌절하지 않게 하는 것이다. 하지만 준비성이 철저하여 생각지 않은 일이 발생되어도 크게 당황하지 않고 대처를 잘한다. 경의 남성은 자신의 뜻에 어긋난다 싶으면 성급하고 격렬해져 독선적이 되어 버린다. 가급적 그런 상황을 만들지 마라.

의로운 원칙주의자인 경의 남성은 자신의 판단이 옳다고 생각하면 물러서지 않는다. 자존심이 강하여 남에게 비위를 맞추면서 굽실거리지 못한다. 게다가 지배욕도 존재하여 남보다 위에 올라서야 직성이 풀린다. 상대방이 정도에 어긋나면 정확하게 해줄 것을 요구하는 경의 남성이다. 말 그대로 사회생활하기 참 어려운, 꺾이는 한이 있어도 굽히지 않는 유형이다. 그러니 당신은 참 한결같은 원칙주의자요, 소신의 사나이인 경의 남성을 그 어떤 경우에라도 존중해주라. 비록 그의 소신이 아집으로 느껴지더라도 일단 그의 의사대로 따라주라.

경제 관점

경제는 공과 사의 구분이 정확하고 자립적 의지력이 강하여 남에게 기대지 않는다. 하지만 인정과 의리에 약해 자신의 주머니를 털어주기도 한다. 경의 남성은 재물보다도 명예가 실추되는 것을 치욕스럽게 생각한다. 절약하여 필요 이상의 지출은 되도록 삼가지만 인색하게 안달을 하면서 재물을 모으지 않는다. 그렇지만 기분에 치우칠 때는 한꺼번에 금전을 쓰는 기질이 있다. 게다가 세상물정에 어두운 면이 있어 속임수에 조심해야 하고, 독선적이어서 타협이 쉽지 않으므로 가급적 동업은 삼가야 한다.

원리원칙주의자로 진취적인 기상이 강한 경의 남성 정주영

현대그룹의 창업주인 고 정주영 회장이 대표적인 경 남성이다. 대한민국 재벌의 한 축을 담당하는 현대를 일으킨 자수성가형 기업인이다. 일제 강점기인 1940년대에 자동차 정비회사인 아도 서비스(Art Service)를 인수하여 기업가가 된 그는 1946년 현대자동차공업사를, 1947년에 현대토건사를 설립하면서 건설업을 시작하였다. 이를 바탕으로 현대그룹의 모체를 일으켰으며 건설 사업을 지속적으로 추진해 성공을 거두었다. 열일곱 살 나이에 누이 시집보낼 돈을 훔쳐 고향인 북한 강원도 통천을 떠나왔던 그는 기업인으로 성공한 후 국민의 정부를 도와 대북사업의 한 축을 담당하게 되었다.

1998년 6월 16일 통일소라고 불린 소 500마리와 함께 판문점을 넘는 이벤트를 연출하여 세계 언론의 주목을 받았던 것이다. 이후 한차례 더 소 501마리를 북한으로 보냈는데, 고향을 떠나올 때 가져온 돈을 소 1,000마리로 되갚으며 이에 이자 한 마리를 더한다는 의미였다. 기업인으로 성공한 그는 대권에 도전하여 1992년 통일국민당을 창당하고 총재에 선출되었으며 제14대 총선에서 전국구 국회의원으로 당선되었다. 그해 12월에 제14대 대선에 통일국민당 소속으로 출마하나 낙선하였다. 이듬해 2월 의원직을 사퇴하고 통일국민당을 탈당함으로써 그의 대권도전은 막을 내리게 된다. 기업인으로 시작하여 좌절한 정치가가 되었다가 남북한을 잇는 민간외교관이기도 했던 그는 여러모로 입지전적인 인물이 아닐 수 없다. 그를 주인공으로 하는 드라마 '영웅시대'가 제작되기도 할 정도로 그의 인생사가 굳고 당찬 경의 남성 스타일이다.

3. 경 일간 여성

경의 여성은 사리판단이 분명하고 자기 관리가 철저하다. 명랑하고 활달하며 임기응변이 좋지만, 분수를 지켜 정도에 벗어나는 행동은 하지 않는다. 한번 마음을 주면 쉽게 변하지 않는 모습을 보여주고, 분위기에 빠지거나 유혹에 쉽게 넘어가지 않는다. 꿈과 이상은 높아도 환경을 주시하여 현실에 충실하다. 이런 성향은 원칙주의자 경의 모습에 다름 아니다. 관찰력이 예리하고 사교술이 뛰어나며 설득력도 좋다. 경 남성에게 발견되는 공사구분이 확실하고 청렴결백한 모습이 관직에 나선 원칙주의자라면, 경 여성에게 발견되는 공동체 속에 융화된 원칙주의자의 모습이 사교술과 설득력도 가진 그녀이다.

원칙주의자에 독립적인 경의 여성은 현실에서 꽤나 많은 난관을 겪는 편이다. 원칙이 상당히 훼손된 현실에 원칙주의자인 것만도 어려운데 여성이기까지 하니 유구무언이다. 상대에게 순종하는 경우가 적어 마찰이 생긴다거나, 비위에 거슬려 틀어지면 다시 상대하려 하지 않으며, 너무 완벽한 것을 추구하여 스트레스를 많이 받는다. 속정이 있지만 겉으로는 차게 보여 처음에는 접근이 쉽지 않으며, 의견 대립으로 갈등이 생겨도 먼저 사과하지 않는 등이다.

이러한 경의 여성 성향은 아무래도 가부장적인 영향이 남아 있는 우리 현실에 상당한 도전으로 받아들여질 것이다. 외향적인 경의 여성이라도 사회생활하기가 녹록치 않을 것이다. 뜻대로 안 되면 조급해지는 그녀이지만 실용적이어서 현실적으로 활용할 수 있는 것에 관심이 높다는 점 또한 간과해선 안 될 것이다. 하지만 빈틈없는 일처리가 깔끔하여 어느 자리에 있어도 환영을 받으며, 자신의 몫을 몇 배로 해내는 활기차고 적극적인 모습이다. 다만 경의 여성은 활동적이라 결혼해도 무슨 일이든 하려는 의욕이 강하고, 재치가 있어서 어른에게 사랑받고 기분 좋으면 애교도 부린다든지 여성스러운 모습도 보여준다.

경제 관점

경의 여성은 분수에 넘치는 일은 하지 않으며 능력에 맞게 절제 있는 생활을 영위한다. 독립적인 성향이 강하여 남에게 기대지 않으며, 금전 거래는 섬세하고 주도면밀하며 확실한 모습을 보여준다. 경제 감각은 사회적인 발전 가능성에 비하면 조금 아쉬운 면이 있다. 현실적인 사고를 하는 반면 실리적이지 못하고, 욕심이 많아서 단기간에 목돈을 만들려고 과욕을 부리기도 한다. 또 자부심이 강해 재산의 다소에 관계없이 써야 할 곳에는 과감하게 지출하는 스타일이다.

사리판단이 분명한 원칙주의자에 독립적인 경의 여성 한명숙

사회운동가 출신 정치인 한명숙이 대표적인 경의 여성이다. 이화여자대학교 불문학과 재학 중에 남편 박성준을 만나 결혼하였으나, 6개월 만에 남편이 통일혁명당 사건으로 수감되어 1981년에 석방될 때까지 13년간 남편을 옥바라지하며 민주화 운동에 본격적으로 참여했다가 이후 정치인으로 변신하게 된다. 그런데 그녀는 두 건의 뇌물죄 혐의로 오랜 재판과정을 받으며 수감생활을 겪기도 했다. 그 하나는 인사 청탁으로 5만 달러를 받았다는 혐의로 기소되었다가 2013년 대법원에서 무죄판결을 받았다.

그와는 별도로 2007년 3~8월 세 차례에 걸쳐 불법 정치자금 9억여 원을 받은 혐의로 2010년 불구속 기소됐다. 1심에서 무죄를 선고받았으나, 검찰이 항소하여 2심에서는 징역 2년과 추징금 8억 8천만 원을 선고받았다. 2015년 대법원 전원 합의체는 징역 2년과 추징금 8억 8천만 원을 선고한 원심을 확정했다. 이로서 유죄가 확정되어 교도소에 수감되면서 대한민국 헌정사상 실형을 살게 되는 첫 총리라는 불명예를 안게 되었다. 여성운동 초창기 소외계층 여성의 인권문제 해결을 위해 활동하여 국민의 정부 초대 여성부 장관이었으며 나아가 최초의 여성 국무총리의 길을 걸었던 그녀가 뇌물죄에 연루된 현실은 공사구별이 확실한 원칙주의자 경의 여성이 가진 경제적인 약점이 노출된 예라 볼 수도 있다.

경 일주 해설과
혈액형

庚吾(경오)

A	굳고 의연하다 집중력이 뛰어나다 원칙을 중요시한다 끊고 맺음이 정확하다	B	두려움이 적다 기회포착이 빠르다 사리판단이 분명하다 솔직하여 숨기는 것이 적다
O	직선적이다 계획성이 치밀하다 생각하는 세계가 넓다 활동적이고 진취적이다	AB	혁신적이다 준비성이 좋다 성취욕구가 강하다 자기주장이 뚜렷하다

庚辰(경진)

A	의지력이 강하다 실천력이 뛰어나다 이성적이고 냉철하다 자신의 가치관을 실현한다	B	포부가 크다 과감성이 있다 재치가 뛰어나다 개척정신이 강하다
O	담대하다 배짱이 있다 집념이 강하다 포용력으로 대한다	AB	기획력이 좋다 언행이 믿음직하다 위계질서를 중시한다 변화의 흐름을 빨리 읽는다

庚寅(경인)

A	확실해야 한다 가식적이지 않다 끈질긴 면이 있다 자기 관리가 철저하다	B	솔선수범한다 임기응변이 좋다 자기중심적으로 판단한다 설득력과 순발력이 뛰어나다
O	대범하다 독립심이 강하다 추진력이 뛰어나다 환경에 구애받지 않는다	AB	개성이 강하다 상황판단이 빠르다 완벽해야 만족을 한다 간섭하는 것을 싫어한다

庚子(경자)

A	인내심이 강하다 분석력이 뛰어나다 신의를 중요시한다 일에 대한 욕심이 많다	B	두려움이 적다 교제가 활발하다 인정을 받는 노력파다 위기관리 능력이 뛰어나다
O	의리가 있다 동료의식이 강하다 외교적 수완이 뛰어나다 과감한 추진력이 돋보인다	AB	용의주도하다 선두를 달려야 한다 생활 관념이 확실하다 시대를 앞서는 감각이 좋다

庚戌(경술)

A	명예를 중시한다 정신력이 뛰어나다 의지와 실행력이 강하다 한번 사귀면 변함이 없다	B	이상이 높다 열정이 눈부시다 어려운 일도 솔선수범한다 상식에 어긋나면 참지 못한다
O	솔직 담백하다 활동 반경이 넓다 통솔력이 뛰어나다 포부가 크고 거침이 없다	AB	판단력이 뛰어나다 혁신적이고 냉철하다 위기를 기회로 만든다 시작은 신중하나 추진력이 좋다

庚申(경신)

A	독립심이 강하다 주관이 확고부동하다 완벽해야 만족을 한다 목표 정하면 집념이 끈질기다	B	생각이 원대하다 정신력이 뛰어나다 불의와 타협하지 않는다 결단을 내리면 밀고 나간다
O	의협심이 있다 추진력이 뛰어나다 자부심과 신의가 있다 사회 공헌하는 직업 좋다	AB	소신이 강하다 계획성이 뛰어나다 빈틈없는 처리가 깔끔하다 냉정하게 보이나 속정이 있다

신에 대한 해설

1. 신 일간 성격&스캔

　신은 경우가 밝아서 정확하고 분명한 것을 선호한다. 침착하고 깔끔하여 부드러움 속에 냉철한 면이 있고, 명분이 서지 않는 일은 하지 않는다. 약자나 자신에게 의지하는 사람은 친절하게 보살피지만, 강한 상대를 만나도 정당한 일에는 고개 숙이지 않는다.

　원칙 있는 현실주의자인 신은 완벽한 결론을 요구하는 상태에서 일을 추진하여 깔끔하고 확실함을 보여준다. 적극적이고 진취적이어서 계획과 구상이 좋으며, 생각하는 것이 얽매이지 않는 대범함이 내면에 존재한다. 신의를 중요시하면서도 개성이 강하여 목표를 정하면 주위에 구애받지 않고 자신의 의도대로 밀고나간다. 눈치가 비상하여 상대가 한마디 하면 의미를 바로 파악하는 신은 당신의 신념이 급조한 거라면 금방 간

파헤낼 수도 있다.

신 일간은 겉보다는 내적으로 강한 원칙주의자로 신념과 확신이 강해 변화가 적다. 게다가 현실적인 사고가 강해 분석적인 성향이 강하며 마음먹은 것은 반드시 행한다. 무슨 일이든 먼저 나서지 않고 심사숙고하여 결정을 내리지만, 자신의 이상에 맞지 않으면 과감하게 포기하는 결단력도 갖추었다. 처세술도 뛰어나서 능동적으로 대처하는 행동력이 돋보이며, 새로운 변화를 위해 항상 노력하면서도 순간적으로 상황판단이 빠른 모습을 보여준다.

명분을 중요하게 생각하면서도 자신을 합리화시키는 데 능숙하며, 자신의 마음에 들면 무엇을 주어도 아깝지 않게 생각하는 신 일간이다. 현실을 냉철하게 파악한 후 실행력이 뛰어나므로 원하는 자신의 목표를 달성하는 능력이 좋다. 논리적인 사고방식이어서 자기 관리가 철저하고, 매사를 합리적으로 처리하여 남에게 실수하는 경우가 적다. 하지만 집념과 승부욕이 강하여 남에게 지는 것을 싫어하고, 상대가 정도를 벗어나는 행동을 하면 직언도 서슴지 않는다.

유의할 점

신은 의심이 많고 경계심이 강하여 상대를 쉽게 믿지 않는다. 명분을 중시하면서도 냉철하고 까다로움이 잠재해 있으므로, 자신과 의견이 어긋나면 직선적으로 변하여 마찰을 일으키기 쉽다. 신은 주관적이어서 자신이 계획하고 생각한 대로 이끌려고 하고, 뜻대로 안 되면 독선적이 된다. 그런 때는 감정의 억제력이 부족하여 감정변화에 민감하므로, 자존심을 건드리지 않게 유의할 필요가 있다. 극단적이고 수동적이어서 남의 비위를 맞추는데 서투르지만 정에 약한 모습도 아울러 지니고 있다.

자기중심이 확실한 사람을 보통 신념이 있다고 하거나, 균형 감각이 있다고도 한다. 그런데 중심이 흔들리지 않는다는 것과 균형감각을 가진다는 것은 좀 다른 종류이다. 어떠한 경우에도 흔들리지 않는 신념이 지구의 구심력이라면, 균형감각은 지구 원심력에 해당한다. 공전하는 지구처럼 흔들리는 현실에서 이리저리 흔들리면서도 중심을 잡는 게 균형 감각이다. 신념 있는 원칙주의자는 내면으로부터 나오는 자기중심이 확고한 사람이다. 하지만 자신의 양에 차지 않으면 수용하지 못한다. 때로는 의욕이 너무 앞서 부작용을 발생시키는 모습을 보인다. 그렇지만 신은 밖으로 보이는 것보다 훨씬 단단한 사람이다. 말하자면 그는 구심력이 작동하는 완고한 사람이라는 것을 염두에 두어야 한다.

신의 남성은 겉으로 부드러우면서도 주관이 뚜렷하다. 명석하고 지식이 풍부하여 막힘이 없다. 자기 관리도 철저하고 상황에 냉철하게 대응하면서도, 순간적인 처세에는 유연하여 기회포착이 빠르다. 자기 주관이 강하면서도 객관적인 시각으로 판단력이 뛰어나며, 좀처럼 빈틈을 보이지 않는 모습을 보여준다. 냉철하면서도 재주가 다재다능한 그는 주위와 원만한 관계를 유지하려고 노력하며, 자신의 마음에 들면 무엇을 주어도 아깝지 않게 생각한다.

신의 남성은 주변 상황에 화합하고 사교적이어서 생존 경쟁력이 높다. 근면하여 주위에서 인정을 받으며, 계획한 일은 자기 능력을 최대한 활용하여 반드시 이루어내는 저력을 보여준다. 성취욕구가 강하여 할 일은 밀어붙이는 기질이 있는 신은 수준이 낮거나 인격이 떨어지는 사람은 무시하는 경향이 있다. 또 감정이 예민하고 까다로운 면이 있으며 양보심이 적다. 밖에서는 말도 잘하나 집에 오면 무뚝뚝하고 무정한 전형적인 한국 남성상이 많다.

신 일간은 직선적인 성향이 있어서 불의를 보면 참지 못하고, 정당한 일에는 강자에게도 지지 않고 대들지만 약자에게는 인정을 베푸는 신의 남성이다. 경계심이 강하여 남들을 쉽게 믿지 못하고 사람을 가려서 사귀는 그는 판단이 서면 모험적인 일도 강행하는 승부사 기질이 있다. 뿐만 아니라 뜻대로 안 되면 객관적이지 못하고 성급하고 격정적이 되는 그를 염두에 두고 대해야 한다. 기본적으로 현실주의자이면서도 명분을 중시하는 까닭에 자신의 현실적 욕구에 갈등하는 경우가 생긴다.

경제 관점

신의 남성 경제관도 현실적인 이론가이면서 요령이 좋아 현실에 능동적으로 대처하며 낭비와는 거리를 두는 면모를 보여준다. 명분이 있는 일에는 금전을 아끼지 않지만, 기본적으로 재물관리가 철저하다. 즉 안정성을 중시하여 위험한 행동은 자제하고, 재테크에 최선을 다한다. 이익 앞에서 손해 보는 행동은 하지 않는 그는 큰일을 할 때는 대범하면서도, 작은 금액이라도 잘못이 있을 때는 놓치지 않고 일일이 따지기도 한다. 논리적 원칙을 앞세우면서도 실속을 차리는 실리를 추구하여 무리하지 않으면서 안정을 취한다.

직선적인 성향, 승부사 기질이 있는 현실주의자 신의 남자 이명박

대한민국 제17대 이명박 전 대통령이 대표적인 신의 남성이다. 현대건설 평사원으로 입사해 회장이라는 성취를 이룬 후 정치에 도전해 서울시장과 대통령 자리에까지 오른 또 한 명의 불세출의 기업인이자 정치인이다. 현대건설에 입사해 5년 만에 이사가 됐고, 12년 만인 37세 나이로 현대건설 사장이 되면서 '샐러리맨 신화'로 불렸다. 1992년에 현대건설 회장직을 그만두고 민자당에 입당해 정계에 입문했으며, 14대에 이어 15대 국회의원을 지내던 중, 공직선거 및 부정선거방지법 위반죄 혐의로 피소되어 1997년 1심 벌금형을 선고 받았다. 1998년 항소를 진행하였으나 항소심에서 벌금 400만 원형이 선고되자 대법원에 항고했다가 미국 조지워싱턴대학 객원연구원으로 미국으로 건너갔다.

1999년 대법원으로부터 벌금형이 확정되었으나, 다음해 광복절 특사로 사면 복권된다. 그 후 민선 3기 서울특별시장에 당선되어 청계천 복원 사업, 서울시 대중교통 환승체계 구축, 서울 숲 조성 등의 업적을 남겼다. 그리고 2007년 제17대 대선에서 '경제 대통령'이라는 슬로건을 내세워 당선됐다. 그 과정에서 BBK를 비롯해 수많은 부패비리 의혹이 제기되었지만, 경제만 살리면 된다는 국민적 염원에 힘입어 대통령이 될 수 있었다. 그러나 성공적인 서울 시장으로서의 업적에 비해 경제 대통령으로 업적은 미비해 결과적으로 747 공약은 허구가 되고 말았다. 게다가 4대강 개발과 자원외교 비리 등 수많은 의혹을 남기고 퇴직했으나 신 남성의 꼼꼼하고도 유연한 기질을 발휘해 정치적 고비를 넘기는 처세에 능통한 결과를 가져왔다.

3. 신 일간 여성

신의 여성은 기본 신의 성향에 긍정적인 여성성이 가미되어 있다. 활발하고 친절하며, 인정이 많고 심성이 착하다. 눈치가 빠르고 상냥하며 아량이 넓어 이해심이 많다. 또 행동이 단정하고 품위가 있으며 외모에 관심이 많다. 감각이 뛰어나서 자기 개성을 창조하는 세련미도 존재한다. 인내심이 강하여 힘들어도 웬만한 것을 잘 참고 견디며, 직업을 가져도 가정에 소홀하지 않는다. 하지만 현실주의자인 그녀는 생활이 어느 정도 안정되면 인생을 즐기면서 살려고 한다.

신의 남성이 한국의 전형적인 남성상을 대변하는 거라면, 신의 여성 또한 전형적인 한국 여성의 한 유형을 대표한다. 지성미가 있고 주위 사람들과 조화를 이루며 상대를 배려할 줄 아는 매력이 있다. 재치가 있어서 순발력이 뛰어나므로 전문적인 직종에서 능력을 발휘하며, 적극적인 사고방식으로 능력에 대한 자부심이 있다. 그러나 자신의 욕구를 내면에 간직한 채 쌓아 둔다거나, 고민이 있어도 쾌활한 척하고 겉으로 표현하지 않으며, 속마음을 드러내지 않고 마음을 열기까지 시간이 걸린다.

신의 여성은 헌신적이고 작은 것이라도 소중하게 여기며 상대방에게 부담을 주지 않아 편안함을 느끼게 해준다. 경우가 바르고 실수가 적으며 완벽주의 성향으로 주변 환경에 민감하지만, 마음의 중심은 잘 무너지지 않는 신의 여성은 무시를 당하면 용서하지 못한다. 신의 여성은 시간을 두고 관찰하여 확신이 서야 마음을 주지만, 마음을 주기 전에 충돌이 생기면 냉정하게 돌아선다. 특히 그녀는 잘못 건드리면 냉혹해지는 면이 있으므로, 사이가 좋을 때도 방심하고 함부로 대하면 안 된다.

경제 관점
신의 여성 역시 경제 감각이 탁월하여 재물을 모으는 능력이 있다. 품위를 지키면서 수준에 맞는 생활태도를 유지하며, 금전에 대한 자립적 의지력이 강하다. 또 예상하지 못한 기발한 생각으로 재미를 보기도 한다. 현실주의자인 신의 여성은 생활력과 환경 적응력이 강하고 맞벌이 부부가 많다. 그리하여 전반적으로 경제력에 문제가 발생하지 않는데, 기분이 좋거나 이해관계가 있으면 앞장서 지출하는 모습도 보여준다. 투기나 모험에 관심이 적고 크게 욕심을 부리지 않으며, 생활에 집중하여 안정된 생활을 하는 신의 여성이 많다.

경제 감각이 탁월하며 생활력과 환경 적응력이 강한 신의 여성 김태희

연기자 김태희가 대표적인 신의 여성이다. 그녀가 연예계로 진출한 계기는 그녀의 미모 때문이었지만 세간의 화제는 그녀의 학벌이었다. 서울대 의류학과 출신의 재원으로 뛰어난 지성과 미모를 자랑하는 엄친아 배우이다. 이미 울산여자고등학교 시절 학원에 수강을 하면 남학생들이 몰려와 등록할 정도로 유명세를 탔다고 한다. 대학교 다닐 때 지하철에서 광고대행사 디자이너를 만나 광고를 찍으면서 연예계에 데뷔했다. 2000년대 대한민국 대표 미녀 계보를 잇는 배우로 선정될 정도로 미모가 뛰어나다.

그녀의 연기는 예쁜 외모에 비해 조금 아쉬운 느낌이 없지 않았으며 CF 스타라는 오명을 받을 정도였다. 그래도 '아이리스'부터 호평을 받았으며 KBS 연기대상 우수상을 받아 이미지 전환의 계기가 되었다. 그녀에 대한 또 다른 화제는 그녀의 남자 친구인 비가 그녀와 사귀던 당시 군대 연예사병으로 근무 중 특혜를 과도하게 받았다며 구설수에 오른 것이다. 남자친구에 대한 세간의 날카로운 비판에도 여전히 관계가 이어져 5년의 열애 끝에 결혼까지 성공하는 모습을 보여주었다. 한국천주교회의 첫 미사가 봉헌된 곳 가회동 성당에서 천주교 예식으로 경건하게 진행되었다. 과연 현모양처형의 신 일간 여성의 아름다운 면모가 아닐 수 없다.

신 일주 해설과
혈액형

辛未(신미)

A	논리가 정연하다 일처리가 깔끔하다 예민한 면이 존재한다 신중하여 돌다리도 두들긴다	B	상황판단 빠르다 준비성이 철저하다 논리적인 면이 뛰어나다 현실적인 지혜가 돋보인다
O	집념이 강하다 단호한 면이 있다 완벽함을 선호한다 내면이 곧고 생각이 깊다	AB	눈치가 비상하다 좋고 싫음의 변화가 크다 마음에 들면 아까운 것이 없다 부드러움 속에 냉철한 면이 있다

辛巳(신사)

A	현실주의자다 적응력이 강하다 야무져서 실수가 적다 결정하면 돌아보지 않는다	B	승부욕이 강하다 창의력이 돋보인다 현실감각이 뛰어나다 새로운 변화를 추구한다
O	합리적이다 품위를 지킨다 대범함을 보인다 현실적으로 행동한다	AB	세련미가 있다 자제심이 강하다 분석력이 뛰어나다 자신만의 논리가 확고하다

辛卯(신묘)

A	생존력 강하다 끈기가 대단하다 정확한 것을 선호한다 맺고 끊는 것이 확실하다	B	열정이 있다 사고의 폭이 넓다 발전적인 기상이 높다 변화의 흐름에 잘 적응한다
O	진취적이다 신의를 중요시한다 업무처리가 깔끔하다 세상 보는 안목이 뛰어나다	AB	처세가 분명하다 예리함이 존재한다 계획과 구상이 뛰어나다 자아실현의 욕구가 강하다

辛丑(신축)

A	집요함이 있다 안정성을 중시한다 주변정리가 깔끔하다 확실한 인생관을 수립한다	B	창의적이다 언행이 정확하다 신의와 인정에 약하다 사물에 대한 지식이 풍부하다
O	공명정대하다 사고방식 견실하다 자기관리가 철저하다 어디에서나 인정을 받는다	AB	기획력이 뛰어나다 재주가 다재다능하다 업무처리가 능숙하다 갈등이 생겨도 풀어나간다

辛亥(신해)

A	신념이 굳건하다 사리판단이 정확하다 완벽주의 기질이 있다 언행일치로 신뢰감을 준다	B	긍지가 강하다 응용능력이 뛰어나다 큰일에 대범함을 보인다 자유스러운 분위기를 선호한다
O	활동력이 강하다 편안하게 대해준다 이론적이고 논리적이다 강자를 만나도 두려움이 적다	AB	품위를 지킨다 현실대처가 뛰어나다 지적이면서 낭만적이다 차분하고 치밀함을 보여준다

辛酉(신유)

A	주관이 뚜렷하다 정확하고 세밀하다 의지와 신념이 굳건하다 신의를 중요하게 생각한다	B	희생정신이 강하다 진취적인 사고방식이다 주변 분위기를 밝게 한다 현실에 능동적으로 대처한다
O	친화적이다 신념이 뚜렷하다 처세술이 뛰어나다 사회활동이 활발하다	AB	재치가 있다 정확하고 세밀하다 실리와 안정을 기한다 현실 적응력이 뛰어나다

임에 대한 해설

1. 임 일간 성격&스캔

임은 솔직하고 사교적이며 사고방식이 개방되었다. 평소에 여유가 있으며 복잡한 것을 싫어한다. 따라서 차분하고 자신의 분수를 알며 경솔하지 않다. 마음이 유연하고 매사를 긍정적으로 생각하며, 지혜가 많아 총명하고 이해력과 창의력이 높다.

임 일간은 포용력과 배려심이 있어서 마음 씀씀이가 넓기에 접근하기에는 수월할 것이다. 게다가 활동적이고 진취적이며 생활 반경이 넓어서 사람들과 원만하게 지내는 것을 볼 수 있다. 상식이 풍부하여 누구와 대화를 해도 막힘이 없으나, 능력에 대한 자부심이 강하여 간섭하거나 억압하면 힘들어 하므로 염두에 두어야 한다. 하지만 현실적이고 명석하여 상황에 맞는 대처방안을 잘 강구하여, 자신의 앞날을 개척하는 데 부족함이 없다.

임은 생각이 깊고 언행이 일치하여 균형 감각이 뛰어나며, 명예를 존중하여 품위가 손상되는 행동은 하지 않는 모습을 보인다. 게다가 논리적이고 치밀한 기획력으로 현실적인 타당성과 이론을 검토하는 꼼꼼한 면도 있다. 또한 다양한 재능으로 가능성이 있다고 생각하면 바로 실천에 옮기는 행동파이다. 또 안정된 생활을 우선으로 생각하므로 준비성이 뛰어나며, 현실을 긍정적으로 바라보는 밝은 성향을 보이는 임 일간이다.

임 일간은 일에 대한 욕심도 많고, 상황판단이 뛰어나 빠르게 대처하여 주위에서 인정도 받고 발전적인 모습을 보여준다. 어려운 난관에 부딪치더라도 성급하게 서두르거나 흔들림 없이 무난하게 처리해나간다. 가끔 충동적인 성향을 보이고 격식에 얽매이면 답답해하니까 어느 때든 자유로운 개방주의자의 면모로 만나야 한다. 변화가 있기는 하지만 비합리적인 사람이 아니고, 언행이 일치하며 목표를 향해 일관된 모습을 보여주는 사람이다.

유의할 점

임은 끈기가 부족하여 의욕적으로 하다가도 싫증이 빠르다. 즉 참을성이 부족하여 급하고 느린 것이 일정하지 않음을 알아야 한다. 분위기에 따라 변화가 많아서 상대하는 것이 쉽지만은 않으며, 자신의 뜻대로 안 되면 다혈질 기질이 나타난다. 게다가 한 곳에 오래 있으면 답답해하며,

충동적으로 시작은 잘 하나 끈기가 약하여 마무리가 부족한 면도 있다. 성향이 개방되어 있으면서도 흐르는 강물처럼 자신의 속마음을 쉽게 드러내지 않아 무슨 생각을 하는지 잘 모르는 경우가 많으며, 답답함을 느낄 때가 있으므로 염두에 두고 대해야 한다.

TIP. 임 일간과 좋은 인연이 되는 법

1. 유연하게 대처하라.
2. 구속하거나 간섭하지 마라.
3. 자유로운 개방주의자임을 잊지 마라.
4. 다혈질 기질이 나타나지 않도록 건드리지 마라.
5. 속마음을 잘 드러내지 않는 다는 것을 염두에 두어라.

임 일간은 자유분방함이 내면에 존재함을 알아야 한다. 즉 자신의 의도대로 가치관을 정립하여 구애받지 않는 삶을 살려고 하는 게 특징이다. 그렇지만 자신의 권위를 인정받지 못한다고 생각하면 회의감에 빠지므로 염두에 두어야 한다. 우리가 사람을 알고 지내면서 항상 이익만 보려고 하지마라. 내가 먼저 베풀고 나눈다면 그 관계는 시간이 지날수록 더 돈독해질 것은 자명한 사실이다. 매번의 양보가 보답으로 돌아오는 것은 아니기에 생일 해석이 더욱 필요한 부분이다. 지금 당신 손해가 10이라면 나중에 돌아올 보답은 10에서 떨어지지는 않을 것이다. 즉 아예 안 돌아오는 경우도 있지만, 보답하려는 사람은 자기가 받은 것보다 더 돌려주고자 하는 것이 인지상정이다.

임의 남성은 기본 임 성향과 같은 궤도에 있다. 인간관계가 원만하고 화합을 중시하며, 행동이 단정하고 언행이 일치하며, 온화하면서 생각이 깊고 마음 씀씀이가 넓다. 또 담백하고 균형 감각이 뛰어나서 사리판단이 분명하며, 솔직하고 매사에 자신이 있다. 창의력이 뛰어나서 무에서 유를 창출하여 능력을 인정받으며, 독창적으로 발전적인 미래를 위해 개척하여 나간다. 이 모든 것이 개방적이고 유연한 임의 긍정적인 면들이다.

그래서 임은 문제가 생겨도 남에게 의지하지 않고 스스로 해결한다. 뿐만 아니라 할 일이 있으면 앉아서 시키지만 않고 솔선수범한다. 합리적이고 개방적인 성향이어서 자연스럽게 대세를 거스르지 않으려는 임의 남성이다. 선두에 나서서 활동하는 것을 주저하지 않으며, 처세를 잘하여 직장에서나 사회적으로 성공을 거두는 사람이 많은 게 특징이다. 창조성이 풍부하고 기획력이 뛰어나서 재능을 인정받는 걸 즐기는 임의 일간이다.

임은 평소에 이해심이 많고 여유가 있어서 급히 서두르지 않는다. 상대를 배려하고 양보할 줄 알며, 순박하여 과장이 없고 있는 그대로 처세하기를 좋아한다. 하지만 방심하지 말라. 당신은 속마음을 알 수가 없어 접근하는 것이 부담스러울 수도 있다. 게다가 그는 상황에 따라 변화가 생겨 진정성이 의심받는 행동까지 한다. 그는 참을성이 많지만 자신의 뜻에 어긋나면 다혈질이 되어 과격해지므로, 가급적 심기를 건드리지 말아야 한다.

경제 관점

임의 창조적이면서 합리적인 성향은 그의 경제관에서도 나타난다. 항상 준비성이 뛰어나서 재물을 응용하는 방법이 뛰어나며, 경제 개념이 철저하여 안정된 생활을 하는 사람이 많다. 또 안정성을 선호하여 투기나 모험은 가급적 멀리한다. 그러나 자신이 써야 할 곳에는 뒤로 빠지지 않고 과감하게 베풀 줄도 안다. 자신이 하고 싶은 것은 어떻게 해서든지 해봐야 직성이 풀리고, 자부심이 강하여 금전을 손해 보더라도 명예가 손상되는 행동은 하지 않는 임의 남성이다.

창의력이 뛰어나서 무에서 유를 창출하는 임의 남자 박재상

가수 싸이, 박재상이 대표적인 임의 남성이다. 한국에서 고등학교를 졸업하고 미국 보스턴 대학을 다녔지만 자퇴한 뒤 버클리 음대에 진학했다. 미국에서 유학생활을 해서인지 영어는 뛰어난 편이다. 싸이의 등장은 파격적이었다. '나 완전히 새 됐어'라는 터무니없는 데뷔곡에, 터무니없는 춤, 개성적인 외모. 모든 것이 당시의 기준을 깨는 도전이었기에 '엽기가수'라 불렸던 그가 우리 가요계에 자리를 잡을 수 있었던 건 그의 에너지 즉 그의 창조성 덕분이었다. 대한민국의 기존 가수들과는 차원이 다른 퍼포먼스부터 엄청 튀고 독특한 매력이 넘치는 인물이다. 대학교 축제에서 가장 인기가 많은 가수로 열기를 휘어잡는 카리스마가 무대를 장악하니 대학생들이 선호하지 않을 수 없다.

　일명 군대 두 번 간 사건을 겪고도 재기할 수 있었던 것 역시 그의 에너지와 창조성 덕분 그리고 마침내 방점을 찍은 '강남 스타일' 처음 그 곡이 발표되었을 때, 국내 팬들은 오래 보아왔던 싸이 스타일이었기에 그러려니 했다. 그런데 완전 낯선 것을 처음 목격한 전 세계가 그에게 열광했다. 그의 창조성이 결실을 맺은 것이다. 하지만 뉴욕에 진출한 그의 다음 행보에 아쉽기만 하다. 그를 성공시킨 그 창조적인 혁신이 후속곡에 빠져 있었던 것. 침체기를 겪고 있을 그에게 창조성을 자극하는 임 일간의 자유스러운 모습으로 날개를 달아 다시 비상하기를 기대한다.

3. 임 일간 여성

　임의 여성도 명랑하고 재치가 있어 분위기를 밝게 하며, 활동적이고 사고방식이 개방적이다. 솔직하고 생각이 깊어 정신세계가 넓다. 논리적이어서 분위기에 휩쓸리지 않고 자신의 주관대로 행동하며, 상대가 무엇을 요구하기 전에 알아서 먼저 해결한다. 신념과 행동에 대해 자부심이 강하여 사회 참여 의식도 높고 활동범위가 다양한 모습을 보여준다. 대인관계도 원만하고 환경에 적응이 빠르지만, 일에 대한 욕심이 많아 선두적인 위치를 지키려는 사회적 능력이 뛰어나다.

　임의 여성은 기품이 있지만 극단적인 면도 있어서 좋고 싫을 때의 차이가 크다. 자존심이 강하여 힘들거나 어려워도 내색하지 않는다. 게다가 할 일이 있으면 조급하여 즉시 해치워야 직성이 풀린다. 또한 배우자에게만 의지하지 않고 직업을 갖는 임의 여성이 많은데, 수단이 뛰어나 두각을 나타낸다. 그녀는 배우자에게 잡혀 살지 않고 지려고도 하지 않으므로 갈등이 생길 수 있다. 또한 집에 있으면 답답하게 생각하여 돌아다니는 것을 좋아하는 그녀이다.

임은 남에게 민폐를 끼치거나 신세지는 것을 극도로 싫어하며, 적극적이어서 신념대로 밀고나가는 추진력이 대단하다. 욕심이 있어서 가정생활도 잘 이끌어 나간다. 부지런하며 사치하지 않고, 생활력이 강하여 살림도 규모 있고 알뜰하게 해낸다. 이 모든 것은 임의 기본 성향인 개방적인 합리주의자의 면모이다. 활발한 사회생활을 하면서도 검소한 그녀이기에 합리적인 수준에서 그녀의 가정생활과 사회생활의 균형을 유지한다.

경제 관점

임의 여성은 경제 개념이 발달하여 현실적인 수치에 밝다. 겉으로 대충하는 것 같아도 물질적인 흐름에 민감하다. 또 넓은 지식 덕분에 수단이 좋아 경제적인 부가가치를 높이는 능력이 있으며 경제를 확장시킬 방법을 강구하기도 한다. 하지만 자신의 분수를 지켜서 정도에 벗어나지는 않는다. 현실에 맞추어 생활하며 무리하게 금전을 지출하지 않는다. 개방적 합리주의자의 창조성이 발휘될 때의 성공적인 사례들이다. 게다가 믿는 사람이 아니면 거래하지 않는다. 그녀는 안목이 높아 수준 낮은 것은 쳐다보지 않으므로 안목에 어울리게 그녀의 취향에 맞춰주도록 하라.

솔직하고 정신 세계가 깊은 임의 여성 고두심

연기자 고두심이 대표적인 임의 여성이다. 제주도를 대표하는 상징적인 인물이라 해도 과언이 아닐 정도이며, 제주도 홍보대사도 맡고 있다. 대한민국 '국민 엄마'라는 타이틀을 얻을 정도로 데뷔 초부터 서민 가정 전문 엄마 역할을 많이 소화했다. 방송 3사에서 연말에 시상하는 연기 대상의 최다 수상자이며, 방송 3사에서 모두 대상을 받은 탤런트이다. 게다가 백상예술대상 TV부분 대상까지 수상한 배우는 아직까지 그녀가 유일할 정도이다.

그녀가 서울에 올라온 계기는 제주여고를 졸업하고 상경했는데 이유가 재미있고 독특하다. 그냥 서울에 간다고 하면 집에서 반대를 할 것 같아 서울에서 대학을 다니던 셋째 오빠의 밥을 해주겠다는 핑계를 대었으므로 재치가 뛰어나다. 집안에서 어렵게 허락을 받고 서울에 올라왔다고 하니 훌륭한 인물들의 이야기는 언제 들어도 재미있다. MBC 공채 5기 전체 1등으로 입사했으나 심부름 및 단역만 전전하다가 수익도 제대로 얻지 못하자, 연기를 그만두고 일반 회사에 취직해 2년가량 일을 한 특이한 경력도 있다. 그러던 중 고두심을 눈여겨봤던 드라마 PD에게 연락을 받고 '갈대'라는 작품으로 복귀한다. PD의 눈썰미가 없었더라면 뛰어난 연기자가 탄생하지 못했을 것이다. 다행스럽게도 세속에 묻히지 않고 보석으로 탄생되어 유연하고 창의력이 높은 임의 여성답게 우리들에게 감동을 선사해 준다.

壬申(임신)

A	지성미가 있다 주관이 뚜렷하다 기획력이 뛰어나다 교양과 기품이 있다	**B**	긍정적이다 언변술이 뛰어나다 분위기를 밝게 한다 사고방식이 개방적이다
O	활동범위가 넓다 판단력이 뛰어나다 언행에 신뢰감을 준다 새로운 일에 두려움이 적다	**AB**	감성이 풍부하다 성취욕구가 강하다 창조적이 힘이 있다 자율적일 때 능률이 좋다

壬午(임오)

A	논리적이다 준비성이 좋다 관찰력이 뛰어나다 솔선수범하는 행동을 보인다	B	객관적이다 재치가 돋보인다 자유로움을 선호한다 무에서 유를 창조해낸다
O	추진력이 좋다 의지력이 강하다 완급을 조절할 줄 안다 여유가 있고 협조적이다	AB	합리적이다 균형 감각이 좋다 핵심을 정확하게 파악한다 서두르지 않고 확실하게 끝낸다

壬辰(임진)

A	굳건하다 독립성이 강하다 말과 행동이 일치한다 적극적이고 과단성이 있다	B	안목이 높다 과감성이 있다 추진력이 강하다 직선적이고 성급하다
O	대범하다 의지력이 강하다 결단력이 뛰어나다 전진하는 힘이 좋다	AB	진취적이다 자부심이 강하다 일처리가 확실하다 일에 대한 욕심이 많다

壬寅(임인)

A	속이 깊다 준비성이 좋다 일처리가 확실하다 생활의 흐트러짐이 적다	B	솔직 담백하다 승부욕이 강하다 상황파악을 잘한다 적극적으로 대처한다
O	신념이 확고하다 안정감을 중시한다 대화에 막힘이 없다 위기를 극복하는 힘이 있다	AB	박학다식하다 보호본능이 강하다 인생관이 뚜렷하다 유연하여 막힘이 없다

壬子(임자)

A	신중하게 접근한다 사리판단이 확실하다 쉽게 흥분하지 않는다 마음을 먹으면 끝내야 한다	B	수완이 좋다 의욕이 넘친다 솔직하게 대한다 순간적인 재치가 있다
O	신념이 확고하다 친밀감 있게 대한다 논리정연하게 대처한다 알려주는 것을 좋아한다	AB	재주가 많다 적응력이 뛰어나다 기발한 생각을 많이 한다 부드러움 속에 강직함이 있다

壬戌(임술)

A	치밀함이 존재한다 사리분별이 뛰어나다 인품이 수려하고 변함없다 결정하면 의지대로 진행한다	B	낙천적이다 품위 있게 행동한다 기회포착이 뛰어나다 합리적이고 기획력이 좋다
O	분수를 지킨다 실행력이 뛰어나다 조직도 무리 없이 이끈다 체면이 손상되는 행동은 않는다	AB	센스가 있다 경쟁력이 강하다 계획성 있게 생활한다 일의 끊고 맺음이 확실하다

계에 대한 해설

계는 지혜가 많고 환경에 잘 적응하며 대응하는 능력이 뛰어나다. 또한 합리적이고 현실적이어서 애매모호한 것은 싫어하고 구체적인 것을 선호한다. 공정함을 중시하여 옳고 그른 것을 분명히 하는 가치관을 지녀 체면이 손상되는 행동은 안 한다. 현명하고 재치가 뛰어난 사람이다.

계 자체가 공정한 현실주의자여서 시시비비를 분명히 하는 성향으로, 현실적응이 뛰어나고 분수를 지킬 줄 안다. 평소 계는 온순하고 지혜로워 어떤 상황에서든 급하지 않게 감정조절을 잘하며 느긋하게 대응한다. 또한 개방적이면서 침착하고 차분한 까닭에 공정함을 잃지 않으며, 합리적이고 구체적인 것을 선호한다. 내일을 도모하는 발전적인 기상이 있어서, 사회생활을 하면서도 생각하는 것이 얽매이지 않고 대범함을 보여주는 계 일간이다.

지혜가 많아 주위 사람이 어려움을 이야기 하면 적절하게 대응방안을 강구해주는 능력이 탁월하다. 진취적이고 분석적이면서도, 유연하게 탄력성 있는 삶을 살아가므로 안정된 생활을 하는 사람이 많다. 평소에 상황이 어려워도 서두르지 않으며, 차분하게 일에 몰두하여 주위 사람들에게 신뢰감을 들게 한다. 상황판단이 뛰어나 실수가 별로 없으며, 한번 인연을 맺으면 쉽게 헤어지지 않는다. 그렇지만 시비가 분명하여 틀렸다고 생각한 것은 끝까지 고쳐야 직성이 풀리는 계 일간이다.

계는 알고 보면 유연함 속에 강인함도 간직하고 있으므로 겉만 보고 판단해서는 실수하기 십상이다. 현실적이고 세밀하여 끊고 맺는 것이 확실하며, 이해타산이 밝아 경우에 어긋나지 않는 행동을 한다. 하지만 상황변화에 상당히 민감함을 알아야 한다. 감수성이 예민해 엉뚱한 데서 뇌관을 건드릴 수 있으므로, 그 앞에서 말을 돌리거나 애매모호하게 처신하지 마라. 창의적이고 새로운 것에 관심이 많으며, 자존심이 강하므로 그 어떤 경우에도 체면을 지켜주어라.

유의할 점

계는 예민하면서도 자기 기준이 확실해 까다로운 편이며, 겉으로 강한 척해도 여리며 매사에 조심스러움이 많다. 또한 속마음을 쉽게 열지 않아 비밀이 많은 사람처럼 보인다. 감수성이 풍부하고 감성적이 되어 분위기에 빠져들고, 과감한 결단력과 실행력이 아쉬울 때가 있다. 게다가 자신의 성향에 맞지 않으면 모든 것이 그만이라는 모습을 보이기도 한다. 한번 일이 잘 안 풀리면 대범하지 못하여 감당하지 못할 난관에 빠지게 되고 좌절감이 크다. 때문에 안정을 우선시하여 비약적인 발전이 더딘 면이 있다. 자칫 감정의 변화가 극단적으로 흘러 마찰이 생기면 자신을 합리화 시키고 쉽게 돌아서지 않는 계 일간이다.

TIP. 계 일간과 좋은 인연이 되는 법

1. 체면을 손상시키지 마라.
2. 애매모호하게 처신하지 마라.
3. 예민한 감수성을 자극하지 마라.
4. 정확하고 구체적인 것을 제시하라.
5. 이론적이고 논리적인 사람임을 명심하라.

의도치 않은 게 현실이니, 어느 한순간 계의 감성을 자극했다면, 당신은 그 시간을 그의 감성에 동감한다는 듯 묵묵히 견뎌야 할 것이다. 최대한 그의 예민함을 건드리지 않으면서 체면을 세워주는 방식으로 가야한다. 만약 계가 부탁할 정도라면 당신을 신뢰한다는 의미이므로 절대 거절하지 마라. 공정한 현실주의자가 되어야 하며, 명예를 소중하게 여기기 때문에 체면을 세워주어야 한다. 하지만 계는 지혜가 출중하고 유연하여 사회나 사업상 문제가 생겨 상의를 하면 해결할 수 있는 기막힌 조언도 해줄 수 있는 사람이다. 부드러워 보이면서도 내면에 강인함이 존재하며 사회 적응력이 뛰어난 사람임을 명심해야 할 것이다. 때로는 당신에게 표현하는 것과 속마음이 다를 수도 있음을 염두에 두고 대해야할 때도 있다.

계의 남성도 합리적이고 공정한 현실주의자이다. 그러므로 구체적이고 실질적인 것을 선호하며, 대충 넘어가는 것을 싫어하고 공과 사가 확실하다. 뿐만 아니라 사물을 객관적으로 판단하여 흐트러짐이 없고 실수가 적으며, 행동이 단정하고 정직하여 남에게 상처가 되는 말은 함부로 하지 않는다. 언행이 일치하고 매너가 좋으며 인품이 수려한 계 남성은 실속파이기도 하다. 계획성이 철저하고 일을 완벽하게 처리하여 주변에서 신뢰성이 높은 계 일간이다.

침착하고 이성적이어서 자신의 분수를 잊지 않으며, 정보 분석이 빨라 상황을 세밀하게 판단하여 흐름에 대처하는 능력이 뛰어나다. 또한 지혜로우며 유연한 사고방식으로 내실을 기하여 실패가 적다. 게다가 겸손하기까지 하여 자신을 낮추고 상대방을 높여주는 미덕도 있다. 물론 출세욕이 있으나 술수를 부리면서 성공하는 것은 원하지 않는다. 이런 성향의 계 남성에게는 아무리 친한 사이라도 진한 농담은 삼가고 예의를 지켜줘야 하는 것이다.

계 일간은 꼼꼼하여 매사에 빈틈이 없고 완벽한 논리를 추구하므로 다양한 상식도 풍부하다. 남의 인격을 존중하는 계 남성은 사람을 가려서 사귀므로 대인관계가 넓지는 못하다. 또한 복잡한 것을 싫어하며 밀고 당기는 방식을 못 하는 것도 넓은 대인관계를 방해한다. 그래서 말이나 행동에 조심성이 많고 실수하면 자책하며 자신을 위험한 곳에 노출시키지 않으려는 보호본능이 강하다. 게다가 감정이 예민하고 단순한 면이 있어서 한 가지 일에 집중하여 빠져들기도 하는 계의 남성이다.

경제 관점

계 남성은 현실적이고 자립정신이 강하여 자신의 힘으로 해결하려고 한다. 물질의 흐름에 민감하고 계산이 빨라 선은 명확하게 긋는다. 신용과 약속을 철저히 지키므로 주위에서 인정을 받는다. 금전이 들어오면 쉽게 지출하지 않고 세밀하게 관리하여 재산을 꾸준히 모으는 유형이다. 생활이 어느 정도 안정되면 만족하여 크게 욕심을 부리지 않는다. 불안한 생활은 견디지 못하여 재물이 축적되어 있어야 안심을 한다. 명예를 존중하여 체면이 손상되면서 재물을 모으지 않는다. 말하자면 경제관념조차 공정한 현실주의자의 면모이다.

지혜가 많고 환경에 잘 적응하며 능력이 뛰어난 계의 남성 홍석현

전 주미대사이며 언론인 홍석현 중앙홀딩스 회장이 대표적인 계 남성이다. 중앙미디어네트워크, 중앙일보, JTBC 등 글로벌미디어 그룹 회장을 역임했다. 서울대 전자공학과를 졸업하고 미국 스탠퍼드대에서 산업공학 석사와 경제학 박사 학위를 받아, 세계은행(World Bank) 이코노미스트로, 한국개발연구원(KDI) 연구위원으로 일했다. 1994년 중앙일보 사장으로 취임해 1999년 회장직에 올랐다. 이때부터 중앙일보 한글제호 변경, 가로쓰기 시행, 섹션신문 발행 등 한국 일간지의 혁신을 주도하며 언론인의 길을 걸어온 그는 세계신문협회 회장, 한국신문협회 회장을 역임했다. 아시아 지역 출신이 세계신문협회장을 맡은 건 당시 홍 회장이 처음이었다.

2005년 주미 대한민국 대사로 재직하다가 삼성 X파일 사건과 관련된 논란으로 주미대사직을 중도에 사퇴하였다. 2006년 중앙일보 회장 복귀 후 2011년부터는 JTBC 회장을 했었다. 홍 회장이 공을 들여 손석희 사장을 영입한 것은 신의 한수로 평가된다. 다른 종편사와 비교하기 어려울 정도로 신뢰성이 높아져 2년간 '신뢰도 1위 언론사'로 선정되기도 했다. 이건희 삼성회장이 그의 자형이기에 삼성가의 일원임에도 삼성이 연관된 최순실 스캔들 보도에 앞장서는 JTBC의 회장이기도 해 대한민국의 명실상부한 언론인으로 평가받고 있다. 합리적이고 공정한 계 남성의 면모라 할 수 있다.

3. 계 일간 여성

계의 여성은 재치가 있어서 분위기를 편하게 해준다. 지혜롭고 명랑하며, 상대에게 부담을 주거나 민폐 끼치는 행동을 싫어한다. 행동이 단정하고 말에 품격이 있으며 인사할 곳이 있으면 분명하게 한다. 신념이 강하고 일의 완벽성을 기하며, 원만한 사회생활 속에서 이상을 추구한다. 안정적으로 일에 몰두하는 모습을 보여주면서도, 순수한 성향으로 멋에 대한 센스도 뛰어난 여성이다. 또한 온순하고 차분하여 정숙한 인상으로 호감을 준다. 이 모두 기본 계 성향과 비슷한 맥락에서 나온 것이다.

합리적 현실주의자로 지적이면서도 감성적인 계의 성향이 계 남성에 비해 계 여성에게 유리한 현실이다. 풍부한 감수성은 여성의 경우 순수하고 사색적이라고 호평받을 수 있다. 그래서 계 여성은 나이를 먹어도 가슴에 꿈을 안고 살아가고, 자신의 가치관을 소중하게 생각하여 결혼은 심사숙고하며 조건에 맞는 상대를 찾기까지 시간이 걸리는 경우가 많다. 하지만 결혼하면 배우자에게 조언을 잘하여 가정이나 사업에 발전성이 있게 한다.

합리적이면서도 활발하고 생기가 있어 적응력도 뛰어나다. 감수성이 풍부한 계의 여성은 어느 한순간 마음이 여리고 감수성이 예민하여 변화에 민감한 사람이 되어버린다. 즉 감수성이 풍부하다는 것과 예민하다는 것은 상황에 따른 그녀의 다른 얼굴이다. 분위기에 약한 그녀는 편하고 안락하게 살려는 경향이 강하다. 마음씨가 아름답고 어진 성격으로 상대방을 설득시키는 힘이 대단하며, 주위에 불행한 사람이 있으면 앞장서 도와주는 계의 여성이다.

경제 관점
계 여성 역시 경제 개념이 꼼꼼하고 현실을 중시하여 투기는 싫어한다. 즉 과욕을 부리지 않고 조금씩 축적하여 재물을 늘려 나간다. 또 손해 보는 행동은 웬만해서는 하지 않으며, 정확하고 확실하여 대충 넘어가는 계산은 용납하지 못한다. 모험심과 투기심이 적어 편안하고 안정된 생활을 즐기려고 하지만, 힘들거나 어려우면 남에게 의지하려고 한다. 계 여성은 진실하여 잔재주나 요령으로 사람을 속이고 이용하지 않으며, 자신의 생활을 충분히 이끌어 나가는 유형이다.

지혜롭고 명랑하며 신념이 강한 계의 여성 김연아

피겨스케이팅 선수 김연아가 대표적인 계의 여성이다. 대한민국에서 피겨스케이트는 김연아가 활약할 당시에는 불모지나 다름이 없었다. 혜성같이 나타나 세계의 정상에 우뚝 섰다는 점이 겨울 스포츠로 상징하는 자랑스러운 최고의 스타중 하나가 되었다. 매력적인 미모와 실력까지 겸하여 국민들의 많은 응원을 받았으며, 인기에 힘입어 국민 여동생이라는 칭호까지 얻었다. 소치 올림픽을 끝으로 은퇴한 그녀는 피겨역사에 불후의 명작을 남긴 스타임에도 아이스링크 한가운데서 시작 포즈를 잡고 음악이 시작되기를 기다릴 때가 가장 긴장되고 고독하다고 했다. 선수 생활 내내 강심장임을 증명해왔지만, 실은 감수성이 예민한 계 여성이었던 것이다.

때문에 그녀는 어려서부터 밴쿠버 올림픽을 끝으로 은퇴하는 것이 소원이라 밝혀왔다. 2번째 올림픽 참여는 주위의 기대에 대한 그녀의 응답이었던 셈이다. 그 결과가 러시아의 금메달 강탈이라는 어처구니없는 결말이어서 더욱 아쉬울 따름이다. 2010년 유니세프 친선대사이기도 했던 그녀는 많은 기부로도 유명한데, 그녀의 생일을 맞아 매년 팬들이 계좌를 열어 기부금을 모으는 행사에 '김연아'라는 이름으로 오천만 원을 송금해 팬들을 즐거운 혼란에 빠트렸던 적도 있었다. 첫 CF를 찍었을 때부터 시작된 후배지원을 지금도 아끼지 않는 그녀는 이른바 품격 있는 계 여성의 상징이 아닐 수 없다.

癸酉(계유)

A	경우가 밝다 인품이 준수하다 안정성을 중시한다 완벽한 논리를 추구한다	B	이해심이 많다 감수성이 민감하다 적응하는 능력이 뛰어나다 원하는 것을 빠르게 파악한다
O	생각성이 깊다 대범한 모습을 보인다 위기상황에도 침착하다 서두르지 않고 중용을 지킨다	AB	이상이 높다 센스가 뛰어나다 온화하면서 냉철하다 상황에 빠르게 대처한다

癸未(계미)

A	집중력이 좋다 현실을 중요시한다 자기관리가 철저하다 분위기에 휩쓸리지 않는다	B	배려를 한다 적응력이 빠르다 전문성이 뛰어나다 이론과 행동이 조화를 이룬다
O	관찰력이 좋다 목표의식이 강하다 안정성을 우선시 한다 생각방식이 진취적이다	AB	실수가 적다 절제력이 강하다 모험적인 일은 안 한다 명예와 실리를 추구한다

癸巳(계사)

A	신념이 강하다 언행이 신중하다 끊고 맺음이 정확하다 자기관리에 철저한 모습이다	B	사심이 적다 감성이 풍부하다 차분함 속에 열정이 있다 솔선수범하여 모범을 보인다
O	합리적이다 언변이 뛰어나다 성취 욕구가 강하다 흐트러짐이 별로 없다	AB	지성미가 있다 변화에 민감하다 근본부터 파고든다 명예를 소중하게 여긴다

癸卯(계묘)

A	속이 깊다 이론에 뛰어나다 빈틈이 없어 실수가 적다 어려움에 굴복하지 않는다	B	재치가 있다 미래지향적이다 분위기를 밝게 한다 새로운 것에 관심이 많다
O	의욕이 강하다 응용 능력이 좋다 마음의 여유가 있다 과감한 모습을 보인다	AB	현명하다 판단력이 뛰어나다 지적 욕구가 강하다 자아실현에 도전한다

癸丑(계축)

A	침착하다 희생정신이 있다 일목요연해야 한다 결정을 내리면 확고하다	B	단정하다 조화를 이룬다 추진력이 강하다 자유스러움을 선호한다
O	외유내강이다 인품이 수려하다 약자에 헌신적이다 믿음과 신뢰를 준다	AB	객관적이다 실수가 적다 언행이 일치한다 섬세하면서 분명하다

癸亥(계해)

A	차분하다 준비성이 좋다 깔끔하고 분명하다 끈질기게 밀고 나간다	B	낙천적이다 활동력이 강하다 새로움을 추구한다 정보 분석이 빠르다
O	개방적이다 리더십이 있다 응용능력이 좋다 주관이 흔들리지 않는다	AB	이지적이다 계획이 철저하다 사교적인 수완이 좋다 정신적인 교류를 중시한다

만세력

1941년~2002년

1941년생 (음력기준)

1월

음력	1	2	3	4	5	6	7	8	9	10
일주	을해	병자	정축	무인	기묘	경진	신사	임오	계미	갑신
양력	27	28	29	30	31	2/1	2	3	4	5
음력	11	12	13	14	15	16	17	18	19	20
일주	을유	병술	정해	무자	기축	경인	신묘	임진	계사	갑오
양력	6	7	8	9	10	11	12	13	14	15
음력	21	22	23	24	25	26	27	28	29	30
일주	을미	병신	정유	무술	기해	경자	신축	임인	계묘	갑진
양력	16	17	18	19	20	21	22	23	24	25

2월

음력	1	2	3	4	5	6	7	8	9	10
일주	을사	병오	정미	무신	기유	경술	신해	임자	계축	갑인
양력	26	27	28	3/1	2	3	4	5	6	7
음력	11	12	13	14	15	16	17	18	19	20
일주	을묘	병진	정사	무오	기미	경신	신유	임술	계해	갑자
양력	8	9	10	11	12	13	14	15	16	17
음력	21	22	23	24	25	26	27	28	29	30
일주	을축	병인	정묘	무진	기사	경오	신미	임신	계유	갑술
양력	18	19	20	21	22	23	24	25	26	27

3월

음력	1	2	3	4	5	6	7	8	9	10
일주	을해	병자	정축	무인	기묘	경진	신사	임오	계미	갑신
양력	28	29	30	31	4/1	2	3	4	5	6
음력	11	12	13	14	15	16	17	18	19	20
일주	을유	병술	정해	무자	기축	경인	신묘	임진	계사	갑오
양력	7	8	9	10	11	12	13	14	15	16
음력	21	22	23	24	25	26	27	28	29	
일주	을미	병신	정유	무술	기해	경자	신축	임인	계묘	
양력	17	18	19	20	21	22	23	24	25	

4월

음력	1	2	3	4	5	6	7	8	9	10
일주	갑진	을사	병오	정미	무신	기유	경술	신해	임자	계축
양력	26	27	28	29	30	5/1	2	3	4	5
음력	11	12	13	14	15	16	17	18	19	20
일주	갑인	을묘	병진	정사	무오	기미	경신	신유	임술	계해
양력	6	7	8	9	10	11	12	13	14	15
음력	21	22	23	24	25	26	27	28	29	30
일주	갑자	을축	병인	정묘	무진	기사	경오	신미	임신	계유
양력	16	17	18	19	20	21	22	23	24	25

5월

음력	1	2	3	4	5	6	7	8	9	10
일주	갑술	을해	병자	정축	무인	기묘	경진	신사	임오	계미
양력	26	27	28	29	30	31	6/1	2	3	4
음력	11	12	13	14	15	16	17	18	19	20
일주	갑신	을유	병술	정해	무자	기축	경인	신묘	임진	계사
양력	5	6	7	8	9	10	11	12	13	14
음력	21	22	23	24	25	26	27	28	29	30
일주	갑오	을미	병신	정유	무술	기해	경자	신축	임인	계묘
양력	15	16	17	18	19	20	21	22	23	24

6월

음력	1	2	3	4	5	6	7	8	9	10
일주	갑진	을사	병오	정미	무신	기유	경술	신해	임자	계축
양력	25	26	27	28	29	30	7/1	2	3	4
음력	11	12	13	14	15	16	17	18	19	20
일주	갑인	을묘	병진	정사	무오	기미	경신	신유	임술	계해
양력	5	6	7	8	9	10	11	12	13	14
음력	21	22	23	24	25	26	27	28	29	
일주	갑자	을축	병인	정묘	무진	기사	경오	신미	임신	
양력	15	16	17	18	19	20	21	22	23	

6월 윤달

음력	1	2	3	4	5	6	7	8	9	10
일주	계유	갑술	을해	병자	정축	무인	기묘	경진	신사	임오
양력	24	25	26	27	28	29	30	31	8/1	2
음력	11	12	13	14	15	16	17	18	19	20
일주	계미	갑신	을유	병술	정해	무자	기축	경인	신묘	임진
양력	3	4	5	6	7	8	9	10	11	12
음력	21	22	23	24	25	26	27	28	29	30
일주	계사	갑오	을미	병신	정유	무술	기해	경자	신축	임인
양력	13	14	15	16	17	18	19	20	21	22

7월

음력	1	2	3	4	5	6	7	8	9	10
일주	계묘	갑진	을사	병오	정미	무신	기유	경술	신해	임자
양력	23	24	25	26	27	28	29	30	31	9/1
음력	11	12	13	14	15	16	17	18	19	20
일주	계축	갑인	을묘	병진	정사	무오	기미	경신	신유	임술
양력	2	3	4	5	6	7	8	9	10	11
음력	21	22	23	24	25	26	27	28	29	
일주	계해	갑자	을축	병인	정묘	무진	기사	경오	신미	
양력	12	13	14	15	16	17	18	19	20	

8월

음력	1	2	3	4	5	6	7	8	9	10
일주	임신	계유	갑술	을해	병자	정축	무인	기묘	경진	신사
양력	21	22	23	24	25	26	27	28	29	30
음력	11	12	13	14	15	16	17	18	19	20
일주	임오	계미	갑신	을유	병술	정해	무자	기축	경인	신묘
양력	10/1	2	3	4	5	6	7	8	9	10
음력	21	22	23	24	25	26	27	28	29	
일주	임진	계사	갑오	을미	병신	정유	무술	기해	경자	
양력	11	12	13	14	15	16	17	18	19	

9월

음력	1	2	3	4	5	6	7	8	9	10
일주	신축	임인	계묘	갑진	을사	병오	정미	무신	기유	경술
양력	20	21	22	23	24	25	26	27	28	29
음력	11	12	13	14	15	16	17	18	19	20
일주	신해	임자	계축	갑인	을묘	병진	정사	무오	기미	경신
양력	30	31	11/1	2	3	4	5	6	7	8
음력	21	22	23	24	25	26	27	28	29	30
일주	신유	임술	계해	갑자	을축	병인	정묘	무진	기사	경오
양력	9	10	11	12	13	14	15	16	17	18

10월

음력	1	2	3	4	5	6	7	8	9	10
일주	신미	임신	계유	갑술	을해	병자	정축	무인	기묘	경진
양력	19	20	21	22	23	24	25	26	27	28
음력	11	12	13	14	15	16	17	18	19	20
일주	신사	임오	계미	갑신	을유	병술	정해	무자	기축	경인
양력	29	30	12/1	2	3	4	5	6	7	8
음력	21	22	23	24	25	26	27	28	29	
일주	신묘	임진	계사	갑오	을미	병신	정유	무술	기해	
양력	9	10	11	12	13	14	15	16	17	

11월

음력	1	2	3	4	5	6	7	8	9	10
일주	경자	신축	임인	계묘	갑진	을사	병오	정미	무신	기유
양력	18	19	20	21	22	23	24	25	26	27
음력	11	12	13	14	15	16	17	18	19	20
일주	경술	신해	임자	계축	갑인	을묘	병진	정사	무오	기미
양력	28	29	30	31	1/1	2	3	4	5	6
음력	21	22	23	24	25	26	27	28	29	30
일주	경신	신유	임술	계해	갑자	을축	병인	정묘	무진	기사
양력	7	8	9	10	11	12	13	14	15	16

12월

음력	1	2	3	4	5	6	7	8	9	10
일주	경오	신미	임신	계유	갑술	을해	병자	정축	무인	기묘
양력	17	18	19	20	21	22	23	24	25	26
음력	11	12	13	14	15	16	17	18	19	20
일주	경진	신사	임오	계미	갑신	을유	병술	정해	무자	기축
양력	27	28	29	30	31	2/1	2	3	4	5
음력	21	22	23	24	25	26	27	28	29	
일주	경인	신묘	임진	계사	갑오	을미	병신	정유	무술	
양력	6	7	8	9	10	11	12	13	14	

1942년생 (음력기준)

1월

음력	1	2	3	4	5	6	7	8	9	10	11	12	13	14	15	16	17	18	19	20	21	22	23	24	25	26	27	28	29	30
일주	기해	경자	신축	임인	계묘	갑진	을사	병오	정미	무신	기유	경술	신해	임자	계축	갑인	을묘	병진	정사	무오	기미	경신	신유	임술	계해	갑자	을축	병인	정묘	무진
양력	15	16	17	18	19	20	21	22	23	24	25	26	27	28	3/1	2	3	4	5	6	7	8	9	10	11	12	13	14	15	16

2월

음력	1	2	3	4	5	6	7	8	9	10	11	12	13	14	15	16	17	18	19	20	21	22	23	24	25	26	27	28	29
일주	기사	경오	신미	임신	계유	갑술	을해	병자	정축	무인	기묘	경진	신사	임오	계미	갑신	을유	병술	정해	무자	기축	경인	신묘	임진	계사	갑오	을미	병신	정유
양력	17	18	19	20	21	22	23	24	25	26	27	28	29	30	31	4/1	2	3	4	5	6	7	8	9	10	11	12	13	14

3월

음력	1	2	3	4	5	6	7	8	9	10	11	12	13	14	15	16	17	18	19	20	21	22	23	24	25	26	27	28	29	30
일주	무술	기해	경자	신축	임인	계묘	갑진	을사	병오	정미	무신	기유	경술	신해	임자	계축	갑인	을묘	병진	정사	무오	기미	경신	신유	임술	계해	갑자	을축	병인	정묘
양력	15	16	17	18	19	20	21	22	23	24	25	26	27	28	29	30	5/1	2	3	4	5	6	7	8	9	10	11	12	13	14

4월

음력	1	2	3	4	5	6	7	8	9	10	11	12	13	14	15	16	17	18	19	20	21	22	23	24	25	26	27	28	29	30
일주	무진	기사	경오	신미	임신	계유	갑술	을해	병자	정축	무인	기묘	경진	신사	임오	계미	갑신	을유	병술	정해	무자	기축	경인	신묘	임진	계사	갑오	을미	병신	정유
양력	15	16	17	18	19	20	21	22	23	24	25	26	27	28	29	30	31	6/1	2	3	4	5	6	7	8	9	10	11	12	13

5월

음력	1	2	3	4	5	6	7	8	9	10	11	12	13	14	15	16	17	18	19	20	21	22	23	24	25	26	27	28	29
일주	무술	기해	경자	신축	임인	계묘	갑진	을사	병오	정미	무신	기유	경술	신해	임자	계축	갑인	을묘	병진	정사	무오	기미	경신	신유	임술	계해	갑자	을축	병인
양력	14	15	16	17	18	19	20	21	22	23	24	25	26	27	28	29	30	7/1	2	3	4	5	6	7	8	9	10	11	12

6월

음력	1	2	3	4	5	6	7	8	9	10	11	12	13	14	15	16	17	18	19	20	21	22	23	24	25	26	27	28	29	30
일주	정묘	무진	기사	경오	신미	임신	계유	갑술	을해	병자	정축	무인	기묘	경진	신사	임오	계미	갑신	을유	병술	정해	무자	기축	경인	신묘	임진	계사	갑오	을미	병신
양력	13	14	15	16	17	18	19	20	21	22	23	24	25	26	27	28	29	30	31	8/1	2	3	4	5	6	7	8	9	10	11

7월

음력	1	2	3	4	5	6	7	8	9	10	11	12	13	14	15	16	17	18	19	20	21	22	23	24	25	26	27	28	29	30
일주	정유	무술	기해	경자	신축	임인	계묘	갑진	을사	병오	정미	무신	기유	경술	신해	임자	계축	갑인	을묘	병진	정사	무오	기미	경신	신유	임술	계해	갑자	을축	병인
양력	12	13	14	15	16	17	18	19	20	21	22	23	24	25	26	27	28	29	30	31	9/1	2	3	4	5	6	7	8	9	10

8월

음력	1	2	3	4	5	6	7	8	9	10	11	12	13	14	15	16	17	18	19	20	21	22	23	24	25	26	27	28	29
일주	정묘	무진	기사	경오	신미	임신	계유	갑술	을해	병자	정축	무인	기묘	경진	신사	임오	계미	갑신	을유	병술	정해	무자	기축	경인	신묘	임진	계사	갑오	을미
양력	11	12	13	14	15	16	17	18	19	20	21	22	23	24	25	26	27	28	29	30	10/1	2	3	4	5	6	7	8	9

9월

음력	1	2	3	4	5	6	7	8	9	10	11	12	13	14	15	16	17	18	19	20	21	22	23	24	25	26	27	28	29	30
일주	병신	정유	무술	기해	경자	신축	임인	계묘	갑진	을사	병오	정미	무신	기유	경술	신해	임자	계축	갑인	을묘	병진	정사	무오	기미	경신	신유	임술	계해	갑자	을축
양력	10	11	12	13	14	15	16	17	18	19	20	21	22	23	24	25	26	27	28	29	30	31	11/1	2	3	4	5	6	7	8

10월

음력	1	2	3	4	5	6	7	8	9	10	11	12	13	14	15	16	17	18	19	20	21	22	23	24	25	26	27	28	29
일주	병인	정묘	무진	기사	경오	신미	임신	계유	갑술	을해	병자	정축	무인	기묘	경진	신사	임오	계미	갑신	을유	병술	정해	무자	기축	경인	신묘	임진	계사	갑오
양력	9	10	11	12	13	14	15	16	17	18	19	20	21	22	23	24	25	26	27	28	29	30	12/1	2	3	4	5	6	7

11월

음력	1	2	3	4	5	6	7	8	9	10	11	12	13	14	15	16	17	18	19	20	21	22	23	24	25	26	27	28	29
일주	을미	병신	정유	무술	기해	경자	신축	임인	계묘	갑진	을사	병오	정미	무신	기유	경술	신해	임자	계축	갑인	을묘	병진	정사	무오	기미	경신	신유	임술	계해
양력	8	9	10	11	12	13	14	15	16	17	18	19	20	21	22	23	24	25	26	27	28	29	30	31	1/1	2	3	4	5

12월

음력	1	2	3	4	5	6	7	8	9	10	11	12	13	14	15	16	17	18	19	20	21	22	23	24	25	26	27	28	29	30
일주	갑자	을축	병인	정묘	무진	기사	경오	신미	임신	계유	갑술	을해	병자	정축	무인	기묘	경진	신사	임오	계미	갑신	을유	병술	정해	무자	기축	경인	신묘	임진	계사
양력	6	7	8	9	10	11	12	13	14	15	16	17	18	19	20	21	22	23	24	25	26	27	28	29	30	31	2/1	2	3	4

1943년생 (음력기준)

1월

음력	1	2	3	4	5	6	7	8	9	10
일주	갑오	을미	병신	정유	무술	기해	경자	신축	임인	계묘
양력	5	6	7	8	9	10	11	12	13	14

음력	11	12	13	14	15	16	17	18	19	20
일주	갑진	을사	병오	정미	무신	기유	경술	신해	임자	계축
양력	15	16	17	18	19	20	21	22	23	24

음력	21	22	23	24	25	26	27	28	29
일주	갑인	을묘	병진	정사	무오	기미	경신	신유	임술
양력	25	26	27	28	3/1	2	3	4	5

2월

음력	1	2	3	4	5	6	7	8	9	10
일주	계해	갑자	을축	병인	정묘	무진	기사	경오	신미	임신
양력	6	7	8	9	10	11	12	13	14	15

음력	11	12	13	14	15	16	17	18	19	20
일주	계유	갑술	을해	병자	정축	무인	기묘	경진	신사	임오
양력	16	17	18	19	20	21	22	23	24	25

음력	21	22	23	24	25	26	27	28	29	30
일주	계미	갑신	을유	병술	정해	무자	기축	경인	신묘	임진
양력	26	27	28	29	30	31	4/1	2	3	4

3월

음력	1	2	3	4	5	6	7	8	9	10
일주	계사	갑오	을미	병신	정유	무술	기해	경자	신축	임인
양력	5	6	7	8	9	10	11	12	13	14

음력	11	12	13	14	15	16	17	18	19	20
일주	계묘	갑진	을사	병오	정미	무신	기유	경술	신해	임자
양력	15	16	17	18	19	20	21	22	23	24

음력	21	22	23	24	25	26	27	28	29
일주	계축	갑인	을묘	병진	정사	무오	기미	경신	신유
양력	25	26	27	28	29	30	5/1	2	3

4월

음력	1	2	3	4	5	6	7	8	9	10
일주	임술	계해	갑자	을축	병인	정묘	무진	기사	경오	신미
양력	4	5	6	7	8	9	10	11	12	13

음력	11	12	13	14	15	16	17	18	19	20
일주	임신	계유	갑술	을해	병자	정축	무인	기묘	경진	신사
양력	14	15	16	17	18	19	20	21	22	23

음력	21	22	23	24	25	26	27	28	29	30
일주	임오	계미	갑신	을유	병술	정해	무자	기축	경인	신묘
양력	24	25	26	27	28	29	30	31	6/1	2

5월

음력	1	2	3	4	5	6	7	8	9	10
일주	임진	계사	갑오	을미	병신	정유	무술	기해	경자	신축
양력	3	4	5	6	7	8	9	10	11	12

음력	11	12	13	14	15	16	17	18	19	20
일주	임인	계묘	갑진	을사	병오	정미	무신	기유	경술	신해
양력	13	14	15	16	17	18	19	20	21	22

음력	21	22	23	24	25	26	27	28	29
일주	임자	계축	갑인	을묘	병진	정사	무오	기미	경신
양력	23	24	25	26	27	28	29	30	7/1

6월

음력	1	2	3	4	5	6	7	8	9	10
일주	신유	임술	계해	갑자	을축	병인	정묘	무진	기사	경오
양력	2	3	4	5	6	7	8	9	10	11

음력	11	12	13	14	15	16	17	18	19	20
일주	신미	임신	계유	갑술	을해	병자	정축	무인	기묘	경진
양력	12	13	14	15	16	17	18	19	20	21

음력	21	22	23	24	25	26	27	28	29	30
일주	신사	임오	계미	갑신	을유	병술	정해	무자	기축	경인
양력	22	23	24	25	26	27	28	29	30	31

7월

음력	1	2	3	4	5	6	7	8	9	10
일주	신묘	임진	계사	갑오	을미	병신	정유	무술	기해	경자
양력	8/1	2	3	4	5	6	7	8	9	10

음력	11	12	13	14	15	16	17	18	19	20
일주	신축	임인	계묘	갑진	을사	병오	정미	무신	기유	경술
양력	11	12	13	14	15	16	17	18	19	20

음력	21	22	23	24	25	26	27	28	29	30
일주	신해	임자	계축	갑인	을묘	병진	정사	무오	기미	경신
양력	21	22	23	24	25	26	27	28	29	30

8월

음력	1	2	3	4	5	6	7	8	9	10
일주	신유	임술	계해	갑자	을축	병인	정묘	무진	기사	경오
양력	31	9/1	2	3	4	5	6	7	8	9

음력	11	12	13	14	15	16	17	18	19	20
일주	신미	임신	계유	갑술	을해	병자	정축	무인	기묘	경진
양력	10	11	12	13	14	15	16	17	18	19

음력	21	22	23	24	25	26	27	28	29
일주	신사	임오	계미	갑신	을유	병술	정해	무자	기축
양력	20	21	22	23	24	25	26	27	28

9월

음력	1	2	3	4	5	6	7	8	9	10
일주	경인	신묘	임진	계사	갑오	을미	병신	정유	무술	기해
양력	29	30	10/1	2	3	4	5	6	7	8

음력	11	12	13	14	15	16	17	18	19	20
일주	경자	신축	임인	계묘	갑진	을사	병오	정미	무신	기유
양력	9	10	11	12	13	14	15	16	17	18

음력	21	22	23	24	25	26	27	28	29	30
일주	경술	신해	임자	계축	갑인	을묘	병진	정사	무오	기미
양력	19	20	21	22	23	24	25	26	27	28

10월

음력	1	2	3	4	5	6	7	8	9	10
일주	경신	신유	임술	계해	갑자	을축	병인	정묘	무진	기사
양력	29	30	31	11/1	2	3	4	5	6	7

음력	11	12	13	14	15	16	17	18	19	20
일주	경오	신미	임신	계유	갑술	을해	병자	정축	무인	기묘
양력	8	9	10	11	12	13	14	15	16	17

음력	21	22	23	24	25	26	27	28	29	30
일주	경진	신사	임오	계미	갑신	을유	병술	정해	무자	기축
양력	18	19	20	21	22	23	24	25	26	27

11월

음력	1	2	3	4	5	6	7	8	9	10
일주	경인	신묘	임진	계사	갑오	을미	병신	정유	무술	기해
양력	28	29	30	12/1	2	3	4	5	6	7

음력	11	12	13	14	15	16	17	18	19	20
일주	경자	신축	임인	계묘	갑진	을사	병오	정미	무신	기유
양력	8	9	10	11	12	13	14	15	16	17

음력	21	22	23	24	25	26	27	28	29
일주	경술	신해	임자	계축	갑인	을묘	병진	정사	무오
양력	18	19	20	21	22	23	24	25	26

12월

음력	1	2	3	4	5	6	7	8	9	10
일주	기미	경신	신유	임술	계해	갑자	을축	병인	정묘	무진
양력	27	28	29	30	31	1/1	2	3	4	5

음력	11	12	13	14	15	16	17	18	19	20
일주	기사	경오	신미	임신	계유	갑술	을해	병자	정축	무인
양력	6	7	8	9	10	11	12	13	14	15

음력	21	22	23	24	25	26	27	28	29	30
일주	기묘	경진	신사	임오	계미	갑신	을유	병술	정해	무자
양력	16	17	18	19	20	21	22	23	24	25

1944년생 (음력기준)

1월
음력	1	2	3	4	5	6	7	8	9	10	11	12	13	14	15	16	17	18	19	20	21	22	23	24	25	26	27	28	29
일주	기축	경인	신묘	임진	계사	갑오	을미	병신	정유	무술	기해	경자	신축	임인	계묘	갑진	을사	병오	정미	무신	기유	경술	신해	임자	계축	갑인	을묘	병진	정사
양력	26	27	28	29	30	31	2/1	2	3	4	5	6	7	8	9	10	11	12	13	14	15	16	17	18	19	20	21	22	23

2월
음력	1	2	3	4	5	6	7	8	9	10	11	12	13	14	15	16	17	18	19	20	21	22	23	24	25	26	27	28	29
일주	무오	기미	경신	신유	임술	계해	갑자	을축	병인	정묘	무진	기사	경오	신미	임신	계유	갑술	을해	병자	정축	무인	기묘	경진	신사	임오	계미	갑신	을유	병술
양력	24	25	26	27	28	29	3/1	2	3	4	5	6	7	8	9	10	11	12	13	14	15	16	17	18	19	20	21	22	23

3월
음력	1	2	3	4	5	6	7	8	9	10	11	12	13	14	15	16	17	18	19	20	21	22	23	24	25	26	27	28	29	30
일주	정해	무자	기축	경인	신묘	임진	계사	갑오	을미	병신	정유	무술	기해	경자	신축	임인	계묘	갑진	을사	병오	정미	무신	기유	경술	신해	임자	계축	갑인	을묘	병진
양력	24	25	26	27	28	29	30	31	4/1	2	3	4	5	6	7	8	9	10	11	12	13	14	15	16	17	18	19	20	21	22

4월
음력	1	2	3	4	5	6	7	8	9	10	11	12	13	14	15	16	17	18	19	20	21	22	23	24	25	26	27	28	29
일주	정사	무오	기미	경신	신유	임술	계해	갑자	을축	병인	정묘	무진	기사	경오	신미	임신	계유	갑술	을해	병자	정축	무인	기묘	경진	신사	임오	계미	갑신	을유
양력	23	24	25	26	27	28	29	30	5/1	2	3	4	5	6	7	8	9	10	11	12	13	14	15	16	17	18	19	20	21

4월 윤달
음력	1	2	3	4	5	6	7	8	9	10	11	12	13	14	15	16	17	18	19	20	21	22	23	24	25	26	27	28	29	30
일주	병술	정해	무자	기축	경인	신묘	임진	계사	갑오	을미	병신	정유	무술	기해	경자	신축	임인	계묘	갑진	을사	병오	정미	무신	기유	경술	신해	임자	계축	갑인	을묘
양력	22	23	24	25	26	27	28	29	30	31	6/1	2	3	4	5	6	7	8	9	10	11	12	13	14	15	16	17	18	19	20

5월
음력	1	2	3	4	5	6	7	8	9	10	11	12	13	14	15	16	17	18	19	20	21	22	23	24	25	26	27	28	29
일주	병진	정사	무오	기미	경신	신유	임술	계해	갑자	을축	병인	정묘	무진	기사	경오	신미	임신	계유	갑술	을해	병자	정축	무인	기묘	경진	신사	임오	계미	갑신
양력	21	22	23	24	25	26	27	28	29	30	7/1	2	3	4	5	6	7	8	9	10	11	12	13	14	15	16	17	18	19

6월
음력	1	2	3	4	5	6	7	8	9	10	11	12	13	14	15	16	17	18	19	20	21	22	23	24	25	26	27	28	29	30
일주	을유	병술	정해	무자	기축	경인	신묘	임진	계사	갑오	을미	병신	정유	무술	기해	경자	신축	임인	계묘	갑진	을사	병오	정미	무신	기유	경술	신해	임자	계축	갑인
양력	21	22	23	24	25	26	27	28	29	30	31	8/1	2	3	4	5	6	7	8	9	10	11	12	13	14	15	16	17	18

7월
음력	1	2	3	4	5	6	7	8	9	10	11	12	13	14	15	16	17	18	19	20	21	22	23	24	25	26	27	28	29
일주	을묘	병진	정사	무오	기미	경신	신유	임술	계해	갑자	을축	병인	정묘	무진	기사	경오	신미	임신	계유	갑술	을해	병자	정축	무인	기묘	경진	신사	임오	계미
양력	19	20	21	22	23	24	25	26	27	28	29	30	31	9/1	2	3	4	5	6	7	8	9	10	11	12	13	14	15	16

8월
음력	1	2	3	4	5	6	7	8	9	10	11	12	13	14	15	16	17	18	19	20	21	22	23	24	25	26	27	28	29	30
일주	갑신	을유	병술	정해	무자	기축	경인	신묘	임진	계사	갑오	을미	병신	정유	무술	기해	경자	신축	임인	계묘	갑진	을사	병오	정미	무신	기유	경술	신해	임자	계축
양력	17	18	19	20	21	22	23	24	25	26	27	28	29	30	31	10/1	2	3	4	5	6	7	8	9	10	11	12	13	14	15

9월
음력	1	2	3	4	5	6	7	8	9	10	11	12	13	14	15	16	17	18	19	20	21	22	23	24	25	26	27	28	29	30
일주	갑인	을묘	병진	정사	무오	기미	경신	신유	임술	계해	갑자	을축	병인	정묘	무진	기사	경오	신미	임신	계유	갑술	을해	병자	정축	무인	기묘	경진	신사	임오	계미
양력	17	18	19	20	21	22	23	24	25	26	27	28	29	30	31	11/1	2	3	4	5	6	7	8	9	10	11	12	13	14	15

10월
음력	1	2	3	4	5	6	7	8	9	10	11	12	13	14	15	16	17	18	19	20	21	22	23	24	25	26	27	28	29	30
일주	갑신	을유	병술	정해	무자	기축	경인	신묘	임진	계사	갑오	을미	병신	정유	무술	기해	경자	신축	임인	계묘	갑진	을사	병오	정미	무신	기유	경술	신해	임자	계축
양력	16	17	18	19	20	21	22	23	24	25	26	27	28	29	30	12/1	2	3	4	5	6	7	8	9	10	11	12	13	14

11월
음력	1	2	3	4	5	6	7	8	9	10	11	12	13	14	15	16	17	18	19	20	21	22	23	24	25	26	27	28	29
일주	계축	갑인	을묘	병진	정사	무오	기미	경신	신유	임술	계해	갑자	을축	병인	정묘	무진	기사	경오	신미	임신	계유	갑술	을해	병자	정축	무인	기묘	경진	신사
양력	15	16	17	18	19	20	21	22	23	24	25	26	27	28	29	30	31	1/1	2	3	4	5	6	7	8	9	10	11	12

12월
음력	1	2	3	4	5	6	7	8	9	10	11	12	13	14	15	16	17	18	19	20	21	22	23	24	25	26	27	28	29	30
일주	계미	갑신	을유	병술	정해	무자	기축	경인	신묘	임진	계사	갑오	을미	병신	정유	무술	기해	경자	신축	임인	계묘	갑진	을사	병오	정미	무신	기유	경술	신해	임자
양력	14	15	16	17	18	19	20	21	22	23	24	25	26	27	28	29	30	31	2/1	2	3	4	5	6	7	8	9	10	11	12

1945년생 (음력기준)

1월

음력	1	2	3	4	5	6	7	8	9	10	11	12	13	14	15	16	17	18	19	20	21	22	23	24	25	26	27	28	29
일주	계축	갑인	을묘	병진	정사	무오	기미	경신	신유	임술	계해	갑자	을축	병인	정묘	무진	기사	경오	신미	임신	계유	갑술	을해	병자	정축	무인	기묘	경진	신사
양력	13	14	15	16	17	18	19	20	21	22	23	24	25	26	27	28	3/1	2	3	4	5	6	7	8	9	10	11	12	13

2월

음력	1	2	3	4	5	6	7	8	9	10	11	12	13	14	15	16	17	18	19	20	21	22	23	24	25	26	27	28	29
일주	임오	계미	갑신	을유	병술	정해	무자	기축	경인	신묘	임진	계사	갑오	을미	병신	정유	무술	기해	경자	신축	임인	계묘	갑진	을사	병오	정미	무신	기유	경술
양력	14	15	16	17	18	19	20	21	22	23	24	25	26	27	28	29	30	31	4/1	2	3	4	5	6	7	8	9	10	11

3월

음력	1	2	3	4	5	6	7	8	9	10	11	12	13	14	15	16	17	18	19	20	21	22	23	24	25	26	27	28	29	30
일주	신해	임자	계축	갑인	을묘	병진	정사	무오	기미	경신	신유	임술	계해	갑자	을축	병인	정묘	무진	기사	경오	신미	임신	계유	갑술	을해	병자	정축	무인	기묘	경진
양력	12	13	14	15	16	17	18	19	20	21	22	23	24	25	26	27	28	29	30	5/1	2	3	4	5	6	7	8	9	10	11

4월

음력	1	2	3	4	5	6	7	8	9	10	11	12	13	14	15	16	17	18	19	20	21	22	23	24	25	26	27	28	29
일주	신사	임오	계미	갑신	을유	병술	정해	무자	기축	경인	신묘	임진	계사	갑오	을미	병신	정유	무술	기해	경자	신축	임인	계묘	갑진	을사	병오	정미	무신	기유
양력	12	13	14	15	16	17	18	19	20	21	22	23	24	25	26	27	28	29	30	31	6/1	2	3	4	5	6	7	8	9

5월

음력	1	2	3	4	5	6	7	8	9	10	11	12	13	14	15	16	17	18	19	20	21	22	23	24	25	26	27	28	29
일주	경술	신해	임자	계축	갑인	을묘	병진	정사	무오	기미	경신	신유	임술	계해	갑자	을축	병인	정묘	무진	기사	경오	신미	임신	계유	갑술	을해	병자	정축	무인
양력	10	11	12	13	14	15	16	17	18	19	20	21	22	23	24	25	26	27	28	29	30	7/1	2	3	4	5	6	7	8

6월

음력	1	2	3	4	5	6	7	8	9	10	11	12	13	14	15	16	17	18	19	20	21	22	23	24	25	26	27	28	29	30
일주	기묘	경진	신사	임오	계미	갑신	을유	병술	정해	무자	기축	경인	신묘	임진	계사	갑오	을미	병신	정유	무술	기해	경자	신축	임인	계묘	갑진	을사	병오	정미	무신
양력	9	10	11	12	13	14	15	16	17	18	19	20	21	22	23	24	25	26	27	28	29	30	31	8/1	2	3	4	5	6	7

7월

음력	1	2	3	4	5	6	7	8	9	10	11	12	13	14	15	16	17	18	19	20	21	22	23	24	25	26	27	28	29
일주	기유	경술	신해	임자	계축	갑인	을묘	병진	정사	무오	기미	경신	신유	임술	계해	갑자	을축	병인	정묘	무진	기사	경오	신미	임신	계유	갑술	을해	병자	정축
양력	8	9	10	11	12	13	14	15	16	17	18	19	20	21	22	23	24	25	26	27	28	29	30	31	9/1	2	3	4	5

8월

음력	1	2	3	4	5	6	7	8	9	10	11	12	13	14	15	16	17	18	19	20	21	22	23	24	25	26	27	28	29	30
일주	무인	기묘	경진	신사	임오	계미	갑신	을유	병술	정해	무자	기축	경인	신묘	임진	계사	갑오	을미	병신	정유	무술	기해	경자	신축	임인	계묘	갑진	을사	병오	정미
양력	6	7	8	9	10	11	12	13	14	15	16	17	18	19	20	21	22	23	24	25	26	27	28	29	30	10/1	2	3	4	5

9월

음력	1	2	3	4	5	6	7	8	9	10	11	12	13	14	15	16	17	18	19	20	21	22	23	24	25	26	27	28	29	30
일주	무신	기유	경술	신해	임자	계축	갑인	을묘	병진	정사	무오	기미	경신	신유	임술	계해	갑자	을축	병인	정묘	무진	기사	경오	신미	임신	계유	갑술	을해	병자	정축
양력	6	7	8	9	10	11	12	13	14	15	16	17	18	19	20	21	22	23	24	25	26	27	28	29	30	31	11/1	2	3	4

10월

음력	1	2	3	4	5	6	7	8	9	10	11	12	13	14	15	16	17	18	19	20	21	22	23	24	25	26	27	28	29	30
일주	무인	기묘	경진	신사	임오	계미	갑신	을유	병술	정해	무자	기축	경인	신묘	임진	계사	갑오	을미	병신	정유	무술	기해	경자	신축	임인	계묘	갑진	을사	병오	정미
양력	5	6	7	8	9	10	11	12	13	14	15	16	17	18	19	20	21	22	23	24	25	26	27	28	29	30	12/1	2	3	4

11월

음력	1	2	3	4	5	6	7	8	9	10	11	12	13	14	15	16	17	18	19	20	21	22	23	24	25	26	27	28	29
일주	무신	기유	경술	신해	임자	계축	갑인	을묘	병진	정사	무오	기미	경신	신유	임술	계해	갑자	을축	병인	정묘	무진	기사	경오	신미	임신	계유	갑술	을해	병자
양력	5	6	7	8	9	10	11	12	13	14	15	16	17	18	19	20	21	22	23	24	25	26	27	28	29	30	31	1/1	2

12월

음력	1	2	3	4	5	6	7	8	9	10	11	12	13	14	15	16	17	18	19	20	21	22	23	24	25	26	27	28	29	30
일주	정축	무인	기묘	경진	신사	임오	계미	갑신	을유	병술	정해	무자	기축	경인	신묘	임진	계사	갑오	을미	병신	정유	무술	기해	경자	신축	임인	계묘	갑진	을사	병오
양력	3	4	5	6	7	8	9	10	11	12	13	14	15	16	17	18	19	20	21	22	23	24	25	26	27	28	29	30	31	2/1

1946년생 (음력기준)

1월

음력	1	2	3	4	5	6	7	8	9	10	11	12	13	14	15	16	17	18	19	20	21	22	23	24	25	26	27	28	29	30
일주	정미	무신	기유	경술	신해	임자	계축	갑인	을묘	병진	정사	무오	기미	경신	신유	임술	계해	갑자	을축	병인	정묘	무진	기사	경오	신미	임신	계유	갑술	을해	병자
양력	2	3	4	5	6	7	8	9	10	11	12	13	14	15	16	17	18	19	20	21	22	23	24	25	26	27	28	3/1	2	3

2월

음력	1	2	3	4	5	6	7	8	9	10	11	12	13	14	15	16	17	18	19	20	21	22	23	24	25	26	27	28	29
일주	정축	무인	기묘	경진	신사	임오	계미	갑신	을유	병술	정해	무자	기축	경인	신묘	임진	계사	갑오	을미	병신	정유	무술	기해	경자	신축	임인	계묘	갑진	을사
양력	4	5	6	7	8	9	10	11	12	13	14	15	16	17	18	19	20	21	22	23	24	25	26	27	28	29	30	31	4/1

3월

음력	1	2	3	4	5	6	7	8	9	10	11	12	13	14	15	16	17	18	19	20	21	22	23	24	25	26	27	28	29
일주	병오	정미	무신	기유	경술	신해	임자	계축	갑인	을묘	병진	정사	무오	기미	경신	신유	임술	계해	갑자	을축	병인	정묘	무진	기사	경오	신미	임신	계유	갑술
양력	2	3	4	5	6	7	8	9	10	11	12	13	14	15	16	17	18	19	20	21	22	23	24	25	26	27	28	29	30

4월

음력	1	2	3	4	5	6	7	8	9	10	11	12	13	14	15	16	17	18	19	20	21	22	23	24	25	26	27	28	29
일주	을해	병자	정축	무인	기묘	경진	신사	임오	계미	갑신	을유	병술	정해	무자	기축	경인	신묘	임진	계사	갑오	을미	병신	정유	무술	기해	경자	신축	임인	계묘
양력	5/1	2	3	4	5	6	7	8	9	10	11	12	13	14	15	16	17	18	19	20	21	22	23	24	25	26	27	28	29

5월

음력	1	2	3	4	5	6	7	8	9	10	11	12	13	14	15	16	17	18	19	20	21	22	23	24	25	26	27	28	29
일주	을사	병오	정미	무신	기유	경술	신해	임자	계축	갑인	을묘	병진	정사	무오	기미	경신	신유	임술	계해	갑자	을축	병인	정묘	무진	기사	경오	신미	임신	계유
양력	31	6/1	2	3	4	5	6	7	8	9	10	11	12	13	14	15	16	17	18	19	20	21	22	23	24	25	26	27	28

6월

음력	1	2	3	4	5	6	7	8	9	10	11	12	13	14	15	16	17	18	19	20	21	22	23	24	25	26	27	28	29
일주	갑술	을해	병자	정축	무인	기묘	경진	신사	임오	계미	갑신	을유	병술	정해	무자	기축	경인	신묘	임진	계사	갑오	을미	병신	정유	무술	기해	경자	신축	임인
양력	29	30	7/1	2	3	4	5	6	7	8	9	10	11	12	13	14	15	16	17	18	19	20	21	22	23	24	25	26	27

7월

음력	1	2	3	4	5	6	7	8	9	10	11	12	13	14	15	16	17	18	19	20	21	22	23	24	25	26	27	28	29	30
일주	계묘	갑진	을사	병오	정미	무신	기유	경술	신해	임자	계축	갑인	을묘	병진	정사	무오	기미	경신	신유	임술	계해	갑자	을축	병인	정묘	무진	기사	경오	신미	임신
양력	28	29	30	31	8/1	2	3	4	5	6	7	8	9	10	11	12	13	14	15	16	17	18	19	20	21	22	23	24	25	26

8월

음력	1	2	3	4	5	6	7	8	9	10	11	12	13	14	15	16	17	18	19	20	21	22	23	24	25	26	27	28	29
일주	계유	갑술	을해	병자	정축	무인	기묘	경진	신사	임오	계미	갑신	을유	병술	정해	무자	기축	경인	신묘	임진	계사	갑오	을미	병신	정유	무술	기해	경자	신축
양력	27	28	29	30	31	9/1	2	3	4	5	6	7	8	9	10	11	12	13	14	15	16	17	18	19	20	21	22	23	24

9월

음력	1	2	3	4	5	6	7	8	9	10	11	12	13	14	15	16	17	18	19	20	21	22	23	24	25	26	27	28	29	30
일주	임인	계묘	갑진	을사	병오	정미	무신	기유	경술	신해	임자	계축	갑인	을묘	병진	정사	무오	기미	경신	신유	임술	계해	갑자	을축	병인	정묘	무진	기사	경오	신미
양력	25	26	27	28	29	30	10/1	2	3	4	5	6	7	8	9	10	11	12	13	14	15	16	17	18	19	20	21	22	23	24

10월

음력	1	2	3	4	5	6	7	8	9	10	11	12	13	14	15	16	17	18	19	20	21	22	23	24	25	26	27	28	29	30
일주	임신	계유	갑술	을해	병자	정축	무인	기묘	경진	신사	임오	계미	갑신	을유	병술	정해	무자	기축	경인	신묘	임진	계사	갑오	을미	병신	정유	무술	기해	경자	신축
양력	25	26	27	28	29	30	31	11/1	2	3	4	5	6	7	8	9	10	11	12	13	14	15	16	17	18	19	20	21	22	23

11월

음력	1	2	3	4	5	6	7	8	9	10	11	12	13	14	15	16	17	18	19	20	21	22	23	24	25	26	27	28	29
일주	임인	계묘	갑진	을사	병오	정미	무신	기유	경술	신해	임자	계축	갑인	을묘	병진	정사	무오	기미	경신	신유	임술	계해	갑자	을축	병인	정묘	무진	기사	경오
양력	24	25	26	27	28	29	30	12/1	2	3	4	5	6	7	8	9	10	11	12	13	14	15	16	17	18	19	20	21	22

12월

음력	1	2	3	4	5	6	7	8	9	10	11	12	13	14	15	16	17	18	19	20	21	22	23	24	25	26	27	28	29	30
일주	신미	임신	계유	갑술	을해	병자	정축	무인	기묘	경진	신사	임오	계미	갑신	을유	병술	정해	무자	기축	경인	신묘	임진	계사	갑오	을미	병신	정유	무술	기해	경자
양력	23	24	25	26	27	28	29	30	31	1/1	2	3	4	5	6	7	8	9	10	11	12	13	14	15	16	17	18	19	20	21

1947년생 (음력기준)

1월
음력	1	2	3	4	5	6	7	8	9	10	11	12	13	14	15	16	17	18	19	20	21	22	23	24	25	26	27	28	29	30
일주	신축	임인	계묘	갑진	을사	병오	정미	무신	기유	경술	신해	임자	계축	갑인	을묘	병진	정사	무오	기미	경신	신유	임술	계해	갑자	을축	병인	정묘	무진	기사	경오
양력	22	23	24	25	26	27	28	29	30	31	2/1	2	3	4	5	6	7	8	9	10	11	12	13	14	15	16	17	18	19	20

2월
음력	1	2	3	4	5	6	7	8	9	10	11	12	13	14	15	16	17	18	19	20	21	22	23	24	25	26	27	28	29	30
일주	신미	임신	계유	갑술	을해	병자	정축	무인	기묘	경진	신사	임오	계미	갑신	을유	병술	정해	무자	기축	경인	신묘	임진	계사	갑오	을미	병신	정유	무술	기해	경자
양력	21	22	23	24	25	26	27	28	3/1	2	3	4	5	6	7	8	9	10	11	12	13	14	15	16	17	18	19	20	21	22

2월 윤달
음력	1	2	3	4	5	6	7	8	9	10	11	12	13	14	15	16	17	18	19	20	21	22	23	24	25	26	27	28	29
일주	신축	임인	계묘	갑진	을사	병오	정미	무신	기유	경술	신해	임자	계축	갑인	을묘	병진	정사	무오	기미	경신	신유	임술	계해	갑자	을축	병인	정묘	무진	기사
양력	23	24	25	26	27	28	29	30	31	4/1	2	3	4	5	6	7	8	9	10	11	12	13	14	15	16	17	18	19	20

3월
음력	1	2	3	4	5	6	7	8	9	10	11	12	13	14	15	16	17	18	19	20	21	22	23	24	25	26	27	28	29
일주	경오	신미	임신	계유	갑술	을해	병자	정축	무인	기묘	경진	신사	임오	계미	갑신	을유	병술	정해	무자	기축	경인	신묘	임진	계사	갑오	을미	병신	정유	무술
양력	21	22	23	24	25	26	27	28	29	30	5/1	2	3	4	5	6	7	8	9	10	11	12	13	14	15	16	17	18	19

4월
음력	1	2	3	4	5	6	7	8	9	10	11	12	13	14	15	16	17	18	19	20	21	22	23	24	25	26	27	28	29	30
일주	기해	경자	신축	임인	계묘	갑진	을사	병오	정미	무신	기유	경술	신해	임자	계축	갑인	을묘	병진	정사	무오	기미	경신	신유	임술	계해	갑자	을축	병인	정묘	무진
양력	20	21	22	23	24	25	26	27	28	29	30	31	6/1	2	3	4	5	6	7	8	9	10	11	12	13	14	15	16	17	18

5월
음력	1	2	3	4	5	6	7	8	9	10	11	12	13	14	15	16	17	18	19	20	21	22	23	24	25	26	27	28	29
일주	기사	경오	신미	임신	계유	갑술	을해	병자	정축	무인	기묘	경진	신사	임오	계미	갑신	을유	병술	정해	무자	기축	경인	신묘	임진	계사	갑오	을미	병신	정유
양력	19	20	21	22	23	24	25	26	27	28	29	30	7/1	2	3	4	5	6	7	8	9	10	11	12	13	14	15	16	17

6월
음력	1	2	3	4	5	6	7	8	9	10	11	12	13	14	15	16	17	18	19	20	21	22	23	24	25	26	27	28	29
일주	무술	기해	경자	신축	임인	계묘	갑진	을사	병오	정미	무신	기유	경술	신해	임자	계축	갑인	을묘	병진	정사	무오	기미	경신	신유	임술	계해	갑자	을축	병인
양력	18	19	20	21	22	23	24	25	26	27	28	29	30	31	8/1	2	3	4	5	6	7	8	9	10	11	12	13	14	15

7월
음력	1	2	3	4	5	6	7	8	9	10	11	12	13	14	15	16	17	18	19	20	21	22	23	24	25	26	27	28	29	30
일주	정묘	무진	기사	경오	신미	임신	계유	갑술	을해	병자	정축	무인	기묘	경진	신사	임오	계미	갑신	을유	병술	정해	무자	기축	경인	신묘	임진	계사	갑오	을미	병신
양력	16	17	18	19	20	21	22	23	24	25	26	27	28	29	30	31	9/1	2	3	4	5	6	7	8	9	10	11	12	13	14

8월
음력	1	2	3	4	5	6	7	8	9	10	11	12	13	14	15	16	17	18	19	20	21	22	23	24	25	26	27	28	29
일주	정유	무술	기해	경자	신축	임인	계묘	갑진	을사	병오	정미	무신	기유	경술	신해	임자	계축	갑인	을묘	병진	정사	무오	기미	경신	신유	임술	계해	갑자	을축
양력	15	16	17	18	19	20	21	22	23	24	25	26	27	28	29	30	10/1	2	3	4	5	6	7	8	9	10	11	12	13

9월
음력	1	2	3	4	5	6	7	8	9	10	11	12	13	14	15	16	17	18	19	20	21	22	23	24	25	26	27	28	29	30
일주	병인	정묘	무진	기사	경오	신미	임신	계유	갑술	을해	병자	정축	무인	기묘	경진	신사	임오	계미	갑신	을유	병술	정해	무자	기축	경인	신묘	임진	계사	갑오	을미
양력	14	15	16	17	18	19	20	21	22	23	24	25	26	27	28	29	30	31	11/1	2	3	4	5	6	7	8	9	10	11	12

10월
음력	1	2	3	4	5	6	7	8	9	10	11	12	13	14	15	16	17	18	19	20	21	22	23	24	25	26	27	28	29
일주	병신	정유	무술	기해	경자	신축	임인	계묘	갑진	을사	병오	정미	무신	기유	경술	신해	임자	계축	갑인	을묘	병진	정사	무오	기미	경신	신유	임술	계해	갑자
양력	13	14	15	16	17	18	19	20	21	22	23	24	25	26	27	28	29	30	12/1	2	3	4	5	6	7	8	9	10	11

11월
음력	1	2	3	4	5	6	7	8	9	10	11	12	13	14	15	16	17	18	19	20	21	22	23	24	25	26	27	28	29	30
일주	을축	병인	정묘	무진	기사	경오	신미	임신	계유	갑술	을해	병자	정축	무인	기묘	경진	신사	임오	계미	갑신	을유	병술	정해	무자	기축	경인	신묘	임진	계사	갑오
양력	12	13	14	15	16	17	18	19	20	21	22	23	24	25	26	27	28	29	30	31	1/1	2	3	4	5	6	7	8	9	10

12월
음력	1	2	3	4	5	6	7	8	9	10	11	12	13	14	15	16	17	18	19	20	21	22	23	24	25	26	27	28	29	30
일주	을미	병신	정유	무술	기해	경자	신축	임인	계묘	갑진	을사	병오	정미	무신	기유	경술	신해	임자	계축	갑인	을묘	병진	정사	무오	기미	경신	신유	임술	계해	갑자
양력	11	12	13	14	15	16	17	18	19	20	21	22	23	24	25	26	27	28	29	30	31	2/1	2	3	4	5	6	7	8	9

1948년생 (음력기준)

1월
음력	1	2	3	4	5	6	7	8	9	10	11	12	13	14	15	16	17	18	19	20	21	22	23	24	25	26	27	28	29	30
일주	을축	병인	정묘	무진	기사	경오	신미	임신	계유	갑술	을해	병자	정축	무인	기묘	경진	신사	임오	계미	갑신	을유	병술	정해	무자	기축	경인	신묘	임진	계사	갑오
양력	10	11	12	13	14	15	16	17	18	19	20	21	22	23	24	25	26	27	28	29	3/1	2	3	4	5	6	7	8	9	10

2월
음력	1	2	3	4	5	6	7	8	9	10	11	12	13	14	15	16	17	18	19	20	21	22	23	24	25	26	27	28	29
일주	을미	병신	정유	무술	기해	경자	신축	임인	계묘	갑진	을사	병오	정미	무신	기유	경술	신해	임자	계축	갑인	을묘	병진	정사	무오	기미	경신	신유	임술	계해
양력	11	12	13	14	15	16	17	18	19	20	21	22	23	24	25	26	27	28	29	30	31	4/1	2	3	4	5	6	7	8

3월
음력	1	2	3	4	5	6	7	8	9	10	11	12	13	14	15	16	17	18	19	20	21	22	23	24	25	26	27	28	29	30
일주	갑자	을축	병인	정묘	무진	기사	경오	신미	임신	계유	갑술	을해	병자	정축	무인	기묘	경진	신사	임오	계미	갑신	을유	병술	정해	무자	기축	경인	신묘	임진	계사
양력	9	10	11	12	13	14	15	16	17	18	19	20	21	22	23	24	25	26	27	28	29	30	5/1	2	3	4	5	6	7	8

4월
음력	1	2	3	4	5	6	7	8	9	10	11	12	13	14	15	16	17	18	19	20	21	22	23	24	25	26	27	28	29
일주	갑오	을미	병신	정유	무술	기해	경자	신축	임인	계묘	갑진	을사	병오	정미	무신	기유	경술	신해	임자	계축	갑인	을묘	병진	정사	무오	기미	경신	신유	임술
양력	9	10	11	12	13	14	15	16	17	18	19	20	21	22	23	24	25	26	27	28	29	30	31	6/1	2	3	4	5	6

5월
음력	1	2	3	4	5	6	7	8	9	10	11	12	13	14	15	16	17	18	19	20	21	22	23	24	25	26	27	28	29	30
일주	계해	갑자	을축	병인	정묘	무진	기사	경오	신미	임신	계유	갑술	을해	병자	정축	무인	기묘	경진	신사	임오	계미	갑신	을유	병술	정해	무자	기축	경인	신묘	임진
양력	7	8	9	10	11	12	13	14	15	16	17	18	19	20	21	22	23	24	25	26	27	28	29	30	7/1	2	3	4	5	6

6월
음력	1	2	3	4	5	6	7	8	9	10	11	12	13	14	15	16	17	18	19	20	21	22	23	24	25	26	27	28	29
일주	계사	갑오	을미	병신	정유	무술	기해	경자	신축	임인	계묘	갑진	을사	병오	정미	무신	기유	경술	신해	임자	계축	갑인	을묘	병진	정사	무오	기미	경신	신유
양력	7	8	9	10	11	12	13	14	15	16	17	18	19	20	21	22	23	24	25	26	27	28	29	30	31	8/1	2	3	4

7월
음력	1	2	3	4	5	6	7	8	9	10	11	12	13	14	15	16	17	18	19	20	21	22	23	24	25	26	27	28	29
일주	임술	계해	갑자	을축	병인	정묘	무진	기사	경오	신미	임신	계유	갑술	을해	병자	정축	무인	기묘	경진	신사	임오	계미	갑신	을유	병술	정해	무자	기축	경인
양력	5	6	7	8	9	10	11	12	13	14	15	16	17	18	19	20	21	22	23	24	25	26	27	28	29	30	31	9/1	2

8월
음력	1	2	3	4	5	6	7	8	9	10	11	12	13	14	15	16	17	18	19	20	21	22	23	24	25	26	27	28	29
일주	신묘	임진	계사	갑오	을미	병신	정유	무술	기해	경자	신축	임인	계묘	갑진	을사	병오	정미	무신	기유	경술	신해	임자	계축	갑인	을묘	병진	정사	무오	기미
양력	3	4	5	6	7	8	9	10	11	12	13	14	15	16	17	18	19	20	21	22	23	24	25	26	27	28	29	30	10/1 2

9월
음력	1	2	3	4	5	6	7	8	9	10	11	12	13	14	15	16	17	18	19	20	21	22	23	24	25	26	27	28	29
일주	신유	임술	계해	갑자	을축	병인	정묘	무진	기사	경오	신미	임신	계유	갑술	을해	병자	정축	무인	기묘	경진	신사	임오	계미	갑신	을유	병술	정해	무자	기축
양력	3	4	5	6	7	8	9	10	11	12	13	14	15	16	17	18	19	20	21	22	23	24	25	26	27	28	29	30	31

10월
음력	1	2	3	4	5	6	7	8	9	10	11	12	13	14	15	16	17	18	19	20	21	22	23	24	25	26	27	28	29	30
일주	경인	신묘	임진	계사	갑오	을미	병신	정유	무술	기해	경자	신축	임인	계묘	갑진	을사	병오	정미	무신	기유	경술	신해	임자	계축	갑인	을묘	병진	정사	무오	기미
양력	11/1	2	3	4	5	6	7	8	9	10	11	12	13	14	15	16	17	18	19	20	21	22	23	24	25	26	27	28	29	30

11월
음력	1	2	3	4	5	6	7	8	9	10	11	12	13	14	15	16	17	18	19	20	21	22	23	24	25	26	27	28	29
일주	경신	신유	임술	계해	갑자	을축	병인	정묘	무진	기사	경오	신미	임신	계유	갑술	을해	병자	정축	무인	기묘	경진	신사	임오	계미	갑신	을유	병술	정해	무자
양력	12/1	2	3	4	5	6	7	8	9	10	11	12	13	14	15	16	17	18	19	20	21	22	23	24	25	26	27	28	29

12월
음력	1	2	3	4	5	6	7	8	9	10	11	12	13	14	15	16	17	18	19	20	21	22	23	24	25	26	27	28	29	30
일주	기축	경인	신묘	임진	계사	갑오	을미	병신	정유	무술	기해	경자	신축	임인	계묘	갑진	을사	병오	정미	무신	기유	경술	신해	임자	계축	갑인	을묘	병진	정사	무오
양력	30	31	1/1	2	3	4	5	6	7	8	9	10	11	12	13	14	15	16	17	18	19	20	21	22	23	24	25	26	27	28

1949년생 (음력기준)

1월

음력	1	2	3	4	5	6	7	8	9	10
일주	기미	경신	신유	임술	계해	갑자	을축	병인	정묘	무진
양력	29	30	31	2/1	2	3	4	5	6	7

음력	11	12	13	14	15	16	17	18	19	20
일주	기사	경오	신미	임신	계유	갑술	을해	병자	정축	무인
양력	8	9	10	11	12	13	14	15	16	17

음력	21	22	23	24	25	26	27	28	29	30
일주	기묘	경진	신사	임오	계미	갑신	을유	병술	정해	무자
양력	18	19	20	21	22	23	24	25	26	27

2월

음력	1	2	3	4	5	6	7	8	9	10
일주	기축	경인	신묘	임진	계사	갑오	을미	병신	정유	무술
양력	28	3/1	2	3	4	5	6	7	8	9

음력	11	12	13	14	15	16	17	18	19	20
일주	기해	경자	신축	임인	계묘	갑진	을사	병오	정미	무신
양력	10	11	12	13	14	15	16	17	18	19

음력	21	22	23	24	25	26	27	28	29	
일주	기유	경술	신해	임자	계축	갑인	을묘	병진	정사	
양력	20	21	22	23	24	25	26	27	28	29

3월

음력	1	2	3	4	5	6	7	8	9	10
일주	기미	경신	신유	임술	계해	갑자	을축	병인	정묘	무진
양력	30	31	4/1	2	3	4	5	6	7	8

음력	11	12	13	14	15	16	17	18	19	20
일주	기사	경오	신미	임신	계유	갑술	을해	병자	정축	무인
양력	9	10	11	12	13	14	15	16	17	18

음력	21	22	23	24	25	26	27	28	29
일주	기묘	경진	신사	임오	계미	갑신	을유	병술	정해
양력	19	20	21	22	23	24	25	26	27

4월

음력	1	2	3	4	5	6	7	8	9	10
일주	무자	기축	경인	신묘	임진	계사	갑오	을미	병신	정유
양력	28	29	30	5/1	2	3	4	5	6	7

음력	11	12	13	14	15	16	17	18	19	20
일주	무술	기해	경자	신축	임인	계묘	갑진	을사	병오	정미
양력	8	9	10	11	12	13	14	15	16	17

음력	21	22	23	24	25	26	27	28	29	30
일주	무신	기유	경술	신해	임자	계축	갑인	을묘	병진	정사
양력	18	19	20	21	22	23	24	25	26	27

5월

음력	1	2	3	4	5	6	7	8	9	10
일주	무오	기미	경신	신유	임술	계해	갑자	을축	병인	정묘
양력	28	29	30	31	6/1	2	3	4	5	6

음력	11	12	13	14	15	16	17	18	19	20
일주	무진	기사	경오	신미	임신	계유	갑술	을해	병자	정축
양력	7	8	9	10	11	12	13	14	15	16

음력	21	22	23	24	25	26	27	28	29
일주	무인	기묘	경진	신사	임오	계미	갑신	을유	병술
양력	17	18	19	20	21	22	23	24	25

6월

음력	1	2	3	4	5	6	7	8	9	10
일주	정해	무자	기축	경인	신묘	임진	계사	갑오	을미	병신
양력	26	27	28	29	30	7/1	2	3	4	5

음력	11	12	13	14	15	16	17	18	19	20
일주	정유	무술	기해	경자	신축	임인	계묘	갑진	을사	병오
양력	6	7	8	9	10	11	12	13	14	15

음력	21	22	23	24	25	26	27	28	29	30
일주	정미	무신	기유	경술	신해	임자	계축	갑인	을묘	병진
양력	16	17	18	19	20	21	22	23	24	25

7월

음력	1	2	3	4	5	6	7	8	9	10
일주	정사	무오	기미	경신	신유	임술	계해	갑자	을축	병인
양력	26	27	28	29	30	31	8/1	2	3	4

음력	11	12	13	14	15	16	17	18	19	20
일주	정묘	무진	기사	경오	신미	임신	계유	갑술	을해	병자
양력	5	6	7	8	9	10	11	12	13	14

음력	21	22	23	24	25	26	27	28	29
일주	정축	무인	기묘	경진	신사	임오	계미	갑신	을유
양력	15	16	17	18	19	20	21	22	23

7월 윤달

음력	1	2	3	4	5	6	7	8	9	10
일주	병술	정해	무자	기축	경인	신묘	임진	계사	갑오	을미
양력	24	25	26	27	28	29	30	31	9/1	2

음력	11	12	13	14	15	16	17	18	19	20
일주	병신	정유	무술	기해	경자	신축	임인	계묘	갑진	을사
양력	3	4	5	6	7	8	9	10	11	12

음력	21	22	23	24	25	26	27	28
일주	병오	정미	무신	기유	경술	신해	임자	계축	갑인
양력	13	14	15	16	17	18	19	20	21

8월

음력	1	2	3	4	5	6	7	8	9	10
일주	을묘	병진	정사	무오	기미	경신	신유	임술	계해	갑자
양력	22	23	24	25	26	27	28	29	30	10/1

음력	11	12	13	14	15	16	17	18	19	20
일주	을축	병인	정묘	무진	기사	경오	신미	임신	계유	갑술
양력	2	3	4	5	6	7	8	9	10	11

음력	21	22	23	24	25	26	27	28	29	30
일주	을해	병자	정축	무인	기묘	경진	신사	임오	계미	갑신
양력	12	13	14	15	16	17	18	19	20	21

9월

음력	1	2	3	4	5	6	7	8	9	10
일주	을유	병술	정해	무자	기축	경인	신묘	임진	계사	갑오
양력	22	23	24	25	26	27	28	29	30	31

음력	11	12	13	14	15	16	17	18	19	20
일주	을미	병신	정유	무술	기해	경자	신축	임인	계묘	갑진
양력	11/1	2	3	4	5	6	7	8	9	10

음력	21	22	23	24	25	26	27	28	29
일주	을사	병오	정미	무신	기유	경술	신해	임자	계축
양력	11	12	13	14	15	16	17	18	19

10월

음력	1	2	3	4	5	6	7	8	9	10
일주	갑인	을묘	병진	정사	무오	기미	경신	신유	임술	계해
양력	20	21	22	23	24	25	26	27	28	29

음력	11	12	13	14	15	16	17	18	19	20
일주	갑자	을축	병인	정묘	무진	기사	경오	신미	임신	계유
양력	30	12/1	2	3	4	5	6	7	8	9

음력	21	22	23	24	25	26	27	28	29	30
일주	갑술	을해	병자	정축	무인	기묘	경진	신사	임오	계미
양력	10	11	12	13	14	15	16	17	18	19

11월

음력	1	2	3	4	5	6	7	8	9	10
일주	갑신	을유	병술	정해	무자	기축	경인	신묘	임진	계사
양력	20	21	22	23	24	25	26	27	28	29

음력	11	12	13	14	15	16	17	18	19	20
일주	갑오	을미	병신	정유	무술	기해	경자	신축	임인	계묘
양력	30	31	1/1	2	3	4	5	6	7	8

음력	21	22	23	24	25	26	27	28	29
일주	갑진	을사	병오	정미	무신	기유	경술	신해	임자
양력	9	10	11	12	13	14	15	16	17

12월

음력	1	2	3	4	5	6	7	8	9	10
일주	계축	갑인	을묘	병진	정사	무오	기미	경신	신유	임술
양력	18	19	20	21	22	23	24	25	26	27

음력	11	12	13	14	15	16	17	18	19	20
일주	계해	갑자	을축	병인	정묘	무진	기사	경오	신미	임신
양력	28	29	30	31	2/1	2	3	4	5	6

음력	21	22	23	24	25	26	27	28	29	30
일주	계유	갑술	을해	병자	정축	무인	기묘	경진	신사	임오
양력	7	8	9	10	11	12	13	14	15	16

1950년생 (음력기준)

1월

음력	1	2	3	4	5	6	7	8	9	10	11	12	13	14	15	16	17	18	19	20	21	22	23	24	25	26	27	28	29	30
일주	계미	갑신	을유	병술	정해	무자	기축	경인	신묘	임진	계사	갑오	을미	병신	정유	무술	기해	경자	신축	임인	계묘	갑진	을사	병오	정미	무신	기유	경술	신해	임자
양력	17	18	19	20	21	22	23	24	25	26	27	28	3/1	2	3	4	5	6	7	8	9	10	11	12	13	14	15	16	17	18

2월

음력	1	2	3	4	5	6	7	8	9	10	11	12	13	14	15	16	17	18	19	20	21	22	23	24	25	26	27	28	29
일주	계축	갑인	을묘	병진	정사	무오	기미	경신	신유	임술	계해	갑자	을축	병인	정묘	무진	기사	경오	신미	임신	계유	갑술	을해	병자	정축	무인	기묘	경진	신사
양력	19	20	21	22	23	24	25	26	27	28	29	30	31	4/1	2	3	4	5	6	7	8	9	10	11	12	13	14	15	16

3월

음력	1	2	3	4	5	6	7	8	9	10	11	12	13	14	15	16	17	18	19	20	21	22	23	24	25	26	27	28	29	30
일주	임오	계미	갑신	을유	병술	정해	무자	기축	경인	신묘	임진	계사	갑오	을미	병신	정유	무술	기해	경자	신축	임인	계묘	갑진	을사	병오	정미	무신	기유	경술	신해
양력	17	18	19	20	21	22	23	24	25	26	27	28	29	30	5/1	2	3	4	5	6	7	8	9	10	11	12	13	14	15	16

4월

음력	1	2	3	4	5	6	7	8	9	10	11	12	13	14	15	16	17	18	19	20	21	22	23	24	25	26	27	28	29	30
일주	임자	계축	갑인	을묘	병진	정사	무오	기미	경신	신유	임술	계해	갑자	을축	병인	정묘	무진	기사	경오	신미	임신	계유	갑술	을해	병자	정축	무인	기묘	경진	신사
양력	17	18	19	20	21	22	23	24	25	26	27	28	29	30	31	6/1	2	3	4	5	6	7	8	9	10	11	12	13	14	15

5월

음력	1	2	3	4	5	6	7	8	9	10	11	12	13	14	15	16	17	18	19	20	21	22	23	24	25	26	27	28	29
일주	임오	계미	갑신	을유	병술	정해	무자	기축	경인	신묘	임진	계사	갑오	을미	병신	정유	무술	기해	경자	신축	임인	계묘	갑진	을사	병오	정미	무신	기유	경술
양력	16	17	18	19	20	21	22	23	24	25	26	27	28	29	30	7/1	2	3	4	5	6	7	8	9	10	11	12	13	14

6월

음력	1	2	3	4	5	6	7	8	9	10	11	12	13	14	15	16	17	18	19	20	21	22	23	24	25	26	27	28	29	30
일주	신해	임자	계축	갑인	을묘	병진	정사	무오	기미	경신	신유	임술	계해	갑자	을축	병인	정묘	무진	기사	경오	신미	임신	계유	갑술	을해	병자	정축	무인	기묘	경진
양력	15	16	17	18	19	20	21	22	23	24	25	26	27	28	29	30	31	8/1	2	3	4	5	6	7	8	9	10	11	12	13

7월

음력	1	2	3	4	5	6	7	8	9	10	11	12	13	14	15	16	17	18	19	20	21	22	23	24	25	26	27	28	29
일주	신사	임오	계미	갑신	을유	병술	정해	무자	기축	경인	신묘	임진	계사	갑오	을미	병신	정유	무술	기해	경자	신축	임인	계묘	갑진	을사	병오	정미	무신	기유
양력	14	15	16	17	18	19	20	21	22	23	24	25	26	27	28	29	30	31	9/1	2	3	4	5	6	7	8	9	10	11

8월

음력	1	2	3	4	5	6	7	8	9	10	11	12	13	14	15	16	17	18	19	20	21	22	23	24	25	26	27	28	29
일주	경술	신해	임자	계축	갑인	을묘	병진	정사	무오	기미	경신	신유	임술	계해	갑자	을축	병인	정묘	무진	기사	경오	신미	임신	계유	갑술	을해	병자	정축	무인
양력	12	13	14	15	16	17	18	19	20	21	22	23	24	25	26	27	28	29	30	10/1	2	3	4	5	6	7	8	9	10

9월

음력	1	2	3	4	5	6	7	8	9	10	11	12	13	14	15	16	17	18	19	20	21	22	23	24	25	26	27	28	29	30
일주	기묘	경진	신사	임오	계미	갑신	을유	병술	정해	무자	기축	경인	신묘	임진	계사	갑오	을미	병신	정유	무술	기해	경자	신축	임인	계묘	갑진	을사	병오	정미	무신
양력	11	12	13	14	15	16	17	18	19	20	21	22	23	24	25	26	27	28	29	30	31	11/1	2	3	4	5	6	7	8	9

10월

음력	1	2	3	4	5	6	7	8	9	10	11	12	13	14	15	16	17	18	19	20	21	22	23	24	25	26	27	28	29
일주	기유	경술	신해	임자	계축	갑인	을묘	병진	정사	무오	기미	경신	신유	임술	계해	갑자	을축	병인	정묘	무진	기사	경오	신미	임신	계유	갑술	을해	병자	정축
양력	10	11	12	13	14	15	16	17	18	19	20	21	22	23	24	25	26	27	28	29	30	12/1	2	3	4	5	6	7	8

11월

음력	1	2	3	4	5	6	7	8	9	10	11	12	13	14	15	16	17	18	19	20	21	22	23	24	25	26	27	28	29	30
일주	무인	기묘	경진	신사	임오	계미	갑신	을유	병술	정해	무자	기축	경인	신묘	임진	계사	갑오	을미	병신	정유	무술	기해	경자	신축	임인	계묘	갑진	을사	병오	정미
양력	9	10	11	12	13	14	15	16	17	18	19	20	21	22	23	24	25	26	27	28	29	30	31	1/1	2	3	4	5	6	7

12월

음력	1	2	3	4	5	6	7	8	9	10	11	12	13	14	15	16	17	18	19	20	21	22	23	24	25	26	27	28	29
일주	무신	기유	경술	신해	임자	계축	갑인	을묘	병진	정사	무오	기미	경신	신유	임술	계해	갑자	을축	병인	정묘	무진	기사	경오	신미	임신	계유	갑술	을해	병자
양력	8	9	10	11	12	13	14	15	16	17	18	19	20	21	22	23	24	25	26	27	28	29	30	31	2/1	2	3	4	5

1월	음력	1	2	3	4	5	6	7	8	9	10	11	12	13	14	15	16	17	18	19	20	21	22	23	24	25	26	27	28	29	30
	일주	정축	무인	기묘	경진	신사	임오	계미	갑신	을유	병술	정해	무자	기축	경인	신묘	임진	계사	갑오	을미	병신	정유	무술	기해	경자	신축	임인	계묘	갑진	을사	병오
	양력	6	7	8	9	10	11	12	13	14	15	16	17	18	19	20	21	22	23	24	25	26	27	28	3/1	2	3	4	5	6	7
2월	음력	1	2	3	4	5	6	7	8	9	10	11	12	13	14	15	16	17	18	19	20	21	22	23	24	25	26	27	28	29	
	일주	정미	무신	기유	경술	신해	임자	계축	갑인	을묘	병진	정사	무오	기미	경신	신유	임술	계해	갑자	을축	병인	정묘	무진	기사	경오	신미	임신	계유	갑술	을해	
	양력	8	9	10	11	12	13	14	15	16	17	18	19	20	21	22	23	24	25	26	27	28	29	30	31	4/1	2	3	4	5	
3월	음력	1	2	3	4	5	6	7	8	9	10	11	12	13	14	15	16	17	18	19	20	21	22	23	24	25	26	27	28	29	30
	일주	병자	정축	무인	기묘	경진	신사	임오	계미	갑신	을유	병술	정해	무자	기축	경인	신묘	임진	계사	갑오	을미	병신	정유	무술	기해	경자	신축	임인	계묘	갑진	을사
	양력	6	7	8	9	10	11	12	13	14	15	16	17	18	19	20	21	22	23	24	25	26	27	28	29	30	5/1	2	3	4	5
4월	음력	1	2	3	4	5	6	7	8	9	10	11	12	13	14	15	16	17	18	19	20	21	22	23	24	25	26	27	28	29	30
	일주	병오	정미	무신	기유	경술	신해	임자	계축	갑인	을묘	병진	정사	무오	기미	경신	신유	임술	계해	갑자	을축	병인	정묘	무진	기사	경오	신미	임신	계유	갑술	을해
	양력	6	7	8	9	10	11	12	13	14	15	16	17	18	19	20	21	22	23	24	25	26	27	28	29	30	31	6/1	2	3	4
5월	음력	1	2	3	4	5	6	7	8	9	10	11	12	13	14	15	16	17	18	19	20	21	22	23	24	25	26	27	28	29	
	일주	병자	정축	무인	기묘	경진	신사	임오	계미	갑신	을유	병술	정해	무자	기축	경인	신묘	임진	계사	갑오	을미	병신	정유	무술	기해	경자	신축	임인	계묘	갑진	
	양력	5	6	7	8	9	10	11	12	13	14	15	16	17	18	19	20	21	22	23	24	25	26	27	28	29	30	7/1	2	3	
6월	음력	1	2	3	4	5	6	7	8	9	10	11	12	13	14	15	16	17	18	19	20	21	22	23	24	25	26	27	28	29	30
	일주	을사	병오	정미	무신	기유	경술	신해	임자	계축	갑인	을묘	병진	정사	무오	기미	경신	신유	임술	계해	갑자	을축	병인	정묘	무진	기사	경오	신미	임신	계유	갑술
	양력	4	5	6	7	8	9	10	11	12	13	14	15	16	17	18	19	20	21	22	23	24	25	26	27	28	29	30	31	8/1	2
7월	음력	1	2	3	4	5	6	7	8	9	10	11	12	13	14	15	16	17	18	19	20	21	22	23	24	25	26	27	28	29	
	일주	을해	병자	정축	무인	기묘	경진	신사	임오	계미	갑신	을유	병술	정해	무자	기축	경인	신묘	임진	계사	갑오	을미	병신	정유	무술	기해	경자	신축	임인	계묘	
	양력	3	4	5	6	7	8	9	10	11	12	13	14	15	16	17	18	19	20	21	22	23	24	25	26	27	28	29	30	31	
8월	음력	1	2	3	4	5	6	7	8	9	10	11	12	13	14	15	16	17	18	19	20	21	22	23	24	25	26	27	28	29	30
	일주	갑진	을사	병오	정미	무신	기유	경술	신해	임자	계축	갑인	을묘	병진	정사	무오	기미	경신	신유	임술	계해	갑자	을축	병인	정묘	무진	기사	경오	신미	임신	계유
	양력	9/1	2	3	4	5	6	7	8	9	10	11	12	13	14	15	16	17	18	19	20	21	22	23	24	25	26	27	28	29	30
9월	음력	1	2	3	4	5	6	7	8	9	10	11	12	13	14	15	16	17	18	19	20	21	22	23	24	25	26	27	28	29	
	일주	갑술	을해	병자	정축	무인	기묘	경진	신사	임오	계미	갑신	을유	병술	정해	무자	기축	경인	신묘	임진	계사	갑오	을미	병신	정유	무술	기해	경자	신축	임인	
	양력	10/1	2	3	4	5	6	7	8	9	10	11	12	13	14	15	16	17	18	19	20	21	22	23	24	25	26	27	28	29	
10월	음력	1	2	3	4	5	6	7	8	9	10	11	12	13	14	15	16	17	18	19	20	21	22	23	24	25	26	27	28	29	30
	일주	계묘	갑진	을사	병오	정미	무신	기유	경술	신해	임자	계축	갑인	을묘	병진	정사	무오	기미	경신	신유	임술	계해	갑자	을축	병인	정묘	무진	기사	경오	신미	임신
	양력	30	31	11/1	2	3	4	5	6	7	8	9	10	11	12	13	14	15	16	17	18	19	20	21	22	23	24	25	26	27	28
11월	음력	1	2	3	4	5	6	7	8	9	10	11	12	13	14	15	16	17	18	19	20	21	22	23	24	25	26	27	28	29	
	일주	계유	갑술	을해	병자	정축	무인	기묘	경진	신사	임오	계미	갑신	을유	병술	정해	무자	기축	경인	신묘	임진	계사	갑오	을미	병신	정유	무술	기해	경자	신축	
	양력	29	30	12/1	2	3	4	5	6	7	8	9	10	11	12	13	14	15	16	17	18	19	20	21	22	23	24	25	26	27	
12월	음력	1	2	3	4	5	6	7	8	9	10	11	12	13	14	15	16	17	18	19	20	21	22	23	24	25	26	27	28	29	30
	일주	임인	계묘	갑진	을사	병오	정미	무신	기유	경술	신해	임자	계축	갑인	을묘	병진	정사	무오	기미	경신	신유	임술	계해	갑자	을축	병인	정묘	무진	기사	경오	신미
	양력	28	29	30	31	1/1	2	3	4	5	6	7	8	9	10	11	12	13	14	15	16	17	18	19	20	21	22	23	24	25	26

1952년생 (음력기준)

1월

음력	1	2	3	4	5	6	7	8	9	10
일주	임신	계유	갑술	을해	병자	정축	무인	기묘	경진	신사
양력	27	28	29	30	31	2/1	2	3	4	5

음력	11	12	13	14	15	16	17	18	19	20
일주	임오	계미	갑신	을유	병술	정해	무자	기축	경인	신묘
양력	6	7	8	9	10	11	12	13	14	15

음력	21	22	23	24	25	26	27	28	29
일주	임진	계사	갑오	을미	병신	정유	무술	기해	경자
양력	16	17	18	19	20	21	22	23	24

2월

음력	1	2	3	4	5	6	7	8	9	10
일주	신축	임인	계묘	갑진	을사	병오	정미	무신	기유	경술
양력	25	26	27	28	29	3/1	2	3	4	5

음력	11	12	13	14	15	16	17	18	19	20
일주	신해	임자	계축	갑인	을묘	병진	정사	무오	기미	경신
양력	6	7	8	9	10	11	12	13	14	15

음력	21	22	23	24	25	26	27	28	29	30
일주	신유	임술	계해	갑자	을축	병인	정묘	무진	기사	경오
양력	16	17	18	19	20	21	22	23	24	25

3월

음력	1	2	3	4	5	6	7	8	9	10
일주	신미	임신	계유	갑술	을해	병자	정축	무인	기묘	경진
양력	26	27	28	29	30	31	4/1	2	3	4

음력	11	12	13	14	15	16	17	18	19	20
일주	신사	임오	계미	갑신	을유	병술	정해	무자	기축	경인
양력	5	6	7	8	9	10	11	12	13	14

음력	21	22	23	24	25	26	27	28	29
일주	신묘	임진	계사	갑오	을미	병신	정유	무술	기해
양력	15	16	17	18	19	20	21	22	23

4월

음력	1	2	3	4	5	6	7	8	9	10
일주	경자	신축	임인	계묘	갑진	을사	병오	정미	무신	기유
양력	24	25	26	27	28	29	30	5/1	2	3

음력	11	12	13	14	15	16	17	18	19	20
일주	경술	신해	임자	계축	갑인	을묘	병진	정사	무오	기미
양력	4	5	6	7	8	9	10	11	12	13

음력	21	22	23	24	25	26	27	28	29	30
일주	경신	신유	임술	계해	갑자	을축	병인	정묘	무진	기사
양력	14	15	16	17	18	19	20	21	22	23

5월

음력	1	2	3	4	5	6	7	8	9	10
일주	경오	신미	임신	계유	갑술	을해	병자	정축	무인	기묘
양력	24	25	26	27	28	29	30	31	6/1	2

음력	11	12	13	14	15	16	17	18	19	20
일주	경진	신사	임오	계미	갑신	을유	병술	정해	무자	기축
양력	3	4	5	6	7	8	9	10	11	12

음력	21	22	23	24	25	26	27	28	29
일주	경인	신묘	임진	계사	갑오	을미	병신	정유	무술
양력	13	14	15	16	17	18	19	20	21

5월 윤달

음력	1	2	3	4	5	6	7	8	9	10
일주	기해	경자	신축	임인	계묘	갑진	을사	병오	정미	무신
양력	22	23	24	25	26	27	28	29	30	7/1

음력	11	12	13	14	15	16	17	18	19	20
일주	기유	경술	신해	임자	계축	갑인	을묘	병진	정사	무오
양력	2	3	4	5	6	7	8	9	10	11

음력	21	22	23	24	25	26	27	28	29	30
일주	기미	경신	신유	임술	계해	갑자	을축	병인	정묘	무진
양력	12	13	14	15	16	17	18	19	20	21

6월

음력	1	2	3	4	5	6	7	8	9	10
일주	기사	경오	신미	임신	계유	갑술	을해	병자	정축	무인
양력	22	23	24	25	26	27	28	29	30	31

음력	11	12	13	14	15	16	17	18	19	20
일주	기묘	경진	신사	임오	계미	갑신	을유	병술	정해	무자
양력	8/1	2	3	4	5	6	7	8	9	10

음력	21	22	23	24	25	26	27	28	29	30
일주	기축	경인	신묘	임진	계사	갑오	을미	병신	정유	무술
양력	11	12	13	14	15	16	17	18	19	20

7월

음력	1	2	3	4	5	6	7	8	9	10
일주	기해	경자	신축	임인	계묘	갑진	을사	병오	정미	무신
양력	21	22	23	24	25	26	27	28	29	30

음력	11	12	13	14	15	16	17	18	19	20
일주	기유	경술	신해	임자	계축	갑인	을묘	병진	정사	무오
양력	31	9/1	2	3	4	5	6	7	8	9

음력	21	22	23	24	25	26	27	28	29
일주	기미	경신	신유	임술	계해	갑자	을축	병인	정묘
양력	10	11	12	13	14	15	16	17	18

8월

음력	1	2	3	4	5	6	7	8	9	10
일주	무진	기사	경오	신미	임신	계유	갑술	을해	병자	정축
양력	19	20	21	22	23	24	25	26	27	28

음력	11	12	13	14	15	16	17	18	19	20
일주	무인	기묘	경진	신사	임오	계미	갑신	을유	병술	정해
양력	29	30	10/1	2	3	4	5	6	7	8

음력	21	22	23	24	25	26	27	28	29	30
일주	무자	기축	경인	신묘	임진	계사	갑오	을미	병신	정유
양력	9	10	11	12	13	14	15	16	17	18

9월

음력	1	2	3	4	5	6	7	8	9	10
일주	무술	기해	경자	신축	임인	계묘	갑진	을사	병오	정미
양력	19	20	21	22	23	24	25	26	27	28

음력	11	12	13	14	15	16	17	18	19	20
일주	무신	기유	경술	신해	임자	계축	갑인	을묘	병진	정사
양력	29	30	31	11/1	2	3	4	5	6	7

음력	21	22	23	24	25	26	27	28	29
일주	무오	기미	경신	신유	임술	계해	갑자	을축	병인
양력	8	9	10	11	12	13	14	15	16

10월

음력	1	2	3	4	5	6	7	8	9	10
일주	정묘	무진	기사	경오	신미	임신	계유	갑술	을해	병자
양력	17	18	19	20	21	22	23	24	25	26

음력	11	12	13	14	15	16	17	18	19	20
일주	정축	무인	기묘	경진	신사	임오	계미	갑신	을유	병술
양력	27	28	29	30	12/1	2	3	4	5	6

음력	21	22	23	24	25	26	27	28	29	30
일주	정해	무자	기축	경인	신묘	임진	계사	갑오	을미	병신
양력	7	8	9	10	11	12	13	14	15	16

11월

음력	1	2	3	4	5	6	7	8	9	10
일주	정유	무술	기해	경자	신축	임인	계묘	갑진	을사	병오
양력	17	18	19	20	21	22	23	24	25	26

음력	11	12	13	14	15	16	17	18	19	20
일주	정미	무신	기유	경술	신해	임자	계축	갑인	을묘	병진
양력	27	28	29	30	31	1/1	2	3	4	5

음력	21	22	23	24	25	26	27	28	29
일주	정사	무오	기미	경신	신유	임술	계해	갑자	을축
양력	6	7	8	9	10	11	12	13	14

12월

음력	1	2	3	4	5	6	7	8	9	10
일주	병인	정묘	무진	기사	경오	신미	임신	계유	갑술	을해
양력	15	16	17	18	19	20	21	22	23	24

음력	11	12	13	14	15	16	17	18	19	20
일주	병자	정축	무인	기묘	경진	신사	임오	계미	갑신	을유
양력	25	26	27	28	29	30	31	2/1	2	3

음력	21	22	23	24	25	26	27	28	29	30
일주	병술	정해	무자	기축	경인	신묘	임진	계사	갑오	을미
양력	4	5	6	7	8	9	10	11	12	13

1953년생 (음력기준)

1월

음력	1	2	3	4	5	6	7	8	9	10
일주	병신	정유	무술	기해	경자	신축	임인	계묘	갑진	을사
양력	14	15	16	17	18	19	20	21	22	23
음력	11	12	13	14	15	16	17	18	19	20
일주	병오	정미	무신	기유	경술	신해	임자	계축	갑인	을묘
양력	24	25	26	27	28	3/1	2	3	4	5
음력	21	22	23	24	25	26	27	28	29	
일주	병진	정사	무오	기미	경신	신유	임술	계해	갑자	
양력	6	7	8	9	10	11	12	13	14	

2월

음력	1	2	3	4	5	6	7	8	9	10
일주	을축	병인	정묘	무진	기사	경오	신미	임신	계유	갑술
양력	15	16	17	18	19	20	21	22	23	24
음력	11	12	13	14	15	16	17	18	19	20
일주	을해	병자	정축	무인	기묘	경진	신사	임오	계미	갑신
양력	25	26	27	28	29	30	31	4/1	2	3
음력	21	22	23	24	25	26	27	28	29	30
일주	을유	병술	정해	무자	기축	경인	신묘	임진	계사	갑오
양력	4	5	6	7	8	9	10	11	12	13

3월

음력	1	2	3	4	5	6	7	8	9	10
일주	을미	병신	정유	무술	기해	경자	신축	임인	계묘	갑진
양력	14	15	16	17	18	19	20	21	22	23
음력	11	12	13	14	15	16	17	18	19	20
일주	을사	병오	정미	무신	기유	경술	신해	임자	계축	갑인
양력	24	25	26	27	28	29	30	5/1	2	3
음력	21	22	23	24	25	26	27	28	29	
일주	을묘	병진	정사	무오	기미	경신	신유	임술	계해	
양력	4	5	6	7	8	9	10	11	12	

4월

음력	1	2	3	4	5	6	7	8	9	10
일주	갑자	을축	병인	정묘	무진	기사	경오	신미	임신	계유
양력	13	14	15	16	17	18	19	20	21	22
음력	11	12	13	14	15	16	17	18	19	20
일주	갑술	을해	병자	정축	무인	기묘	경진	신사	임오	계미
양력	23	24	25	26	27	28	29	30	31	6/1
음력	21	22	23	24	25	26	27	28	29	
일주	갑신	을유	병술	정해	무자	기축	경인	신묘	임진	
양력	2	3	4	5	6	7	8	9	10	

5월

음력	1	2	3	4	5	6	7	8	9	10
일주	계사	갑오	을미	병신	정유	무술	기해	경자	신축	임인
양력	11	12	13	14	15	16	17	18	19	20
음력	11	12	13	14	15	16	17	18	19	20
일주	계묘	갑진	을사	병오	정미	무신	기유	경술	신해	임자
양력	21	22	23	24	25	26	27	28	29	30
음력	21	22	23	24	25	26	27	28	29	30
일주	계축	갑인	을묘	병진	정사	무오	기미	경신	신유	임술
양력	7/1	2	3	4	5	6	7	8	9	10

6월

음력	1	2	3	4	5	6	7	8	9	10
일주	계해	갑자	을축	병인	정묘	무진	기사	경오	신미	임신
양력	11	12	13	14	15	16	17	18	19	20
음력	11	12	13	14	15	16	17	18	19	20
일주	계유	갑술	을해	병자	정축	무인	기묘	경진	신사	임오
양력	21	22	23	24	25	26	27	28	29	30
음력	21	22	23	24	25	26	27	28	29	30
일주	계미	갑신	을유	병술	정해	무자	기축	경인	신묘	임진
양력	31	8/1	2	3	4	5	6	7	8	9

7월

음력	1	2	3	4	5	6	7	8	9	10
일주	계사	갑오	을미	병신	정유	무술	기해	경자	신축	임인
양력	10	11	12	13	14	15	16	17	18	19
음력	11	12	13	14	15	16	17	18	19	20
일주	계묘	갑진	을사	병오	정미	무신	기유	경술	신해	임자
양력	20	21	22	23	24	25	26	27	28	29
음력	21	22	23	24	25	26	27	28	29	
일주	계축	갑인	을묘	병진	정사	무오	기미	경신	신유	
양력	30	31	9/1	2	3	4	5	6	7	

8월

음력	1	2	3	4	5	6	7	8	9	10
일주	임술	계해	갑자	을축	병인	정묘	무진	기사	경오	신미
양력	8	9	10	11	12	13	14	15	16	17
음력	11	12	13	14	15	16	17	18	19	20
일주	임신	계유	갑술	을해	병자	정축	무인	기묘	경진	신사
양력	18	19	20	21	22	23	24	25	26	27
음력	21	22	23	24	25	26	27	28	29	30
일주	임오	계미	갑신	을유	병술	정해	무자	기축	경인	신묘
양력	28	29	30	10/1	2	3	4	5	6	7

9월

음력	1	2	3	4	5	6	7	8	9	10
일주	임진	계사	갑오	을미	병신	정유	무술	기해	경자	신축
양력	8	9	10	11	12	13	14	15	16	17
음력	11	12	13	14	15	16	17	18	19	20
일주	임인	계묘	갑진	을사	병오	정미	무신	기유	경술	신해
양력	18	19	20	21	22	23	24	25	26	27
음력	21	22	23	24	25	26	27	28	29	30
일주	임자	계축	갑인	을묘	병진	정사	무오	기미	경신	신유
양력	28	29	30	31	11/1	2	3	4	5	6

10월

음력	1	2	3	4	5	6	7	8	9	10
일주	임술	계해	갑자	을축	병인	정묘	무진	기사	경오	신미
양력	7	8	9	10	11	12	13	14	15	16
음력	11	12	13	14	15	16	17	18	19	20
일주	임신	계유	갑술	을해	병자	정축	무인	기묘	경진	신사
양력	17	18	19	20	21	22	23	24	25	26
음력	21	22	23	24	25	26	27	28	29	
일주	임오	계미	갑신	을유	병술	정해	무자	기축	경인	
양력	27	28	29	30	12/1	2	3	4	5	

11월

음력	1	2	3	4	5	6	7	8	9	10
일주	신묘	임진	계사	갑오	을미	병신	정유	무술	기해	경자
양력	6	7	8	9	10	11	12	13	14	15
음력	11	12	13	14	15	16	17	18	19	20
일주	신축	임인	계묘	갑진	을사	병오	정미	무신	기유	경술
양력	16	17	18	19	20	21	22	23	24	25
음력	21	22	23	24	25	26	27	28	29	30
일주	신해	임자	계축	갑인	을묘	병진	정사	무오	기미	경신
양력	26	27	28	29	30	31	1/1	2	3	4

12월

음력	1	2	3	4	5	6	7	8	9	10
일주	신유	임술	계해	갑자	을축	병인	정묘	무진	기사	경오
양력	5	6	7	8	9	10	11	12	13	14
음력	11	12	13	14	15	16	17	18	19	20
일주	신미	임신	계유	갑술	을해	병자	정축	무인	기묘	경진
양력	15	16	17	18	19	20	21	22	23	24
음력	21	22	23	24	25	26	27	28	29	30
일주	신사	임오	계미	갑신	을유	병술	정해	무자	기축	경인
양력	25	26	27	28	29	30	31	2/1	2	3

1954년생 (음력기준)

1월

음력	1	2	3	4	5	6	7	8	9	10	11	12	13	14	15	16	17	18	19	20	21	22	23	24	25	26	27	28	29
일주	신묘	임진	계사	갑오	을미	병신	정유	무술	기해	경자	신축	임인	계묘	갑진	을사	병오	정미	무신	기유	경술	신해	임자	계축	갑인	을묘	병진	정사	무오	기미
양력	4	5	6	7	8	9	10	11	12	13	14	15	16	17	18	19	20	21	22	23	24	25	26	27	28	3/1	2	3	4

2월

음력	1	2	3	4	5	6	7	8	9	10	11	12	13	14	15	16	17	18	19	20	21	22	23	24	25	26	27	28	29
일주	경신	신유	임술	계해	갑자	을축	병인	정묘	무진	기사	경오	신미	임신	계유	갑술	을해	병자	정축	무인	기묘	경진	신사	임오	계미	갑신	을유	병술	정해	무자
양력	5	6	7	8	9	10	11	12	13	14	15	16	17	18	19	20	21	22	23	24	25	26	27	28	29	30	31	4/1	2

3월

음력	1	2	3	4	5	6	7	8	9	10	11	12	13	14	15	16	17	18	19	20	21	22	23	24	25	26	27	28	29	30
일주	기축	경인	신묘	임진	계사	갑오	을미	병신	정유	무술	기해	경자	신축	임인	계묘	갑진	을사	병오	정미	무신	기유	경술	신해	임자	계축	갑인	을묘	병진	정사	무오
양력	3	4	5	6	7	8	9	10	11	12	13	14	15	16	17	18	19	20	21	22	23	24	25	26	27	28	29	30	5/1	2

4월

음력	1	2	3	4	5	6	7	8	9	10	11	12	13	14	15	16	17	18	19	20	21	22	23	24	25	26	27	28	29
일주	기미	경신	신유	임술	계해	갑자	을축	병인	정묘	무진	기사	경오	신미	임신	계유	갑술	을해	병자	정축	무인	기묘	경진	신사	임오	계미	갑신	을유	병술	정해
양력	3	4	5	6	7	8	9	10	11	12	13	14	15	16	17	18	19	20	21	22	23	24	25	26	27	28	29	30	31

5월

음력	1	2	3	4	5	6	7	8	9	10	11	12	13	14	15	16	17	18	19	20	21	22	23	24	25	26	27	28	29
일주	무자	기축	경인	신묘	임진	계사	갑오	을미	병신	정유	무술	기해	경자	신축	임인	계묘	갑진	을사	병오	정미	무신	기유	경술	신해	임자	계축	갑인	을묘	병진
양력	6/1	2	3	4	5	6	7	8	9	10	11	12	13	14	15	16	17	18	19	20	21	22	23	24	25	26	27	28	29

6월

음력	1	2	3	4	5	6	7	8	9	10	11	12	13	14	15	16	17	18	19	20	21	22	23	24	25	26	27	28	29	30
일주	정사	무오	기미	경신	신유	임술	계해	갑자	을축	병인	정묘	무진	기사	경오	신미	임신	계유	갑술	을해	병자	정축	무인	기묘	경진	신사	임오	계미	갑신	을유	병술
양력	30	7/1	2	3	4	5	6	7	8	9	10	11	12	13	14	15	16	17	18	19	20	21	22	23	24	25	26	27	28	29

7월

음력	1	2	3	4	5	6	7	8	9	10	11	12	13	14	15	16	17	18	19	20	21	22	23	24	25	26	27	28	29
일주	정해	무자	기축	경인	신묘	임진	계사	갑오	을미	병신	정유	무술	기해	경자	신축	임인	계묘	갑진	을사	병오	정미	무신	기유	경술	신해	임자	계축	갑인	을묘
양력	30	31	8/1	2	3	4	5	6	7	8	9	10	11	12	13	14	15	16	17	18	19	20	21	22	23	24	25	26	27

8월

음력	1	2	3	4	5	6	7	8	9	10	11	12	13	14	15	16	17	18	19	20	21	22	23	24	25	26	27	28	29	30
일주	병진	정사	무오	기미	경신	신유	임술	계해	갑자	을축	병인	정묘	무진	기사	경오	신미	임신	계유	갑술	을해	병자	정축	무인	기묘	경진	신사	임오	계미	갑신	을유
양력	28	29	30	31	9/1	2	3	4	5	6	7	8	9	10	11	12	13	14	15	16	17	18	19	20	21	22	23	24	25	26

9월

음력	1	2	3	4	5	6	7	8	9	10	11	12	13	14	15	16	17	18	19	20	21	22	23	24	25	26	27	28	29	30
일주	병술	정해	무자	기축	경인	신묘	임진	계사	갑오	을미	병신	정유	무술	기해	경자	신축	임인	계묘	갑진	을사	병오	정미	무신	기유	경술	신해	임자	계축	갑인	을묘
양력	27	28	29	30	10/1	2	3	4	5	6	7	8	9	10	11	12	13	14	15	16	17	18	19	20	21	22	23	24	25	26

10월

음력	1	2	3	4	5	6	7	8	9	10	11	12	13	14	15	16	17	18	19	20	21	22	23	24	25	26	27	28	29
일주	병진	정사	무오	기미	경신	신유	임술	계해	갑자	을축	병인	정묘	무진	기사	경오	신미	임신	계유	갑술	을해	병자	정축	무인	기묘	경진	신사	임오	계미	갑신
양력	27	28	29	30	31	11/1	2	3	4	5	6	7	8	9	10	11	12	13	14	15	16	17	18	19	20	21	22	23	24

11월

음력	1	2	3	4	5	6	7	8	9	10	11	12	13	14	15	16	17	18	19	20	21	22	23	24	25	26	27	28	29	30
일주	을유	병술	정해	무자	기축	경인	신묘	임진	계사	갑오	을미	병신	정유	무술	기해	경자	신축	임인	계묘	갑진	을사	병오	정미	무신	기유	경술	신해	임자	계축	갑인
양력	25	26	27	28	29	30	12/1	2	3	4	5	6	7	8	9	10	11	12	13	14	15	16	17	18	19	20	21	22	23	24

12월

음력	1	2	3	4	5	6	7	8	9	10	11	12	13	14	15	16	17	18	19	20	21	22	23	24	25	26	27	28	29	30
일주	을묘	병진	정사	무오	기미	경신	신유	임술	계해	갑자	을축	병인	정묘	무진	기사	경오	신미	임신	계유	갑술	을해	병자	정축	무인	기묘	경진	신사	임오	계미	갑신
양력	25	26	27	28	29	30	31	1/1	2	3	4	5	6	7	8	9	10	11	12	13	14	15	16	17	18	19	20	21	22	23

1955년생 (음력기준)

1월

음력	1	2	3	4	5	6	7	8	9	10
일주	을유	병술	정해	무자	기축	경인	신묘	임진	계사	갑오
양력	24	25	26	27	28	29	30	31	2/1	2

음력	11	12	13	14	15	16	17	18	19	20
일주	을미	병신	정유	무술	기해	경자	신축	임인	계묘	갑진
양력	3	4	5	6	7	8	9	10	11	12

음력	21	22	23	24	25	26	27	28	29	30
일주	을사	병오	정미	무신	기유	경술	신해	임자	계축	갑인
양력	13	14	15	16	17	18	19	20	21	22

2월

음력	1	2	3	4	5	6	7	8	9	10
일주	을묘	병진	정사	무오	기미	경신	신유	임술	계해	갑자
양력	23	24	25	26	27	28	3/1	2	3	4

음력	11	12	13	14	15	16	17	18	19	20
일주	을축	병인	정묘	무진	기사	경오	신미	임신	계유	갑술
양력	5	6	7	8	9	10	11	12	13	14

음력	21	22	23	24	25	26	27	28	29
일주	을해	병자	정축	무인	기묘	경진	신사	임오	계미
양력	15	16	17	18	19	20	21	22	23

3월

음력	1	2	3	4	5	6	7	8	9	10
일주	갑신	을유	병술	정해	무자	기축	경인	신묘	임진	계사
양력	24	25	26	27	28	29	30	31	4/1	2

음력	11	12	13	14	15	16	17	18	19	20
일주	갑오	을미	병신	정유	무술	기해	경자	신축	임인	계묘
양력	3	4	5	6	7	8	9	10	11	12

음력	21	22	23	24	25	26	27	28	29
일주	갑진	을사	병오	정미	무신	기유	경술	신해	임자
양력	13	14	15	16	17	18	19	20	21

3월 윤달

음력	1	2	3	4	5	6	7	8	9	10
일주	계축	갑인	을묘	병진	정사	무오	기미	경신	신유	임술
양력	22	23	24	25	26	27	28	29	30	5/1

음력	11	12	13	14	15	16	17	18	19	20
일주	계해	갑자	을축	병인	정묘	무진	기사	경오	신미	임신
양력	2	3	4	5	6	7	8	9	10	11

음력	21	22	23	24	25	26	27	28	29	30
일주	계유	갑술	을해	병자	정축	무인	기묘	경진	신사	임오
양력	12	13	14	15	16	17	18	19	20	21

4월

음력	1	2	3	4	5	6	7	8	9	10
일주	계미	갑신	을유	병술	정해	무자	기축	경인	신묘	임진
양력	22	23	24	25	26	27	28	29	30	31

음력	11	12	13	14	15	16	17	18	19	20
일주	계사	갑오	을미	병신	정유	무술	기해	경자	신축	임인
양력	6/1	2	3	4	5	6	7	8	9	10

음력	21	22	23	24	25	26	27	28	29
일주	계묘	갑진	을사	병오	정미	무신	기유	경술	신해
양력	11	12	13	14	15	16	17	18	19

5월

음력	1	2	3	4	5	6	7	8	9	10
일주	임자	계축	갑인	을묘	병진	정사	무오	기미	경신	신유
양력	20	21	22	23	24	25	26	27	28	29

음력	11	12	13	14	15	16	17	18	19	20
일주	임술	계해	갑자	을축	병인	정묘	무진	기사	경오	신미
양력	30	7/1	2	3	4	5	6	7	8	9

음력	21	22	23	24	25	26	27	28	29
일주	임신	계유	갑술	을해	병자	정축	무인	기묘	경진
양력	10	11	12	13	14	15	16	17	18

6월

음력	1	2	3	4	5	6	7	8	9	10
일주	신사	임오	계미	갑신	을유	병술	정해	무자	기축	경인
양력	19	20	21	22	23	24	25	26	27	28

음력	11	12	13	14	15	16	17	18	19	20
일주	신묘	임진	계사	갑오	을미	병신	정유	무술	기해	경자
양력	29	30	31	8/1	2	3	4	5	6	7

음력	21	22	23	24	25	26	27	28	29	30
일주	신축	임인	계묘	갑진	을사	병오	정미	무신	기유	경술
양력	8	9	10	11	12	13	14	15	16	17

7월

음력	1	2	3	4	5	6	7	8	9	10
일주	신해	임자	계축	갑인	을묘	병진	정사	무오	기미	경신
양력	18	19	20	21	22	23	24	25	26	27

음력	11	12	13	14	15	16	17	18	19	20
일주	신유	임술	계해	갑자	을축	병인	정묘	무진	기사	경오
양력	28	29	30	31	9/1	2	3	4	5	6

음력	21	22	23	24	25	26	27	28	29	30
일주	신미	임신	계유	갑술	을해	병자	정축	무인	기묘	
양력	7	8	9	10	11	12	13	14	15	

8월

음력	1	2	3	4	5	6	7	8	9	10
일주	경진	신사	임오	계미	갑신	을유	병술	정해	무자	기축
양력	16	17	18	19	20	21	22	23	24	25

음력	11	12	13	14	15	16	17	18	19	20
일주	경인	신묘	임진	계사	갑오	을미	병신	정유	무술	기해
양력	26	27	28	29	30	10/1	2	3	4	5

음력	21	22	23	24	25	26	27	28	29	30
일주	경자	신축	임인	계묘	갑진	을사	병오	정미	무신	기유
양력	6	7	8	9	10	11	12	13	14	15

9월

음력	1	2	3	4	5	6	7	8	9	10
일주	경술	신해	임자	계축	갑인	을묘	병진	정사	무오	기미
양력	16	17	18	19	20	21	22	23	24	25

음력	11	12	13	14	15	16	17	18	19	20
일주	경신	신유	임술	계해	갑자	을축	병인	정묘	무진	기사
양력	26	27	28	29	30	31	11/1	2	3	4

음력	21	22	23	24	25	26	27	28	29	30
일주	경오	신미	임신	계유	갑술	을해	병자	정축	무인	
양력	5	6	7	8	9	10	11	12	13	

10월

음력	1	2	3	4	5	6	7	8	9	10
일주	기묘	경진	신사	임오	계미	갑신	을유	병술	정해	무자
양력	14	15	16	17	18	19	20	21	22	23

음력	11	12	13	14	15	16	17	18	19	20
일주	기축	경인	신묘	임진	계사	갑오	을미	병신	정유	무술
양력	24	25	26	27	28	29	30	12/1	2	3

음력	21	22	23	24	25	26	27	28	29	30
일주	기해	경자	신축	임인	계묘	갑진	을사	병오	정미	무신
양력	4	5	6	7	8	9	10	11	12	13

11월

음력	1	2	3	4	5	6	7	8	9	10
일주	기유	경술	신해	임자	계축	갑인	을묘	병진	정사	무오
양력	14	15	16	17	18	19	20	21	22	23

음력	11	12	13	14	15	16	17	18	19	20
일주	기미	경신	신유	임술	계해	갑자	을축	병인	정묘	무진
양력	24	25	26	27	28	29	30	31	1/1	2

음력	21	22	23	24	25	26	27	28	29	30
일주	기사	경오	신미	임신	계유	갑술	을해	병자	정축	무인
양력	3	4	5	6	7	8	9	10	11	12

12월

음력	1	2	3	4	5	6	7	8	9	10
일주	기묘	경진	신사	임오	계미	갑신	을유	병술	정해	무자
양력	13	14	15	16	17	18	19	20	21	22

음력	11	12	13	14	15	16	17	18	19	20
일주	기축	경인	신묘	임진	계사	갑오	을미	병신	정유	무술
양력	23	24	25	26	27	28	29	30	31	2/1

음력	21	22	23	24	25	26	27	28	29	30
일주	기해	경자	신축	임인	계묘	갑진	을사	병오	정미	무신
양력	2	3	4	5	6	7	8	9	10	11

1956년생 (음력기준)

1월

음력	1	2	3	4	5	6	7	8	9	10	11	12	13	14	15	16	17	18	19	20	21	22	23	24	25	26	27	28	29
일주(천간)	기	경	신	임	계	갑	을	병	정	무	기	경	신	임	계	갑	을	병	정	무	기	경	신	임	계	갑	을	병	정
일주(지지)	유	술	해	자	축	인	묘	진	사	오	미	신	유	술	해	자	축	인	묘	진	사	오	미	신	유	술	해	자	축
양력	12	13	14	15	16	17	18	19	20	21	22	23	24	25	26	27	28	29	3/1	2	3	4	5	6	7	8	9	10	11

2월

음력	1	2	3	4	5	6	7	8	9	10	11	12	13	14	15	16	17	18	19	20	21	22	23	24	25	26	27	28	29	30
일주(천간)	무	기	경	신	임	계	갑	을	병	정	무	기	경	신	임	계	갑	을	병	정	무	기	경	신	임	계	갑	을	병	정
일주(지지)	인	묘	진	사	오	미	신	유	술	해	자	축	인	묘	진	사	오	미	신	유	술	해	자	축	인	묘	진	사	오	미
양력	12	13	14	15	16	17	18	19	20	21	22	23	24	25	26	27	28	29	30	31	4/1	2	3	4	5	6	7	8	9	10

3월

음력	1	2	3	4	5	6	7	8	9	10	11	12	13	14	15	16	17	18	19	20	21	22	23	24	25	26	27	28	29
일주(천간)	무	기	경	신	임	계	갑	을	병	정	무	기	경	신	임	계	갑	을	병	정	무	기	경	신	임	계	갑	을	병
일주(지지)	신	유	술	해	자	축	인	묘	진	사	오	미	신	유	술	해	자	축	인	묘	진	사	오	미	신	유	술	해	자
양력	11	12	13	14	15	16	17	18	19	20	21	22	23	24	25	26	27	28	29	30	5/1	2	3	4	5	6	7	8	9

4월

음력	1	2	3	4	5	6	7	8	9	10	11	12	13	14	15	16	17	18	19	20	21	22	23	24	25	26	27	28	29	30
일주(천간)	정	무	기	경	신	임	계	갑	을	병	정	무	기	경	신	임	계	갑	을	병	정	무	기	경	신	임	계	갑	을	병
일주(지지)	축	인	묘	진	사	오	미	신	유	술	해	자	축	인	묘	진	사	오	미	신	유	술	해	자	축	인	묘	진	사	오
양력	10	11	12	13	14	15	16	17	18	19	20	21	22	23	24	25	26	27	28	29	30	31	6/1	2	3	4	5	6	7	8

5월

음력	1	2	3	4	5	6	7	8	9	10	11	12	13	14	15	16	17	18	19	20	21	22	23	24	25	26	27	28	29
일주(천간)	정	무	기	경	신	임	계	갑	을	병	정	무	기	경	신	임	계	갑	을	병	정	무	기	경	신	임	계	갑	을
일주(지지)	미	신	유	술	해	자	축	인	묘	진	사	오	미	신	유	술	해	자	축	인	묘	진	사	오	미	신	유	술	해
양력	9	10	11	12	13	14	15	16	17	18	19	20	21	22	23	24	25	26	27	28	29	30	7/1	2	3	4	5	6	7

6월

음력	1	2	3	4	5	6	7	8	9	10	11	12	13	14	15	16	17	18	19	20	21	22	23	24	25	26	27	28	29
일주(천간)	병	정	무	기	경	신	임	계	갑	을	병	정	무	기	경	신	임	계	갑	을	병	정	무	기	경	신	임	계	갑
일주(지지)	자	축	인	묘	진	사	오	미	신	유	술	해	자	축	인	묘	진	사	오	미	신	유	술	해	자	축	인	묘	진
양력	8	9	10	11	12	13	14	15	16	17	18	19	20	21	22	23	24	25	26	27	28	29	30	31	8/1	2	3	4	5

7월

음력	1	2	3	4	5	6	7	8	9	10	11	12	13	14	15	16	17	18	19	20	21	22	23	24	25	26	27	28	29	30
일주(천간)	을	병	정	무	기	경	신	임	계	갑	을	병	정	무	기	경	신	임	계	갑	을	병	정	무	기	경	신	임	계	갑
일주(지지)	사	오	미	신	유	술	해	자	축	인	묘	진	사	오	미	신	유	술	해	자	축	인	묘	진	사	오	미	신	유	술
양력	6	7	8	9	10	11	12	13	14	15	16	17	18	19	20	21	22	23	24	25	26	27	28	29	30	31	9/1	2	3	4

8월

음력	1	2	3	4	5	6	7	8	9	10	11	12	13	14	15	16	17	18	19	20	21	22	23	24	25	26	27	28	29
일주(천간)	을	병	정	무	기	경	신	임	계	갑	을	병	정	무	기	경	신	임	계	갑	을	병	정	무	기	경	신	임	계
일주(지지)	해	자	축	인	묘	진	사	오	미	신	유	술	해	자	축	인	묘	진	사	오	미	신	유	술	해	자	축	인	묘
양력	5	6	7	8	9	10	11	12	13	14	15	16	17	18	19	20	21	22	23	24	25	26	27	28	29	30	10/1	2	3

9월

음력	1	2	3	4	5	6	7	8	9	10	11	12	13	14	15	16	17	18	19	20	21	22	23	24	25	26	27	28	29	30
일주(천간)	갑	을	병	정	무	기	경	신	임	계	갑	을	병	정	무	기	경	신	임	계	갑	을	병	정	무	기	경	신	임	계
일주(지지)	진	사	오	미	신	유	술	해	자	축	인	묘	진	사	오	미	신	유	술	해	자	축	인	묘	진	사	오	미	신	유
양력	4	5	6	7	8	9	10	11	12	13	14	15	16	17	18	19	20	21	22	23	24	25	26	27	28	29	30	31	11/1	2

10월

음력	1	2	3	4	5	6	7	8	9	10	11	12	13	14	15	16	17	18	19	20	21	22	23	24	25	26	27	28	29
일주(천간)	갑	을	병	정	무	기	경	신	임	계	갑	을	병	정	무	기	경	신	임	계	갑	을	병	정	무	기	경	신	임
일주(지지)	술	해	자	축	인	묘	진	사	오	미	신	유	술	해	자	축	인	묘	진	사	오	미	신	유	술	해	자	축	인
양력	3	4	5	6	7	8	9	10	11	12	13	14	15	16	17	18	19	20	21	22	23	24	25	26	27	28	29	30	12/1

11월

음력	1	2	3	4	5	6	7	8	9	10	11	12	13	14	15	16	17	18	19	20	21	22	23	24	25	26	27	28	29	30
일주(천간)	계	갑	을	병	정	무	기	경	신	임	계	갑	을	병	정	무	기	경	신	임	계	갑	을	병	정	무	기	경	신	임
일주(지지)	묘	진	사	오	미	신	유	술	해	자	축	인	묘	진	사	오	미	신	유	술	해	자	축	인	묘	진	사	오	미	신
양력	2	3	4	5	6	7	8	9	10	11	12	13	14	15	16	17	18	19	20	21	22	23	24	25	26	27	28	29	30	31

12월

음력	1	2	3	4	5	6	7	8	9	10	11	12	13	14	15	16	17	18	19	20	21	22	23	24	25	26	27	28	29	30
일주(천간)	계	갑	을	병	정	무	기	경	신	임	계	갑	을	병	정	무	기	경	신	임	계	갑	을	병	정	무	기	경	신	임
일주(지지)	유	술	해	자	축	인	묘	진	사	오	미	신	유	술	해	자	축	인	묘	진	사	오	미	신	유	술	해	자	축	인
양력	1/1	2	3	4	5	6	7	8	9	10	11	12	13	14	15	16	17	18	19	20	21	22	23	24	25	26	27	28	29	30

1957년생 (음력기준)

1월
음력	1	2	3	4	5	6	7	8	9	10	11	12	13	14	15	16	17	18	19	20	21	22	23	24	25	26	27	28	29	30
일주	계묘	갑진	을사	병오	정미	무신	기유	경술	신해	임자	계축	갑인	을묘	병진	정사	무오	기미	경신	신유	임술	계해	갑자	을축	병인	정묘	무진	기사	경오	신미	임신
양력	31	2/1	2	3	4	5	6	7	8	9	10	11	12	13	14	15	16	17	18	19	20	21	22	23	24	25	26	27	28	3/1

2월
음력	1	2	3	4	5	6	7	8	9	10	11	12	13	14	15	16	17	18	19	20	21	22	23	24	25	26	27	28	29
일주	계유	갑술	을해	병자	정축	무인	기묘	경진	신사	임오	계미	갑신	을유	병술	정해	무자	기축	경인	신묘	임진	계사	갑오	을미	병신	정유	무술	기해	경자	신축
양력	2	3	4	5	6	7	8	9	10	11	12	13	14	15	16	17	18	19	20	21	22	23	24	25	26	27	28	29	30

3월
음력	1	2	3	4	5	6	7	8	9	10	11	12	13	14	15	16	17	18	19	20	21	22	23	24	25	26	27	28	29	30
일주	임인	계묘	갑진	을사	병오	정미	무신	기유	경술	신해	임자	계축	갑인	을묘	병진	정사	무오	기미	경신	신유	임술	계해	갑자	을축	병인	정묘	무진	기사	경오	신미
양력	31	4/1	2	3	4	5	6	7	8	9	10	11	12	13	14	15	16	17	18	19	20	21	22	23	24	25	26	27	28	29

4월
음력	1	2	3	4	5	6	7	8	9	10	11	12	13	14	15	16	17	18	19	20	21	22	23	24	25	26	27	28	29
일주	임신	계유	갑술	을해	병자	정축	무인	기묘	경진	신사	임오	계미	갑신	을유	병술	정해	무자	기축	경인	신묘	임진	계사	갑오	을미	병신	정유	무술	기해	경자
양력	30	5/1	2	3	4	5	6	7	8	9	10	11	12	13	14	15	16	17	18	19	20	21	22	23	24	25	26	27	28

5월
음력	1	2	3	4	5	6	7	8	9	10	11	12	13	14	15	16	17	18	19	20	21	22	23	24	25	26	27	28	29	30
일주	신축	임인	계묘	갑진	을사	병오	정미	무신	기유	경술	신해	임자	계축	갑인	을묘	병진	정사	무오	기미	경신	신유	임술	계해	갑자	을축	병인	정묘	무진	기사	경오
양력	29	30	31	6/1	2	3	4	5	6	7	8	9	10	11	12	13	14	15	16	17	18	19	20	21	22	23	24	25	26	27

6월
음력	1	2	3	4	5	6	7	8	9	10	11	12	13	14	15	16	17	18	19	20	21	22	23	24	25	26	27	28	29
일주	신미	임신	계유	갑술	을해	병자	정축	무인	기묘	경진	신사	임오	계미	갑신	을유	병술	정해	무자	기축	경인	신묘	임진	계사	갑오	을미	병신	정유	무술	기해
양력	28	29	30	7/1	2	3	4	5	6	7	8	9	10	11	12	13	14	15	16	17	18	19	20	21	22	23	24	25	26

7월
음력	1	2	3	4	5	6	7	8	9	10	11	12	13	14	15	16	17	18	19	20	21	22	23	24	25	26	27	28	29
일주	경자	신축	임인	계묘	갑진	을사	병오	정미	무신	기유	경술	신해	임자	계축	갑인	을묘	병진	정사	무오	기미	경신	신유	임술	계해	갑자	을축	병인	정묘	무진
양력	27	28	29	30	31	8/1	2	3	4	5	6	7	8	9	10	11	12	13	14	15	16	17	18	19	20	21	22	23	24

8월
음력	1	2	3	4	5	6	7	8	9	10	11	12	13	14	15	16	17	18	19	20	21	22	23	24	25	26	27	28	29	30
일주	기사	경오	신미	임신	계유	갑술	을해	병자	정축	무인	기묘	경진	신사	임오	계미	갑신	을유	병술	정해	무자	기축	경인	신묘	임진	계사	갑오	을미	병신	정유	무술
양력	25	26	27	28	29	30	31	9/1	2	3	4	5	6	7	8	9	10	11	12	13	14	15	16	17	18	19	20	21	22	23

8월 윤달
음력	1	2	3	4	5	6	7	8	9	10	11	12	13	14	15	16	17	18	19	20	21	22	23	24	25	26	27	28	29
일주	기해	경자	신축	임인	계묘	갑진	을사	병오	정미	무신	기유	경술	신해	임자	계축	갑인	을묘	병진	정사	무오	기미	경신	신유	임술	계해	갑자	을축	병인	정묘
양력	24	25	26	27	28	29	30	10/1	2	3	4	5	6	7	8	9	10	11	12	13	14	15	16	17	18	19	20	21	22

9월
음력	1	2	3	4	5	6	7	8	9	10	11	12	13	14	15	16	17	18	19	20	21	22	23	24	25	26	27	28	29	30
일주	무진	기사	경오	신미	임신	계유	갑술	을해	병자	정축	무인	기묘	경진	신사	임오	계미	갑신	을유	병술	정해	무자	기축	경인	신묘	임진	계사	갑오	을미	병신	정유
양력	23	24	25	26	27	28	29	30	31	11/1	2	3	4	5	6	7	8	9	10	11	12	13	14	15	16	17	18	19	20	21

10월
음력	1	2	3	4	5	6	7	8	9	10	11	12	13	14	15	16	17	18	19	20	21	22	23	24	25	26	27	28	29
일주	무술	기해	경자	신축	임인	계묘	갑진	을사	병오	정미	무신	기유	경술	신해	임자	계축	갑인	을묘	병진	정사	무오	기미	경신	신유	임술	계해	갑자	을축	병인
양력	23	24	25	26	27	28	29	30	31	12/1	2	3	4	5	6	7	8	9	10	11	12	13	14	15	16	17	18	19	20

11월
음력	1	2	3	4	5	6	7	8	9	10	11	12	13	14	15	16	17	18	19	20	21	22	23	24	25	26	27	28	29	30
일주	정묘	무진	기사	경오	신미	임신	계유	갑술	을해	병자	정축	무인	기묘	경진	신사	임오	계미	갑신	을유	병술	정해	무자	기축	경인	신묘	임진	계사	갑오	을미	병신
양력	21	22	23	24	25	26	27	28	29	30	31	1/1	2	3	4	5	6	7	8	9	10	11	12	13	14	15	16	17	18	19

12월
음력	1	2	3	4	5	6	7	8	9	10	11	12	13	14	15	16	17	18	19	20	21	22	23	24	25	26	27	28	29	30
일주	정유	무술	기해	경자	신축	임인	계묘	갑진	을사	병오	정미	무신	기유	경술	신해	임자	계축	갑인	을묘	병진	정사	무오	기미	경신	신유	임술	계해	갑자	을축	병인
양력	20	21	22	23	24	25	26	27	28	29	30	31	2/1	2	3	4	5	6	7	8	9	10	11	12	13	14	15	16	17	18

1958년생 (음력기준)

1월

음력	1	2	3	4	5	6	7	8	9	10	11	12	13	14	15	16	17	18	19	20	21	22	23	24	25	26	27	28	29
일주	정묘	무진	기사	경오	신미	임신	계유	갑술	을해	병자	정축	무인	기묘	경진	신사	임오	계미	갑신	을유	병술	정해	무자	기축	경인	신묘	임진	계사	갑오	을미
양력	19	20	21	22	23	24	25	26	27	28	3/1	2	3	4	5	6	7	8	9	10	11	12	13	14	15	16	17	18	19

2월

음력	1	2	3	4	5	6	7	8	9	10	11	12	13	14	15	16	17	18	19	20	21	22	23	24	25	26	27	28	29	30
일주	병신	정유	무술	기해	경자	신축	임인	계묘	갑진	을사	병오	정미	무신	기유	경술	신해	임자	계축	갑인	을묘	병진	정사	무오	기미	경신	신유	임술	계해	갑자	을축
양력	20	21	22	23	24	25	26	27	28	29	30	31	4/1	2	3	4	5	6	7	8	9	10	11	12	13	14	15	16	17	18

3월

음력	1	2	3	4	5	6	7	8	9	10	11	12	13	14	15	16	17	18	19	20	21	22	23	24	25	26	27	28	29	30
일주	병인	정묘	무진	기사	경오	신미	임신	계유	갑술	을해	병자	정축	무인	기묘	경진	신사	임오	계미	갑신	을유	병술	정해	무자	기축	경인	신묘	임진	계사	갑오	을미
양력	19	20	21	22	23	24	25	26	27	28	29	30	5/1	2	3	4	5	6	7	8	9	10	11	12	13	14	15	16	17	18

4월

음력	1	2	3	4	5	6	7	8	9	10	11	12	13	14	15	16	17	18	19	20	21	22	23	24	25	26	27	28	29
일주	병신	정유	무술	기해	경자	신축	임인	계묘	갑진	을사	병오	정미	무신	기유	경술	신해	임자	계축	갑인	을묘	병진	정사	무오	기미	경신	신유	임술	계해	갑자
양력	19	20	21	22	23	24	25	26	27	28	29	30	31	6/1	2	3	4	5	6	7	8	9	10	11	12	13	14	15	16

5월

음력	1	2	3	4	5	6	7	8	9	10	11	12	13	14	15	16	17	18	19	20	21	22	23	24	25	26	27	28	29	30
일주	을축	병인	정묘	무진	기사	경오	신미	임신	계유	갑술	을해	병자	정축	무인	기묘	경진	신사	임오	계미	갑신	을유	병술	정해	무자	기축	경인	신묘	임진	계사	갑오
양력	17	18	19	20	21	22	23	24	25	26	27	28	29	30	7/1	2	3	4	5	6	7	8	9	10	11	12	13	14	15	16

6월

음력	1	2	3	4	5	6	7	8	9	10	11	12	13	14	15	16	17	18	19	20	21	22	23	24	25	26	27	28	29
일주	을미	병신	정유	무술	기해	경자	신축	임인	계묘	갑진	을사	병오	정미	무신	기유	경술	신해	임자	계축	갑인	을묘	병진	정사	무오	기미	경신	신유	임술	계해
양력	17	18	19	20	21	22	23	24	25	26	27	28	29	30	31	8/1	2	3	4	5	6	7	8	9	10	11	12	13	14

7월

음력	1	2	3	4	5	6	7	8	9	10	11	12	13	14	15	16	17	18	19	20	21	22	23	24	25	26	27	28	29
일주	갑자	을축	병인	정묘	무진	기사	경오	신미	임신	계유	갑술	을해	병자	정축	무인	기묘	경진	신사	임오	계미	갑신	을유	병술	정해	무자	기축	경인	신묘	임진
양력	15	16	17	18	19	20	21	22	23	24	25	26	27	28	29	30	31	9/1	2	3	4	5	6	7	8	9	10	11	12

8월

음력	1	2	3	4	5	6	7	8	9	10	11	12	13	14	15	16	17	18	19	20	21	22	23	24	25	26	27	28	29	30
일주	계사	갑오	을미	병신	정유	무술	기해	경자	신축	임인	계묘	갑진	을사	병오	정미	무신	기유	경술	신해	임자	계축	갑인	을묘	병진	정사	무오	기미	경신	신유	임술
양력	13	14	15	16	17	18	19	20	21	22	23	24	25	26	27	28	29	30	10/1	2	3	4	5	6	7	8	9	10	11	12

9월

음력	1	2	3	4	5	6	7	8	9	10	11	12	13	14	15	16	17	18	19	20	21	22	23	24	25	26	27	28	29
일주	계해	갑자	을축	병인	정묘	무진	기사	경오	신미	임신	계유	갑술	을해	병자	정축	무인	기묘	경진	신사	임오	계미	갑신	을유	병술	정해	무자	기축	경인	신묘
양력	13	14	15	16	17	18	19	20	21	22	23	24	25	26	27	28	29	30	31	11/1	2	3	4	5	6	7	8	9	10

10월

음력	1	2	3	4	5	6	7	8	9	10	11	12	13	14	15	16	17	18	19	20	21	22	23	24	25	26	27	28	29	30
일주	임진	계사	갑오	을미	병신	정유	무술	기해	경자	신축	임인	계묘	갑진	을사	병오	정미	무신	기유	경술	신해	임자	계축	갑인	을묘	병진	정사	무오	기미	경신	신유
양력	11	12	13	14	15	16	17	18	19	20	21	22	23	24	25	26	27	28	29	30	12/1	2	3	4	5	6	7	8	9	10

11월

음력	1	2	3	4	5	6	7	8	9	10	11	12	13	14	15	16	17	18	19	20	21	22	23	24	25	26	27	28	29
일주	임술	계해	갑자	을축	병인	정묘	무진	기사	경오	신미	임신	계유	갑술	을해	병자	정축	무인	기묘	경진	신사	임오	계미	갑신	을유	병술	정해	무자	기축	경인
양력	11	12	13	14	15	16	17	18	19	20	21	22	23	24	25	26	27	28	29	30	31	1/1	2	3	4	5	6	7	8

12월

음력	1	2	3	4	5	6	7	8	9	10	11	12	13	14	15	16	17	18	19	20	21	22	23	24	25	26	27	28	29	30
일주	신묘	임진	계사	갑오	을미	병신	정유	무술	기해	경자	신축	임인	계묘	갑진	을사	병오	정미	무신	기유	경술	신해	임자	계축	갑인	을묘	병진	정사	무오	기미	경신
양력	9	10	11	12	13	14	15	16	17	18	19	20	21	22	23	24	25	26	27	28	29	30	31	2/1	2	3	4	5	6	7

1959년생 (음력기준)

1월

음력	1	2	3	4	5	6	7	8	9	10
일주	신유	임술	계해	갑자	을축	병인	정묘	무진	기사	경오
양력	8	9	10	11	12	13	14	15	16	17
음력	11	12	13	14	15	16	17	18	19	20
일주	신미	임신	계유	갑술	을해	병자	정축	무인	기묘	경진
양력	18	19	20	21	22	23	24	25	26	27
음력	21	22	23	24	25	26	27	28	29	
일주	신사	임오	계미	갑신	을유	병술	정해	무자	기축	
양력	28	3/1	2	3	4	5	6	7	8	

2월

음력	1	2	3	4	5	6	7	8	9	10
일주	경인	신묘	임진	계사	갑오	을미	병신	정유	무술	기해
양력	9	10	11	12	13	14	15	16	17	18
음력	11	12	13	14	15	16	17	18	19	20
일주	경자	신축	임인	계묘	갑진	을사	병오	정미	무신	기유
양력	19	20	21	22	23	24	25	26	27	28
음력	21	22	23	24	25	26	27	28	29	30
일주	경술	신해	임자	계축	갑인	을묘	병진	정사	무오	기미
양력	29	30	31	4/1	2	3	4	5	6	7

3월

음력	1	2	3	4	5	6	7	8	9	10
일주	경신	신유	임술	계해	갑자	을축	병인	정묘	무진	기사
양력	8	9	10	11	12	13	14	15	16	17
음력	11	12	13	14	15	16	17	18	19	20
일주	경오	신미	임신	계유	갑술	을해	병자	정축	무인	기묘
양력	18	19	20	21	22	23	24	25	26	27
음력	21	22	23	24	25	26	27	28	29	30
일주	경진	신사	임오	계미	갑신	을유	병술	정해	무자	기축
양력	28	29	30	5/1	2	3	4	5	6	7

4월

음력	1	2	3	4	5	6	7	8	9	10
일주	경인	신묘	임진	계사	갑오	을미	병신	정유	무술	기해
양력	8	9	10	11	12	13	14	15	16	17
음력	11	12	13	14	15	16	17	18	19	20
일주	경자	신축	임인	계묘	갑진	을사	병오	정미	무신	기유
양력	18	19	20	21	22	23	24	25	26	27
음력	21	22	23	24	25	26	27	28	29	
일주	경술	신해	임자	계축	갑인	을묘	병진	정사	무오	
양력	28	29	30	31	6/1	2	3	4	5	

5월

음력	1	2	3	4	5	6	7	8	9	10
일주	기미	경신	신유	임술	계해	갑자	을축	병인	정묘	무진
양력	6	7	8	9	10	11	12	13	14	15
음력	11	12	13	14	15	16	17	18	19	20
일주	기사	경오	신미	임신	계유	갑술	을해	병자	정축	무인
양력	16	17	18	19	20	21	22	23	24	25
음력	21	22	23	24	25	26	27	28	29	30
일주	기묘	경진	신사	임오	계미	갑신	을유	병술	정해	무자
양력	26	27	28	29	30	7/1	2	3	4	5

6월

음력	1	2	3	4	5	6	7	8	9	10
일주	기축	경인	신묘	임진	계사	갑오	을미	병신	정유	무술
양력	6	7	8	9	10	11	12	13	14	15
음력	11	12	13	14	15	16	17	18	19	20
일주	기해	경자	신축	임인	계묘	갑진	을사	병오	정미	무신
양력	16	17	18	19	20	21	22	23	24	25
음력	21	22	23	24	25	26	27	28	29	
일주	기유	경술	신해	임자	계축	갑인	을묘	병진	정사	
양력	26	27	28	29	30	31	8/1	2	3	

7월

음력	1	2	3	4	5	6	7	8	9	10
일주	무오	기미	경신	신유	임술	계해	갑자	을축	병인	정묘
양력	4	5	6	7	8	9	10	11	12	13
음력	11	12	13	14	15	16	17	18	19	20
일주	무진	기사	경오	신미	임신	계유	갑술	을해	병자	정축
양력	14	15	16	17	18	19	20	21	22	23
음력	21	22	23	24	25	26	27	28	29	30
일주	무인	기묘	경진	신사	임오	계미	갑신	을유	병술	정해
양력	24	25	26	27	28	29	30	31	9/1	2

8월

음력	1	2	3	4	5	6	7	8	9	10
일주	무자	기축	경인	신묘	임진	계사	갑오	을미	병신	정유
양력	3	4	5	6	7	8	9	10	11	12
음력	11	12	13	14	15	16	17	18	19	20
일주	무술	기해	경자	신축	임인	계묘	갑진	을사	병오	정미
양력	13	14	15	16	17	18	19	20	21	22
음력	21	22	23	24	25	26	27	28	29	
일주	무신	기유	경술	신해	임자	계축	갑인	을묘	병진	
양력	23	24	25	26	27	28	29	30	10/1	

9월

음력	1	2	3	4	5	6	7	8	9	10
일주	정사	무오	기미	경신	신유	임술	계해	갑자	을축	병인
양력	2	3	4	5	6	7	8	9	10	11
음력	11	12	13	14	15	16	17	18	19	20
일주	정묘	무진	기사	경오	신미	임신	계유	갑술	을해	병자
양력	12	13	14	15	16	17	18	19	20	21
음력	21	22	23	24	25	26	27	28	29	30
일주	정축	무인	기묘	경진	신사	임오	계미	갑신	을유	병술
양력	22	23	24	25	26	27	28	29	30	31

10월

음력	1	2	3	4	5	6	7	8	9	10
일주	정해	무자	기축	경인	신묘	임진	계사	갑오	을미	병신
양력	11/1	2	3	4	5	6	7	8	9	10
음력	11	12	13	14	15	16	17	18	19	20
일주	정유	무술	기해	경자	신축	임인	계묘	갑진	을사	병오
양력	11	12	13	14	15	16	17	18	19	20
음력	21	22	23	24	25	26	27	28	29	
일주	정미	무신	기유	경술	신해	임자	계축	갑인	을묘	
양력	21	22	23	24	25	26	27	28	29	

11월

음력	1	2	3	4	5	6	7	8	9	10
일주	병진	정사	무오	기미	경신	신유	임술	계해	갑자	을축
양력	30	12/1	2	3	4	5	6	7	8	9
음력	11	12	13	14	15	16	17	18	19	20
일주	병인	정묘	무진	기사	경오	신미	임신	계유	갑술	을해
양력	10	11	12	13	14	15	16	17	18	19
음력	21	22	23	24	25	26	27	28	29	30
일주	병자	정축	무인	기묘	경진	신사	임오	계미	갑신	을유
양력	20	21	22	23	24	25	26	27	28	29

12월

음력	1	2	3	4	5	6	7	8	9	10
일주	병술	정해	무자	기축	경인	신묘	임진	계사	갑오	을미
양력	30	31	1/1	2	3	4	5	6	7	8
음력	11	12	13	14	15	16	17	18	19	20
일주	병신	정유	무술	기해	경자	신축	임인	계묘	갑진	을사
양력	9	10	11	12	13	14	15	16	17	18
음력	21	22	23	24	25	26	27	28	29	
일주	병오	정미	무신	기유	경술	신해	임자	계축	갑인	
양력	19	20	21	22	23	24	25	26	27	

1960년생 (음력기준)

1월

음력	1	2	3	4	5	6	7	8	9	10
일주	을묘	병진	정사	무오	기미	경신	신유	임술	계해	갑자
양력	28	29	30	31	2/1	2	3	4	5	6

음력	11	12	13	14	15	16	17	18	19	20
일주	을축	병인	정묘	무진	기사	경오	신미	임신	계유	갑술
양력	7	8	9	10	11	12	13	14	15	16

음력	21	22	23	24	25	26	27	28	29	30
일주	을해	병자	정축	무인	기묘	경진	신사	임오	계미	갑신
양력	17	18	19	20	21	22	23	24	25	26

2월

음력	1	2	3	4	5	6	7	8	9	10
일주	을유	병술	정해	무자	기축	경인	신묘	임진	계사	갑오
양력	27	28	29	3/1	2	3	4	5	6	7

음력	11	12	13	14	15	16	17	18	19	20
일주	을미	병신	정유	무술	기해	경자	신축	임인	계묘	갑진
양력	8	9	10	11	12	13	14	15	16	17

음력	21	22	23	24	25	26	27	28	29
일주	을사	병오	정미	무신	기유	경술	신해	임자	계축
양력	18	19	20	21	22	23	24	25	26

3월

음력	1	2	3	4	5	6	7	8	9	10
일주	갑인	을묘	병진	정사	무오	기미	경신	신유	임술	계해
양력	27	28	29	30	31	4/1	2	3	4	5

음력	11	12	13	14	15	16	17	18	19	20
일주	갑자	을축	병인	정묘	무진	기사	경오	신미	임신	계유
양력	6	7	8	9	10	11	12	13	14	15

음력	21	22	23	24	25	26	27	28	29	30
일주	갑술	을해	병자	정축	무인	기묘	경진	신사	임오	계미
양력	16	17	18	19	20	21	22	23	24	25

4월

음력	1	2	3	4	5	6	7	8	9	10
일주	갑신	을유	병술	정해	무자	기축	경인	신묘	임진	계사
양력	26	27	28	29	30	5/1	2	3	4	5

음력	11	12	13	14	15	16	17	18	19	20
일주	갑오	을미	병신	정유	무술	기해	경자	신축	임인	계묘
양력	6	7	8	9	10	11	12	13	14	15

음력	21	22	23	24	25	26	27	28	29
일주	갑진	을사	병오	정미	무신	기유	경술	신해	임자
양력	16	17	18	19	20	21	22	23	24

5월

음력	1	2	3	4	5	6	7	8	9	10
일주	계축	갑인	을묘	병진	정사	무오	기미	경신	신유	임술
양력	25	26	27	28	29	30	31	6/1	2	3

음력	11	12	13	14	15	16	17	18	19	20
일주	계해	갑자	을축	병인	정묘	무진	기사	경오	신미	임신
양력	4	5	6	7	8	9	10	11	12	13

음력	21	22	23	24	25	26	27	28	29	30
일주	계유	갑술	을해	병자	정축	무인	기묘	경진	신사	임오
양력	14	15	16	17	18	19	20	21	22	23

6월

음력	1	2	3	4	5	6	7	8	9	10
일주	계미	갑신	을유	병술	정해	무자	기축	경인	신묘	임진
양력	24	25	26	27	28	29	30	7/1	2	3

음력	11	12	13	14	15	16	17	18	19	20
일주	계사	갑오	을미	병신	정유	무술	기해	경자	신축	임인
양력	4	5	6	7	8	9	10	11	12	13

음력	21	22	23	24	25	26	27	28	29	30
일주	계묘	갑진	을사	병오	정미	무신	기유	경술	신해	임자
양력	14	15	16	17	18	19	20	21	22	23

6월 윤달

음력	1	2	3	4	5	6	7	8	9	10
일주	계축	갑인	을묘	병진	정사	무오	기미	경신	신유	임술
양력	24	25	26	27	28	29	30	31	8/1	2

음력	11	12	13	14	15	16	17	18	19	20
일주	계해	갑자	을축	병인	정묘	무진	기사	경오	신미	임신
양력	3	4	5	6	7	8	9	10	11	12

음력	21	22	23	24	25	26	27	28	29
일주	계유	갑술	을해	병자	정축	무인	기묘	경진	신사
양력	13	14	15	16	17	18	19	20	21

7월

음력	1	2	3	4	5	6	7	8	9	10
일주	임오	계미	갑신	을유	병술	정해	무자	기축	경인	신묘
양력	22	23	24	25	26	27	28	29	30	31

음력	11	12	13	14	15	16	17	18	19	20
일주	임진	계사	갑오	을미	병신	정유	무술	기해	경자	신축
양력	9/1	2	3	4	5	6	7	8	9	10

음력	21	22	23	24	25	26	27	28	29	30
일주	임인	계묘	갑진	을사	병오	정미	무신	기유	경술	신해
양력	11	12	13	14	15	16	17	18	19	20

8월

음력	1	2	3	4	5	6	7	8	9	10
일주	임자	계축	갑인	을묘	병진	정사	무오	기미	경신	신유
양력	21	22	23	24	25	26	27	28	29	30

음력	11	12	13	14	15	16	17	18	19	20
일주	임술	계해	갑자	을축	병인	정묘	무진	기사	경오	신미
양력	10/1	2	3	4	5	6	7	8	9	10

음력	21	22	23	24	25	26	27	28	29
일주	임신	계유	갑술	을해	병자	정축	무인	기묘	경진
양력	11	12	13	14	15	16	17	18	19

9월

음력	1	2	3	4	5	6	7	8	9	10
일주	신사	임오	계미	갑신	을유	병술	정해	무자	기축	경인
양력	20	21	22	23	24	25	26	27	28	29

음력	11	12	13	14	15	16	17	18	19	20
일주	신묘	임진	계사	갑오	을미	병신	정유	무술	기해	경자
양력	30	31	11/1	2	3	4	5	6	7	8

음력	21	22	23	24	25	26	27	28	29	30
일주	신축	임인	계묘	갑진	을사	병오	정미	무신	기유	경술
양력	9	10	11	12	13	14	15	16	17	18

10월

음력	1	2	3	4	5	6	7	8	9	10
일주	신해	임자	계축	갑인	을묘	병진	정사	무오	기미	경신
양력	19	20	21	22	23	24	25	26	27	28

음력	11	12	13	14	15	16	17	18	19	20
일주	신유	임술	계해	갑자	을축	병인	정묘	무진	기사	경오
양력	29	30	12/1	2	3	4	5	6	7	8

음력	21	22	23	24	25	26	27	28	29
일주	신미	임신	계유	갑술	을해	병자	정축	무인	기묘
양력	9	10	11	12	13	14	15	16

11월

음력	1	2	3	4	5	6	7	8	9	10
일주	경진	신사	임오	계미	갑신	을유	병술	정해	무자	기축
양력	18	19	20	21	22	23	24	25	26	27

음력	11	12	13	14	15	16	17	18	19	20
일주	경인	신묘	임진	계사	갑오	을미	병신	정유	무술	기해
양력	28	29	30	31	1/1	2	3	4	5	6

음력	21	22	23	24	25	26	27	28	29
일주	경자	신축	임인	계묘	갑진	을사	병오	정미	무신
양력	7	8	9	10	11	12	13	14	15

12월

음력	1	2	3	4	5	6	7	8	9	10
일주	경술	신해	임자	계축	갑인	을묘	병진	정사	무오	기미
양력	17	18	19	20	21	22	23	24	25	26

음력	11	12	13	14	15	16	17	18	19	20
일주	경신	신유	임술	계해	갑자	을축	병인	정묘	무진	기사
양력	27	28	29	30	31	2/1	2	3	4	5

음력	21	22	23	24	25	26	27	28	29
일주	경오	신미	임신	계유	갑술	을해	병자	정축	무인
양력	6	7	8	9	10	11	12	13	14

1961년생 (음력기준)

1월
	1	2	3	4	5	6	7	8	9	10	11	12	13	14	15	16	17	18	19	20	21	22	23	24	25	26	27	28	29	30
음력	1	2	3	4	5	6	7	8	9	10	11	12	13	14	15	16	17	18	19	20	21	22	23	24	25	26	27	28	29	30
일주	기묘	경진	신사	임오	계미	갑신	을유	병술	정해	무자	기축	경인	신묘	임진	계사	갑오	을미	병신	정유	무술	기해	경자	신축	임인	계묘	갑진	을사	병오	정미	무신
양력	15	16	17	18	19	20	21	22	23	24	25	26	27	28	3/1	2	3	4	5	6	7	8	9	10	11	12	13	14	15	16

2월
	1	2	3	4	5	6	7	8	9	10	11	12	13	14	15	16	17	18	19	20	21	22	23	24	25	26	27	28	29
음력	1	2	3	4	5	6	7	8	9	10	11	12	13	14	15	16	17	18	19	20	21	22	23	24	25	26	27	28	29
일주	기유	경술	신해	임자	계축	갑인	을묘	병진	정사	무오	기미	경신	신유	임술	계해	갑자	을축	병인	정묘	무진	기사	경오	신미	임신	계유	갑술	을해	병자	정축
양력	17	18	19	20	21	22	23	24	25	26	27	28	29	30	31	4/1	2	3	4	5	6	7	8	9	10	11	12	13	14

3월
	1	2	3	4	5	6	7	8	9	10	11	12	13	14	15	16	17	18	19	20	21	22	23	24	25	26	27	28	29	30
음력	1	2	3	4	5	6	7	8	9	10	11	12	13	14	15	16	17	18	19	20	21	22	23	24	25	26	27	28	29	30
일주	무인	기묘	경진	신사	임오	계미	갑신	을유	병술	정해	무자	기축	경인	신묘	임진	계사	갑오	을미	병신	정유	무술	기해	경자	신축	임인	계묘	갑진	을사	병오	정미
양력	15	16	17	18	19	20	21	22	23	24	25	26	27	28	29	30	5/1	2	3	4	5	6	7	8	9	10	11	12	13	14

4월
	1	2	3	4	5	6	7	8	9	10	11	12	13	14	15	16	17	18	19	20	21	22	23	24	25	26	27	28	29
음력	1	2	3	4	5	6	7	8	9	10	11	12	13	14	15	16	17	18	19	20	21	22	23	24	25	26	27	28	29
일주	무신	기유	경술	신해	임자	계축	갑인	을묘	병진	정사	무오	기미	경신	신유	임술	계해	갑자	을축	병인	정묘	무진	기사	경오	신미	임신	계유	갑술	을해	병자
양력	15	16	17	18	19	20	21	22	23	24	25	26	27	28	29	30	31	6/1	2	3	4	5	6	7	8	9	10	11	12

5월
	1	2	3	4	5	6	7	8	9	10	11	12	13	14	15	16	17	18	19	20	21	22	23	24	25	26	27	28	29	30
음력	1	2	3	4	5	6	7	8	9	10	11	12	13	14	15	16	17	18	19	20	21	22	23	24	25	26	27	28	29	30
일주	정축	무인	기묘	경진	신사	임오	계미	갑신	을유	병술	정해	무자	기축	경인	신묘	임진	계사	갑오	을미	병신	정유	무술	기해	경자	신축	임인	계묘	갑진	을사	병오
양력	13	14	15	16	17	18	19	20	21	22	23	24	25	26	27	28	29	30	7/1	2	3	4	5	6	7	8	9	10	11	12

6월
	1	2	3	4	5	6	7	8	9	10	11	12	13	14	15	16	17	18	19	20	21	22	23	24	25	26	27	28	29
음력	1	2	3	4	5	6	7	8	9	10	11	12	13	14	15	16	17	18	19	20	21	22	23	24	25	26	27	28	29
일주	정미	무신	기유	경술	신해	임자	계축	갑인	을묘	병진	정사	무오	기미	경신	신유	임술	계해	갑자	을축	병인	정묘	무진	기사	경오	신미	임신	계유	갑술	을해
양력	13	14	15	16	17	18	19	20	21	22	23	24	25	26	27	28	29	30	31	8/1	2	3	4	5	6	7	8	9	10

7월
	1	2	3	4	5	6	7	8	9	10	11	12	13	14	15	16	17	18	19	20	21	22	23	24	25	26	27	28	29	30
음력	1	2	3	4	5	6	7	8	9	10	11	12	13	14	15	16	17	18	19	20	21	22	23	24	25	26	27	28	29	30
일주	병자	정축	무인	기묘	경진	신사	임오	계미	갑신	을유	병술	정해	무자	기축	경인	신묘	임진	계사	갑오	을미	병신	정유	무술	기해	경자	신축	임인	계묘	갑진	을사
양력	11	12	13	14	15	16	17	18	19	20	21	22	23	24	25	26	27	28	29	30	31	9/1	2	3	4	5	6	7	8	9

8월
	1	2	3	4	5	6	7	8	9	10	11	12	13	14	15	16	17	18	19	20	21	22	23	24	25	26	27	28	29	30
음력	1	2	3	4	5	6	7	8	9	10	11	12	13	14	15	16	17	18	19	20	21	22	23	24	25	26	27	28	29	30
일주	병오	정미	무신	기유	경술	신해	임자	계축	갑인	을묘	병진	정사	무오	기미	경신	신유	임술	계해	갑자	을축	병인	정묘	무진	기사	경오	신미	임신	계유	갑술	을해
양력	10	11	12	13	14	15	16	17	18	19	20	21	22	23	24	25	26	27	28	29	30	10/1	2	3	4	5	6	7	8	9

9월
	1	2	3	4	5	6	7	8	9	10	11	12	13	14	15	16	17	18	19	20	21	22	23	24	25	26	27	28	29
음력	1	2	3	4	5	6	7	8	9	10	11	12	13	14	15	16	17	18	19	20	21	22	23	24	25	26	27	28	29
일주	병자	정축	무인	기묘	경진	신사	임오	계미	갑신	을유	병술	정해	무자	기축	경인	신묘	임진	계사	갑오	을미	병신	정유	무술	기해	경자	신축	임인	계묘	갑진
양력	10	11	12	13	14	15	16	17	18	19	20	21	22	23	24	25	26	27	28	29	30	31	11/1	2	3	4	5	6	7

10월
	1	2	3	4	5	6	7	8	9	10	11	12	13	14	15	16	17	18	19	20	21	22	23	24	25	26	27	28	29	30
음력	1	2	3	4	5	6	7	8	9	10	11	12	13	14	15	16	17	18	19	20	21	22	23	24	25	26	27	28	29	30
일주	을사	병오	정미	무신	기유	경술	신해	임자	계축	갑인	을묘	병진	정사	무오	기미	경신	신유	임술	계해	갑자	을축	병인	정묘	무진	기사	경오	신미	임신	계유	갑술
양력	8	9	10	11	12	13	14	15	16	17	18	19	20	21	22	23	24	25	26	27	28	29	30	12/1	2	3	4	5	6	7

11월
	1	2	3	4	5	6	7	8	9	10	11	12	13	14	15	16	17	18	19	20	21	22	23	24	25	26	27	28	29
음력	1	2	3	4	5	6	7	8	9	10	11	12	13	14	15	16	17	18	19	20	21	22	23	24	25	26	27	28	29
일주	을해	병자	정축	무인	기묘	경진	신사	임오	계미	갑신	을유	병술	정해	무자	기축	경인	신묘	임진	계사	갑오	을미	병신	정유	무술	기해	경자	신축	임인	계묘
양력	8	9	10	11	12	13	14	15	16	17	18	19	20	21	22	23	24	25	26	27	28	29	30	31	1/1	2	3	4	5

12월
	1	2	3	4	5	6	7	8	9	10	11	12	13	14	15	16	17	18	19	20	21	22	23	24	25	26	27	28	29	30
음력	1	2	3	4	5	6	7	8	9	10	11	12	13	14	15	16	17	18	19	20	21	22	23	24	25	26	27	28	29	30
일주	갑진	을사	병오	정미	무신	기유	경술	신해	임자	계축	갑인	을묘	병진	정사	무오	기미	경신	신유	임술	계해	갑자	을축	병인	정묘	무진	기사	경오	신미	임신	계유
양력	6	7	8	9	10	11	12	13	14	15	16	17	18	19	20	21	22	23	24	25	26	27	28	29	30	31	2/1	2	3	4

1962년생 (음력기준)

1월	음력	1	2	3	4	5	6	7	8	9	10	11	12	13	14	15	16	17	18	19	20	21	22	23	24	25	26	27	28	29	
	일주	갑술	을해	병자	정축	무인	기묘	경진	신사	임오	계미	갑신	을유	병술	정해	무자	기축	경인	신묘	임진	계사	갑오	을미	병신	정유	무술	기해	경자	신축	임인	
	양력	5	6	7	8	9	10	11	12	13	14	15	16	17	18	19	20	21	22	23	24	25	26	27	28	3/1	2	3	4	5	
2월	음력	1	2	3	4	5	6	7	8	9	10	11	12	13	14	15	16	17	18	19	20	21	22	23	24	25	26	27	28	29	30
	일주	계묘	갑진	을사	병오	정미	무신	기유	경술	신해	임자	계축	갑인	을묘	병진	정사	무오	기미	경신	신유	임술	계해	갑자	을축	병인	정묘	무진	기사	경오	신미	임신
	양력	6	7	8	9	10	11	12	13	14	15	16	17	18	19	20	21	22	23	24	25	26	27	28	29	30	31	4/1	2	3	4
3월	음력	1	2	3	4	5	6	7	8	9	10	11	12	13	14	15	16	17	18	19	20	21	22	23	24	25	26	27	28	29	
	일주	계유	갑술	을해	병자	정축	무인	기묘	경진	신사	임오	계미	갑신	을유	병술	정해	무자	기축	경인	신묘	임진	계사	갑오	을미	병신	정유	무술	기해	경자	신축	
	양력	5	6	7	8	9	10	11	12	13	14	15	16	17	18	19	20	21	22	23	24	25	26	27	28	29	30	5/1	2	3	
4월	음력	1	2	3	4	5	6	7	8	9	10	11	12	13	14	15	16	17	18	19	20	21	22	23	24	25	26	27	28	29	
	일주	임인	계묘	갑진	을사	병오	정미	무신	기유	경술	신해	임자	계축	갑인	을묘	병진	정사	무오	기미	경신	신유	임술	계해	갑자	을축	병인	정묘	무진	기사	경오	
	양력	4	5	6	7	8	9	10	11	12	13	14	15	16	17	18	19	20	21	22	23	24	25	26	27	28	29	30	31	6/1	
5월	음력	1	2	3	4	5	6	7	8	9	10	11	12	13	14	15	16	17	18	19	20	21	22	23	24	25	26	27	28	29	30
	일주	신미	임신	계유	갑술	을해	병자	정축	무인	기묘	경진	신사	임오	계미	갑신	을유	병술	정해	무자	기축	경인	신묘	임진	계사	갑오	을미	병신	정유	무술	기해	경자
	양력	2	3	4	5	6	7	8	9	10	11	12	13	14	15	16	17	18	19	20	21	22	23	24	25	26	27	28	29	30	7/1
6월	음력	1	2	3	4	5	6	7	8	9	10	11	12	13	14	15	16	17	18	19	20	21	22	23	24	25	26	27	28	29	
	일주	신축	임인	계묘	갑진	을사	병오	정미	무신	기유	경술	신해	임자	계축	갑인	을묘	병진	정사	무오	기미	경신	신유	임술	계해	갑자	을축	병인	정묘	무진	기사	
	양력	2	3	4	5	6	7	8	9	10	11	12	13	14	15	16	17	18	19	20	21	22	23	24	25	26	27	28	29	30	
7월	음력	1	2	3	4	5	6	7	8	9	10	11	12	13	14	15	16	17	18	19	20	21	22	23	24	25	26	27	28	29	30
	일주	경오	신미	임신	계유	갑술	을해	병자	정축	무인	기묘	경진	신사	임오	계미	갑신	을유	병술	정해	무자	기축	경인	신묘	임진	계사	갑오	을미	병신	정유	무술	기해
	양력	31	8/1	2	3	4	5	6	7	8	9	10	11	12	13	14	15	16	17	18	19	20	21	22	23	24	25	26	27	28	29
8월	음력	1	2	3	4	5	6	7	8	9	10	11	12	13	14	15	16	17	18	19	20	21	22	23	24	25	26	27	28	29	30
	일주	경자	신축	임인	계묘	갑진	을사	병오	정미	무신	기유	경술	신해	임자	계축	갑인	을묘	병진	정사	무오	기미	경신	신유	임술	계해	갑자	을축	병인	정묘	무진	기사
	양력	30	31	9/1	2	3	4	5	6	7	8	9	10	11	12	13	14	15	16	17	18	19	20	21	22	23	24	25	26	27	28
9월	음력	1	2	3	4	5	6	7	8	9	10	11	12	13	14	15	16	17	18	19	20	21	22	23	24	25	26	27	28	29	
	일주	경오	신미	임신	계유	갑술	을해	병자	정축	무인	기묘	경진	신사	임오	계미	갑신	을유	병술	정해	무자	기축	경인	신묘	임진	계사	갑오	을미	병신	정유	무술	
	양력	29	30	10/1	2	3	4	5	6	7	8	9	10	11	12	13	14	15	16	17	18	19	20	21	22	23	24	25	26	27	
10월	음력	1	2	3	4	5	6	7	8	9	10	11	12	13	14	15	16	17	18	19	20	21	22	23	24	25	26	27	28	29	30
	일주	기해	경자	신축	임인	계묘	갑진	을사	병오	정미	무신	기유	경술	신해	임자	계축	갑인	을묘	병진	정사	무오	기미	경신	신유	임술	계해	갑자	을축	병인	정묘	무진
	양력	28	29	30	31	11/1	2	3	4	5	6	7	8	9	10	11	12	13	14	15	16	17	18	19	20	21	22	23	24	25	26
11월	음력	1	2	3	4	5	6	7	8	9	10	11	12	13	14	15	16	17	18	19	20	21	22	23	24	25	26	27	28	29	30
	일주	기사	경오	신미	임신	계유	갑술	을해	병자	정축	무인	기묘	경진	신사	임오	계미	갑신	을유	병술	정해	무자	기축	경인	신묘	임진	계사	갑오	을미	병신	정유	무술
	양력	27	28	29	30	12/1	2	3	4	5	6	7	8	9	10	11	12	13	14	15	16	17	18	19	20	21	22	23	24	25	26
12월	음력	1	2	3	4	5	6	7	8	9	10	11	12	13	14	15	16	17	18	19	20	21	22	23	24	25	26	27	28	29	
	일주	기해	경자	신축	임인	계묘	갑진	을사	병오	정미	무신	기유	경술	신해	임자	계축	갑인	을묘	병진	정사	무오	기미	경신	신유	임술	계해	갑자	을축	병인	정묘	
	양력	27	28	29	30	31	1/1	2	3	4	5	6	7	8	9	10	11	12	13	14	15	16	17	18	19	20	21	22	23	24	

1963년생 (음력기준)

1월
음력	1	2	3	4	5	6	7	8	9	10	11	12	13	14	15	16	17	18	19	20	21	22	23	24	25	26	27	28	29	30
일주	무진	기사	경오	신미	임신	계유	갑술	을해	병자	정축	무인	기묘	경진	신사	임오	계미	갑신	을유	병술	정해	무자	기축	경인	신묘	임진	계사	갑오	을미	병신	정유
양력	25	26	27	28	29	30	31	2/1	2	3	4	5	6	7	8	9	10	11	12	13	14	15	16	17	18	19	20	21	22	23

2월
음력	1	2	3	4	5	6	7	8	9	10	11	12	13	14	15	16	17	18	19	20	21	22	23	24	25	26	27	28	29
일주	무술	기해	경자	신축	임인	계묘	갑진	을사	병오	정미	무신	기유	경술	신해	임자	계축	갑인	을묘	병진	정사	무오	기미	경신	신유	임술	계해	갑자	을축	병인
양력	24	25	26	27	28	3/1	2	3	4	5	6	7	8	9	10	11	12	13	14	15	16	17	18	19	20	21	22	23	24

3월
음력	1	2	3	4	5	6	7	8	9	10	11	12	13	14	15	16	17	18	19	20	21	22	23	24	25	26	27	28	29	30
일주	정묘	무진	기사	경오	신미	임신	계유	갑술	을해	병자	정축	무인	기묘	경진	신사	임오	계미	갑신	을유	병술	정해	무자	기축	경인	신묘	임진	계사	갑오	을미	병신
양력	25	26	27	28	29	30	31	4/1	2	3	4	5	6	7	8	9	10	11	12	13	14	15	16	17	18	19	20	21	22	23

4월
음력	1	2	3	4	5	6	7	8	9	10	11	12	13	14	15	16	17	18	19	20	21	22	23	24	25	26	27	28	29
일주	정유	무술	기해	경자	신축	임인	계묘	갑진	을사	병오	정미	무신	기유	경술	신해	임자	계축	갑인	을묘	병진	정사	무오	기미	경신	신유	임술	계해	갑자	을축
양력	24	25	26	27	28	29	30	5/1	2	3	4	5	6	7	8	9	10	11	12	13	14	15	16	17	18	19	20	21	22

4월 윤달
음력	1	2	3	4	5	6	7	8	9	10	11	12	13	14	15	16	17	18	19	20	21	22	23	24	25	26	27	28	29
일주	병인	정묘	무진	기사	경오	신미	임신	계유	갑술	을해	병자	정축	무인	기묘	경진	신사	임오	계미	갑신	을유	병술	정해	무자	기축	경인	신묘	임진	계사	갑오
양력	23	24	25	26	27	28	29	30	31	6/1	2	3	4	5	6	7	8	9	10	11	12	13	14	15	16	17	18	19	20

5월
음력	1	2	3	4	5	6	7	8	9	10	11	12	13	14	15	16	17	18	19	20	21	22	23	24	25	26	27	28	29	30
일주	을미	병신	정유	무술	기해	경자	신축	임인	계묘	갑진	을사	병오	정미	무신	기유	경술	신해	임자	계축	갑인	을묘	병진	정사	무오	기미	경신	신유	임술	계해	갑자
양력	21	22	23	24	25	26	27	28	29	30	7/1	2	3	4	5	6	7	8	9	10	11	12	13	14	15	16	17	18	19	20

6월
음력	1	2	3	4	5	6	7	8	9	10	11	12	13	14	15	16	17	18	19	20	21	22	23	24	25	26	27	28	29
일주	을축	병인	정묘	무진	기사	경오	신미	임신	계유	갑술	을해	병자	정축	무인	기묘	경진	신사	임오	계미	갑신	을유	병술	정해	무자	기축	경인	신묘	임진	계사
양력	21	22	23	24	25	26	27	28	29	30	31	8/1	2	3	4	5	6	7	8	9	10	11	12	13	14	15	16	17	18

7월
음력	1	2	3	4	5	6	7	8	9	10	11	12	13	14	15	16	17	18	19	20	21	22	23	24	25	26	27	28	29	30
일주	갑오	을미	병신	정유	무술	기해	경자	신축	임인	계묘	갑진	을사	병오	정미	무신	기유	경술	신해	임자	계축	갑인	을묘	병진	정사	무오	기미	경신	신유	임술	계해
양력	19	20	21	22	23	24	25	26	27	28	29	30	31	9/1	2	3	4	5	6	7	8	9	10	11	12	13	14	15	16	17

8월
음력	1	2	3	4	5	6	7	8	9	10	11	12	13	14	15	16	17	18	19	20	21	22	23	24	25	26	27	28	29
일주	갑자	을축	병인	정묘	무진	기사	경오	신미	임신	계유	갑술	을해	병자	정축	무인	기묘	경진	신사	임오	계미	갑신	을유	병술	정해	무자	기축	경인	신묘	임진
양력	18	19	20	21	22	23	24	25	26	27	28	29	30	10/1	2	3	4	5	6	7	8	9	10	11	12	13	14	15	16

9월
음력	1	2	3	4	5	6	7	8	9	10	11	12	13	14	15	16	17	18	19	20	21	22	23	24	25	26	27	28	29	30
일주	계사	갑오	을미	병신	정유	무술	기해	경자	신축	임인	계묘	갑진	을사	병오	정미	무신	기유	경술	신해	임자	계축	갑인	을묘	병진	정사	무오	기미	경신	신유	임술
양력	17	18	19	20	21	22	23	24	25	26	27	28	29	30	31	11/1	2	3	4	5	6	7	8	9	10	11	12	13	14	15

10월
음력	1	2	3	4	5	6	7	8	9	10	11	12	13	14	15	16	17	18	19	20	21	22	23	24	25	26	27	28	29	30
일주	계해	갑자	을축	병인	정묘	무진	기사	경오	신미	임신	계유	갑술	을해	병자	정축	무인	기묘	경진	신사	임오	계미	갑신	을유	병술	정해	무자	기축	경인	신묘	임진
양력	16	17	18	19	20	21	22	23	24	25	26	27	28	29	30	12/1	2	3	4	5	6	7	8	9	10	11	12	13	14	15

11월
음력	1	2	3	4	5	6	7	8	9	10	11	12	13	14	15	16	17	18	19	20	21	22	23	24	25	26	27	28	29	30
일주	계사	갑오	을미	병신	정유	무술	기해	경자	신축	임인	계묘	갑진	을사	병오	정미	무신	기유	경술	신해	임자	계축	갑인	을묘	병진	정사	무오	기미	경신	신유	임술
양력	16	17	18	19	20	21	22	23	24	25	26	27	28	29	30	31	1/1	2	3	4	5	6	7	8	9	10	11	12	13	14

12월
음력	1	2	3	4	5	6	7	8	9	10	11	12	13	14	15	16	17	18	19	20	21	22	23	24	25	26	27	28	29
일주	계해	갑자	을축	병인	정묘	무진	기사	경오	신미	임신	계유	갑술	을해	병자	정축	무인	기묘	경진	신사	임오	계미	갑신	을유	병술	정해	무자	기축	경인	신묘
양력	15	16	17	18	19	20	21	22	23	24	25	26	27	28	29	30	31	2/1	2	3	4	5	6	7	8	9	10	11	12

1964년생 (음력기준)

1월

음력	1	2	3	4	5	6	7	8	9	10	11	12	13	14	15	16	17	18	19	20	21	22	23	24	25	26	27	28	29	30
일주	임진	계사	갑오	을미	병신	정유	무술	기해	경자	신축	임인	계묘	갑진	을사	병오	정미	무신	기유	경술	신해	임자	계축	갑인	을묘	병진	정사	무오	기미	경신	신유
양력	13	14	15	16	17	18	19	20	21	22	23	24	25	26	27	28	29	3/1	2	3	4	5	6	7	8	9	10	11	12	13

2월

음력	1	2	3	4	5	6	7	8	9	10	11	12	13	14	15	16	17	18	19	20	21	22	23	24	25	26	27	28	29
일주	임술	계해	갑자	을축	병인	정묘	무진	기사	경오	신미	임신	계유	갑술	을해	병자	정축	무인	기묘	경진	신사	임오	계미	갑신	을유	병술	정해	무자	기축	경인
양력	14	15	16	17	18	19	20	21	22	23	24	25	26	27	28	29	30	31	4/1	2	3	4	5	6	7	8	9	10	11

3월

음력	1	2	3	4	5	6	7	8	9	10	11	12	13	14	15	16	17	18	19	20	21	22	23	24	25	26	27	28	29	30
일주	신묘	임진	계사	갑오	을미	병신	정유	무술	기해	경자	신축	임인	계묘	갑진	을사	병오	정미	무신	기유	경술	신해	임자	계축	갑인	을묘	병진	정사	무오	기미	경신
양력	12	13	14	15	16	17	18	19	20	21	22	23	24	25	26	27	28	29	30	5/1	2	3	4	5	6	7	8	9	10	11

4월

음력	1	2	3	4	5	6	7	8	9	10	11	12	13	14	15	16	17	18	19	20	21	22	23	24	25	26	27	28	29
일주	신유	임술	계해	갑자	을축	병인	정묘	무진	기사	경오	신미	임신	계유	갑술	을해	병자	정축	무인	기묘	경진	신사	임오	계미	갑신	을유	병술	정해	무자	기축
양력	12	13	14	15	16	17	18	19	20	21	22	23	24	25	26	27	28	29	30	31	6/1	2	3	4	5	6	7	8	9

5월

음력	1	2	3	4	5	6	7	8	9	10	11	12	13	14	15	16	17	18	19	20	21	22	23	24	25	26	27	28	29	30
일주	경인	신묘	임진	계사	갑오	을미	병신	정유	무술	기해	경자	신축	임인	계묘	갑진	을사	병오	정미	무신	기유	경술	신해	임자	계축	갑인	을묘	병진	정사	무오	기미
양력	10	11	12	13	14	15	16	17	18	19	20	21	22	23	24	25	26	27	28	29	30	7/1	2	3	4	5	6	7	8	

6월

음력	1	2	3	4	5	6	7	8	9	10	11	12	13	14	15	16	17	18	19	20	21	22	23	24	25	26	27	28	29	30
일주	기미	경신	신유	임술	계해	갑자	을축	병인	정묘	무진	기사	경오	신미	임신	계유	갑술	을해	병자	정축	무인	기묘	경진	신사	임오	계미	갑신	을유	병술	정해	무자
양력	9	10	11	12	13	14	15	16	17	18	19	20	21	22	23	24	25	26	27	28	29	30	31	8/1	2	3	4	5	6	7

7월

음력	1	2	3	4	5	6	7	8	9	10	11	12	13	14	15	16	17	18	19	20	21	22	23	24	25	26	27	28	29
일주	기축	경인	신묘	임진	계사	갑오	을미	병신	정유	무술	기해	경자	신축	임인	계묘	갑진	을사	병오	정미	무신	기유	경술	신해	임자	계축	갑인	을묘	병진	정사
양력	8	9	10	11	12	13	14	15	16	17	18	19	20	21	22	23	24	25	26	27	28	29	30	31	9/1	2	3	4	5

8월

음력	1	2	3	4	5	6	7	8	9	10	11	12	13	14	15	16	17	18	19	20	21	22	23	24	25	26	27	28	29	30
일주	무오	기미	경신	신유	임술	계해	갑자	을축	병인	정묘	무진	기사	경오	신미	임신	계유	갑술	을해	병자	정축	무인	기묘	경진	신사	임오	계미	갑신	을유	병술	정해
양력	6	7	8	9	10	11	12	13	14	15	16	17	18	19	20	21	22	23	24	25	26	27	28	29	30	10/1	2	3	4	5

9월

음력	1	2	3	4	5	6	7	8	9	10	11	12	13	14	15	16	17	18	19	20	21	22	23	24	25	26	27	28	29
일주	무자	기축	경인	신묘	임진	계사	갑오	을미	병신	정유	무술	기해	경자	신축	임인	계묘	갑진	을사	병오	정미	무신	기유	경술	신해	임자	계축	갑인	을묘	병진
양력	6	7	8	9	10	11	12	13	14	15	16	17	18	19	20	21	22	23	24	25	26	27	28	29	30	31	11/1	2	3

10월

음력	1	2	3	4	5	6	7	8	9	10	11	12	13	14	15	16	17	18	19	20	21	22	23	24	25	26	27	28	29	30
일주	정사	무오	기미	경신	신유	임술	계해	갑자	을축	병인	정묘	무진	기사	경오	신미	임신	계유	갑술	을해	병자	정축	무인	기묘	경진	신사	임오	계미	갑신	을유	병술
양력	4	5	6	7	8	9	10	11	12	13	14	15	16	17	18	19	20	21	22	23	24	25	26	27	28	29	30	12/1	2	3

11월

음력	1	2	3	4	5	6	7	8	9	10	11	12	13	14	15	16	17	18	19	20	21	22	23	24	25	26	27	28	29	30
일주	정해	무자	기축	경인	신묘	임진	계사	갑오	을미	병신	정유	무술	기해	경자	신축	임인	계묘	갑진	을사	병오	정미	무신	기유	경술	신해	임자	계축	갑인	을묘	병진
양력	4	5	6	7	8	9	10	11	12	13	14	15	16	17	18	19	20	21	22	23	24	25	26	27	28	29	30	31	1/1	2

12월

음력	1	2	3	4	5	6	7	8	9	10	11	12	13	14	15	16	17	18	19	20	21	22	23	24	25	26	27	28	29	30
일주	정사	무오	기미	경신	신유	임술	계해	갑자	을축	병인	정묘	무진	기사	경오	신미	임신	계유	갑술	을해	병자	정축	무인	기묘	경진	신사	임오	계미	갑신	을유	병술
양력	3	4	5	6	7	8	9	10	11	12	13	14	15	16	17	18	19	20	21	22	23	24	25	26	27	28	29	30	31	2/1

1965년생 (음력기준)

1월

음력	1	2	3	4	5	6	7	8	9	10	11	12	13	14	15	16	17	18	19	20	21	22	23	24	25	26	27	28	29
일주	정해	무자	기축	경인	신묘	임진	계사	갑오	을미	병신	정유	무술	기해	경자	신축	임인	계묘	갑진	을사	병오	정미	무신	기유	경술	신해	임자	계축	갑인	을묘
양력	2	3	4	5	6	7	8	9	10	11	12	13	14	15	16	17	18	19	20	21	22	23	24	25	26	27	28	3/1	2

2월

음력	1	2	3	4	5	6	7	8	9	10	11	12	13	14	15	16	17	18	19	20	21	22	23	24	25	26	27	28	29	30
일주	병진	정사	무오	기미	경신	신유	임술	계해	갑자	을축	병인	정묘	무진	기사	경오	신미	임신	계유	갑술	을해	병자	정축	무인	기묘	경진	신사	임오	계미	갑신	을유
양력	3	4	5	6	7	8	9	10	11	12	13	14	15	16	17	18	19	20	21	22	23	24	25	26	27	28	29	30	31	4/1

3월

음력	1	2	3	4	5	6	7	8	9	10	11	12	13	14	15	16	17	18	19	20	21	22	23	24	25	26	27	28	29
일주	병술	정해	무자	기축	경인	신묘	임진	계사	갑오	을미	병신	정유	무술	기해	경자	신축	임인	계묘	갑진	을사	병오	정미	무신	기유	경술	신해	임자	계축	갑인
양력	2	3	4	5	6	7	8	9	10	11	12	13	14	15	16	17	18	19	20	21	22	23	24	25	26	27	28	29	30

4월

음력	1	2	3	4	5	6	7	8	9	10	11	12	13	14	15	16	17	18	19	20	21	22	23	24	25	26	27	28	29	30
일주	을묘	병진	정사	무오	기미	경신	신유	임술	계해	갑자	을축	병인	정묘	무진	기사	경오	신미	임신	계유	갑술	을해	병자	정축	무인	기묘	경진	신사	임오	계미	갑신
양력	5/1	2	3	4	5	6	7	8	9	10	11	12	13	14	15	16	17	18	19	20	21	22	23	24	25	26	27	28	29	30

5월

음력	1	2	3	4	5	6	7	8	9	10	11	12	13	14	15	16	17	18	19	20	21	22	23	24	25	26	27	28	29
일주	을유	병술	정해	무자	기축	경인	신묘	임진	계사	갑오	을미	병신	정유	무술	기해	경자	신축	임인	계묘	갑진	을사	병오	정미	무신	기유	경술	신해	임자	계축
양력	31	6/1	2	3	4	5	6	7	8	9	10	11	12	13	14	15	16	17	18	19	20	21	22	23	24	25	26	27	28

6월

음력	1	2	3	4	5	6	7	8	9	10	11	12	13	14	15	16	17	18	19	20	21	22	23	24	25	26	27	28	29
일주	갑인	을묘	병진	정사	무오	기미	경신	신유	임술	계해	갑자	을축	병인	정묘	무진	기사	경오	신미	임신	계유	갑술	을해	병자	정축	무인	기묘	경진	신사	임오
양력	29	30	7/1	2	3	4	5	6	7	8	9	10	11	12	13	14	15	16	17	18	19	20	21	22	23	24	25	26	27

7월

음력	1	2	3	4	5	6	7	8	9	10	11	12	13	14	15	16	17	18	19	20	21	22	23	24	25	26	27	28	29	30
일주	계미	갑신	을유	병술	정해	무자	기축	경인	신묘	임진	계사	갑오	을미	병신	정유	무술	기해	경자	신축	임인	계묘	갑진	을사	병오	정미	무신	기유	경술	신해	임자
양력	28	29	30	31	8/1	2	3	4	5	6	7	8	9	10	11	12	13	14	15	16	17	18	19	20	21	22	23	24	25	26

8월

음력	1	2	3	4	5	6	7	8	9	10	11	12	13	14	15	16	17	18	19	20	21	22	23	24	25	26	27	28	29
일주	계축	갑인	을묘	병진	정사	무오	기미	경신	신유	임술	계해	갑자	을축	병인	정묘	무진	기사	경오	신미	임신	계유	갑술	을해	병자	정축	무인	기묘	경진	신사
양력	27	28	29	30	31	9/1	2	3	4	5	6	7	8	9	10	11	12	13	14	15	16	17	18	19	20	21	22	23	24

9월

음력	1	2	3	4	5	6	7	8	9	10	11	12	13	14	15	16	17	18	19	20	21	22	23	24	25	26	27	28	29
일주	임오	계미	갑신	을유	병술	정해	무자	기축	경인	신묘	임진	계사	갑오	을미	병신	정유	무술	기해	경자	신축	임인	계묘	갑진	을사	병오	정미	무신	기유	경술
양력	25	26	27	28	29	30	10/1	2	3	4	5	6	7	8	9	10	11	12	13	14	15	16	17	18	19	20	21	22	23

10월

음력	1	2	3	4	5	6	7	8	9	10	11	12	13	14	15	16	17	18	19	20	21	22	23	24	25	26	27	28	29	30
일주	신해	임자	계축	갑인	을묘	병진	정사	무오	기미	경신	신유	임술	계해	갑자	을축	병인	정묘	무진	기사	경오	신미	임신	계유	갑술	을해	병자	정축	무인	기묘	경진
양력	24	25	26	27	28	29	30	31	11/1	2	3	4	5	6	7	8	9	10	11	12	13	14	15	16	17	18	19	20	21	22

11월

음력	1	2	3	4	5	6	7	8	9	10	11	12	13	14	15	16	17	18	19	20	21	22	23	24	25	26	27	28	29	30
일주	신사	임오	계미	갑신	을유	병술	정해	무자	기축	경인	신묘	임진	계사	갑오	을미	병신	정유	무술	기해	경자	신축	임인	계묘	갑진	을사	병오	정미	무신	기유	경술
양력	23	24	25	26	27	28	29	30	12/1	2	3	4	5	6	7	8	9	10	11	12	13	14	15	16	17	18	19	20	21	22

12월

음력	1	2	3	4	5	6	7	8	9	10	11	12	13	14	15	16	17	18	19	20	21	22	23	24	25	26	27	28	29	30
일주	신해	임자	계축	갑인	을묘	병진	정사	무오	기미	경신	신유	임술	계해	갑자	을축	병인	정묘	무진	기사	경오	신미	임신	계유	갑술	을해	병자	정축	무인	기묘	경진
양력	23	24	25	26	27	28	29	30	31	1/1	2	3	4	5	6	7	8	9	10	11	12	13	14	15	16	17	18	19	20	21

1966년생 (음력기준)

1월

음력	1	2	3	4	5	6	7	8	9	10	11	12	13	14	15	16	17	18	19	20	21	22	23	24	25	26	27	28	29
일주	신사	임오	계미	갑신	을유	병술	정해	무자	기축	경인	신묘	임진	계사	갑오	을미	병신	정유	무술	기해	경자	신축	임인	계묘	갑진	을사	병오	정미	무신	기유
양력	22	23	24	25	26	27	28	29	30	31	2/1	2	3	4	5	6	7	8	9	10	11	12	13	14	15	16	17	18	19

2월

음력	1	2	3	4	5	6	7	8	9	10	11	12	13	14	15	16	17	18	19	20	21	22	23	24	25	26	27	28	29	30
일주	경술	신해	임자	계축	갑인	을묘	병진	정사	무오	기미	경신	신유	임술	계해	갑자	을축	병인	정묘	무진	기사	경오	신미	임신	계유	갑술	을해	병자	정축	무인	기묘
양력	20	21	22	23	24	25	26	27	28	3/1	2	3	4	5	6	7	8	9	10	11	12	13	14	15	16	17	18	19	20	21

3월

음력	1	2	3	4	5	6	7	8	9	10	11	12	13	14	15	16	17	18	19	20	21	22	23	24	25	26	27	28	29	30
일주	경진	신사	임오	계미	갑신	을유	병술	정해	무자	기축	경인	신묘	임진	계사	갑오	을미	병신	정유	무술	기해	경자	신축	임인	계묘	갑진	을사	병오	정미	무신	기유
양력	22	23	24	25	26	27	28	29	30	31	4/1	2	3	4	5	6	7	8	9	10	11	12	13	14	15	16	17	18	19	

3월 윤달

음력	1	2	3	4	5	6	7	8	9	10	11	12	13	14	15	16	17	18	19	20	21	22	23	24	25	26	27	28	29
일주	경술	신해	임자	계축	갑인	을묘	병진	정사	무오	기미	경신	신유	임술	계해	갑자	을축	병인	정묘	무진	기사	경오	신미	임신	계유	갑술	을해	병자	정축	무인
양력	21	22	23	24	25	26	27	28	29	30	5/1	2	3	4	5	6	7	8	9	10	11	12	13	14	15	16	17	18	19

4월

음력	1	2	3	4	5	6	7	8	9	10	11	12	13	14	15	16	17	18	19	20	21	22	23	24	25	26	27	28	29	30
일주	기묘	경진	신사	임오	계미	갑신	을유	병술	정해	무자	기축	경인	신묘	임진	계사	갑오	을미	병신	정유	무술	기해	경자	신축	임인	계묘	갑진	을사	병오	정미	무신
양력	20	21	22	23	24	25	26	27	28	29	30	31	6/1	2	3	4	5	6	7	8	9	10	11	12	13	14	15	16	17	18

5월

음력	1	2	3	4	5	6	7	8	9	10	11	12	13	14	15	16	17	18	19	20	21	22	23	24	25	26	27	28	29
일주	기유	경술	신해	임자	계축	갑인	을묘	병진	정사	무오	기미	경신	신유	임술	계해	갑자	을축	병인	정묘	무진	기사	경오	신미	임신	계유	갑술	을해	병자	정축
양력	19	20	21	22	23	24	25	26	27	28	29	30	7/1	2	3	4	5	6	7	8	9	10	11	12	13	14	15	16	17

6월

음력	1	2	3	4	5	6	7	8	9	10	11	12	13	14	15	16	17	18	19	20	21	22	23	24	25	26	27	28	29
일주	무인	기묘	경진	신사	임오	계미	갑신	을유	병술	정해	무자	기축	경인	신묘	임진	계사	갑오	을미	병신	정유	무술	기해	경자	신축	임인	계묘	갑진	을사	병오
양력	18	19	20	21	22	23	24	25	26	27	28	29	30	31	8/1	2	3	4	5	6	7	8	9	10	11	12	13	14	15

7월

음력	1	2	3	4	5	6	7	8	9	10	11	12	13	14	15	16	17	18	19	20	21	22	23	24	25	26	27	28	29	30
일주	정미	무신	기유	경술	신해	임자	계축	갑인	을묘	병진	정사	무오	기미	경신	신유	임술	계해	갑자	을축	병인	정묘	무진	기사	경오	신미	임신	계유	갑술	을해	병자
양력	16	17	18	19	20	21	22	23	24	25	26	27	28	29	30	31	9/1	2	3	4	5	6	7	8	9	10	11	12	13	14

8월

음력	1	2	3	4	5	6	7	8	9	10	11	12	13	14	15	16	17	18	19	20	21	22	23	24	25	26	27	28	29
일주	정축	무인	기묘	경진	신사	임오	계미	갑신	을유	병술	정해	무자	기축	경인	신묘	임진	계사	갑오	을미	병신	정유	무술	기해	경자	신축	임인	계묘	갑진	을사
양력	15	16	17	18	19	20	21	22	23	24	25	26	27	28	29	30	10/1	2	3	4	5	6	7	8	9	10	11	12	13

9월

음력	1	2	3	4	5	6	7	8	9	10	11	12	13	14	15	16	17	18	19	20	21	22	23	24	25	26	27	28	29
일주	병오	정미	무신	기유	경술	신해	임자	계축	갑인	을묘	병진	정사	무오	기미	경신	신유	임술	계해	갑자	을축	병인	정묘	무진	기사	경오	신미	임신	계유	갑술
양력	14	15	16	17	18	19	20	21	22	23	24	25	26	27	28	29	30	31	11/1	2	3	4	5	6	7	8	9	10	11

10월

음력	1	2	3	4	5	6	7	8	9	10	11	12	13	14	15	16	17	18	19	20	21	22	23	24	25	26	27	28	29	30
일주	을해	병자	정축	무인	기묘	경진	신사	임오	계미	갑신	을유	병술	정해	무자	기축	경인	신묘	임진	계사	갑오	을미	병신	정유	무술	기해	경자	신축	임인	계묘	갑진
양력	12	13	14	15	16	17	18	19	20	21	22	23	24	25	26	27	28	29	30	12/1	2	3	4	5	6	7	8	9	10	11

11월

음력	1	2	3	4	5	6	7	8	9	10	11	12	13	14	15	16	17	18	19	20	21	22	23	24	25	26	27	28	29	30
일주	을사	병오	정미	무신	기유	경술	신해	임자	계축	갑인	을묘	병진	정사	무오	기미	경신	신유	임술	계해	갑자	을축	병인	정묘	무진	기사	경오	신미	임신	계유	갑술
양력	12	13	14	15	16	17	18	19	20	21	22	23	24	25	26	27	28	29	30	31	1/1	2	3	4	5	6	7	8	9	10

12월

음력	1	2	3	4	5	6	7	8	9	10	11	12	13	14	15	16	17	18	19	20	21	22	23	24	25	26	27	28	29
일주	을해	병자	정축	무인	기묘	경진	신사	임오	계미	갑신	을유	병술	정해	무자	기축	경인	신묘	임진	계사	갑오	을미	병신	정유	무술	기해	경자	신축	임인	계묘
양력	11	12	13	14	15	16	17	18	19	20	21	22	23	24	25	26	27	28	29	30	31	2/1	2	3	4	5	6	7	8

1967년생 (음력기준)

1월

음력	1	2	3	4	5	6	7	8	9	10	11	12	13	14	15	16	17	18	19	20	21	22	23	24	25	26	27	28	29	30
일주	갑진	을사	병오	정미	무신	기유	경술	신해	임자	계축	갑인	을묘	병진	정사	무오	기미	경신	신유	임술	계해	갑자	을축	병인	정묘	무진	기사	경오	신미	임신	계유
양력	9	10	11	12	13	14	15	16	17	18	19	20	21	22	23	24	25	26	27	28	3/1	2	3	4	5	6	7	8	9	10

2월

음력	1	2	3	4	5	6	7	8	9	10	11	12	13	14	15	16	17	18	19	20	21	22	23	24	25	26	27	28	29	30
일주	갑술	을해	병자	정축	무인	기묘	경진	신사	임오	계미	갑신	을유	병술	정해	무자	기축	경인	신묘	임진	계사	갑오	을미	병신	정유	무술	기해	경자	신축	임인	계묘
양력	11	12	13	14	15	16	17	18	19	20	21	22	23	24	25	26	27	28	29	30	31	4/1	2	3	4	5	6	7	8	9

3월

음력	1	2	3	4	5	6	7	8	9	10	11	12	13	14	15	16	17	18	19	20	21	22	23	24	25	26	27	28	29
일주	갑진	을사	병오	정미	무신	기유	경술	신해	임자	계축	갑인	을묘	병진	정사	무오	기미	경신	신유	임술	계해	갑자	을축	병인	정묘	무진	기사	경오	신미	임신
양력	10	11	12	13	14	15	16	17	18	19	20	21	22	23	24	25	26	27	28	29	30	5/1	2	3	4	5	6	7	8

4월

음력	1	2	3	4	5	6	7	8	9	10	11	12	13	14	15	16	17	18	19	20	21	22	23	24	25	26	27	28	29	30
일주	계유	갑술	을해	병자	정축	무인	기묘	경진	신사	임오	계미	갑신	을유	병술	정해	무자	기축	경인	신묘	임진	계사	갑오	을미	병신	정유	무술	기해	경자	신축	임인
양력	9	10	11	12	13	14	15	16	17	18	19	20	21	22	23	24	25	26	27	28	29	30	31	6/1	2	3	4	5	6	7

5월

음력	1	2	3	4	5	6	7	8	9	10	11	12	13	14	15	16	17	18	19	20	21	22	23	24	25	26	27	28	29	30
일주	계묘	갑진	을사	병오	정미	무신	기유	경술	신해	임자	계축	갑인	을묘	병진	정사	무오	기미	경신	신유	임술	계해	갑자	을축	병인	정묘	무진	기사	경오	신미	임신
양력	8	9	10	11	12	13	14	15	16	17	18	19	20	21	22	23	24	25	26	27	28	29	30	7/1	2	3	4	5	6	7

6월

음력	1	2	3	4	5	6	7	8	9	10	11	12	13	14	15	16	17	18	19	20	21	22	23	24	25	26	27	28	29
일주	계유	갑술	을해	병자	정축	무인	기묘	경진	신사	임오	계미	갑신	을유	병술	정해	무자	기축	경인	신묘	임진	계사	갑오	을미	병신	정유	무술	기해	경자	신축
양력	8	9	10	11	12	13	14	15	16	17	18	19	20	21	22	23	24	25	26	27	28	29	30	31	8/1	2	3	4	5

7월

음력	1	2	3	4	5	6	7	8	9	10	11	12	13	14	15	16	17	18	19	20	21	22	23	24	25	26	27	28	29
일주	임인	계묘	갑진	을사	병오	정미	무신	기유	경술	신해	임자	계축	갑인	을묘	병진	정사	무오	기미	경신	신유	임술	계해	갑자	을축	병인	정묘	무진	기사	경오
양력	6	7	8	9	10	11	12	13	14	15	16	17	18	19	20	21	22	23	24	25	26	27	28	29	30	31	9/1	2	3

8월

음력	1	2	3	4	5	6	7	8	9	10	11	12	13	14	15	16	17	18	19	20	21	22	23	24	25	26	27	28	29	30
일주	신미	임신	계유	갑술	을해	병자	정축	무인	기묘	경진	신사	임오	계미	갑신	을유	병술	정해	무자	기축	경인	신묘	임진	계사	갑오	을미	병신	정유	무술	기해	경자
양력	4	5	6	7	8	9	10	11	12	13	14	15	16	17	18	19	20	21	22	23	24	25	26	27	28	29	30	10/1	2	3

9월

음력	1	2	3	4	5	6	7	8	9	10	11	12	13	14	15	16	17	18	19	20	21	22	23	24	25	26	27	28	29
일주	신축	임인	계묘	갑진	을사	병오	정미	무신	기유	경술	신해	임자	계축	갑인	을묘	병진	정사	무오	기미	경신	신유	임술	계해	갑자	을축	병인	정묘	무진	기사
양력	4	5	6	7	8	9	10	11	12	13	14	15	16	17	18	19	20	21	22	23	24	25	26	27	28	29	30	31	11/1

10월

음력	1	2	3	4	5	6	7	8	9	10	11	12	13	14	15	16	17	18	19	20	21	22	23	24	25	26	27	28	29	30
일주	경오	신미	임신	계유	갑술	을해	병자	정축	무인	기묘	경진	신사	임오	계미	갑신	을유	병술	정해	무자	기축	경인	신묘	임진	계사	갑오	을미	병신	정유	무술	기해
양력	2	3	4	5	6	7	8	9	10	11	12	13	14	15	16	17	18	19	20	21	22	23	24	25	26	27	28	29	30	12/1

11월

음력	1	2	3	4	5	6	7	8	9	10	11	12	13	14	15	16	17	18	19	20	21	22	23	24	25	26	27	28	29
일주	경자	신축	임인	계묘	갑진	을사	병오	정미	무신	기유	경술	신해	임자	계축	갑인	을묘	병진	정사	무오	기미	경신	신유	임술	계해	갑자	을축	병인	정묘	무진
양력	2	3	4	5	6	7	8	9	10	11	12	13	14	15	16	17	18	19	20	21	22	23	24	25	26	27	28	29	30

12월

음력	1	2	3	4	5	6	7	8	9	10	11	12	13	14	15	16	17	18	19	20	21	22	23	24	25	26	27	28	29	30
일주	기사	경오	신미	임신	계유	갑술	을해	병자	정축	무인	기묘	경진	신사	임오	계미	갑신	을유	병술	정해	무자	기축	경인	신묘	임진	계사	갑오	을미	병신	정유	무술
양력	31	1/1	2	3	4	5	6	7	8	9	10	11	12	13	14	15	16	17	18	19	20	21	22	23	24	25	26	27	28	29

1968년생 (음력기준)

1월

음력	1	2	3	4	5	6	7	8	9	10	11	12	13	14	15	16	17	18	19	20	21	22	23	24	25	26	27	28	29
일주	기해	경자	신축	임인	계묘	갑진	을사	병오	정미	무신	기유	경술	신해	임자	계축	갑인	을묘	병진	정사	무오	기미	경신	신유	임술	계해	갑자	을축	병인	정묘
양력	30	31	2/1	2	3	4	5	6	7	8	9	10	11	12	13	14	15	16	17	18	19	20	21	22	23	24	25	26	27

2월

음력	1	2	3	4	5	6	7	8	9	10	11	12	13	14	15	16	17	18	19	20	21	22	23	24	25	26	27	28	29	30
일주	무진	기사	경오	신미	임신	계유	갑술	을해	병자	정축	무인	기묘	경진	신사	임오	계미	갑신	을유	병술	정해	무자	기축	경인	신묘	임진	계사	갑오	을미	병신	정유
양력	28	29	3/1	2	3	4	5	6	7	8	9	10	11	12	13	14	15	16	17	18	19	20	21	22	23	24	25	26	27	28

3월

음력	1	2	3	4	5	6	7	8	9	10	11	12	13	14	15	16	17	18	19	20	21	22	23	24	25	26	27	28	29	30
일주	무술	기해	경자	신축	임인	계묘	갑진	을사	병오	정미	무신	기유	경술	신해	임자	계축	갑인	을묘	병진	정사	무오	기미	경신	신유	임술	계해	갑자	을축	병인	정묘
양력	29	30	31	4/1	2	3	4	5	6	7	8	9	10	11	12	13	14	15	16	17	18	19	20	21	22	23	24	25	26	27

4월

음력	1	2	3	4	5	6	7	8	9	10	11	12	13	14	15	16	17	18	19	20	21	22	23	24	25	26	27	28	29
일주	무진	기사	경오	신미	임신	계유	갑술	을해	병자	정축	무인	기묘	경진	신사	임오	계미	갑신	을유	병술	정해	무자	기축	경인	신묘	임진	계사	갑오	을미	병신
양력	28	29	30	5/1	2	3	4	5	6	7	8	9	10	11	12	13	14	15	16	17	18	19	20	21	22	23	24	25	26

5월

음력	1	2	3	4	5	6	7	8	9	10	11	12	13	14	15	16	17	18	19	20	21	22	23	24	25	26	27	28	29	30
일주	정유	무술	기해	경자	신축	임인	계묘	갑진	을사	병오	정미	무신	기유	경술	신해	임자	계축	갑인	을묘	병진	정사	무오	기미	경신	신유	임술	계해	갑자	을축	병인
양력	27	28	29	30	31	6/1	2	3	4	5	6	7	8	9	10	11	12	13	14	15	16	17	18	19	20	21	22	23	24	25

6월

음력	1	2	3	4	5	6	7	8	9	10	11	12	13	14	15	16	17	18	19	20	21	22	23	24	25	26	27	28	29
일주	정묘	무진	기사	경오	신미	임신	계유	갑술	을해	병자	정축	무인	기묘	경진	신사	임오	계미	갑신	을유	병술	정해	무자	기축	경인	신묘	임진	계사	갑오	을미
양력	26	27	28	29	30	7/1	2	3	4	5	6	7	8	9	10	11	12	13	14	15	16	17	18	19	20	21	22	23	24

7월

음력	1	2	3	4	5	6	7	8	9	10	11	12	13	14	15	16	17	18	19	20	21	22	23	24	25	26	27	28	29	30
일주	병신	정유	무술	기해	경자	신축	임인	계묘	갑진	을사	병오	정미	무신	기유	경술	신해	임자	계축	갑인	을묘	병진	정사	무오	기미	경신	신유	임술	계해	갑자	을축
양력	25	26	27	28	29	30	31	8/1	2	3	4	5	6	7	8	9	10	11	12	13	14	15	16	17	18	19	20	21	22	23

7월 윤달

음력	1	2	3	4	5	6	7	8	9	10	11	12	13	14	15	16	17	18	19	20	21	22	23	24	25	26	27	28	29
일주	병인	정묘	무진	기사	경오	신미	임신	계유	갑술	을해	병자	정축	무인	기묘	경진	신사	임오	계미	갑신	을유	병술	정해	무자	기축	경인	신묘	임진	계사	갑오
양력	24	25	26	27	28	29	30	31	9/1	2	3	4	5	6	7	8	9	10	11	12	13	14	15	16	17	18	19	20	21

8월

음력	1	2	3	4	5	6	7	8	9	10	11	12	13	14	15	16	17	18	19	20	21	22	23	24	25	26	27	28	29	30
일주	을미	병신	정유	무술	기해	경자	신축	임인	계묘	갑진	을사	병오	정미	무신	기유	경술	신해	임자	계축	갑인	을묘	병진	정사	무오	기미	경신	신유	임술	계해	갑자
양력	22	23	24	25	26	27	28	29	30	10/1	2	3	4	5	6	7	8	9	10	11	12	13	14	15	16	17	18	19	20	21

9월

음력	1	2	3	4	5	6	7	8	9	10	11	12	13	14	15	16	17	18	19	20	21	22	23	24	25	26	27	28	29
일주	을축	병인	정묘	무진	기사	경오	신미	임신	계유	갑술	을해	병자	정축	무인	기묘	경진	신사	임오	계미	갑신	을유	병술	정해	무자	기축	경인	신묘	임진	계사
양력	22	23	24	25	26	27	28	29	30	31	11/1	2	3	4	5	6	7	8	9	10	11	12	13	14	15	16	17	18	19

10월

음력	1	2	3	4	5	6	7	8	9	10	11	12	13	14	15	16	17	18	19	20	21	22	23	24	25	26	27	28	29	30
일주	갑오	을미	병신	정유	무술	기해	경자	신축	임인	계묘	갑진	을사	병오	정미	무신	기유	경술	신해	임자	계축	갑인	을묘	병진	정사	무오	기미	경신	신유	임술	계해
양력	20	21	22	23	24	25	26	27	28	29	30	12/1	2	3	4	5	6	7	8	9	10	11	12	13	14	15	16	17	18	19

11월

음력	1	2	3	4	5	6	7	8	9	10	11	12	13	14	15	16	17	18	19	20	21	22	23	24	25	26	27	28	29
일주	갑자	을축	병인	정묘	무진	기사	경오	신미	임신	계유	갑술	을해	병자	정축	무인	기묘	경진	신사	임오	계미	갑신	을유	병술	정해	무자	기축	경인	신묘	임진
양력	20	21	22	23	24	25	26	27	28	29	30	31	1/1	2	3	4	5	6	7	8	9	10	11	12	13	14	15	16	17

12월

음력	1	2	3	4	5	6	7	8	9	10	11	12	13	14	15	16	17	18	19	20	21	22	23	24	25	26	27	28	29	30
일주	계사	갑오	을미	병신	정유	무술	기해	경자	신축	임인	계묘	갑진	을사	병오	정미	무신	기유	경술	신해	임자	계축	갑인	을묘	병진	정사	무오	기미	경신	신유	임술
양력	18	19	20	21	22	23	24	25	26	27	28	29	30	31	2/1	2	3	4	5	6	7	8	9	10	11	12	13	14	15	16

1969년생 (음력기준)

1월
음력	1	2	3	4	5	6	7	8	9	10	11	12	13	14	15	16	17	18	19	20	21	22	23	24	25	26	27	28	29
일주	계해	갑자	을축	병인	정묘	무진	기사	경오	신미	임신	계유	갑술	을해	병자	정축	무인	기묘	경진	신사	임오	계미	갑신	을유	병술	정해	무자	기축	경인	신묘
양력	17	18	19	20	21	22	23	24	25	26	27	28	3/1	2	3	4	5	6	7	8	9	10	11	12	13	14	15	16	17

2월
음력	1	2	3	4	5	6	7	8	9	10	11	12	13	14	15	16	17	18	19	20	21	22	23	24	25	26	27	28	29	30
일주	임진	계사	갑오	을미	병신	정유	무술	기해	경자	신축	임인	계묘	갑진	을사	병오	정미	무신	기유	경술	신해	임자	계축	갑인	을묘	병진	정사	무오	기미	경신	신유
양력	18	19	20	21	22	23	24	25	26	27	28	29	30	31	4/1	2	3	4	5	6	7	8	9	10	11	12	13	14	15	16

3월
음력	1	2	3	4	5	6	7	8	9	10	11	12	13	14	15	16	17	18	19	20	21	22	23	24	25	26	27	28	29
일주	임술	계해	갑자	을축	병인	정묘	무진	기사	경오	신미	임신	계유	갑술	을해	병자	정축	무인	기묘	경진	신사	임오	계미	갑신	을유	병술	정해	무자	기축	경인
양력	17	18	19	20	21	22	23	24	25	26	27	28	29	30	5/1	2	3	4	5	6	7	8	9	10	11	12	13	14	15

4월
음력	1	2	3	4	5	6	7	8	9	10	11	12	13	14	15	16	17	18	19	20	21	22	23	24	25	26	27	28	29	30
일주	신묘	임진	계사	갑오	을미	병신	정유	무술	기해	경자	신축	임인	계묘	갑진	을사	병오	정미	무신	기유	경술	신해	임자	계축	갑인	을묘	병진	정사	무오	기미	경신
양력	16	17	18	19	20	21	22	23	24	25	26	27	28	29	30	31	6/1	2	3	4	5	6	7	8	9	10	11	12	13	14

5월
음력	1	2	3	4	5	6	7	8	9	10	11	12	13	14	15	16	17	18	19	20	21	22	23	24	25	26	27	28	29
일주	신유	임술	계해	갑자	을축	병인	정묘	무진	기사	경오	신미	임신	계유	갑술	을해	병자	정축	무인	기묘	경진	신사	임오	계미	갑신	을유	병술	정해	무자	기축
양력	15	16	17	18	19	20	21	22	23	24	25	26	27	28	29	30	7/1	2	3	4	5	6	7	8	9	10	11	12	13

6월
음력	1	2	3	4	5	6	7	8	9	10	11	12	13	14	15	16	17	18	19	20	21	22	23	24	25	26	27	28	29	30
일주	경인	신묘	임진	계사	갑오	을미	병신	정유	무술	기해	경자	신축	임인	계묘	갑진	을사	병오	정미	무신	기유	경술	신해	임자	계축	갑인	을묘	병진	정사	무오	기미
양력	14	15	16	17	18	19	20	21	22	23	24	25	26	27	28	29	30	31	8/1	2	3	4	5	6	7	8	9	10	11	12

7월
음력	1	2	3	4	5	6	7	8	9	10	11	12	13	14	15	16	17	18	19	20	21	22	23	24	25	26	27	28	29	30
일주	경신	신유	임술	계해	갑자	을축	병인	정묘	무진	기사	경오	신미	임신	계유	갑술	을해	병자	정축	무인	기묘	경진	신사	임오	계미	갑신	을유	병술	정해	무자	기축
양력	13	14	15	16	17	18	19	20	21	22	23	24	25	26	27	28	29	30	31	9/1	2	3	4	5	6	7	8	9	10	11

8월
음력	1	2	3	4	5	6	7	8	9	10	11	12	13	14	15	16	17	18	19	20	21	22	23	24	25	26	27	28	29
일주	경인	신묘	임진	계사	갑오	을미	병신	정유	무술	기해	경자	신축	임인	계묘	갑진	을사	병오	정미	무신	기유	경술	신해	임자	계축	갑인	을묘	병진	정사	무오
양력	12	13	14	15	16	17	18	19	20	21	22	23	24	25	26	27	28	29	30	10/1	2	3	4	5	6	7	8	9	10

9월
음력	1	2	3	4	5	6	7	8	9	10	11	12	13	14	15	16	17	18	19	20	21	22	23	24	25	26	27	28	29	30
일주	기미	경신	신유	임술	계해	갑자	을축	병인	정묘	무진	기사	경오	신미	임신	계유	갑술	을해	병자	정축	무인	기묘	경진	신사	임오	계미	갑신	을유	병술	정해	무자
양력	11	12	13	14	15	16	17	18	19	20	21	22	23	24	25	26	27	28	29	30	31	11/1	2	3	4	5	6	7	8	9

10월
음력	1	2	3	4	5	6	7	8	9	10	11	12	13	14	15	16	17	18	19	20	21	22	23	24	25	26	27	28	29
일주	기축	경인	신묘	임진	계사	갑오	을미	병신	정유	무술	기해	경자	신축	임인	계묘	갑진	을사	병오	정미	무신	기유	경술	신해	임자	계축	갑인	을묘	병진	정사
양력	10	11	12	13	14	15	16	17	18	19	20	21	22	23	24	25	26	27	28	29	30	12/1	2	3	4	5	6	7	8

11월
음력	1	2	3	4	5	6	7	8	9	10	11	12	13	14	15	16	17	18	19	20	21	22	23	24	25	26	27	28	29	30
일주	무오	기미	경신	신유	임술	계해	갑자	을축	병인	정묘	무진	기사	경오	신미	임신	계유	갑술	을해	병자	정축	무인	기묘	경진	신사	임오	계미	갑신	을유	병술	정해
양력	9	10	11	12	13	14	15	16	17	18	19	20	21	22	23	24	25	26	27	28	29	30	31	1/1	2	3	4	5	6	7

12월
음력	1	2	3	4	5	6	7	8	9	10	11	12	13	14	15	16	17	18	19	20	21	22	23	24	25	26	27	28	29
일주	무자	기축	경인	신묘	임진	계사	갑오	을미	병신	정유	무술	기해	경자	신축	임인	계묘	갑진	을사	병오	정미	무신	기유	경술	신해	임자	계축	갑인	을묘	병진
양력	8	9	10	11	12	13	14	15	16	17	18	19	20	21	22	23	24	25	26	27	28	29	30	31	2/1	2	3	4	5

1970년생 (음력기준)

1월

음력	1	2	3	4	5	6	7	8	9	10	11	12	13	14	15	16	17	18	19	20	21	22	23	24	25	26	27	28	29	30
일주	정사	무오	기미	경신	신유	임술	계해	갑자	을축	병인	정묘	무진	기사	경오	신미	임신	계유	갑술	을해	병자	정축	무인	기묘	경진	신사	임오	계미	갑신	을유	병술
양력	6	7	8	9	10	11	12	13	14	15	16	17	18	19	20	21	22	23	24	25	26	27	28	3/1	2	3	4	5	6	7

2월

음력	1	2	3	4	5	6	7	8	9	10	11	12	13	14	15	16	17	18	19	20	21	22	23	24	25	26	27	28	29
일주	정해	무자	기축	경인	신묘	임진	계사	갑오	을미	병신	정유	무술	기해	경자	신축	임인	계묘	갑진	을사	병오	정미	무신	기유	경술	신해	임자	계축	갑인	을묘
양력	8	9	10	11	12	13	14	15	16	17	18	19	20	21	22	23	24	25	26	27	28	29	30	31	4/1	2	3	4	5

3월

음력	1	2	3	4	5	6	7	8	9	10	11	12	13	14	15	16	17	18	19	20	21	22	23	24	25	26	27	28	29
일주	병진	정사	무오	기미	경신	신유	임술	계해	갑자	을축	병인	정묘	무진	기사	경오	신미	임신	계유	갑술	을해	병자	정축	무인	기묘	경진	신사	임오	계미	갑신
양력	6	7	8	9	10	11	12	13	14	15	16	17	18	19	20	21	22	23	24	25	26	27	28	29	30	5/1	2	3	4

4월

음력	1	2	3	4	5	6	7	8	9	10	11	12	13	14	15	16	17	18	19	20	21	22	23	24	25	26	27	28	29	30
일주	을유	병술	정해	무자	기축	경인	신묘	임진	계사	갑오	을미	병신	정유	무술	기해	경자	신축	임인	계묘	갑진	을사	병오	정미	무신	기유	경술	신해	임자	계축	갑인
양력	5	6	7	8	9	10	11	12	13	14	15	16	17	18	19	20	21	22	23	24	25	26	27	28	29	30	31	6/1	2	3

5월

음력	1	2	3	4	5	6	7	8	9	10	11	12	13	14	15	16	17	18	19	20	21	22	23	24	25	26	27	28	29	30
일주	을묘	병진	정사	무오	기미	경신	신유	임술	계해	갑자	을축	병인	정묘	무진	기사	경오	신미	임신	계유	갑술	을해	병자	정축	무인	기묘	경진	신사	임오	계미	갑신
양력	4	5	6	7	8	9	10	11	12	13	14	15	16	17	18	19	20	21	22	23	24	25	26	27	28	29	30	7/1	2	3

6월

음력	1	2	3	4	5	6	7	8	9	10	11	12	13	14	15	16	17	18	19	20	21	22	23	24	25	26	27	28	29
일주	을유	병술	정해	무자	기축	경인	신묘	임진	계사	갑오	을미	병신	정유	무술	기해	경자	신축	임인	계묘	갑진	을사	병오	정미	무신	기유	경술	신해	임자	계축
양력	4	5	6	7	8	9	10	11	12	13	14	15	16	17	18	19	20	21	22	23	24	25	26	27	28	29	30	31	8/1

7월

음력	1	2	3	4	5	6	7	8	9	10	11	12	13	14	15	16	17	18	19	20	21	22	23	24	25	26	27	28	29	30
일주	갑인	을묘	병진	정사	무오	기미	경신	신유	임술	계해	갑자	을축	병인	정묘	무진	기사	경오	신미	임신	계유	갑술	을해	병자	정축	무인	기묘	경진	신사	임오	계미
양력	2	3	4	5	6	7	8	9	10	11	12	13	14	15	16	17	18	19	20	21	22	23	24	25	26	27	28	29	30	31

8월

음력	1	2	3	4	5	6	7	8	9	10	11	12	13	14	15	16	17	18	19	20	21	22	23	24	25	26	27	28	29
일주	갑신	을유	병술	정해	무자	기축	경인	신묘	임진	계사	갑오	을미	병신	정유	무술	기해	경자	신축	임인	계묘	갑진	을사	병오	정미	무신	기유	경술	신해	임자
양력	9/1	2	3	4	5	6	7	8	9	10	11	12	13	14	15	16	17	18	19	20	21	22	23	24	25	26	27	28	29

9월

음력	1	2	3	4	5	6	7	8	9	10	11	12	13	14	15	16	17	18	19	20	21	22	23	24	25	26	27	28	29	30
일주	계축	갑인	을묘	병진	정사	무오	기미	경신	신유	임술	계해	갑자	을축	병인	정묘	무진	기사	경오	신미	임신	계유	갑술	을해	병자	정축	무인	기묘	경진	신사	임오
양력	30	10/1	2	3	4	5	6	7	8	9	10	11	12	13	14	15	16	17	18	19	20	21	22	23	24	25	26	27	28	29

10월

음력	1	2	3	4	5	6	7	8	9	10	11	12	13	14	15	16	17	18	19	20	21	22	23	24	25	26	27	28	29	30
일주	계미	갑신	을유	병술	정해	무자	기축	경인	신묘	임진	계사	갑오	을미	병신	정유	무술	기해	경자	신축	임인	계묘	갑진	을사	병오	정미	무신	기유	경술	신해	임자
양력	30	31	11/1	2	3	4	5	6	7	8	9	10	11	12	13	14	15	16	17	18	19	20	21	22	23	24	25	26	27	28

11월

음력	1	2	3	4	5	6	7	8	9	10	11	12	13	14	15	16	17	18	19	20	21	22	23	24	25	26	27	28	29
일주	계축	갑인	을묘	병진	정사	무오	기미	경신	신유	임술	계해	갑자	을축	병인	정묘	무진	기사	경오	신미	임신	계유	갑술	을해	병자	정축	무인	기묘	경진	신사
양력	29	30	12/1	2	3	4	5	6	7	8	9	10	11	12	13	14	15	16	17	18	19	20	21	22	23	24	25	26	27

12월

음력	1	2	3	4	5	6	7	8	9	10	11	12	13	14	15	16	17	18	19	20	21	22	23	24	25	26	27	28	29	30
일주	임오	계미	갑신	을유	병술	정해	무자	기축	경인	신묘	임진	계사	갑오	을미	병신	정유	무술	기해	경자	신축	임인	계묘	갑진	을사	병오	정미	무신	기유	경술	신해
양력	28	29	30	31	1/1	2	3	4	5	6	7	8	9	10	11	12	13	14	15	16	17	18	19	20	21	22	23	24	25	26

1971년생 (음력기준)

1월

음력	1	2	3	4	5	6	7	8	9	10	11	12	13	14	15	16	17	18	19	20	21	22	23	24	25	26	27	28	29
일주	임자	계축	갑인	을묘	병진	정사	무오	기미	경신	신유	임술	계해	갑자	을축	병인	정묘	무진	기사	경오	신미	임신	계유	갑술	을해	병자	정축	무인	기묘	경진
양력	27	28	29	30	31	2/1	2	3	4	5	6	7	8	9	10	11	12	13	14	15	16	17	18	19	20	21	22	23	24

2월

음력	1	2	3	4	5	6	7	8	9	10	11	12	13	14	15	16	17	18	19	20	21	22	23	24	25	26	27	28	29	30
일주	신사	임오	계미	갑신	을유	병술	정해	무자	기축	경인	신묘	임진	계사	갑오	을미	병신	정유	무술	기해	경자	신축	임인	계묘	갑진	을사	병오	정미	무신	기유	경술
양력	25	26	27	28	3/1	2	3	4	5	6	7	8	9	10	11	12	13	14	15	16	17	18	19	20	21	22	23	24	25	26

3월

음력	1	2	3	4	5	6	7	8	9	10	11	12	13	14	15	16	17	18	19	20	21	22	23	24	25	26	27	28	29
일주	신해	임자	계축	갑인	을묘	병진	정사	무오	기미	경신	신유	임술	계해	갑자	을축	병인	정묘	무진	기사	경오	신미	임신	계유	갑술	을해	병자	정축	무인	기묘
양력	27	28	29	30	31	4/1	2	3	4	5	6	7	8	9	10	11	12	13	14	15	16	17	18	19	20	21	22	23	24

4월

음력	1	2	3	4	5	6	7	8	9	10	11	12	13	14	15	16	17	18	19	20	21	22	23	24	25	26	27	28	29
일주	경진	신사	임오	계미	갑신	을유	병술	정해	무자	기축	경인	신묘	임진	계사	갑오	을미	병신	정유	무술	기해	경자	신축	임인	계묘	갑진	을사	병오	정미	무신
양력	25	26	27	28	29	30	5/1	2	3	4	5	6	7	8	9	10	11	12	13	14	15	16	17	18	19	20	21	22	23

5월

음력	1	2	3	4	5	6	7	8	9	10	11	12	13	14	15	16	17	18	19	20	21	22	23	24	25	26	27	28	29	30
일주	기유	경술	신해	임자	계축	갑인	을묘	병진	정사	무오	기미	경신	신유	임술	계해	갑자	을축	병인	정묘	무진	기사	경오	신미	임신	계유	갑술	을해	병자	정축	무인
양력	24	25	26	27	28	29	30	31	6/1	2	3	4	5	6	7	8	9	10	11	12	13	14	15	16	17	18	19	20	21	22

5월 윤달

음력	1	2	3	4	5	6	7	8	9	10	11	12	13	14	15	16	17	18	19	20	21	22	23	24	25	26	27	28	29
일주	기묘	경진	신사	임오	계미	갑신	을유	병술	정해	무자	기축	경인	신묘	임진	계사	갑오	을미	병신	정유	무술	기해	경자	신축	임인	계묘	갑진	을사	병오	정미
양력	23	24	25	26	27	28	29	30	7/1	2	3	4	5	6	7	8	9	10	11	12	13	14	15	16	17	18	19	20	21

6월

음력	1	2	3	4	5	6	7	8	9	10	11	12	13	14	15	16	17	18	19	20	21	22	23	24	25	26	27	28	29	30
일주	무신	기유	경술	신해	임자	계축	갑인	을묘	병진	정사	무오	기미	경신	신유	임술	계해	갑자	을축	병인	정묘	무진	기사	경오	신미	임신	계유	갑술	을해	병자	정축
양력	22	23	24	25	26	27	28	29	30	31	8/1	2	3	4	5	6	7	8	9	10	11	12	13	14	15	16	17	18	19	20

7월

음력	1	2	3	4	5	6	7	8	9	10	11	12	13	14	15	16	17	18	19	20	21	22	23	24	25	26	27	28	29
일주	무인	기묘	경진	신사	임오	계미	갑신	을유	병술	정해	무자	기축	경인	신묘	임진	계사	갑오	을미	병신	정유	무술	기해	경자	신축	임인	계묘	갑진	을사	병오
양력	21	22	23	24	25	26	27	28	29	30	31	9/1	2	3	4	5	6	7	8	9	10	11	12	13	14	15	16	17	18

8월

음력	1	2	3	4	5	6	7	8	9	10	11	12	13	14	15	16	17	18	19	20	21	22	23	24	25	26	27	28	29	30
일주	정미	무신	기유	경술	신해	임자	계축	갑인	을묘	병진	정사	무오	기미	경신	신유	임술	계해	갑자	을축	병인	정묘	무진	기사	경오	신미	임신	계유	갑술	을해	병자
양력	19	20	21	22	23	24	25	26	27	28	29	30	10/1	2	3	4	5	6	7	8	9	10	11	12	13	14	15	16	17	18

9월

음력	1	2	3	4	5	6	7	8	9	10	11	12	13	14	15	16	17	18	19	20	21	22	23	24	25	26	27	28	29	30
일주	정축	무인	기묘	경진	신사	임오	계미	갑신	을유	병술	정해	무자	기축	경인	신묘	임진	계사	갑오	을미	병신	정유	무술	기해	경자	신축	임인	계묘	갑진	을사	병오
양력	19	20	21	22	23	24	25	26	27	28	29	30	31	11/1	2	3	4	5	6	7	8	9	10	11	12	13	14	15	16	17

10월

음력	1	2	3	4	5	6	7	8	9	10	11	12	13	14	15	16	17	18	19	20	21	22	23	24	25	26	27	28	29	30
일주	정미	무신	기유	경술	신해	임자	계축	갑인	을묘	병진	정사	무오	기미	경신	신유	임술	계해	갑자	을축	병인	정묘	무진	기사	경오	신미	임신	계유	갑술	을해	병자
양력	18	19	20	21	22	23	24	25	26	27	28	29	30	12/1	2	3	4	5	6	7	8	9	10	11	12	13	14	15	16	17

11월

음력	1	2	3	4	5	6	7	8	9	10	11	12	13	14	15	16	17	18	19	20	21	22	23	24	25	26	27	28	29
일주	정축	무인	기묘	경진	신사	임오	계미	갑신	을유	병술	정해	무자	기축	경인	신묘	임진	계사	갑오	을미	병신	정유	무술	기해	경자	신축	임인	계묘	갑진	을사
양력	18	19	20	21	22	23	24	25	26	27	28	29	30	31	1/1	2	3	4	5	6	7	8	9	10	11	12	13	14	15

12월

음력	1	2	3	4	5	6	7	8	9	10	11	12	13	14	15	16	17	18	19	20	21	22	23	24	25	26	27	28	29	30
일주	병오	정미	무신	기유	경술	신해	임자	계축	갑인	을묘	병진	정사	무오	기미	경신	신유	임술	계해	갑자	을축	병인	정묘	무진	기사	경오	신미	임신	계유	갑술	을해
양력	16	17	18	19	20	21	22	23	24	25	26	27	28	29	30	31	2/1	2	3	4	5	6	7	8	9	10	11	12	13	14

1972년생 (음력기준)

1월

음력	1	2	3	4	5	6	7	8	9	10	11	12	13	14	15	16	17	18	19	20	21	22	23	24	25	26	27	28	29
일주	병자	정축	무인	기묘	경진	신사	임오	계미	갑신	을유	병술	정해	무자	기축	경인	신묘	임진	계사	갑오	을미	병신	정유	무술	기해	경자	신축	임인	계묘	갑진
양력	15	16	17	18	19	20	21	22	23	24	25	26	27	28	29	3/1	2	3	4	5	6	7	8	9	10	11	12	13	14

2월

음력	1	2	3	4	5	6	7	8	9	10	11	12	13	14	15	16	17	18	19	20	21	22	23	24	25	26	27	28	29	30
일주	을사	병오	정미	무신	기유	경술	신해	임자	계축	갑인	을묘	병진	정사	무오	기미	경신	신유	임술	계해	갑자	을축	병인	정묘	무진	기사	경오	신미	임신	계유	갑술
양력	15	16	17	18	19	20	21	22	23	24	25	26	27	28	29	30	31	4/1	2	3	4	5	6	7	8	9	10	11	12	13

3월

음력	1	2	3	4	5	6	7	8	9	10	11	12	13	14	15	16	17	18	19	20	21	22	23	24	25	26	27	28	29
일주	을해	병자	정축	무인	기묘	경진	신사	임오	계미	갑신	을유	병술	정해	무자	기축	경인	신묘	임진	계사	갑오	을미	병신	정유	무술	기해	경자	신축	임인	계묘
양력	14	15	16	17	18	19	20	21	22	23	24	25	26	27	28	29	30	5/1	2	3	4	5	6	7	8	9	10	11	12

4월

음력	1	2	3	4	5	6	7	8	9	10	11	12	13	14	15	16	17	18	19	20	21	22	23	24	25	26	27	28	29
일주	갑진	을사	병오	정미	무신	기유	경술	신해	임자	계축	갑인	을묘	병진	정사	무오	기미	경신	신유	임술	계해	갑자	을축	병인	정묘	무진	기사	경오	신미	임신
양력	13	14	15	16	17	18	19	20	21	22	23	24	25	26	27	28	29	30	31	6/1	2	3	4	5	6	7	8	9	10

5월

음력	1	2	3	4	5	6	7	8	9	10	11	12	13	14	15	16	17	18	19	20	21	22	23	24	25	26	27	28	29	30
일주	계유	갑술	을해	병자	정축	무인	기묘	경진	신사	임오	계미	갑신	을유	병술	정해	무자	기축	경인	신묘	임진	계사	갑오	을미	병신	정유	무술	기해	경자	신축	임인
양력	11	12	13	14	15	16	17	18	19	20	21	22	23	24	25	26	27	28	29	30	7/1	2	3	4	5	6	7	8	9	10

6월

음력	1	2	3	4	5	6	7	8	9	10	11	12	13	14	15	16	17	18	19	20	21	22	23	24	25	26	27	28	29
일주	계묘	갑진	을사	병오	정미	무신	기유	경술	신해	임자	계축	갑인	을묘	병진	정사	무오	기미	경신	신유	임술	계해	갑자	을축	병인	정묘	무진	기사	경오	신미
양력	11	12	13	14	15	16	17	18	19	20	21	22	23	24	25	26	27	28	29	30	31	8/1	2	3	4	5	6	7	8

7월

음력	1	2	3	4	5	6	7	8	9	10	11	12	13	14	15	16	17	18	19	20	21	22	23	24	25	26	27	28	29	30
일주	임신	계유	갑술	을해	병자	정축	무인	기묘	경진	신사	임오	계미	갑신	을유	병술	정해	무자	기축	경인	신묘	임진	계사	갑오	을미	병신	정유	무술	기해	경자	신축
양력	9	10	11	12	13	14	15	16	17	18	19	20	21	22	23	24	25	26	27	28	29	30	31	9/1	2	3	4	5	6	7

8월

음력	1	2	3	4	5	6	7	8	9	10	11	12	13	14	15	16	17	18	19	20	21	22	23	24	25	26	27	28	29
일주	임인	계묘	갑진	을사	병오	정미	무신	기유	경술	신해	임자	계축	갑인	을묘	병진	정사	무오	기미	경신	신유	임술	계해	갑자	을축	병인	정묘	무진	기사	경오
양력	8	9	10	11	12	13	14	15	16	17	18	19	20	21	22	23	24	25	26	27	28	29	30	10/1	2	3	4	5	6

9월

음력	1	2	3	4	5	6	7	8	9	10	11	12	13	14	15	16	17	18	19	20	21	22	23	24	25	26	27	28	29	30
일주	신미	임신	계유	갑술	을해	병자	정축	무인	기묘	경진	신사	임오	계미	갑신	을유	병술	정해	무자	기축	경인	신묘	임진	계사	갑오	을미	병신	정유	무술	기해	경자
양력	7	8	9	10	11	12	13	14	15	16	17	18	19	20	21	22	23	24	25	26	27	28	29	30	31	11/1	2	3	4	5

10월

음력	1	2	3	4	5	6	7	8	9	10	11	12	13	14	15	16	17	18	19	20	21	22	23	24	25	26	27	28	29	30
일주	신축	임인	계묘	갑진	을사	병오	정미	무신	기유	경술	신해	임자	계축	갑인	을묘	병진	정사	무오	기미	경신	신유	임술	계해	갑자	을축	병인	정묘	무진	기사	경오
양력	6	7	8	9	10	11	12	13	14	15	16	17	18	19	20	21	22	23	24	25	26	27	28	29	30	12/1	2	3	4	5

11월

음력	1	2	3	4	5	6	7	8	9	10	11	12	13	14	15	16	17	18	19	20	21	22	23	24	25	26	27	28	29	30
일주	신미	임신	계유	갑술	을해	병자	정축	무인	기묘	경진	신사	임오	계미	갑신	을유	병술	정해	무자	기축	경인	신묘	임진	계사	갑오	을미	병신	정유	무술	기해	경자
양력	6	7	8	9	10	11	12	13	14	15	16	17	18	19	20	21	22	23	24	25	26	27	28	29	30	31	1/1	2	3	4

12월

음력	1	2	3	4	5	6	7	8	9	10	11	12	13	14	15	16	17	18	19	20	21	22	23	24	25	26	27	28	29
일주	신축	임인	계묘	갑진	을사	병오	정미	무신	기유	경술	신해	임자	계축	갑인	을묘	병진	정사	무오	기미	경신	신유	임술	계해	갑자	을축	병인	정묘	무진	기사
양력	5	6	7	8	9	10	11	12	13	14	15	16	17	18	19	20	21	22	23	24	25	26	27	28	29	30	31	2/1	2

1973년생 (음력기준)

1월

음력	1	2	3	4	5	6	7	8	9	10	11	12	13	14	15	16	17	18	19	20	21	22	23	24	25	26	27	28	29	30
일주	경오	신미	임신	계유	갑술	을해	병자	정축	무인	기묘	경진	신사	임오	계미	갑신	을유	병술	정해	무자	기축	경인	신묘	임진	계사	갑오	을미	병신	정유	무술	기해
양력	3	4	5	6	7	8	9	10	11	12	13	14	15	16	17	18	19	20	21	22	23	24	25	26	27	28	3/1	2	3	4

2월

음력	1	2	3	4	5	6	7	8	9	10	11	12	13	14	15	16	17	18	19	20	21	22	23	24	25	26	27	28	29
일주	경자	신축	임인	계묘	갑진	을사	병오	정미	무신	기유	경술	신해	임자	계축	갑인	을묘	병진	정사	무오	기미	경신	신유	임술	계해	갑자	을축	병인	정묘	무진
양력	5	6	7	8	9	10	11	12	13	14	15	16	17	18	19	20	21	22	23	24	25	26	27	28	29	30	31	4/1	2

3월

음력	1	2	3	4	5	6	7	8	9	10	11	12	13	14	15	16	17	18	19	20	21	22	23	24	25	26	27	28	29	30
일주	기사	경오	신미	임신	계유	갑술	을해	병자	정축	무인	기묘	경진	신사	임오	계미	갑신	을유	병술	정해	무자	기축	경인	신묘	임진	계사	갑오	을미	병신	정유	무술
양력	3	4	5	6	7	8	9	10	11	12	13	14	15	16	17	18	19	20	21	22	23	24	25	26	27	28	29	30	5/1	2

4월

음력	1	2	3	4	5	6	7	8	9	10	11	12	13	14	15	16	17	18	19	20	21	22	23	24	25	26	27	28	29
일주	기해	경자	신축	임인	계묘	갑진	을사	병오	정미	무신	기유	경술	신해	임자	계축	갑인	을묘	병진	정사	무오	기미	경신	신유	임술	계해	갑자	을축	병인	정묘
양력	3	4	5	6	7	8	9	10	11	12	13	14	15	16	17	18	19	20	21	22	23	24	25	26	27	28	29	30	31

5월

음력	1	2	3	4	5	6	7	8	9	10	11	12	13	14	15	16	17	18	19	20	21	22	23	24	25	26	27	28	29
일주	무진	기사	경오	신미	임신	계유	갑술	을해	병자	정축	무인	기묘	경진	신사	임오	계미	갑신	을유	병술	정해	무자	기축	경인	신묘	임진	계사	갑오	을미	병신
양력	6/1	2	3	4	5	6	7	8	9	10	11	12	13	14	15	16	17	18	19	20	21	22	23	24	25	26	27	28	29

6월

음력	1	2	3	4	5	6	7	8	9	10	11	12	13	14	15	16	17	18	19	20	21	22	23	24	25	26	27	28	29	30
일주	정유	무술	기해	경자	신축	임인	계묘	갑진	을사	병오	정미	무신	기유	경술	신해	임자	계축	갑인	을묘	병진	정사	무오	기미	경신	신유	임술	계해	갑자	을축	병인
양력	30	7/1	2	3	4	5	6	7	8	9	10	11	12	13	14	15	16	17	18	19	20	21	22	23	24	25	26	27	28	29

7월

음력	1	2	3	4	5	6	7	8	9	10	11	12	13	14	15	16	17	18	19	20	21	22	23	24	25	26	27	28	29
일주	정묘	무진	기사	경오	신미	임신	계유	갑술	을해	병자	정축	무인	기묘	경진	신사	임오	계미	갑신	을유	병술	정해	무자	기축	경인	신묘	임진	계사	갑오	을미
양력	30	31	8/1	2	3	4	5	6	7	8	9	10	11	12	13	14	15	16	17	18	19	20	21	22	23	24	25	26	27

8월

음력	1	2	3	4	5	6	7	8	9	10	11	12	13	14	15	16	17	18	19	20	21	22	23	24	25	26	27	28	29
일주	병신	정유	무술	기해	경자	신축	임인	계묘	갑진	을사	병오	정미	무신	기유	경술	신해	임자	계축	갑인	을묘	병진	정사	무오	기미	경신	신유	임술	계해	갑자
양력	28	29	30	31	9/1	2	3	4	5	6	7	8	9	10	11	12	13	14	15	16	17	18	19	20	21	22	23	24	25

9월

음력	1	2	3	4	5	6	7	8	9	10	11	12	13	14	15	16	17	18	19	20	21	22	23	24	25	26	27	28	29	30
일주	을축	병인	정묘	무진	기사	경오	신미	임신	계유	갑술	을해	병자	정축	무인	기묘	경진	신사	임오	계미	갑신	을유	병술	정해	무자	기축	경인	신묘	임진	계사	갑오
양력	26	27	28	29	30	10/1	2	3	4	5	6	7	8	9	10	11	12	13	14	15	16	17	18	19	20	21	22	23	24	25

10월

음력	1	2	3	4	5	6	7	8	9	10	11	12	13	14	15	16	17	18	19	20	21	22	23	24	25	26	27	28	29	30
일주	을미	병신	정유	무술	기해	경자	신축	임인	계묘	갑진	을사	병오	정미	무신	기유	경술	신해	임자	계축	갑인	을묘	병진	정사	무오	기미	경신	신유	임술	계해	갑자
양력	26	27	28	29	30	31	11/1	2	3	4	5	6	7	8	9	10	11	12	13	14	15	16	17	18	19	20	21	22	23	24

11월

음력	1	2	3	4	5	6	7	8	9	10	11	12	13	14	15	16	17	18	19	20	21	22	23	24	25	26	27	28	29	30
일주	을축	병인	정묘	무진	기사	경오	신미	임신	계유	갑술	을해	병자	정축	무인	기묘	경진	신사	임오	계미	갑신	을유	병술	정해	무자	기축	경인	신묘	임진	계사	갑오
양력	25	26	27	28	29	30	12/1	2	3	4	5	6	7	8	9	10	11	12	13	14	15	16	17	18	19	20	21	22	23	24

12월

음력	1	2	3	4	5	6	7	8	9	10	11	12	13	14	15	16	17	18	19	20	21	22	23	24	25	26	27	28	29
일주	을미	병신	정유	무술	기해	경자	신축	임인	계묘	갑진	을사	병오	정미	무신	기유	경술	신해	임자	계축	갑인	을묘	병진	정사	무오	기미	경신	신유	임술	계해
양력	25	26	27	28	29	30	31	1/1	2	3	4	5	6	7	8	9	10	11	12	13	14	15	16	17	18	19	20	21	22

1974년생 (음력기준)

1월

음력	1	2	3	4	5	6	7	8	9	10	11	12	13	14	15	16	17	18	19	20	21	22	23	24	25	26	27	28	29	30
일주	갑자	을축	병인	정묘	무진	기사	경오	신미	임신	계유	갑술	을해	병자	정축	무인	기묘	경진	신사	임오	계미	갑신	을유	병술	정해	무자	기축	경인	신묘	임진	계사
양력	23	24	25	26	27	28	29	30	31	2/1	2	3	4	5	6	7	8	9	10	11	12	13	14	15	16	17	18	19	20	21

2월

음력	1	2	3	4	5	6	7	8	9	10	11	12	13	14	15	16	17	18	19	20	21	22	23	24	25	26	27	28	29	30
일주	갑오	을미	병신	정유	무술	기해	경자	신축	임인	계묘	갑진	을사	병오	정미	무신	기유	경술	신해	임자	계축	갑인	을묘	병진	정사	무오	기미	경신	신유	임술	계해
양력	22	23	24	25	26	27	28	3/1	2	3	4	5	6	7	8	9	10	11	12	13	14	15	16	17	18	19	20	21	22	23

3월

음력	1	2	3	4	5	6	7	8	9	10	11	12	13	14	15	16	17	18	19	20	21	22	23	24	25	26	27	28	29
일주	갑자	을축	병인	정묘	무진	기사	경오	신미	임신	계유	갑술	을해	병자	정축	무인	기묘	경진	신사	임오	계미	갑신	을유	병술	정해	무자	기축	경인	신묘	임진
양력	24	25	26	27	28	29	30	31	4/1	2	3	4	5	6	7	8	9	10	11	12	13	14	15	16	17	18	19	20	21

4월

음력	1	2	3	4	5	6	7	8	9	10	11	12	13	14	15	16	17	18	19	20	21	22	23	24	25	26	27	28	29
일주	계사	갑오	을미	병신	정유	무술	기해	경자	신축	임인	계묘	갑진	을사	병오	정미	무신	기유	경술	신해	임자	계축	갑인	을묘	병진	정사	무오	기미	경신	신유
양력	22	23	24	25	26	27	28	29	30	5/1	2	3	4	5	6	7	8	9	10	11	12	13	14	15	16	17	18	19	20	21

4월 윤달

음력	1	2	3	4	5	6	7	8	9	10	11	12	13	14	15	16	17	18	19	20	21	22	23	24	25	26	27	28	29
일주	계해	갑자	을축	병인	정묘	무진	기사	경오	신미	임신	계유	갑술	을해	병자	정축	무인	기묘	경진	신사	임오	계미	갑신	을유	병술	정해	무자	기축	경인	신묘
양력	22	23	24	25	26	27	28	29	30	31	6/1	2	3	4	5	6	7	8	9	10	11	12	13	14	15	16	17	18	

5월

음력	1	2	3	4	5	6	7	8	9	10	11	12	13	14	15	16	17	18	19	20	21	22	23	24	25	26	27	28	29
일주	임진	계사	갑오	을미	병신	정유	무술	기해	경자	신축	임인	계묘	갑진	을사	병오	정미	무신	기유	경술	신해	임자	계축	갑인	을묘	병진	정사	무오	기미	경신
양력	20	21	22	23	24	25	26	27	28	29	30	7/1	2	3	4	5	6	7	8	9	10	11	12	13	14	15	16	17	18

6월

음력	1	2	3	4	5	6	7	8	9	10	11	12	13	14	15	16	17	18	19	20	21	22	23	24	25	26	27	28	29	30
일주	신유	임술	계해	갑자	을축	병인	정묘	무진	기사	경오	신미	임신	계유	갑술	을해	병자	정축	무인	기묘	경진	신사	임오	계미	갑신	을유	병술	정해	무자	기축	경인
양력	19	20	21	22	23	24	25	26	27	28	29	30	31	8/1	2	3	4	5	6	7	8	9	10	11	12	13	14	15	16	17

7월

음력	1	2	3	4	5	6	7	8	9	10	11	12	13	14	15	16	17	18	19	20	21	22	23	24	25	26	27	28	29
일주	신묘	임진	계사	갑오	을미	병신	정유	무술	기해	경자	신축	임인	계묘	갑진	을사	병오	정미	무신	기유	경술	신해	임자	계축	갑인	을묘	병진	정사	무오	기미
양력	18	19	20	21	22	23	24	25	26	27	28	29	30	31	9/1	2	3	4	5	6	7	8	9	10	11	12	13	14	15

8월

음력	1	2	3	4	5	6	7	8	9	10	11	12	13	14	15	16	17	18	19	20	21	22	23	24	25	26	27	28	29
일주	경신	신유	임술	계해	갑자	을축	병인	정묘	무진	기사	경오	신미	임신	계유	갑술	을해	병자	정축	무인	기묘	경진	신사	임오	계미	갑신	을유	병술	정해	무자
양력	16	17	18	19	20	21	22	23	24	25	26	27	28	29	30	10/1	2	3	4	5	6	7	8	9	10	11	12	13	14

9월

음력	1	2	3	4	5	6	7	8	9	10	11	12	13	14	15	16	17	18	19	20	21	22	23	24	25	26	27	28	29	30
일주	기축	경인	신묘	임진	계사	갑오	을미	병신	정유	무술	기해	경자	신축	임인	계묘	갑진	을사	병오	정미	무신	기유	경술	신해	임자	계축	갑인	을묘	병진	정사	무오
양력	15	16	17	18	19	20	21	22	23	24	25	26	27	28	29	30	31	11/1	2	3	4	5	6	7	8	9	10	11	12	13

10월

음력	1	2	3	4	5	6	7	8	9	10	11	12	13	14	15	16	17	18	19	20	21	22	23	24	25	26	27	28	29	30
일주	기미	경신	신유	임술	계해	갑자	을축	병인	정묘	무진	기사	경오	신미	임신	계유	갑술	을해	병자	정축	무인	기묘	경진	신사	임오	계미	갑신	을유	병술	정해	무자
양력	14	15	16	17	18	19	20	21	22	23	24	25	26	27	28	29	30	12/1	2	3	4	5	6	7	8	9	10	11	12	13

11월

음력	1	2	3	4	5	6	7	8	9	10	11	12	13	14	15	16	17	18	19	20	21	22	23	24	25	26	27	28	29
일주	기축	경인	신묘	임진	계사	갑오	을미	병신	정유	무술	기해	경자	신축	임인	계묘	갑진	을사	병오	정미	무신	기유	경술	신해	임자	계축	갑인	을묘	병진	정사
양력	14	15	16	17	18	19	20	21	22	23	24	25	26	27	28	29	30	31	1/1	2	3	4	5	6	7	8	9	10	11

12월

음력	1	2	3	4	5	6	7	8	9	10	11	12	13	14	15	16	17	18	19	20	21	22	23	24	25	26	27	28	29	30
일주	무오	기미	경신	신유	임술	계해	갑자	을축	병인	정묘	무진	기사	경오	신미	임신	계유	갑술	을해	병자	정축	무인	기묘	경진	신사	임오	계미	갑신	을유	병술	정해
양력	12	13	14	15	16	17	18	19	20	21	22	23	24	25	26	27	28	29	30	31	2/1	2	3	4	5	6	7	8	9	10

1975년생 (음력기준)

1월
음력	1	2	3	4	5	6	7	8	9	10
일주	무자	기축	경인	신묘	임진	계사	갑오	을미	병신	정유
양력	11	12	13	14	15	16	17	18	19	20

음력	11	12	13	14	15	16	17	18	19	20
일주	무술	기해	경자	신축	임인	계묘	갑진	을사	병오	정미
양력	21	22	23	24	25	26	27	28	3/1	2

음력	21	22	23	24	25	26	27	28	29	30
일주	무신	기유	경술	신해	임자	계축	갑인	을묘	병진	정사
양력	3	4	5	6	7	8	9	10	11	12

2월
음력	1	2	3	4	5	6	7	8	9	10
일주	무오	기미	경신	신유	임술	계해	갑자	을축	병인	정묘
양력	13	14	15	16	17	18	19	20	21	22

음력	11	12	13	14	15	16	17	18	19	20
일주	무진	기사	경오	신미	임신	계유	갑술	을해	병자	정축
양력	23	24	25	26	27	28	29	30	31	4/1

음력	21	22	23	24	25	26	27	28	29
일주	무인	기묘	경진	신사	임오	계미	갑신	을유	병술
양력	2	3	4	5	6	7	8	9	10

(음력 29, 병술 / 양력 10 — 이어서 정해? — 표시 기준) 해
(추가) 음력행의 마지막 일주 세트: 정해, 양력 11

3월
음력	1	2	3	4	5	6	7	8	9	10
일주	무자	기축	경인	신묘	임진	계사	갑오	을미	병신	정유
양력	12	13	14	15	16	17	18	19	20	21

음력	11	12	13	14	15	16	17	18	19	20
일주	무술	기해	경자	신축	임인	계묘	갑진	을사	병오	정미
양력	22	23	24	25	26	27	28	29	30	5/1

음력	21	22	23	24	25	26	27	28	29
일주	무신	기유	경술	신해	임자	계축	갑인	을묘	병진
양력	2	3	4	5	6	7	8	9	10

4월
음력	1	2	3	4	5	6	7	8	9	10
일주	정사	무오	기미	경신	신유	임술	계해	갑자	을축	병인
양력	11	12	13	14	15	16	17	18	19	20

음력	11	12	13	14	15	16	17	18	19	20
일주	정묘	무진	기사	경오	신미	임신	계유	갑술	을해	병자
양력	21	22	23	24	25	26	27	28	29	30

음력	21	22	23	24	25	26	27	28	29	30
일주	정축	무인	기묘	경진	신사	임오	계미	갑신	을유	병술
양력	31	6/1	2	3	4	5	6	7	8	9

5월
음력	1	2	3	4	5	6	7	8	9	10
일주	정해	무자	기축	경인	신묘	임진	계사	갑오	을미	병신
양력	10	11	12	13	14	15	16	17	18	19

음력	11	12	13	14	15	16	17	18	19	20
일주	정유	무술	기해	경자	신축	임인	계묘	갑진	을사	병오
양력	20	21	22	23	24	25	26	27	28	29

음력	21	22	23	24	25	26	27	28	29
일주	정미	무신	기유	경술	신해	임자	계축	갑인	을묘
양력	30	7/1	2	3	4	5	6	7	8

6월
음력	1	2	3	4	5	6	7	8	9	10
일주	병진	정사	무오	기미	경신	신유	임술	계해	갑자	을축
양력	9	10	11	12	13	14	15	16	17	18

음력	11	12	13	14	15	16	17	18	19	20
일주	병인	정묘	무진	기사	경오	신미	임신	계유	갑술	을해
양력	19	20	21	22	23	24	25	26	27	28

음력	21	22	23	24	25	26	27	28	29
일주	병자	정축	무인	기묘	경진	신사	임오	계미	갑신
양력	29	30	31	8/1	2	3	4	5	6

7월
음력	1	2	3	4	5	6	7	8	9	10
일주	을유	병술	정해	무자	기축	경인	신묘	임진	계사	갑오
양력	7	8	9	10	11	12	13	14	15	16

음력	11	12	13	14	15	16	17	18	19	20
일주	을미	병신	정유	무술	기해	경자	신축	임인	계묘	갑진
양력	17	18	19	20	21	22	23	24	25	26

음력	21	22	23	24	25	26	27	28	29	30
일주	을사	병오	정미	무신	기유	경술	신해	임자	계축	갑인
양력	27	28	29	30	31	9/1	2	3	4	5

8월
음력	1	2	3	4	5	6	7	8	9	10
일주	을묘	병진	정사	무오	기미	경신	신유	임술	계해	갑자
양력	6	7	8	9	10	11	12	13	14	15

음력	11	12	13	14	15	16	17	18	19	20
일주	을축	병인	정묘	무진	기사	경오	신미	임신	계유	갑술
양력	16	17	18	19	20	21	22	23	24	25

음력	21	22	23	24	25	26	27	28	29
일주	을해	병자	정축	무인	기묘	경진	신사	임오	계미
양력	26	27	28	29	30	10/1	2	3	4

9월
음력	1	2	3	4	5	6	7	8	9	10
일주	갑신	을유	병술	정해	무자	기축	경인	신묘	임진	계사
양력	5	6	7	8	9	10	11	12	13	14

음력	11	12	13	14	15	16	17	18	19	20
일주	갑오	을미	병신	정유	무술	기해	경자	신축	임인	계묘
양력	15	16	17	18	19	20	21	22	23	24

음력	21	22	23	24	25	26	27	28	29	30
일주	갑진	을사	병오	정미	무신	기유	경술	신해	임자	계해
양력	25	26	27	28	29	30	31	11/1	2	

10월
음력	1	2	3	4	5	6	7	8	9	10
일주	계축	갑인	을묘	병진	정사	무오	기미	경신	신유	임술
양력	3	4	5	6	7	8	9	10	11	12

음력	11	12	13	14	15	16	17	18	19	20
일주	계해	갑자	을축	병인	정묘	무진	기사	경오	신미	임신
양력	13	14	15	16	17	18	19	20	21	22

음력	21	22	23	24	25	26	27	28	29	30
일주	계유	갑술	을해	병자	정축	무인	기묘	경진	신사	임오
양력	23	24	25	26	27	28	29	30	12/1	2

11월
음력	1	2	3	4	5	6	7	8	9	10
일주	계미	갑신	을유	병술	정해	무자	기축	경인	신묘	임진
양력	3	4	5	6	7	8	9	10	11	12

음력	11	12	13	14	15	16	17	18	19	20
일주	계사	갑오	을미	병신	정유	무술	기해	경자	신축	임인
양력	13	14	15	16	17	18	19	20	21	22

음력	21	22	23	24	25	26	27	28	29	30
일주	계묘	갑진	을사	병오	정미	무신	기유	경술	신해	해
양력	23	24	25	26	27	28	29	30	31	

12월
음력	1	2	3	4	5	6	7	8	9	10
일주	임자	계축	갑인	을묘	병진	정사	무오	기미	경신	신유
양력	1/1	2	3	4	5	6	7	8	9	10

음력	11	12	13	14	15	16	17	18	19	20
일주	임술	계해	갑자	을축	병인	정묘	무진	기사	경오	신미
양력	11	12	13	14	15	16	17	18	19	20

음력	21	22	23	24	25	26	27	28	29	30
일주	임신	계유	갑술	을해	병자	정축	무인	기묘	경진	신사
양력	21	22	23	24	25	26	27	28	29	30

1976년생 (음력기준)

1월

구분	1–10	11–20	21–30
음력	1 2 3 4 5 6 7 8 9 10	11 12 13 14 15 16 17 18 19 20	21 22 23 24 25 26 27 28 29 30
일주	임오 계미 갑신 을유 병술 정해 무자 기축 경인 신묘	임진 계사 갑오 을미 병신 정유 무술 기해 경자 신축	임인 계묘 갑진 을사 병오 정미 무신 기유 경술 신해
양력	31 2/1 2 3 4 5 6 7 8 9	10 11 12 13 14 15 16 17 18 19	20 21 22 23 24 25 26 27 28 29

2월

구분	1–10	11–20	21–30
음력	1 2 3 4 5 6 7 8 9 10	11 12 13 14 15 16 17 18 19 20	21 22 23 24 25 26 27 28 29 30
일주	임자 계축 갑인 을묘 병진 정사 무오 기미 경신 신유	임술 계해 갑자 을축 병인 정묘 무진 기사 경오 신미	임신 계유 갑술 을해 병자 정축 무인 기묘 경진 신사
양력	3/1 2 3 4 5 6 7 8 9 10	11 12 13 14 15 16 17 18 19 20	21 22 23 24 25 26 27 28 29 30

3월

구분	1–10	11–20	21–29
음력	1 2 3 4 5 6 7 8 9 10	11 12 13 14 15 16 17 18 19 20	21 22 23 24 25 26 27 28 29
일주	임오 계미 갑신 을유 병술 정해 무자 기축 경인 신묘	임진 계사 갑오 을미 병신 정유 무술 기해 경자 신축	임인 계묘 갑진 을사 병오 정미 무신 기유 경술
양력	31 4/1 2 3 4 5 6 7 8 9	10 11 12 13 14 15 16 17 18 19	20 21 22 23 24 25 26 27 28

4월

구분	1–10	11–20	21–30
음력	1 2 3 4 5 6 7 8 9 10	11 12 13 14 15 16 17 18 19 20	21 22 23 24 25 26 27 28 29 30
일주	신해 임자 계축 갑인 을묘 병진 정사 무오 기미 경신	신유 임술 계해 갑자 을축 병인 정묘 무진 기사 경오	신미 임신 계유 갑술 을해 병자 정축 무인 기묘 경진
양력	29 30 5/1 2 3 4 5 6 7 8	9 10 11 12 13 14 15 16 17 18	19 20 21 22 23 24 25 26 27 28

5월

구분	1–10	11–20	21–29
음력	1 2 3 4 5 6 7 8 9 10	11 12 13 14 15 16 17 18 19 20	21 22 23 24 25 26 27 28 29
일주	신사 임오 계미 갑신 을유 병술 정해 무자 기축 경인	신묘 임진 계사 갑오 을미 병신 정유 무술 기해 경자	신축 임인 계묘 갑진 을사 병오 정미 무신 기유
양력	29 30 31 6/1 2 3 4 5 6 7	8 9 10 11 12 13 14 15 16 17	18 19 20 21 22 23 24 25 26

6월

구분	1–10	11–20	21–30
음력	1 2 3 4 5 6 7 8 9 10	11 12 13 14 15 16 17 18 19 20	21 22 23 24 25 26 27 28 29 30
일주	경술 신해 임자 계축 갑인 을묘 병진 정사 무오 기미	경신 신유 임술 계해 갑자 을축 병인 정묘 무진 기사	경오 신미 임신 계유 갑술 을해 병자 정축 무인 기묘
양력	27 28 29 30 7/1 2 3 4 5 6	7 8 9 10 11 12 13 14 15 16	17 18 19 20 21 22 23 24 25 26

7월

구분	1–10	11–20	21–29
음력	1 2 3 4 5 6 7 8 9 10	11 12 13 14 15 16 17 18 19 20	21 22 23 24 25 26 27 28 29
일주	경진 신사 임오 계미 갑신 을유 병술 정해 무자 기축	경인 신묘 임진 계사 갑오 을미 병신 정유 무술 기해	경자 신축 임인 계묘 갑진 을사 병오 정미 무신
양력	27 28 29 30 31 8/1 2 3 4 5	6 7 8 9 10 11 12 13 14 15	16 17 18 19 20 21 22 23 24

8월

구분	1–10	11–20	21–30
음력	1 2 3 4 5 6 7 8 9 10	11 12 13 14 15 16 17 18 19 20	21 22 23 24 25 26 27 28 29 30
일주	기유 경술 신해 임자 계축 갑인 을묘 병진 정사 무오	기미 경신 신유 임술 계해 갑자 을축 병인 정묘 무진	기사 경오 신미 임신 계유 갑술 을해 병자 정축 무인
양력	25 26 27 28 29 30 31 9/1 2 3	4 5 6 7 8 9 10 11 12 13	14 15 16 17 18 19 20 21 22 23

8월 윤달

구분	1–10	11–20	21–29
음력	1 2 3 4 5 6 7 8 9 10	11 12 13 14 15 16 17 18 19 20	21 22 23 24 25 26 27 28 29
일주	기묘 경진 신사 임오 계미 갑신 을유 병술 정해 무자	기축 경인 신묘 임진 계사 갑오 을미 병신 정유 무술	기해 경자 신축 임인 계묘 갑진 을사 병오 정미
양력	24 25 26 27 28 29 30 10/1 2 3	4 5 6 7 8 9 10 11 12 13	14 15 16 17 18 19 20 21 22

9월

구분	1–10	11–20	21–30
음력	1 2 3 4 5 6 7 8 9 10	11 12 13 14 15 16 17 18 19 20	21 22 23 24 25 26 27 28 29 30
일주	무신 기유 경술 신해 임자 계축 갑인 을묘 병진 정사	무오 기미 경신 신유 임술 계해 갑자 을축 병인 정묘	무진 기사 경오 신미 임신 계유 갑술 을해 병자 정축
양력	23 24 25 26 27 28 29 30 31 11/1	2 3 4 5 6 7 8 9 10 11	12 13 14 15 16 17 18 19 20 21

10월

구분	1–10	11–20	21–29
음력	1 2 3 4 5 6 7 8 9 10	11 12 13 14 15 16 17 18 19 20	21 22 23 24 25 26 27 28 29
일주	무인 기묘 경진 신사 임오 계미 갑신 을유 병술 정해	무자 기축 경인 신묘 임진 계사 갑오 을미 병신 정유	무술 기해 경자 신축 임인 계묘 갑진 을사 병오
양력	22 23 24 25 26 27 28 29 30 12/1	2 3 4 5 6 7 8 9 10 11	12 13 14 15 16 17 18 19 20

11월

구분	1–10	11–20	21–29
음력	1 2 3 4 5 6 7 8 9 10	11 12 13 14 15 16 17 18 19 20	21 22 23 24 25 26 27 28 29
일주	정미 무신 기유 경술 신해 임자 계축 갑인 을묘 병진	정사 무오 기미 경신 신유 임술 계해 갑자 을축 병인	정묘 무진 기사 경오 신미 임신 계유 갑술 을해
양력	21 22 23 24 25 26 27 28 29 30	31 1/1 2 3 4 5 6 7 8 9	10 11 12 13 14 15 16 17 18

12월

구분	1–10	11–20	21–30
음력	1 2 3 4 5 6 7 8 9 10	11 12 13 14 15 16 17 18 19 20	21 22 23 24 25 26 27 28 29 30
일주	병자 정축 무인 기묘 경진 신사 임오 계미 갑신 을유	병술 정해 무자 기축 경인 신묘 임진 계사 갑오 을미	병신 정유 무술 기해 경자 신축 임인 계묘 갑진 을사
양력	19 20 21 22 23 24 25 26 27 28	29 30 31 2/1 2 3 4 5 6 7	8 9 10 11 12 13 14 15 16 17

1977년생 (음력기준)

1월

음력	1	2	3	4	5	6	7	8	9	10	11	12	13	14	15	16	17	18	19	20	21	22	23	24	25	26	27	28	29	30
일주	병오	정미	무신	기유	경술	신해	임자	계축	갑인	을묘	병진	정사	무오	기미	경신	신유	임술	계해	갑자	을축	병인	정묘	무진	기사	경오	신미	임신	계유	갑술	을해
양력	18	19	20	21	22	23	24	25	26	27	28	3/1	2	3	4	5	6	7	8	9	10	11	12	13	14	15	16	17	18	19

2월

음력	1	2	3	4	5	6	7	8	9	10	11	12	13	14	15	16	17	18	19	20	21	22	23	24	25	26	27	28	29
일주	병자	정축	무인	기묘	경진	신사	임오	계미	갑신	을유	병술	정해	무자	기축	경인	신묘	임진	계사	갑오	을미	병신	정유	무술	기해	경자	신축	임인	계묘	갑진
양력	20	21	22	23	24	25	26	27	28	29	30	31	4/1	2	3	4	5	6	7	8	9	10	11	12	13	14	15	16	17

3월

음력	1	2	3	4	5	6	7	8	9	10	11	12	13	14	15	16	17	18	19	20	21	22	23	24	25	26	27	28	29	30
일주	을사	병오	정미	무신	기유	경술	신해	임자	계축	갑인	을묘	병진	정사	무오	기미	경신	신유	임술	계해	갑자	을축	병인	정묘	무진	기사	경오	신미	임신	계유	갑술
양력	18	19	20	21	22	23	24	25	26	27	28	29	30	5/1	2	3	4	5	6	7	8	9	10	11	12	13	14	15	16	17

4월

음력	1	2	3	4	5	6	7	8	9	10	11	12	13	14	15	16	17	18	19	20	21	22	23	24	25	26	27	28	29	30
일주	을해	병자	정축	무인	기묘	경진	신사	임오	계미	갑신	을유	병술	정해	무자	기축	경인	신묘	임진	계사	갑오	을미	병신	정유	무술	기해	경자	신축	임인	계묘	갑진
양력	18	19	20	21	22	23	24	25	26	27	28	29	30	31	6/1	2	3	4	5	6	7	8	9	10	11	12	13	14	15	16

5월

음력	1	2	3	4	5	6	7	8	9	10	11	12	13	14	15	16	17	18	19	20	21	22	23	24	25	26	27	28	29
일주	을사	병오	정미	무신	기유	경술	신해	임자	계축	갑인	을묘	병진	정사	무오	기미	경신	신유	임술	계해	갑자	을축	병인	정묘	무진	기사	경오	신미	임신	계유
양력	17	18	19	20	21	22	23	24	25	26	27	28	29	30	7/1	2	3	4	5	6	7	8	9	10	11	12	13	14	15

6월

음력	1	2	3	4	5	6	7	8	9	10	11	12	13	14	15	16	17	18	19	20	21	22	23	24	25	26	27	28	29	30
일주	갑술	을해	병자	정축	무인	기묘	경진	신사	임오	계미	갑신	을유	병술	정해	무자	기축	경인	신묘	임진	계사	갑오	을미	병신	정유	무술	기해	경자	신축	임인	계묘
양력	16	17	18	19	20	21	22	23	24	25	26	27	28	29	30	31	8/1	2	3	4	5	6	7	8	9	10	11	12	13	14

7월

음력	1	2	3	4	5	6	7	8	9	10	11	12	13	14	15	16	17	18	19	20	21	22	23	24	25	26	27	28	29
일주	갑진	을사	병오	정미	무신	기유	경술	신해	임자	계축	갑인	을묘	병진	정사	무오	기미	경신	신유	임술	계해	갑자	을축	병인	정묘	무진	기사	경오	신미	임신
양력	15	16	17	18	19	20	21	22	23	24	25	26	27	28	29	30	31	9/1	2	3	4	5	6	7	8	9	10	11	12

8월

음력	1	2	3	4	5	6	7	8	9	10	11	12	13	14	15	16	17	18	19	20	21	22	23	24	25	26	27	28	29	30
일주	계유	갑술	을해	병자	정축	무인	기묘	경진	신사	임오	계미	갑신	을유	병술	정해	무자	기축	경인	신묘	임진	계사	갑오	을미	병신	정유	무술	기해	경자	신축	임인
양력	13	14	15	16	17	18	19	20	21	22	23	24	25	26	27	28	29	30	10/1	2	3	4	5	6	7	8	9	10	11	12

9월

음력	1	2	3	4	5	6	7	8	9	10	11	12	13	14	15	16	17	18	19	20	21	22	23	24	25	26	27	28	29	30
일주	계묘	갑진	을사	병오	정미	무신	기유	경술	신해	임자	계축	갑인	을묘	병진	정사	무오	기미	경신	신유	임술	계해	갑자	을축	병인	정묘	무진	기사	경오	신미	임신
양력	13	14	15	16	17	18	19	20	21	22	23	24	25	26	27	28	29	30	31	11/1	2	3	4	5	6	7	8	9	10	11

10월

음력	1	2	3	4	5	6	7	8	9	10	11	12	13	14	15	16	17	18	19	20	21	22	23	24	25	26	27	28	29	30
일주	임신	계유	갑술	을해	병자	정축	무인	기묘	경진	신사	임오	계미	갑신	을유	병술	정해	무자	기축	경인	신묘	임진	계사	갑오	을미	병신	정유	무술	기해	경자	신축
양력	11	12	13	14	15	16	17	18	19	20	21	22	23	24	25	26	27	28	29	30	12/1	2	3	4	5	6	7	8	9	10

11월

음력	1	2	3	4	5	6	7	8	9	10	11	12	13	14	15	16	17	18	19	20	21	22	23	24	25	26	27	28	29
일주	임인	계묘	갑진	을사	병오	정미	무신	기유	경술	신해	임자	계축	갑인	을묘	병진	정사	무오	기미	경신	신유	임술	계해	갑자	을축	병인	정묘	무진	기사	경오
양력	11	12	13	14	15	16	17	18	19	20	21	22	23	24	25	26	27	28	29	30	31	1/1	2	3	4	5	6	7	8

12월

음력	1	2	3	4	5	6	7	8	9	10	11	12	13	14	15	16	17	18	19	20	21	22	23	24	25	26	27	28	29
일주	신미	임신	계유	갑술	을해	병자	정축	무인	기묘	경진	신사	임오	계미	갑신	을유	병술	정해	무자	기축	경인	신묘	임진	계사	갑오	을미	병신	정유	무술	기해
양력	9	10	11	12	13	14	15	16	17	18	19	20	21	22	23	24	25	26	27	28	29	30	31	2/1	2	3	4	5	6

1978년생 (음력기준)

1월

음력	1	2	3	4	5	6	7	8	9	10
일주	경자	신축	임인	계묘	갑진	을사	병오	정미	무신	기유
양력	7	8	9	10	11	12	13	14	15	16
음력	11	12	13	14	15	16	17	18	19	20
일주	경술	신해	임자	계축	갑인	을묘	병진	정사	무오	기미
양력	17	18	19	20	21	22	23	24	25	26
음력	21	22	23	24	25	26	27	28	29	30
일주	경신	신유	임술	계해	갑자	을축	병인	정묘	무진	기사
양력	27	28	3/1	2	3	4	5	6	7	8

2월

음력	1	2	3	4	5	6	7	8	9	10
일주	경오	신미	임신	계유	갑술	을해	병자	정축	무인	기묘
양력	9	10	11	12	13	14	15	16	17	18
음력	11	12	13	14	15	16	17	18	19	20
일주	경진	신사	임오	계미	갑신	을유	병술	정해	무자	기축
양력	19	20	21	22	23	24	25	26	27	28
음력	21	22	23	24	25	26	27	28	29	
일주	경인	신묘	임진	계사	갑오	을미	병신	정유	무술	기해
양력	29	30	31	4/1	2	3	4	5	6	7

3월

음력	1	2	3	4	5	6	7	8	9	10
일주	경자	신축	임인	계묘	갑진	을사	병오	정미	무신	기유
양력	8	9	10	11	12	13	14	15	16	17
음력	11	12	13	14	15	16	17	18	19	20
일주	경술	신해	임자	계축	갑인	을묘	병진	정사	무오	기미
양력	18	19	20	21	22	23	24	25	26	27
음력	21	22	23	24	25	26	27	28	29	
일주	경신	신유	임술	계해	갑자	을축	병인	정묘	무진	
양력	28	29	30	5/1	2	3	4	5	6	

4월

음력	1	2	3	4	5	6	7	8	9	10
일주	기사	경오	신미	임신	계유	갑술	을해	병자	정축	무인
양력	7	8	9	10	11	12	13	14	15	16
음력	11	12	13	14	15	16	17	18	19	20
일주	기묘	경진	신사	임오	계미	갑신	을유	병술	정해	무자
양력	17	18	19	20	21	22	23	24	25	26
음력	21	22	23	24	25	26	27	28	29	30
일주	기축	경인	신묘	임진	계사	갑오	을미	병신	정유	무술
양력	27	28	29	30	31	6/1	2	3	4	5

5월

음력	1	2	3	4	5	6	7	8	9	10
일주	기해	경자	신축	임인	계묘	갑진	을사	병오	정미	무신
양력	6	7	8	9	10	11	12	13	14	15
음력	11	12	13	14	15	16	17	18	19	20
일주	기유	경술	신해	임자	계축	갑인	을묘	병진	정사	무오
양력	16	17	18	19	20	21	22	23	24	25
음력	21	22	23	24	25	26	27	28	29	
일주	기미	경신	신유	임술	계해	갑자	을축	병인	정묘	
양력	26	27	28	29	30	7/1	2	3	4	

6월

음력	1	2	3	4	5	6	7	8	9	10
일주	무진	기사	경오	신미	임신	계유	갑술	을해	병자	정축
양력	5	6	7	8	9	10	11	12	13	14
음력	11	12	13	14	15	16	17	18	19	20
일주	무인	기묘	경진	신사	임오	계미	갑신	을유	병술	정해
양력	15	16	17	18	19	20	21	22	23	24
음력	21	22	23	24	25	26	27	28	29	30
일주	무자	기축	경인	신묘	임진	계사	갑오	을미	병신	정유
양력	25	26	27	28	29	30	31	8/1	2	3

7월

음력	1	2	3	4	5	6	7	8	9	10
일주	무술	기해	경자	신축	임인	계묘	갑진	을사	병오	정미
양력	4	5	6	7	8	9	10	11	12	13
음력	11	12	13	14	15	16	17	18	19	20
일주	무신	기유	경술	신해	임자	계축	갑인	을묘	병진	정사
양력	14	15	16	17	18	19	20	21	22	23
음력	21	22	23	24	25	26	27	28	29	30
일주	무오	기미	경신	신유	임술	계해	갑자	을축	병인	정묘
양력	24	25	26	27	28	29	30	31	9/1	2

8월

음력	1	2	3	4	5	6	7	8	9	10
일주	무진	기사	경오	신미	임신	계유	갑술	을해	병자	정축
양력	3	4	5	6	7	8	9	10	11	12
음력	11	12	13	14	15	16	17	18	19	20
일주	무인	기묘	경진	신사	임오	계미	갑신	을유	병술	정해
양력	13	14	15	16	17	18	19	20	21	22
음력	21	22	23	24	25	26	27	28	29	
일주	무자	기축	경인	신묘	임진	계사	갑오	을미	병신	
양력	23	24	25	26	27	28	29	30	10/1	

9월

음력	1	2	3	4	5	6	7	8	9	10
일주	정유	무술	기해	경자	신축	임인	계묘	갑진	을사	병오
양력	2	3	4	5	6	7	8	9	10	11
음력	11	12	13	14	15	16	17	18	19	20
일주	정미	무신	기유	경술	신해	임자	계축	갑인	을묘	병진
양력	12	13	14	15	16	17	18	19	20	21
음력	21	22	23	24	25	26	27	28	29	30
일주	정사	무오	기미	경신	신유	임술	계해	갑자	을축	병인
양력	22	23	24	25	26	27	28	29	30	31

10월

음력	1	2	3	4	5	6	7	8	9	10
일주	정묘	무진	기사	경오	신미	임신	계유	갑술	을해	병자
양력	11/1	2	3	4	5	6	7	8	9	10
음력	11	12	13	14	15	16	17	18	19	20
일주	정축	무인	기묘	경진	신사	임오	계미	갑신	을유	병술
양력	11	12	13	14	15	16	17	18	19	20
음력	21	22	23	24	25	26	27	28	29	
일주	정해	무자	기축	경인	신묘	임진	계사	갑오	을미	
양력	21	22	23	24	25	26	27	28	29	

11월

음력	1	2	3	4	5	6	7	8	9	10
일주	병신	정유	무술	기해	경자	신축	임인	계묘	갑진	을사
양력	30	12/1	2	3	4	5	6	7	8	9
음력	11	12	13	14	15	16	17	18	19	20
일주	병오	정미	무신	기유	경술	신해	임자	계축	갑인	을묘
양력	10	11	12	13	14	15	16	17	18	19
음력	21	22	23	24	25	26	27	28	29	30
일주	병진	정사	무오	기미	경신	신유	임술	계해	갑자	을축
양력	20	21	22	23	24	25	26	27	28	29

12월

음력	1	2	3	4	5	6	7	8	9	10
일주	병인	정묘	무진	기사	경오	신미	임신	계유	갑술	을해
양력	30	31	1/1	2	3	4	5	6	7	8
음력	11	12	13	14	15	16	17	18	19	20
일주	병자	정축	무인	기묘	경진	신사	임오	계미	갑신	을유
양력	9	10	11	12	13	14	15	16	17	18
음력	21	22	23	24	25	26	27	28	29	
일주	병술	정해	무자	기축	경인	신묘	임진	계사	갑오	
양력	19	20	21	22	23	24	25	26	27	

1979년생 (음력기준)

1월

음력	1	2	3	4	5	6	7	8	9	10	11	12	13	14	15	16	17	18	19	20	21	22	23	24	25	26	27	28	29	30
일주	을미	병신	정유	무술	기해	경자	신축	임인	계묘	갑진	을사	병오	정미	무신	기유	경술	신해	임자	계축	갑인	을묘	병진	정사	무오	기미	경신	신유	임술	계해	갑자
양력	28	29	30	31	2/1	2	3	4	5	6	7	8	9	10	11	12	13	14	15	16	17	18	19	20	21	22	23	24	25	26

2월

음력	1	2	3	4	5	6	7	8	9	10	11	12	13	14	15	16	17	18	19	20	21	22	23	24	25	26	27	28	29
일주	을축	병인	정묘	무진	기사	경오	신미	임신	계유	갑술	을해	병자	정축	무인	기묘	경진	신사	임오	계미	갑신	을유	병술	정해	무자	기축	경인	신묘	임진	계사
양력	27	28	3/1	2	3	4	5	6	7	8	9	10	11	12	13	14	15	16	17	18	19	20	21	22	23	24	25	26	27

3월

음력	1	2	3	4	5	6	7	8	9	10	11	12	13	14	15	16	17	18	19	20	21	22	23	24	25	26	27	28	29
일주	갑오	을미	병신	정유	무술	기해	경자	신축	임인	계묘	갑진	을사	병오	정미	무신	기유	경술	신해	임자	계축	갑인	을묘	병진	정사	무오	기미	경신	신유	임술
양력	28	29	30	31	4/1	2	3	4	5	6	7	8	9	10	11	12	13	14	15	16	17	18	19	20	21	22	23	24	25

4월

음력	1	2	3	4	5	6	7	8	9	10	11	12	13	14	15	16	17	18	19	20	21	22	23	24	25	26	27	28	29	30
일주	계해	갑자	을축	병인	정묘	무진	기사	경오	신미	임신	계유	갑술	을해	병자	정축	무인	기묘	경진	신사	임오	계미	갑신	을유	병술	정해	무자	기축	경인	신묘	임진
양력	26	27	28	29	30	5/1	2	3	4	5	6	7	8	9	10	11	12	13	14	15	16	17	18	19	20	21	22	23	24	25

5월

음력	1	2	3	4	5	6	7	8	9	10	11	12	13	14	15	16	17	18	19	20	21	22	23	24	25	26	27	28	29
일주	계사	갑오	을미	병신	정유	무술	기해	경자	신축	임인	계묘	갑진	을사	병오	정미	무신	기유	경술	신해	임자	계축	갑인	을묘	병진	정사	무오	기미	경신	신유
양력	26	27	28	29	30	31	6/1	2	3	4	5	6	7	8	9	10	11	12	13	14	15	16	17	18	19	20	21	22	23

6월

음력	1	2	3	4	5	6	7	8	9	10	11	12	13	14	15	16	17	18	19	20	21	22	23	24	25	26	27	28	29	30
일주	임술	계해	갑자	을축	병인	정묘	무진	기사	경오	신미	임신	계유	갑술	을해	병자	정축	무인	기묘	경진	신사	임오	계미	갑신	을유	병술	정해	무자	기축	경인	신묘
양력	24	25	26	27	28	29	30	7/1	2	3	4	5	6	7	8	9	10	11	12	13	14	15	16	17	18	19	20	21	22	23

6월 윤달

음력	1	2	3	4	5	6	7	8	9	10	11	12	13	14	15	16	17	18	19	20	21	22	23	24	25	26	27	28	29	30
일주	임진	계사	갑오	을미	병신	정유	무술	기해	경자	신축	임인	계묘	갑진	을사	병오	정미	무신	기유	경술	신해	임자	계축	갑인	을묘	병진	정사	무오	기미	경신	신유
양력	24	25	26	27	28	29	30	31	8/1	2	3	4	5	6	7	8	9	10	11	12	13	14	15	16	17	18	19	20	21	22

7월

음력	1	2	3	4	5	6	7	8	9	10	11	12	13	14	15	16	17	18	19	20	21	22	23	24	25	26	27	28	29
일주	임술	계해	갑자	을축	병인	정묘	무진	기사	경오	신미	임신	계유	갑술	을해	병자	정축	무인	기묘	경진	신사	임오	계미	갑신	을유	병술	정해	무자	기축	경인
양력	23	24	25	26	27	28	29	30	31	9/1	2	3	4	5	6	7	8	9	10	11	12	13	14	15	16	17	18	19	20

8월

음력	1	2	3	4	5	6	7	8	9	10	11	12	13	14	15	16	17	18	19	20	21	22	23	24	25	26	27	28	29	30
일주	신묘	임진	계사	갑오	을미	병신	정유	무술	기해	경자	신축	임인	계묘	갑진	을사	병오	정미	무신	기유	경술	신해	임자	계축	갑인	을묘	병진	정사	무오	기미	경신
양력	21	22	23	24	25	26	27	28	29	30	10/1	2	3	4	5	6	7	8	9	10	11	12	13	14	15	16	17	18	19	20

9월

음력	1	2	3	4	5	6	7	8	9	10	11	12	13	14	15	16	17	18	19	20	21	22	23	24	25	26	27	28	29	30
일주	신유	임술	계해	갑자	을축	병인	정묘	무진	기사	경오	신미	임신	계유	갑술	을해	병자	정축	무인	기묘	경진	신사	임오	계미	갑신	을유	병술	정해	무자	기축	경인
양력	21	22	23	24	25	26	27	28	29	30	31	11/1	2	3	4	5	6	7	8	9	10	11	12	13	14	15	16	17	18	19

10월

음력	1	2	3	4	5	6	7	8	9	10	11	12	13	14	15	16	17	18	19	20	21	22	23	24	25	26	27	28	29
일주	신묘	임진	계사	갑오	을미	병신	정유	무술	기해	경자	신축	임인	계묘	갑진	을사	병오	정미	무신	기유	경술	신해	임자	계축	갑인	을묘	병진	정사	무오	기미
양력	20	21	22	23	24	25	26	27	28	29	30	12/1	2	3	4	5	6	7	8	9	10	11	12	13	14	15	16	17	18

11월

음력	1	2	3	4	5	6	7	8	9	10	11	12	13	14	15	16	17	18	19	20	21	22	23	24	25	26	27	28	29	30
일주	경신	신유	임술	계해	갑자	을축	병인	정묘	무진	기사	경오	신미	임신	계유	갑술	을해	병자	정축	무인	기묘	경진	신사	임오	계미	갑신	을유	병술	정해	무자	기축
양력	19	20	21	22	23	24	25	26	27	28	29	30	31	1/1	2	3	4	5	6	7	8	9	10	11	12	13	14	15	16	17

12월

음력	1	2	3	4	5	6	7	8	9	10	11	12	13	14	15	16	17	18	19	20	21	22	23	24	25	26	27	28	29
일주	경인	신묘	임진	계사	갑오	을미	병신	정유	무술	기해	경자	신축	임인	계묘	갑진	을사	병오	정미	무신	기유	경술	신해	임자	계축	갑인	을묘	병진	정사	무오
양력	18	19	20	21	22	23	24	25	26	27	28	29	30	31	2/1	2	3	4	5	6	7	8	9	10	11	12	13	14	15

1980년생 (음력기준)

1월
음력	1 2 3 4 5 6 7 8 9 10	11 12 13 14 15 16 17 18 19 20	21 22 23 24 25 26 27 28 29 30
일주	기경신임계갑을병정무 / 미신유술해자축인묘진	기경신임계갑을병정무 / 사오미신유술해자축인	기경신임계갑을병정무 / 묘진사오미신유술해자
양력	16 17 18 19 20 21 22 23 24 25	26 27 28 29 3/1 2 3 4 5 6	7 8 9 10 11 12 13 14 15 16

2월
음력	1 2 3 4 5 6 7 8 9 10	11 12 13 14 15 16 17 18 19 20	21 22 23 24 25 26 27 28 29
일주	기경신임계갑을병정무 / 축인묘진사오미신유술	기경신임계갑을병정무 / 해자축인묘진사오미신	기경신임계갑을병정 / 유술해자축인묘진사
양력	17 18 19 20 21 22 23 24 25 26	27 28 29 30 31 4/1 2 3 4 5	6 7 8 9 10 11 12 13 14

3월
음력	1 2 3 4 5 6 7 8 9 10	11 12 13 14 15 16 17 18 19 20	21 22 23 24 25 26 27 28 29
일주	무기경신임계갑을병정 / 오미신유술해자축인묘	무기경신임계갑을병정 / 진사오미신유술해자축	무기경신임계갑을병 / 인묘진사오미신유술
양력	15 16 17 18 19 20 21 22 23 24	25 26 27 28 29 30 5/1 2 3 4	5 6 7 8 9 10 11 12 13

4월
음력	1 2 3 4 5 6 7 8 9 10	11 12 13 14 15 16 17 18 19 20	21 22 23 24 25 26 27 28 29 30
일주	정무기경신임계갑을병 / 해자축인묘진사오미신	정무기경신임계갑을병 / 유술해자축인묘진사오	정무기경신임계갑을병 / 미신유술해자축인묘진
양력	14 15 16 17 18 19 20 21 22 23	24 25 26 27 28 29 30 31 6/1 2	3 4 5 6 7 8 9 10 11 12

5월
음력	1 2 3 4 5 6 7 8 9 10	11 12 13 14 15 16 17 18 19 20	21 22 23 24 25 26 27 28 29
일주	정무기경신임계갑을병 / 사오미신유술해자축인	정무기경신임계갑을병 / 묘진사오미신유술해자	정무기경신임계갑을 / 축인묘진사오미신유
양력	13 14 15 16 17 18 19 20 21 22	23 24 25 26 27 28 29 30 7/1 2	3 4 5 6 7 8 9 10 11

6월
음력	1 2 3 4 5 6 7 8 9 10	11 12 13 14 15 16 17 18 19 20	21 22 23 24 25 26 27 28 29 30
일주	병정무기경신임계갑을 / 술해자축인묘진사오미	병정무기경신임계갑을 / 신유술해자축인묘진사	병정무기경신임계갑을 / 오미신유술해자축인묘
양력	12 13 14 15 16 17 18 19 20 21	22 23 24 25 26 27 28 29 30 31	8/1 2 3 4 5 6 7 8 9 10

7월
음력	1 2 3 4 5 6 7 8 9 10	11 12 13 14 15 16 17 18 19 20	21 22 23 24 25 26 27 28 29
일주	병정무기경신임계갑을 / 진사오미신유술해자축	병정무기경신임계갑을 / 인묘진사오미신유술해	병정무기경신임계갑 / 자축인묘진사오미신
양력	11 12 13 14 15 16 17 18 19 20	21 22 23 24 25 26 27 28 29 30	31 9/1 2 3 4 5 6 7 8

8월
음력	1 2 3 4 5 6 7 8 9 10	11 12 13 14 15 16 17 18 19 20	21 22 23 24 25 26 27 28 29 30
일주	을병정무기경신임계갑 / 유술해자축인묘진사오	을병정무기경신임계갑 / 미신유술해자축인묘진	을병정무기경신임계갑 / 사오미신유술해자축인
양력	9 10 11 12 13 14 15 16 17 18	19 20 21 22 23 24 25 26 27 28	29 30 10/1 2 3 4 5 6 7 8

9월
음력	1 2 3 4 5 6 7 8 9 10	11 12 13 14 15 16 17 18 19 20	21 22 23 24 25 26 27 28 29 30
일주	을병정무기경신임계갑 / 묘진사오미신유술해자	을병정무기경신임계갑 / 축인묘진사오미신유술	을병정무기경신임계갑 / 해자축인묘진사오미신
양력	9 10 11 12 13 14 15 16 17 18	19 20 21 22 23 24 25 26 27 28	29 30 31 11/1 2 3 4 5 6 7

10월
음력	1 2 3 4 5 6 7 8 9 10	11 12 13 14 15 16 17 18 19 20	21 22 23 24 25 26 27 28 29
일주	을병정무기경신임계갑 / 유술해자축인묘진사오	을병정무기경신임계갑 / 미신유술해자축인묘진	을병정무기경신임계 / 사오미신유술해자축
양력	8 9 10 11 12 13 14 15 16 17	18 19 20 21 22 23 24 25 26 27	28 29 30 12/1 2 3 4 5 6

11월
음력	1 2 3 4 5 6 7 8 9 10	11 12 13 14 15 16 17 18 19 20	21 22 23 24 25 26 27 28 29 30
일주	갑을병정무기경신임계 / 인묘진사오미신유술해	갑을병정무기경신임계 / 자축인묘진사오미신유	갑을병정무기경신임계 / 술해자축인묘진사오미
양력	7 8 9 10 11 12 13 14 15 16	17 18 19 20 21 22 23 24 25 26	27 28 29 30 31 1/1 2 3 4 5

12월
음력	1 2 3 4 5 6 7 8 9 10	11 12 13 14 15 16 17 18 19 20	21 22 23 24 25 26 27 28 29 30
일주	갑을병정무기경신임계 / 신유술해자축인묘진사	갑을병정무기경신임계 / 오미신유술해자축인묘	갑을병정무기경신임계 / 진사오미신유술해자축
양력	6 7 8 9 10 11 12 13 14 15	16 17 18 19 20 21 22 23 24 25	26 27 28 29 30 31 2/1 2 3 4

1981년생 (음력기준)

1월

음력	1	2	3	4	5	6	7	8	9	10	11	12	13	14	15	16	17	18	19	20	21	22	23	24	25	26	27	28	29
일주	갑인	을묘	병진	정사	무오	기미	경신	신유	임술	계해	갑자	을축	병인	정묘	무진	기사	경오	신미	임신	계유	갑술	을해	병자	정축	무인	기묘	경진	신사	임오
양력	5	6	7	8	9	10	11	12	13	14	15	16	17	18	19	20	21	22	23	24	25	26	27	28	3/1	2	3	4	5

2월

음력	1	2	3	4	5	6	7	8	9	10	11	12	13	14	15	16	17	18	19	20	21	22	23	24	25	26	27	28	29	30
일주	계미	갑신	을유	병술	정해	무자	기축	경인	신묘	임진	계사	갑오	을미	병신	정유	무술	기해	경자	신축	임인	계묘	갑진	을사	병오	정미	무신	기유	경술	신해	임자
양력	6	7	8	9	10	11	12	13	14	15	16	17	18	19	20	21	22	23	24	25	26	27	28	29	30	31	4/1	2	3	4

3월

음력	1	2	3	4	5	6	7	8	9	10	11	12	13	14	15	16	17	18	19	20	21	22	23	24	25	26	27	28	29
일주	계축	갑인	을묘	병진	정사	무오	기미	경신	신유	임술	계해	갑자	을축	병인	정묘	무진	기사	경오	신미	임신	계유	갑술	을해	병자	정축	무인	기묘	경진	신사
양력	5	6	7	8	9	10	11	12	13	14	15	16	17	18	19	20	21	22	23	24	25	26	27	28	29	30	5/1	2	3

4월

음력	1	2	3	4	5	6	7	8	9	10	11	12	13	14	15	16	17	18	19	20	21	22	23	24	25	26	27	28	29
일주	임오	계미	갑신	을유	병술	정해	무자	기축	경인	신묘	임진	계사	갑오	을미	병신	정유	무술	기해	경자	신축	임인	계묘	갑진	을사	병오	정미	무신	기유	경술
양력	4	5	6	7	8	9	10	11	12	13	14	15	16	17	18	19	20	21	22	23	24	25	26	27	28	29	30	31	6/1

5월

음력	1	2	3	4	5	6	7	8	9	10	11	12	13	14	15	16	17	18	19	20	21	22	23	24	25	26	27	28	29	30
일주	신해	임자	계축	갑인	을묘	병진	정사	무오	기미	경신	신유	임술	계해	갑자	을축	병인	정묘	무진	기사	경오	신미	임신	계유	갑술	을해	병자	정축	무인	기묘	경진
양력	2	3	4	5	6	7	8	9	10	11	12	13	14	15	16	17	18	19	20	21	22	23	24	25	26	27	28	29	30	7/1

6월

음력	1	2	3	4	5	6	7	8	9	10	11	12	13	14	15	16	17	18	19	20	21	22	23	24	25	26	27	28	29
일주	신사	임오	계미	갑신	을유	병술	정해	무자	기축	경인	신묘	임진	계사	갑오	을미	병신	정유	무술	기해	경자	신축	임인	계묘	갑진	을사	병오	정미	무신	기유
양력	2	3	4	5	6	7	8	9	10	11	12	13	14	15	16	17	18	19	20	21	22	23	24	25	26	27	28	29	30

7월

음력	1	2	3	4	5	6	7	8	9	10	11	12	13	14	15	16	17	18	19	20	21	22	23	24	25	26	27	28	29
일주	경술	신해	임자	계축	갑인	을묘	병진	정사	무오	기미	경신	신유	임술	계해	갑자	을축	병인	정묘	무진	기사	경오	신미	임신	계유	갑술	을해	병자	정축	무인
양력	31	8/1	2	3	4	5	6	7	8	9	10	11	12	13	14	15	16	17	18	19	20	21	22	23	24	25	26	27	28

8월

음력	1	2	3	4	5	6	7	8	9	10	11	12	13	14	15	16	17	18	19	20	21	22	23	24	25	26	27	28	29	30
일주	기묘	경진	신사	임오	계미	갑신	을유	병술	정해	무자	기축	경인	신묘	임진	계사	갑오	을미	병신	정유	무술	기해	경자	신축	임인	계묘	갑진	을사	병오	정미	무신
양력	29	30	31	9/1	2	3	4	5	6	7	8	9	10	11	12	13	14	15	16	17	18	19	20	21	22	23	24	25	26	27

9월

음력	1	2	3	4	5	6	7	8	9	10	11	12	13	14	15	16	17	18	19	20	21	22	23	24	25	26	27	28	29	30
일주	기유	경술	신해	임자	계축	갑인	을묘	병진	정사	무오	기미	경신	신유	임술	계해	갑자	을축	병인	정묘	무진	기사	경오	신미	임신	계유	갑술	을해	병자	정축	무인
양력	28	29	30	10/1	2	3	4	5	6	7	8	9	10	11	12	13	14	15	16	17	18	19	20	21	22	23	24	25	26	27

10월

음력	1	2	3	4	5	6	7	8	9	10	11	12	13	14	15	16	17	18	19	20	21	22	23	24	25	26	27	28	29
일주	기묘	경진	신사	임오	계미	갑신	을유	병술	정해	무자	기축	경인	신묘	임진	계사	갑오	을미	병신	정유	무술	기해	경자	신축	임인	계묘	갑진	을사	병오	정미
양력	28	29	30	31	11/1	2	3	4	5	6	7	8	9	10	11	12	13	14	15	16	17	18	19	20	21	22	23	24	25

11월

음력	1	2	3	4	5	6	7	8	9	10	11	12	13	14	15	16	17	18	19	20	21	22	23	24	25	26	27	28	29	30
일주	무신	기유	경술	신해	임자	계축	갑인	을묘	병진	정사	무오	기미	경신	신유	임술	계해	갑자	을축	병인	정묘	무진	기사	경오	신미	임신	계유	갑술	을해	병자	정축
양력	26	27	28	29	30	12/1	2	3	4	5	6	7	8	9	10	11	12	13	14	15	16	17	18	19	20	21	22	23	24	25

12월

음력	1	2	3	4	5	6	7	8	9	10	11	12	13	14	15	16	17	18	19	20	21	22	23	24	25	26	27	28	29	30
일주	무인	기묘	경진	신사	임오	계미	갑신	을유	병술	정해	무자	기축	경인	신묘	임진	계사	갑오	을미	병신	정유	무술	기해	경자	신축	임인	계묘	갑진	을사	병오	정미
양력	26	27	28	29	30	31	1/1	2	3	4	5	6	7	8	9	10	11	12	13	14	15	16	17	18	19	20	21	22	23	24

1982년생 (음력기준)

1월
음력	1	2	3	4	5	6	7	8	9	10	11	12	13	14	15	16	17	18	19	20	21	22	23	24	25	26	27	28	29	30
일주	무	기	경	신	임	계	갑	을	병	정	무	기	경	신	임	계	갑	을	병	정	무	기	경	신	임	계	갑	을	병	정
	신	유	술	해	자	축	인	묘	진	사	오	미	신	유	술	해	자	축	인	묘	진	사	오	미	신	유	술	해	자	축
양력	25	26	27	28	29	30	31	2/1	2	3	4	5	6	7	8	9	10	11	12	13	14	15	16	17	18	19	20	21	22	23

2월
음력	1	2	3	4	5	6	7	8	9	10	11	12	13	14	15	16	17	18	19	20	21	22	23	24	25	26	27	28	29
일주	무	기	경	신	임	계	갑	을	병	정	무	기	경	신	임	계	갑	을	병	정	무	기	경	신	임	계	갑	을	병
	인	묘	진	사	오	미	신	유	술	해	자	축	인	묘	진	사	오	미	신	유	술	해	자	축	인	묘	진	사	오
양력	24	25	26	27	28	3/1	2	3	4	5	6	7	8	9	10	11	12	13	14	15	16	17	18	19	20	21	22	23	24

3월
음력	1	2	3	4	5	6	7	8	9	10	11	12	13	14	15	16	17	18	19	20	21	22	23	24	25	26	27	28	29	30
일주	정	무	기	경	신	임	계	갑	을	병	정	무	기	경	신	임	계	갑	을	병	정	무	기	경	신	임	계	갑	을	병
	미	신	유	술	해	자	축	인	묘	진	사	오	미	신	유	술	해	자	축	인	묘	진	사	오	미	신	유	술	해	자
양력	25	26	27	28	29	30	31	4/1	2	3	4	5	6	7	8	9	10	11	12	13	14	15	16	17	18	19	20	21	22	23

4월
음력	1	2	3	4	5	6	7	8	9	10	11	12	13	14	15	16	17	18	19	20	21	22	23	24	25	26	27	28	29
일주	정	무	기	경	신	임	계	갑	을	병	정	무	기	경	신	임	계	갑	을	병	정	무	기	경	신	임	계	갑	을
	축	인	묘	진	사	오	미	신	유	술	해	자	축	인	묘	진	사	오	미	신	유	술	해	자	축	인	묘	진	사
양력	24	25	26	27	28	29	30	5/1	2	3	4	5	6	7	8	9	10	11	12	13	14	15	16	17	18	19	20	21	22

4월 윤달
음력	1	2	3	4	5	6	7	8	9	10	11	12	13	14	15	16	17	18	19	20	21	22	23	24	25	26	27	28	29
일주	병	정	무	기	경	신	임	계	갑	을	병	정	무	기	경	신	임	계	갑	을	병	정	무	기	경	신	임	계	갑
	오	미	신	유	술	해	자	축	인	묘	진	사	오	미	신	유	술	해	자	축	인	묘	진	사	오	미	신	유	술
양력	23	24	25	26	27	28	29	30	31	6/1	2	3	4	5	6	7	8	9	10	11	12	13	14	15	16	17	18	19	20

5월
음력	1	2	3	4	5	6	7	8	9	10	11	12	13	14	15	16	17	18	19	20	21	22	23	24	25	26	27	28	29	30
일주	을	병	정	무	기	경	신	임	계	갑	을	병	정	무	기	경	신	임	계	갑	을	병	정	무	기	경	신	임	계	갑
	해	자	축	인	묘	진	사	오	미	신	유	술	해	자	축	인	묘	진	사	오	미	신	유	술	해	자	축	인	묘	진
양력	21	22	23	24	25	26	27	28	29	30	7/1	2	3	4	5	6	7	8	9	10	11	12	13	14	15	16	17	18	19	20

6월
음력	1	2	3	4	5	6	7	8	9	10	11	12	13	14	15	16	17	18	19	20	21	22	23	24	25	26	27	28	29
일주	을	병	정	무	기	경	신	임	계	갑	을	병	정	무	기	경	신	임	계	갑	을	병	정	무	기	경	신	임	계
	사	오	미	신	유	술	해	자	축	인	묘	진	사	오	미	신	유	술	해	자	축	인	묘	진	사	오	미	신	유
양력	21	22	23	24	25	26	27	28	29	30	31	8/1	2	3	4	5	6	7	8	9	10	11	12	13	14	15	16	17	18

7월
음력	1	2	3	4	5	6	7	8	9	10	11	12	13	14	15	16	17	18	19	20	21	22	23	24	25	26	27	28	29	30
일주	갑	을	병	정	무	기	경	신	임	계	갑	을	병	정	무	기	경	신	임	계	갑	을	병	정	무	기	경	신	임	계
	술	해	자	축	인	묘	진	사	오	미	신	유	술	해	자	축	인	묘	진	사	오	미	신	유	술	해	자	축	인	묘
양력	19	20	21	22	23	24	25	26	27	28	29	30	31	9/1	2	3	4	5	6	7	8	9	10	11	12	13	14	15	16	17

8월
음력	1	2	3	4	5	6	7	8	9	10	11	12	13	14	15	16	17	18	19	20	21	22	23	24	25	26	27	28	29	30
일주	계	갑	을	병	정	무	기	경	신	임	계	갑	을	병	정	무	기	경	신	임	계	갑	을	병	정	무	기	경	신	임
	묘	진	사	오	미	신	유	술	해	자	축	인	묘	진	사	오	미	신	유	술	해	자	축	인	묘	진	사	오	미	신
양력	17	18	19	20	21	22	23	24	25	26	27	28	29	30	10/1	2	3	4	5	6	7	8	9	10	11	12	13	14	15	16

9월
음력	1	2	3	4	5	6	7	8	9	10	11	12	13	14	15	16	17	18	19	20	21	22	23	24	25	26	27	28	29	30
일주	계	갑	을	병	정	무	기	경	신	임	계	갑	을	병	정	무	기	경	신	임	계	갑	을	병	정	무	기	경	신	임
	유	술	해	자	축	인	묘	진	사	오	미	신	유	술	해	자	축	인	묘	진	사	오	미	신	유	술	해	자	축	인
양력	17	18	19	20	21	22	23	24	25	26	27	28	29	30	31	11/1	2	3	4	5	6	7	8	9	10	11	12	13	14	15

10월
음력	1	2	3	4	5	6	7	8	9	10	11	12	13	14	15	16	17	18	19	20	21	22	23	24	25	26	27	28	29
일주	계	갑	을	병	정	무	기	경	신	임	계	갑	을	병	정	무	기	경	신	임	계	갑	을	병	정	무	기	경	신
	묘	진	사	오	미	신	유	술	해	자	축	인	묘	진	사	오	미	신	유	술	해	자	축	인	묘	진	사	오	미
양력	16	17	18	19	20	21	22	23	24	25	26	27	28	29	30	12/1	2	3	4	5	6	7	8	9	10	11	12	13	14

11월
음력	1	2	3	4	5	6	7	8	9	10	11	12	13	14	15	16	17	18	19	20	21	22	23	24	25	26	27	28	29	30
일주	임	계	갑	을	병	정	무	기	경	신	임	계	갑	을	병	정	무	기	경	신	임	계	갑	을	병	정	무	기	경	신
	신	유	술	해	자	축	인	묘	진	사	오	미	신	유	술	해	자	축	인	묘	진	사	오	미	신	유	술	해	자	축
양력	15	16	17	18	19	20	21	22	23	24	25	26	27	28	29	30	31	1/1	2	3	4	5	6	7	8	9	10	11	12	13

12월
음력	1	2	3	4	5	6	7	8	9	10	11	12	13	14	15	16	17	18	19	20	21	22	23	24	25	26	27	28	29	30
일주	임	계	갑	을	병	정	무	기	경	신	임	계	갑	을	병	정	무	기	경	신	임	계	갑	을	병	정	무	기	경	신
	인	묘	진	사	오	미	신	유	술	해	자	축	인	묘	진	사	오	미	신	유	술	해	자	축	인	묘	진	사	오	미
양력	14	15	16	17	18	19	20	21	22	23	24	25	26	27	28	29	30	31	2/1	2	3	4	5	6	7	8	9	10	11	12

1983년생 (음력기준)

1월

음력	1	2	3	4	5	6	7	8	9	10
일주	임신	계유	갑술	을해	병자	정축	무인	기묘	경진	신사
양력	13	14	15	16	17	18	19	20	21	22

음력	11	12	13	14	15	16	17	18	19	20
일주	임오	계미	갑신	을유	병술	정해	무자	기축	경인	신묘
양력	23	24	25	26	27	28	3/1	2	3	4

음력	21	22	23	24	25	26	27	28	29	30
일주	임진	계사	갑오	을미	병신	정유	무술	기해	경자	신축
양력	5	6	7	8	9	10	11	12	13	14

2월

음력	1	2	3	4	5	6	7	8	9	10
일주	임인	계묘	갑진	을사	병오	정미	무신	기유	경술	신해
양력	15	16	17	18	19	20	21	22	23	24

음력	11	12	13	14	15	16	17	18	19	20
일주	임자	계축	갑인	을묘	병진	정사	무오	기미	경신	신유
양력	25	26	27	28	29	30	31	4/1	2	3

음력	21	22	23	24	25	26	27	28	29
일주	임술	계해	갑자	을축	병인	정묘	무진	기사	경오
양력	4	5	6	7	8	9	10	11	12

3월

음력	1	2	3	4	5	6	7	8	9	10
일주	신미	임신	계유	갑술	을해	병자	정축	무인	기묘	경진
양력	13	14	15	16	17	18	19	20	21	22

음력	11	12	13	14	15	16	17	18	19	20
일주	신사	임오	계미	갑신	을유	병술	정해	무자	기축	경인
양력	23	24	25	26	27	28	29	30	5/1	2

음력	21	22	23	24	25	26	27	28	29	30
일주	신묘	임진	계사	갑오	을미	병신	정유	무술	기해	경자
양력	3	4	5	6	7	8	9	10	11	12

4월

음력	1	2	3	4	5	6	7	8	9	10
일주	신축	임인	계묘	갑진	을사	병오	정미	무신	기유	경술
양력	13	14	15	16	17	18	19	20	21	22

음력	11	12	13	14	15	16	17	18	19	20
일주	신해	임자	계축	갑인	을묘	병진	정사	무오	기미	경신
양력	23	24	25	26	27	28	29	30	31	6/1

음력	21	22	23	24	25	26	27	28	29
일주	신유	임술	계해	갑자	을축	병인	정묘	무진	기사
양력	2	3	4	5	6	7	8	9	10

5월

음력	1	2	3	4	5	6	7	8	9	10
일주	경오	신미	임신	계유	갑술	을해	병자	정축	무인	기묘
양력	11	12	13	14	15	16	17	18	19	20

음력	11	12	13	14	15	16	17	18	19	2
일주	경진	신사	임오	계미	갑신	을유	병술	정해	무자	기축
양력	21	22	23	24	25	26	27	28	29	30

음력	21	22	23	24	25	26	27	28	29
일주	경인	신묘	임진	계사	갑오	을미	병신	정유	무술
양력	7/1	2	3	4	5	6	7	8	9

6월

음력	1	2	3	4	5	6	7	8	9	10
일주	기해	경자	신축	임인	계묘	갑진	을사	병오	정미	무신
양력	10	11	12	13	14	15	16	17	18	19

음력	11	12	13	14	15	16	17	18	19	20
일주	기유	경술	신해	임자	계축	갑인	을묘	병진	정사	무오
양력	20	21	22	23	24	25	26	27	28	29

음력	21	22	23	24	25	26	27	28	29	30
일주	기미	경신	신유	임술	계해	갑자	을축	병인	정묘	무진
양력	30	31	8/1	2	3	4	5	6	7	8

7월

음력	1	2	3	4	5	6	7	8	9	10
일주	기사	경오	신미	임신	계유	갑술	을해	병자	정축	무인
양력	9	10	11	12	13	14	15	16	17	18

음력	11	12	13	14	15	16	17	18	19	20
일주	기묘	경진	신사	임오	계미	갑신	을유	병술	정해	무자
양력	19	20	21	22	23	24	25	26	27	28

음력	21	22	23	24	25	26	27	28	29
일주	기축	경인	신묘	임진	계사	갑오	을미	병신	정유
양력	29	30	31	9/1	2	3	4	5	6

8월

음력	1	2	3	4	5	6	7	8	9	10
일주	무술	기해	경자	신축	임인	계묘	갑진	을사	병오	정미
양력	7	8	9	10	11	12	13	14	15	16

음력	11	12	13	14	15	16	17	18	19	20
일주	무신	기유	경술	신해	임자	계축	갑인	을묘	병진	정사
양력	17	18	19	20	21	22	23	24	25	26

음력	21	22	23	24	25	26	27	28	29
일주	무오	기미	경신	신유	임술	계해	갑자	을축	병인
양력	27	28	29	30	10/1	2	3	4	5

9월

음력	1	2	3	4	5	6	7	8	9	10
일주	정묘	무진	기사	경오	신미	임신	계유	갑술	을해	병자
양력	6	7	8	9	10	11	12	13	14	15

음력	11	12	13	14	15	16	17	18	19	20
일주	정축	무인	기묘	경진	신사	임오	계미	갑신	을유	병술
양력	16	17	18	19	20	21	22	23	24	25

음력	21	22	23	24	25	26	27	28	29	30
일주	정해	무자	기축	경인	신묘	임진	계사	갑오	을미	병신
양력	26	27	28	29	30	31	11/1	2	3	4

10월

음력	1	2	3	4	5	6	7	8	9	10
일주	정유	무술	기해	경자	신축	임인	계묘	갑진	을사	병오
양력	5	6	7	8	9	10	11	12	13	14

음력	11	12	13	14	15	16	17	18	19	20
일주	정미	무신	기유	경술	신해	임자	계축	갑인	을묘	병진
양력	15	16	17	18	19	20	21	22	23	24

음력	21	22	23	24	25	26	27	28	29
일주	정사	무오	기미	경신	신유	임술	계해	갑자	을축
양력	25	26	27	28	29	30	12/1	2	3

11월

음력	1	2	3	4	5	6	7	8	9	10
일주	병인	정묘	무진	기사	경오	신미	임신	계유	갑술	을해
양력	4	5	6	7	8	9	10	11	12	13

음력	11	12	13	14	15	16	17	18	19	20
일주	병자	정축	무인	기묘	경진	신사	임오	계미	갑신	을유
양력	14	15	16	17	18	19	20	21	22	23

음력	21	22	23	24	25	26	27	28	29	30
일주	병술	정해	무자	기축	경인	신묘	임진	계사	갑오	을미
양력	24	25	26	27	28	29	30	31	1/1	2

12월

음력	1	2	3	4	5	6	7	8	9	10
일주	병신	정유	무술	기해	경자	신축	임인	계묘	갑진	을사
양력	3	4	5	6	7	8	9	10	11	12

음력	11	12	13	14	15	16	17	18	19	20
일주	병오	정미	무신	기유	경술	신해	임자	계축	갑인	을묘
양력	13	14	15	16	17	18	19	20	21	22

음력	21	22	23	24	25	26	27	28	29	30
일주	병진	정사	무오	기미	경신	신유	임술	계해	갑자	을축
양력	23	24	25	26	27	28	29	30	31	2/1

1984년생 (음력기준)

1월

음력	1	2	3	4	5	6	7	8	9	10	11	12	13	14	15	16	17	18	19	20	21	22	23	24	25	26	27	28	29	30
일주	병인	정묘	무진	기사	경오	신미	임신	계유	갑술	을해	병자	정축	무인	기묘	경진	신사	임오	계미	갑신	을유	병술	정해	무자	기축	경인	신묘	임진	계사	갑오	을미
양력	2	3	4	5	6	7	8	9	10	11	12	13	14	15	16	17	18	19	20	21	22	23	24	25	26	27	28	29	3/1	2

2월

음력	1	2	3	4	5	6	7	8	9	10	11	12	13	14	15	16	17	18	19	20	21	22	23	24	25	26	27	28	29
일주	병신	정유	무술	기해	경자	신축	임인	계묘	갑진	을사	병오	정미	무신	기유	경술	신해	임자	계축	갑인	을묘	병진	정사	무오	기미	경신	신유	임술	계해	갑자
양력	3	4	5	6	7	8	9	10	11	12	13	14	15	16	17	18	19	20	21	22	23	24	25	26	27	28	29	30	31

3월

음력	1	2	3	4	5	6	7	8	9	10	11	12	13	14	15	16	17	18	19	20	21	22	23	24	25	26	27	28	29	30
일주	을축	병인	정묘	무진	기사	경오	신미	임신	계유	갑술	을해	병자	정축	무인	기묘	경진	신사	임오	계미	갑신	을유	병술	정해	무자	기축	경인	신묘	임진	계사	갑오
양력	4/1	2	3	4	5	6	7	8	9	10	11	12	13	14	15	16	17	18	19	20	21	22	23	24	25	26	27	28	29	30

4월

음력	1	2	3	4	5	6	7	8	9	10	11	12	13	14	15	16	17	18	19	20	21	22	23	24	25	26	27	28	29	30
일주	을미	병신	정유	무술	기해	경자	신축	임인	계묘	갑진	을사	병오	정미	무신	기유	경술	신해	임자	계축	갑인	을묘	병진	정사	무오	기미	경신	신유	임술	계해	갑자
양력	5/1	2	3	4	5	6	7	8	9	10	11	12	13	14	15	16	17	18	19	20	21	22	23	24	25	26	27	28	29	30

5월

음력	1	2	3	4	5	6	7	8	9	10	11	12	13	14	15	16	17	18	19	20	21	22	23	24	25	26	27	28	29
일주	을축	병인	정묘	무진	기사	경오	신미	임신	계유	갑술	을해	병자	정축	무인	기묘	경진	신사	임오	계미	갑신	을유	병술	정해	무자	기축	경인	신묘	임진	계사
양력	31	6/1	2	3	4	5	6	7	8	9	10	11	12	13	14	15	16	17	18	19	20	21	22	23	24	25	26	27	28

6월

음력	1	2	3	4	5	6	7	8	9	10	11	12	13	14	15	16	17	18	19	20	21	22	23	24	25	26	27	28	29
일주	갑오	을미	병신	정유	무술	기해	경자	신축	임인	계묘	갑진	을사	병오	정미	무신	기유	경술	신해	임자	계축	갑인	을묘	병진	정사	무오	기미	경신	신유	임술
양력	29	30	7/1	2	3	4	5	6	7	8	9	10	11	12	13	14	15	16	17	18	19	20	21	22	23	24	25	26	27

7월

음력	1	2	3	4	5	6	7	8	9	10	11	12	13	14	15	16	17	18	19	20	21	22	23	24	25	26	27	28	29	30
일주	계해	갑자	을축	병인	정묘	무진	기사	경오	신미	임신	계유	갑술	을해	병자	정축	무인	기묘	경진	신사	임오	계미	갑신	을유	병술	정해	무자	기축	경인	신묘	임진
양력	28	29	30	31	8/1	2	3	4	5	6	7	8	9	10	11	12	13	14	15	16	17	18	19	20	21	22	23	24	25	26

8월

음력	1	2	3	4	5	6	7	8	9	10	11	12	13	14	15	16	17	18	19	20	21	22	23	24	25	26	27	28	29
일주	계사	갑오	을미	병신	정유	무술	기해	경자	신축	임인	계묘	갑진	을사	병오	정미	무신	기유	경술	신해	임자	계축	갑인	을묘	병진	정사	무오	기미	경신	신유
양력	27	28	29	30	31	9/1	2	3	4	5	6	7	8	9	10	11	12	13	14	15	16	17	18	19	20	21	22	23	24

9월

음력	1	2	3	4	5	6	7	8	9	10	11	12	13	14	15	16	17	18	19	20	21	22	23	24	25	26	27	28	29
일주	임술	계해	갑자	을축	병인	정묘	무진	기사	경오	신미	임신	계유	갑술	을해	병자	정축	무인	기묘	경진	신사	임오	계미	갑신	을유	병술	정해	무자	기축	경인
양력	25	26	27	28	29	30	10/1	2	3	4	5	6	7	8	9	10	11	12	13	14	15	16	17	18	19	20	21	22	23

10월

음력	1	2	3	4	5	6	7	8	9	10	11	12	13	14	15	16	17	18	19	20	21	22	23	24	25	26	27	28	29	30
일주	신묘	임진	계사	갑오	을미	병신	정유	무술	기해	경자	신축	임인	계묘	갑진	을사	병오	정미	무신	기유	경술	신해	임자	계축	갑인	을묘	병진	정사	무오	기미	경신
양력	24	25	26	27	28	29	30	31	11/1	2	3	4	5	6	7	8	9	10	11	12	13	14	15	16	17	18	19	20	21	22

10월 윤달

음력	1	2	3	4	5	6	7	8	9	10	11	12	13	14	15	16	17	18	19	20	21	22	23	24	25	26	27	28	29
일주	신유	임술	계해	갑자	을축	병인	정묘	무진	기사	경오	신미	임신	계유	갑술	을해	병자	정축	무인	기묘	경진	신사	임오	계미	갑신	을유	병술	정해	무자	기축
양력	23	24	25	26	27	28	29	30	12/1	2	3	4	5	6	7	8	9	10	11	12	13	14	15	16	17	18	19	20	21

11월

음력	1	2	3	4	5	6	7	8	9	10	11	12	13	14	15	16	17	18	19	20	21	22	23	24	25	26	27	28	29	30
일주	경인	신묘	임진	계사	갑오	을미	병신	정유	무술	기해	경자	신축	임인	계묘	갑진	을사	병오	정미	무신	기유	경술	신해	임자	계축	갑인	을묘	병진	정사	무오	기미
양력	22	23	24	25	26	27	28	29	30	31	1/1	2	3	4	5	6	7	8	9	10	11	12	13	14	15	16	17	18	19	20

12월

음력	1	2	3	4	5	6	7	8	9	10	11	12	13	14	15	16	17	18	19	20	21	22	23	24	25	26	27	28	29	30
일주	경신	신유	임술	계해	갑자	을축	병인	정묘	무진	기사	경오	신미	임신	계유	갑술	을해	병자	정축	무인	기묘	경진	신사	임오	계미	갑신	을유	병술	정해	무자	기축
양력	21	22	23	24	25	26	27	28	29	30	31	2/1	2	3	4	5	6	7	8	9	10	11	12	13	14	15	16	17	18	19

1985년생 (음력기준)

1월

음력	1	2	3	4	5	6	7	8	9	10	11	12	13	14	15	16	17	18	19	20	21	22	23	24	25	26	27	28	29
일주	경인	신묘	임진	계사	갑오	을미	병신	정유	무술	기해	경자	신축	임인	계묘	갑진	을사	병오	정미	무신	기유	경술	신해	임자	계축	갑인	을묘	병진	정사	무오
양력	20	21	22	23	24	25	26	27	28	3/1	2	3	4	5	6	7	8	9	10	11	12	13	14	15	16	17	18	19	20

2월

음력	1	2	3	4	5	6	7	8	9	10	11	12	13	14	15	16	17	18	19	20	21	22	23	24	25	26	27	28	29	30
일주	기미	경신	신유	임술	계해	갑자	을축	병인	정묘	무진	기사	경오	신미	임신	계유	갑술	을해	병자	정축	무인	기묘	경진	신사	임오	계미	갑신	을유	병술	정해	무자
양력	21	22	23	24	25	26	27	28	29	30	31	4/1	2	3	4	5	6	7	8	9	10	11	12	13	14	15	16	17	18	19

3월

음력	1	2	3	4	5	6	7	8	9	10	11	12	13	14	15	16	17	18	19	20	21	22	23	24	25	26	27	28	29	30
일주	기축	경인	신묘	임진	계사	갑오	을미	병신	정유	무술	기해	경자	신축	임인	계묘	갑진	을사	병오	정미	무신	기유	경술	신해	임자	계축	갑인	을묘	병진	정사	무오
양력	20	21	22	23	24	25	26	27	28	29	30	5/1	2	3	4	5	6	7	8	9	10	11	12	13	14	15	16	17	18	19

4월

음력	1	2	3	4	5	6	7	8	9	10	11	12	13	14	15	16	17	18	19	20	21	22	23	24	25	26	27	28	29
일주	기미	경신	신유	임술	계해	갑자	을축	병인	정묘	무진	기사	경오	신미	임신	계유	갑술	을해	병자	정축	무인	기묘	경진	신사	임오	계미	갑신	을유	병술	정해
양력	20	21	22	23	24	25	26	27	28	29	30	31	6/1	2	3	4	5	6	7	8	9	10	11	12	13	14	15	16	17

5월

음력	1	2	3	4	5	6	7	8	9	10	11	12	13	14	15	16	17	18	19	20	21	22	23	24	25	26	27	28	29	30
일주	무자	기축	경인	신묘	임진	계사	갑오	을미	병신	정유	무술	기해	경자	신축	임인	계묘	갑진	을사	병오	정미	무신	기유	경술	신해	임자	계축	갑인	을묘	병진	정사
양력	18	19	20	21	22	23	24	25	26	27	28	29	30	7/1	2	3	4	5	6	7	8	9	10	11	12	13	14	15	16	17

6월

음력	1	2	3	4	5	6	7	8	9	10	11	12	13	14	15	16	17	18	19	20	21	22	23	24	25	26	27	28	29
일주	무오	기미	경신	신유	임술	계해	갑자	을축	병인	정묘	무진	기사	경오	신미	임신	계유	갑술	을해	병자	정축	무인	기묘	경진	신사	임오	계미	갑신	을유	병술
양력	18	19	20	21	22	23	24	25	26	27	28	29	30	31	8/1	2	3	4	5	6	7	8	9	10	11	12	13	14	15

7월

음력	1	2	3	4	5	6	7	8	9	10	11	12	13	14	15	16	17	18	19	20	21	22	23	24	25	26	27	28	29	30
일주	정해	무자	기축	경인	신묘	임진	계사	갑오	을미	병신	정유	무술	기해	경자	신축	임인	계묘	갑진	을사	병오	정미	무신	기유	경술	신해	임자	계축	갑인	을묘	병진
양력	16	17	18	19	20	21	22	23	24	25	26	27	28	29	30	31	9/1	2	3	4	5	6	7	8	9	10	11	12	13	14

8월

음력	1	2	3	4	5	6	7	8	9	10	11	12	13	14	15	16	17	18	19	20	21	22	23	24	25	26	27	28	29
일주	정사	무오	기미	경신	신유	임술	계해	갑자	을축	병인	정묘	무진	기사	경오	신미	임신	계유	갑술	을해	병자	정축	무인	기묘	경진	신사	임오	계미	갑신	을유
양력	15	16	17	18	19	20	21	22	23	24	25	26	27	28	29	30	10/1	2	3	4	5	6	7	8	9	10	11	12	13

9월

음력	1	2	3	4	5	6	7	8	9	10	11	12	13	14	15	16	17	18	19	20	21	22	23	24	25	26	27	28	29
일주	병술	정해	무자	기축	경인	신묘	임진	계사	갑오	을미	병신	정유	무술	기해	경자	신축	임인	계묘	갑진	을사	병오	정미	무신	기유	경술	신해	임자	계축	갑인
양력	14	15	16	17	18	19	20	21	22	23	24	25	26	27	28	30	31	11/1	2	3	4	5	6	7	8	9	10	11	

10월

음력	1	2	3	4	5	6	7	8	9	10	11	12	13	14	15	16	17	18	19	20	21	22	23	24	25	26	27	28	29	30
일주	을묘	병진	정사	무오	기미	경신	신유	임술	계해	갑자	을축	병인	정묘	무진	기사	경오	신미	임신	계유	갑술	을해	병자	정축	무인	기묘	경진	신사	임오	계미	갑신
양력	12	13	14	15	16	17	18	19	20	21	22	23	24	25	26	27	28	29	30	12/1	2	3	4	5	6	7	8	9	10	11

11월

음력	1	2	3	4	5	6	7	8	9	10	11	12	13	14	15	16	17	18	19	20	21	22	23	24	25	26	27	28	29
일주	을유	병술	정해	무자	기축	경인	신묘	임진	계사	갑오	을미	병신	정유	무술	기해	경자	신축	임인	계묘	갑진	을사	병오	정미	무신	기유	경술	신해	임자	계축
양력	12	13	14	15	16	17	18	19	20	21	22	23	24	25	26	27	28	29	30	31	1/1	2	3	4	5	6	7	8	9

12월

음력	1	2	3	4	5	6	7	8	9	10	11	12	13	14	15	16	17	18	19	20	21	22	23	24	25	26	27	28	29	30
일주	갑인	을묘	병진	정사	무오	기미	경신	신유	임술	계해	갑자	을축	병인	정묘	무진	기사	경오	신미	임신	계유	갑술	을해	병자	정축	무인	기묘	경진	신사	임오	계미
양력	10	11	12	13	14	15	16	17	18	19	20	21	22	23	24	25	26	27	28	29	30	31	2/1	2	3	4	5	6	7	8

1986년생 (음력기준)

1월

음력	1	2	3	4	5	6	7	8	9	10	11	12	13	14	15	16	17	18	19	20	21	22	23	24	25	26	27	28	29
일주	갑신	을유	병술	정해	무자	기축	경인	신묘	임진	계사	갑오	을미	병신	정유	무술	기해	경자	신축	임인	계묘	갑진	을사	병오	정미	무신	기유	경술	신해	임자
양력	9	10	11	12	13	14	15	16	17	18	19	20	21	22	23	24	25	26	27	28	3/1	2	3	4	5	6	7	8	9

2월

음력	1	2	3	4	5	6	7	8	9	10	11	12	13	14	15	16	17	18	19	20	21	22	23	24	25	26	27	28	29	30
일주	계축	갑인	을묘	병진	정사	무오	기미	경신	신유	임술	계해	갑자	을축	병인	정묘	무진	기사	경오	신미	임신	계유	갑술	을해	병자	정축	무인	기묘	경진	신사	임오
양력	10	11	12	13	14	15	16	17	18	19	20	21	22	23	24	25	26	27	28	29	30	31	4/1	2	3	4	5	6	7	8

3월

음력	1	2	3	4	5	6	7	8	9	10	11	12	13	14	15	16	17	18	19	20	21	22	23	24	25	26	27	28	29	30
일주	계미	갑신	을유	병술	정해	무자	기축	경인	신묘	임진	계사	갑오	을미	병신	정유	무술	기해	경자	신축	임인	계묘	갑진	을사	병오	정미	무신	기유	경술	신해	임자
양력	9	10	11	12	13	14	15	16	17	18	19	20	21	22	23	24	25	26	27	28	29	30	5/1	2	3	4	5	6	7	8

4월

음력	1	2	3	4	5	6	7	8	9	10	11	12	13	14	15	16	17	18	19	20	21	22	23	24	25	26	27	28	29
일주	계축	갑인	을묘	병진	정사	무오	기미	경신	신유	임술	계해	갑자	을축	병인	정묘	무진	기사	경오	신미	임신	계유	갑술	을해	병자	정축	무인	기묘	경진	신사
양력	9	10	11	12	13	14	15	16	17	18	19	20	21	22	23	24	25	26	27	28	29	30	31	6/1	2	3	4	5	6

5월

음력	1	2	3	4	5	6	7	8	9	10	11	12	13	14	15	16	17	18	19	20	21	22	23	24	25	26	27	28	29	30
일주	임오	계미	갑신	을유	병술	정해	무자	기축	경인	신묘	임진	계사	갑오	을미	병신	정유	무술	기해	경자	신축	임인	계묘	갑진	을사	병오	정미	무신	기유	경술	신해
양력	7	8	9	10	11	12	13	14	15	16	17	18	19	20	21	22	23	24	25	26	27	28	29	30	7/1	2	3	4	5	6

6월

음력	1	2	3	4	5	6	7	8	9	10	11	12	13	14	15	16	17	18	19	20	21	22	23	24	25	26	27	28	29	30
일주	임자	계축	갑인	을묘	병진	정사	무오	기미	경신	신유	임술	계해	갑자	을축	병인	정묘	무진	기사	경오	신미	임신	계유	갑술	을해	병자	정축	무인	기묘	경진	신사
양력	7	8	9	10	11	12	13	14	15	16	17	18	19	20	21	22	23	24	25	26	27	28	29	30	31	8/1	2	3	4	5

7월

음력	1	2	3	4	5	6	7	8	9	10	11	12	13	14	15	16	17	18	19	20	21	22	23	24	25	26	27	28	29
일주	임오	계미	갑신	을유	병술	정해	무자	기축	경인	신묘	임진	계사	갑오	을미	병신	정유	무술	기해	경자	신축	임인	계묘	갑진	을사	병오	정미	무신	기유	경술
양력	6	7	8	9	10	11	12	13	14	15	16	17	18	19	20	21	22	23	24	25	26	27	28	29	30	31	9/1	2	3

8월

음력	1	2	3	4	5	6	7	8	9	10	11	12	13	14	15	16	17	18	19	20	21	22	23	24	25	26	27	28	29
일주	신해	임자	계축	갑인	을묘	병진	정사	무오	기미	경신	신유	임술	계해	갑자	을축	병인	정묘	무진	기사	경오	신미	임신	계유	갑술	을해	병자	정축	무인	기묘
양력	4	5	6	7	8	9	10	11	12	13	14	15	16	17	18	19	20	21	22	23	24	25	26	27	28	29	30	10/1	2	3

9월

음력	1	2	3	4	5	6	7	8	9	10	11	12	13	14	15	16	17	18	19	20	21	22	23	24	25	26	27	28	29
일주	신사	임오	계미	갑신	을유	병술	정해	무자	기축	경인	신묘	임진	계사	갑오	을미	병신	정유	무술	기해	경자	신축	임인	계묘	갑진	을사	병오	정미	무신	기유
양력	4	5	6	7	8	9	10	11	12	13	14	15	16	17	18	19	20	21	22	23	24	25	26	27	28	29	30	31	11/1

10월

음력	1	2	3	4	5	6	7	8	9	10	11	12	13	14	15	16	17	18	19	20	21	22	23	24	25	26	27	28	29	30
일주	경술	신해	임자	계축	갑인	을묘	병진	정사	무오	기미	경신	신유	임술	계해	갑자	을축	병인	정묘	무진	기사	경오	신미	임신	계유	갑술	을해	병자	정축	무인	기묘
양력	2	3	4	5	6	7	8	9	10	11	12	13	14	15	16	17	18	19	20	21	22	23	24	25	26	27	28	29	30	12/1

11월

음력	1	2	3	4	5	6	7	8	9	10	11	12	13	14	15	16	17	18	19	20	21	22	23	24	25	26	27	28	29
일주	경진	신사	임오	계미	갑신	을유	병술	정해	무자	기축	경인	신묘	임진	계사	갑오	을미	병신	정유	무술	기해	경자	신축	임인	계묘	갑진	을사	병오	정미	무신
양력	2	3	4	5	6	7	8	9	10	11	12	13	14	15	16	17	18	19	20	21	22	23	24	25	26	27	28	29	30

12월

음력	1	2	3	4	5	6	7	8	9	10	11	12	13	14	15	16	17	18	19	20	21	22	23	24	25	26	27	28	29
일주	기유	경술	신해	임자	계축	갑인	을묘	병진	정사	무오	기미	경신	신유	임술	계해	갑자	을축	병인	정묘	무진	기사	경오	신미	임신	계유	갑술	을해	병자	정축
양력	31	1/1	2	3	4	5	6	7	8	9	10	11	12	13	14	15	16	17	18	19	20	21	22	23	24	25	26	27	28

1987년생 (음력기준)

1월

구분	1	2	3	4	5	6	7	8	9	10
음력	1	2	3	4	5	6	7	8	9	10
일주	무인	기묘	경진	신사	임오	계미	갑신	을유	병술	정해
양력	29	30	31	2/1	2	3	4	5	6	7
음력	11	12	13	14	15	16	17	18	19	20
일주	무자	기축	경인	신묘	임진	계사	갑오	을미	병신	정유
양력	8	9	10	11	12	13	14	15	16	17
음력	21	22	23	24	25	26	27	28	29	30
일주	무술	기해	경자	신축	임인	계묘	갑진	을사	병오	정미
양력	18	19	20	21	22	23	24	25	26	27

2월

구분	1	2	3	4	5	6	7	8	9	10
음력	1	2	3	4	5	6	7	8	9	10
일주	무신	기유	경술	신해	임자	계축	갑인	을묘	병진	정사
양력	28	3/1	2	3	4	5	6	7	8	9
음력	11	12	13	14	15	16	17	18	19	20
일주	무오	기미	경신	신유	임술	계해	갑자	을축	병인	정묘
양력	10	11	12	13	14	15	16	17	18	19
음력	21	22	23	24	25	26	27	28	29	
일주	무진	기사	경오	신미	임신	계유	갑술	을해	병자	
양력	20	21	22	23	24	25	26	27	28	

3월

구분	1	2	3	4	5	6	7	8	9	10
음력	1	2	3	4	5	6	7	8	9	10
일주	정축	무인	기묘	경진	신사	임오	계미	갑신	을유	병술
양력	29	30	31	4/1	2	3	4	5	6	7
음력	11	12	13	14	15	16	17	18	19	20
일주	정해	무자	기축	경인	신묘	임진	계사	갑오	을미	병신
양력	8	9	10	11	12	13	14	15	16	17
음력	21	22	23	24	25	26	27	28	29	30
일주	정유	무술	기해	경자	신축	임인	계묘	갑진	을사	병오
양력	18	19	20	21	22	23	24	25	26	27

4월

구분	1	2	3	4	5	6	7	8	9	10
음력	1	2	3	4	5	6	7	8	9	10
일주	정미	무신	기유	경술	신해	임자	계축	갑인	을묘	병진
양력	28	29	30	5/1	2	3	4	5	6	7
음력	11	12	13	14	15	16	17	18	19	20
일주	정사	무오	기미	경신	신유	임술	계해	갑자	을축	병인
양력	8	9	10	11	12	13	14	15	16	17
음력	21	22	23	24	25	26	27	28	29	30
일주	정묘	무진	기사	경오	신미	임신	계유	갑술	을해	병자
양력	18	19	20	21	22	23	24	25	26	27

5월

구분	1	2	3	4	5	6	7	8	9	10
음력	1	2	3	4	5	6	7	8	9	10
일주	정축	무인	기묘	경진	신사	임오	계미	갑신	을유	병술
양력	28	29	30	31	6/1	2	3	4	5	6
음력	11	12	13	14	15	16	17	18	19	20
일주	정해	무자	기축	경인	신묘	임진	계사	갑오	을미	병신
양력	7	8	9	10	11	12	13	14	15	16
음력	21	22	23	24	25	26	27	28	29	
일주	정유	무술	기해	경자	신축	임인	계묘	갑진	을사	
양력	17	18	19	20	21	22	23	24	25	

6월

구분	1	2	3	4	5	6	7	8	9	10
음력	1	2	3	4	5	6	7	8	9	10
일주	병오	정미	무신	기유	경술	신해	임자	계축	갑인	을묘
양력	26	27	28	29	30	7/1	2	3	4	5
음력	11	12	13	14	15	16	17	18	19	20
일주	병진	정사	무오	기미	경신	신유	임술	계해	갑자	을축
양력	6	7	8	9	10	11	12	13	14	15
음력	21	22	23	24	25	26	27	28	29	30
일주	병인	정묘	무진	기사	경오	신미	임신	계유	갑술	을해
양력	16	17	18	19	20	21	22	23	24	25

6월 윤달

구분	1	2	3	4	5	6	7	8	9	10
음력	1	2	3	4	5	6	7	8	9	10
일주	병자	정축	무인	기묘	경진	신사	임오	계미	갑신	을유
양력	26	27	28	29	30	31	8/1	2	3	4
음력	11	12	13	14	15	16	17	18	19	20
일주	병술	정해	무자	기축	경인	신묘	임진	계사	갑오	을미
양력	5	6	7	8	9	10	11	12	13	14
음력	21	22	23	24	25	26	27	28	29	
일주	병신	정유	무술	기해	경자	신축	임인	계묘	갑진	
양력	15	16	17	18	19	20	21	22	23	

7월

구분	1	2	3	4	5	6	7	8	9	10
음력	1	2	3	4	5	6	7	8	9	10
일주	을사	병오	정미	무신	기유	경술	신해	임자	계축	갑인
양력	24	25	26	27	28	29	30	31	9/1	2
음력	11	12	13	14	15	16	17	18	19	20
일주	을묘	병진	정사	무오	기미	경신	신유	임술	계해	갑자
양력	3	4	5	6	7	8	9	10	11	12
음력	21	22	23	24	25	26	27	28	29	30
일주	을축	병인	정묘	무진	기사	경오	신미	임신	계유	갑술
양력	13	14	15	16	17	18	19	20	21	22

8월

구분	1	2	3	4	5	6	7	8	9	10
음력	1	2	3	4	5	6	7	8	9	10
일주	을해	병자	정축	무인	기묘	경진	신사	임오	계미	갑신
양력	23	24	25	26	27	28	29	30	10/1	2
음력	11	12	13	14	15	16	17	18	19	20
일주	을유	병술	정해	무자	기축	경인	신묘	임진	계사	갑오
양력	3	4	5	6	7	8	9	10	11	12
음력	21	22	23	24	25	26	27	28	29	30
일주	을미	병신	정유	무술	기해	경자	신축	임인	계묘	갑진
양력	13	14	15	16	17	18	19	20	21	22

9월

구분	1	2	3	4	5	6	7	8	9	10
음력	1	2	3	4	5	6	7	8	9	10
일주	을사	병오	정미	무신	기유	경술	신해	임자	계축	갑인
양력	23	24	25	26	27	28	29	30	31	11/1
음력	11	12	13	14	15	16	17	18	19	20
일주	을묘	병진	정사	무오	기미	경신	신유	임술	계해	갑자
양력	2	3	4	5	6	7	8	9	10	11
음력	21	22	23	24	25	26	27	28	29	
일주	을축	병인	정묘	무진	기사	경오	신미	임신	계유	
양력	12	13	14	15	16	17	18	19	20	

10월

구분	1	2	3	4	5	6	7	8	9	10
음력	1	2	3	4	5	6	7	8	9	10
일주	갑술	을해	병자	정축	무인	기묘	경진	신사	임오	계미
양력	21	22	23	24	25	26	27	28	29	30
음력	11	12	13	14	15	16	17	18	19	20
일주	갑신	을유	병술	정해	무자	기축	경인	신묘	임진	계사
양력	12/1	2	3	4	5	6	7	8	9	10
음력	21	22	23	24	25	26	27	28	29	30
일주	갑오	을미	병신	정유	무술	기해	경자	신축	임인	계묘
양력	11	12	13	14	15	16	17	18	19	20

11월

구분	1	2	3	4	5	6	7	8	9	10
음력	1	2	3	4	5	6	7	8	9	10
일주	갑진	을사	병오	정미	무신	기유	경술	신해	임자	계축
양력	21	22	23	24	25	26	27	28	29	30
음력	11	12	13	14	15	16	17	18	19	20
일주	갑인	을묘	병진	정사	무오	기미	경신	신유	임술	계해
양력	31	1/1	2	3	4	5	6	7	8	9
음력	21	22	23	24	25	26	27	28	29	
일주	갑자	을축	병인	정묘	무진	기사	경오	신미	임신	
양력	10	11	12	13	14	15	16	17	18	

12월

구분	1	2	3	4	5	6	7	8	9	10
음력	1	2	3	4	5	6	7	8	9	10
일주	계유	갑술	을해	병자	정축	무인	기묘	경진	신사	임오
양력	19	20	21	22	23	24	25	26	27	28
음력	11	12	13	14	15	16	17	18	19	20
일주	계미	갑신	을유	병술	정해	무자	기축	경인	신묘	임진
양력	29	30	31	2/1	2	3	4	5	6	7
음력	21	22	23	24	25	26	27	28	29	30
일주	계사	갑오	을미	병신	정유	무술	기해	경자	신축	임인
양력	8	9	10	11	12	13	14	15	16	17

1988년생 (음력기준)

1월

음력	1	2	3	4	5	6	7	8	9	10	11	12	13	14	15	16	17	18	19	20	21	22	23	24	25	26	27	28	29
일주	계묘	갑진	을사	병오	정미	무신	기유	경술	신해	임자	계축	갑인	을묘	병진	정사	무오	기미	경신	신유	임술	계해	갑자	을축	병인	정묘	무진	기사	경오	신미
양력	18	19	20	21	22	23	24	25	26	27	28	29	3/1	2	3	4	5	6	7	8	9	10	11	12	13	14	15	16	17

2월

음력	1	2	3	4	5	6	7	8	9	10	11	12	13	14	15	16	17	18	19	20	21	22	23	24	25	26	27	28
일주	임신	계유	갑술	을해	병자	정축	무인	기묘	경진	신사	임오	계미	갑신	을유	병술	정해	무자	기축	경인	신묘	임진	계사	갑오	을미	병신	정유	무술	기해
양력	18	19	20	21	22	23	24	25	26	27	28	29	30	31	4/1	2	3	4	5	6	7	8	9	10	11	12	13	14	15

3월

음력	1	2	3	4	5	6	7	8	9	10	11	12	13	14	15	16	17	18	19	20	21	22	23	24	25	26	27	28	29	30
일주	신축	임인	계묘	갑진	을사	병오	정미	무신	기유	경술	신해	임자	계축	갑인	을묘	병진	정사	무오	기미	경신	신유	임술	계해	갑자	을축	병인	정묘	무진	기사	경오
양력	16	17	18	19	20	21	22	23	24	25	26	27	28	29	30	5/1	2	3	4	5	6	7	8	9	10	11	12	13	14	15

4월

음력	1	2	3	4	5	6	7	8	9	10	11	12	13	14	15	16	17	18	19	20	21	22	23	24	25	26	27	28	29
일주	신미	임신	계유	갑술	을해	병자	정축	무인	기묘	경진	신사	임오	계미	갑신	을유	병술	정해	무자	기축	경인	신묘	임진	계사	갑오	을미	병신	정유	무술	기해
양력	16	17	18	19	20	21	22	23	24	25	26	27	28	29	30	31	6/1	2	3	4	5	6	7	8	9	10	11	12	13

5월

음력	1	2	3	4	5	6	7	8	9	10	11	12	13	14	15	16	17	18	19	20	21	22	23	24	25	26	27	28	29	30
일주	경자	신축	임인	계묘	갑진	을사	병오	정미	무신	기유	경술	신해	임자	계축	갑인	을묘	병진	정사	무오	기미	경신	신유	임술	계해	갑자	을축	병인	정묘	무진	기사
양력	14	15	16	17	18	19	20	21	22	23	24	25	26	27	28	29	30	7/1	2	3	4	5	6	7	8	9	10	11	12	13

6월

음력	1	2	3	4	5	6	7	8	9	10	11	12	13	14	15	16	17	18	19	20	21	22	23	24	25	26	27	28	29
일주	경오	신미	임신	계유	갑술	을해	병자	정축	무인	기묘	경진	신사	임오	계미	갑신	을유	병술	정해	무자	기축	경인	신묘	임진	계사	갑오	을미	병신	정유	무술
양력	14	15	16	17	18	19	20	21	22	23	24	25	26	27	28	29	30	31	8/1	2	3	4	5	6	7	8	9	10	11

7월

음력	1	2	3	4	5	6	7	8	9	10	11	12	13	14	15	16	17	18	19	20	21	22	23	24	25	26	27	28	29	30
일주	기해	경자	신축	임인	계묘	갑진	을사	병오	정미	무신	기유	경술	신해	임자	계축	갑인	을묘	병진	정사	무오	기미	경신	신유	임술	계해	갑자	을축	병인	정묘	무진
양력	12	13	14	15	16	17	18	19	20	21	22	23	24	25	26	27	28	29	30	31	9/1	2	3	4	5	6	7	8	9	10

8월

음력	1	2	3	4	5	6	7	8	9	10	11	12	13	14	15	16	17	18	19	20	21	22	23	24	25	26	27	28	29	30
일주	기사	경오	신미	임신	계유	갑술	을해	병자	정축	무인	기묘	경진	신사	임오	계미	갑신	을유	병술	정해	무자	기축	경인	신묘	임진	계사	갑오	을미	병신	정유	무술
양력	11	12	13	14	15	16	17	18	19	20	21	22	23	24	25	26	27	28	29	30	10/1	2	3	4	5	6	7	8	9	10

9월

음력	1	2	3	4	5	6	7	8	9	10	11	12	13	14	15	16	17	18	19	20	21	22	23	24	25	26	27	28	29
일주	기해	경자	신축	임인	계묘	갑진	을사	병오	정미	무신	기유	경술	신해	임자	계축	갑인	을묘	병진	정사	무오	기미	경신	신유	임술	계해	갑자	을축	병인	정묘
양력	11	12	13	14	15	16	17	18	19	20	21	22	23	24	25	26	27	28	29	30	31	11/1	2	3	4	5	6	7	8

10월

음력	1	2	3	4	5	6	7	8	9	10	11	12	13	14	15	16	17	18	19	20	21	22	23	24	25	26	27	28	29	30
일주	무진	기사	경오	신미	임신	계유	갑술	을해	병자	정축	무인	기묘	경진	신사	임오	계미	갑신	을유	병술	정해	무자	기축	경인	신묘	임진	계사	갑오	을미	병신	정유
양력	9	10	11	12	13	14	15	16	17	18	19	20	21	22	23	24	25	26	27	28	29	30	12/1	2	3	4	5	6	7	8

11월

음력	1	2	3	4	5	6	7	8	9	10	11	12	13	14	15	16	17	18	19	20	21	22	23	24	25	26	27	28	29	30
일주	무술	기해	경자	신축	임인	계묘	갑진	을사	병오	정미	무신	기유	경술	신해	임자	계축	갑인	을묘	병진	정사	무오	기미	경신	신유	임술	계해	갑자	을축	병인	정묘
양력	9	10	11	12	13	14	15	16	17	18	19	20	21	22	23	24	25	26	27	28	29	30	31	1/1	2	3	4	5	6	7

12월

음력	1	2	3	4	5	6	7	8	9	10	11	12	13	14	15	16	17	18	19	20	21	22	23	24	25	26	27	28	29
일주	무진	기사	경오	신미	임신	계유	갑술	을해	병자	정축	무인	기묘	경진	신사	임오	계미	갑신	을유	병술	정해	무자	기축	경인	신묘	임진	계사	갑오	을미	병신
양력	8	9	10	11	12	13	14	15	16	17	18	19	20	21	22	23	24	25	26	27	28	29	30	31	2/1	2	3	4	5

1월

음력	1	2	3	4	5	6	7	8	9	10	11	12	13	14	15	16	17	18	19	20	21	22	23	24	25	26	27	28	29	30
일주	정유	무술	기해	경자	신축	임인	계묘	갑진	을사	병오	정미	무신	기유	경술	신해	임자	계축	갑인	을묘	병진	정사	무오	기미	경신	신유	임술	계해	갑자	을축	병인
양력	6	7	8	9	10	11	12	13	14	15	16	17	18	19	20	21	22	23	24	25	26	27	28	3/1	2	3	4	5	6	7

2월

음력	1	2	3	4	5	6	7	8	9	10	11	12	13	14	15	16	17	18	19	20	21	22	23	24	25	26	27	28	29
일주	정묘	무진	기사	경오	신미	임신	계유	갑술	을해	병자	정축	무인	기묘	경진	신사	임오	계미	갑신	을유	병술	정해	무자	기축	경인	신묘	임진	계사	갑오	을미
양력	8	9	10	11	12	13	14	15	16	17	18	19	20	21	22	23	24	25	26	27	28	29	30	31	4/1	2	3	4	5

3월

음력	1	2	3	4	5	6	7	8	9	10	11	12	13	14	15	16	17	18	19	20	21	22	23	24	25	26	27	28	29
일주	병신	정유	무술	기해	경자	신축	임인	계묘	갑진	을사	병오	정미	무신	기유	경술	신해	임자	계축	갑인	을묘	병진	정사	무오	기미	경신	신유	임술	계해	갑자
양력	6	7	8	9	10	11	12	13	14	15	16	17	18	19	20	21	22	23	24	25	26	27	28	29	30	5/1	2	3	4

4월

음력	1	2	3	4	5	6	7	8	9	10	11	12	13	14	15	16	17	18	19	20	21	22	23	24	25	26	27	28	29	30
일주	을축	병인	정묘	무진	기사	경오	신미	임신	계유	갑술	을해	병자	정축	무인	기묘	경진	신사	임오	계미	갑신	을유	병술	정해	무자	기축	경인	신묘	임진	계사	갑오
양력	5	6	7	8	9	10	11	12	13	14	15	16	17	18	19	20	21	22	23	24	25	26	27	28	29	30	31	6/1	2	3

5월

음력	1	2	3	4	5	6	7	8	9	10	11	12	13	14	15	16	17	18	19	20	21	22	23	24	25	26	27	28	29
일주	을미	병신	정유	무술	기해	경자	신축	임인	계묘	갑진	을사	병오	정미	무신	기유	경술	신해	임자	계축	갑인	을묘	병진	정사	무오	기미	경신	신유	임술	계해
양력	4	5	6	7	8	9	10	11	12	13	14	15	16	17	18	19	20	21	22	23	24	25	26	27	28	29	30	7/1	2

6월

음력	1	2	3	4	5	6	7	8	9	10	11	12	13	14	15	16	17	18	19	20	21	22	23	24	25	26	27	28	29	30
일주	갑자	을축	병인	정묘	무진	기사	경오	신미	임신	계유	갑술	을해	병자	정축	무인	기묘	경진	신사	임오	계미	갑신	을유	병술	정해	무자	기축	경인	신묘	임진	계사
양력	3	4	5	6	7	8	9	10	11	12	13	14	15	16	17	18	19	20	21	22	23	24	25	26	27	28	29	30	31	8/1

7월

음력	1	2	3	4	5	6	7	8	9	10	11	12	13	14	15	16	17	18	19	20	21	22	23	24	25	26	27	28	29
일주	갑오	을미	병신	정유	무술	기해	경자	신축	임인	계묘	갑진	을사	병오	정미	무신	기유	경술	신해	임자	계축	갑인	을묘	병진	정사	무오	기미	경신	신유	임술
양력	2	3	4	5	6	7	8	9	10	11	12	13	14	15	16	17	18	19	20	21	22	23	24	25	26	27	28	29	30

8월

음력	1	2	3	4	5	6	7	8	9	10	11	12	13	14	15	16	17	18	19	20	21	22	23	24	25	26	27	28	29	30
일주	계해	갑자	을축	병인	정묘	무진	기사	경오	신미	임신	계유	갑술	을해	병자	정축	무인	기묘	경진	신사	임오	계미	갑신	을유	병술	정해	무자	기축	경인	신묘	임진
양력	31	9/1	2	3	4	5	6	7	8	9	10	11	12	13	14	15	16	17	18	19	20	21	22	23	24	25	26	27	28	29

9월

음력	1	2	3	4	5	6	7	8	9	10	11	12	13	14	15	16	17	18	19	20	21	22	23	24	25	26	27	28	29	30
일주	계사	갑오	을미	병신	정유	무술	기해	경자	신축	임인	계묘	갑진	을사	병오	정미	무신	기유	경술	신해	임자	계축	갑인	을묘	병진	정사	무오	기미	경신	신유	임술
양력	30	10/1	2	3	4	5	6	7	8	9	10	11	12	13	14	15	16	17	18	19	20	21	22	23	24	25	26	27	28	29

10월

음력	1	2	3	4	5	6	7	8	9	10	11	12	13	14	15	16	17	18	19	20	21	22	23	24	25	26	27	28	29
일주	계해	갑자	을축	병인	정묘	무진	기사	경오	신미	임신	계유	갑술	을해	병자	정축	무인	기묘	경진	신사	임오	계미	갑신	을유	병술	정해	무자	기축	경인	신묘
양력	30	31	11/1	2	3	4	5	6	7	8	9	10	11	12	13	14	15	16	17	18	19	20	21	22	23	24	25	26	27

11월

음력	1	2	3	4	5	6	7	8	9	10	11	12	13	14	15	16	17	18	19	20	21	22	23	24	25	26	27	28	29	30
일주	임진	계사	갑오	을미	병신	정유	무술	기해	경자	신축	임인	계묘	갑진	을사	병오	정미	무신	기유	경술	신해	임자	계축	갑인	을묘	병진	정사	무오	기미	경신	신유
양력	28	29	30	12/1	2	3	4	5	6	7	8	9	10	11	12	13	14	15	16	17	18	19	20	21	22	23	24	25	26	27

12월

음력	1	2	3	4	5	6	7	8	9	10	11	12	13	14	15	16	17	18	19	20	21	22	23	24	25	26	27	28	29	30
일주	임술	계해	갑자	을축	병인	정묘	무진	기사	경오	신미	임신	계유	갑술	을해	병자	정축	무인	기묘	경진	신사	임오	계미	갑신	을유	병술	정해	무자	기축	경인	신묘
양력	28	29	30	31	1/1	2	3	4	5	6	7	8	9	10	11	12	13	14	15	16	17	18	19	20	21	22	23	24	25	26

1990년생 (음력기준)

1월
음력	1	2	3	4	5	6	7	8	9	10	11	12	13	14	15	16	17	18	19	20	21	22	23	24	25	26	27	28	29
일주	임진	계사	갑오	을미	병신	정유	무술	기해	경자	신축	임인	계묘	갑진	을사	병오	정미	무신	기유	경술	신해	임자	계축	갑인	을묘	병진	정사	무오	기미	경신
양력	27	28	29	30	31	2/1	2	3	4	5	6	7	8	9	10	11	12	13	14	15	16	17	18	19	20	21	22	23	24

2월
음력	1	2	3	4	5	6	7	8	9	10	11	12	13	14	15	16	17	18	19	20	21	22	23	24	25	26	27	28	29	30
일주	신유	임술	계해	갑자	을축	병인	정묘	무진	기사	경오	신미	임신	계유	갑술	을해	병자	정축	무인	기묘	경진	신사	임오	계미	갑신	을유	병술	정해	무자	기축	경인
양력	25	26	27	28	3/1	2	3	4	5	6	7	8	9	10	11	12	13	14	15	16	17	18	19	20	21	22	23	24	25	26

3월
음력	1	2	3	4	5	6	7	8	9	10	11	12	13	14	15	16	17	18	19	20	21	22	23	24	25	26	27	28	29
일주	신묘	임진	계사	갑오	을미	병신	정유	무술	기해	경자	신축	임인	계묘	갑진	을사	병오	정미	무신	기유	경술	신해	임자	계축	갑인	을묘	병진	정사	무오	기미
양력	27	28	29	30	31	4/1	2	3	4	5	6	7	8	9	10	11	12	13	14	15	16	17	18	19	20	21	22	23	24

4월
음력	1	2	3	4	5	6	7	8	9	10	11	12	13	14	15	16	17	18	19	20	21	22	23	24	25	26	27	28	29
일주	경신	신유	임술	계해	갑자	을축	병인	정묘	무진	기사	경오	신미	임신	계유	갑술	을해	병자	정축	무인	기묘	경진	신사	임오	계미	갑신	을유	병술	정해	무자
양력	25	26	27	28	29	30	5/1	2	3	4	5	6	7	8	9	10	11	12	13	14	15	16	17	18	19	20	21	22	23

5월
음력	1	2	3	4	5	6	7	8	9	10	11	12	13	14	15	16	17	18	19	20	21	22	23	24	25	26	27	28	29	30
일주	기축	경인	신묘	임진	계사	갑오	을미	병신	정유	무술	기해	경자	신축	임인	계묘	갑진	을사	병오	정미	무신	기유	경술	신해	임자	계축	갑인	을묘	병진	정사	무오
양력	24	25	26	27	28	29	30	31	6/1	2	3	4	5	6	7	8	9	10	11	12	13	14	15	16	17	18	19	20	21	22

5월 윤달
음력	1	2	3	4	5	6	7	8	9	10	11	12	13	14	15	16	17	18	19	20	21	22	23	24	25	26	27	28	29
일주	기미	경신	신유	임술	계해	갑자	을축	병인	정묘	무진	기사	경오	신미	임신	계유	갑술	을해	병자	정축	무인	기묘	경진	신사	임오	계미	갑신	을유	병술	정해
양력	23	24	25	26	27	28	29	30	7/1	2	3	4	5	6	7	8	9	10	11	12	13	14	15	16	17	18	19	20	21

6월
음력	1	2	3	4	5	6	7	8	9	10	11	12	13	14	15	16	17	18	19	20	21	22	23	24	25	26	27	28	29
일주	무자	기축	경인	신묘	임진	계사	갑오	을미	병신	정유	무술	기해	경자	신축	임인	계묘	갑진	을사	병오	정미	무신	기유	경술	신해	임자	계축	갑인	을묘	병진
양력	22	23	24	25	26	27	28	29	30	31	8/1	2	3	4	5	6	7	8	9	10	11	12	13	14	15	16	17	18	19

7월
음력	1	2	3	4	5	6	7	8	9	10	11	12	13	14	15	16	17	18	19	20	21	22	23	24	25	26	27	28	29	30
일주	정사	무오	기미	경신	신유	임술	계해	갑자	을축	병인	정묘	무진	기사	경오	신미	임신	계유	갑술	을해	병자	정축	무인	기묘	경진	신사	임오	계미	갑신	을유	병술
양력	20	21	22	23	24	25	26	27	28	29	30	31	9/1	2	3	4	5	6	7	8	9	10	11	12	13	14	15	16	17	18

8월
음력	1	2	3	4	5	6	7	8	9	10	11	12	13	14	15	16	17	18	19	20	21	22	23	24	25	26	27	28	29	30
일주	정해	무자	기축	경인	신묘	임진	계사	갑오	을미	병신	정유	무술	기해	경자	신축	임인	계묘	갑진	을사	병오	정미	무신	기유	경술	신해	임자	계축	갑인	을묘	병진
양력	19	20	21	22	23	24	25	26	27	28	29	30	10/1	2	3	4	5	6	7	8	9	10	11	12	13	14	15	16	17	18

9월
음력	1	2	3	4	5	6	7	8	9	10	11	12	13	14	15	16	17	18	19	20	21	22	23	24	25	26	27	28	29
일주	정사	무오	기미	경신	신유	임술	계해	갑자	을축	병인	정묘	무진	기사	경오	신미	임신	계유	갑술	을해	병자	정축	무인	기묘	경진	신사	임오	계미	갑신	을유
양력	19	20	21	22	23	24	25	26	27	28	29	30	31	11/1	2	3	4	5	6	7	8	9	10	11	12	13	14	15	16

10월
음력	1	2	3	4	5	6	7	8	9	10	11	12	13	14	15	16	17	18	19	20	21	22	23	24	25	26	27	28	29	30
일주	병술	정해	무자	기축	경인	신묘	임진	계사	갑오	을미	병신	정유	무술	기해	경자	신축	임인	계묘	갑진	을사	병오	정미	무신	기유	경술	신해	임자	계축	갑인	을묘
양력	17	18	19	20	21	22	23	24	25	26	27	28	29	30	12/1	2	3	4	5	6	7	8	9	10	11	12	13	14	15	16

11월
음력	1	2	3	4	5	6	7	8	9	10	11	12	13	14	15	16	17	18	19	20	21	22	23	24	25	26	27	28	29	30
일주	병진	정사	무오	기미	경신	신유	임술	계해	갑자	을축	병인	정묘	무진	기사	경오	신미	임신	계유	갑술	을해	병자	정축	무인	기묘	경진	신사	임오	계미	갑신	을유
양력	17	18	19	20	21	22	23	24	25	26	27	28	29	30	31	1/1	2	3	4	5	6	7	8	9	10	11	12	13	14	15

12월
음력	1	2	3	4	5	6	7	8	9	10	11	12	13	14	15	16	17	18	19	20	21	22	23	24	25	26	27	28	29	30
일주	병술	정해	무자	기축	경인	신묘	임진	계사	갑오	을미	병신	정유	무술	기해	경자	신축	임인	계묘	갑진	을사	병오	정미	무신	기유	경술	신해	임자	계축	갑인	을묘
양력	16	17	18	19	20	21	22	23	24	25	26	27	28	29	30	31	2/1	2	3	4	5	6	7	8	9	10	11	12	13	14

1991년생 (음력기준)

1월

음력	1	2	3	4	5	6	7	8	9	10
일주	병진	정사	무오	기미	경신	신유	임술	계해	갑자	을축
양력	15	16	17	18	19	20	21	22	23	24

음력	11	12	13	14	15	16	17	18	19	20
일주	병인	정묘	무진	기사	경오	신미	임신	계유	갑술	을해
양력	25	26	27	28	3/1	2	3	4	5	6

음력	21	22	23	24	25	26	27	28	29
일주	병자	정축	무인	기묘	경진	신사	임오	계미	갑신
양력	7	8	9	10	11	12	13	14	15

2월

음력	1	2	3	4	5	6	7	8	9	10
일주	을유	병술	정해	무자	기축	경인	신묘	임진	계사	갑오
양력	16	17	18	19	20	21	22	23	24	25

음력	11	12	13	14	15	16	17	18	19	20
일주	을미	병신	정유	무술	기해	경자	신축	임인	계묘	갑진
양력	26	27	28	29	30	31	4/1	2	3	4

음력	21	22	23	24	25	26	27	28	29	30
일주	을사	병오	정미	무신	기유	경술	신해	임자	계축	갑인
양력	5	6	7	8	9	10	11	12	13	14

3월

음력	1	2	3	4	5	6	7	8	9	10
일주	을묘	병진	정사	무오	기미	경신	신유	임술	계해	갑자
양력	15	16	17	18	19	20	21	22	23	24

음력	11	12	13	14	15	16	17	18	19	20
일주	을축	병인	정묘	무진	기사	경오	신미	임신	계유	갑술
양력	25	26	27	28	29	30	5/1	2	3	4

음력	21	22	23	24	25	26	27	28	29
일주	을해	병자	정축	무인	기묘	경진	신사	임오	계미
양력	5	6	7	8	9	10	11	12	13

4월

음력	1	2	3	4	5	6	7	8	9	10
일주	갑신	을유	병술	정해	무자	기축	경인	신묘	임진	계사
양력	14	15	16	17	18	19	20	21	22	23

음력	11	12	13	14	15	16	17	18	19	20
일주	갑오	을미	병신	정유	무술	기해	경자	신축	임인	계묘
양력	24	25	26	27	28	29	30	31	6/1	2

음력	21	22	23	24	25	26	27	28	29
일주	갑진	을사	병오	정미	무신	기유	경술	신해	임자
양력	3	4	5	6	7	8	9	10	11

5월

음력	1	2	3	4	5	6	7	8	9	10
일주	계축	갑인	을묘	병진	정사	무오	기미	경신	신유	임술
양력	12	13	14	15	16	17	18	19	20	21

음력	11	12	13	14	15	16	17	18	19	20
일주	계해	갑자	을축	병인	정묘	무진	기사	경오	신미	임신
양력	22	23	24	25	26	27	28	29	30	7/1

음력	21	22	23	24	25	26	27	28	29	30
일주	계유	갑술	을해	병자	정축	무인	기묘	경진	신사	임오
양력	2	3	4	5	6	7	8	9	10	11

6월

음력	1	2	3	4	5	6	7	8	9	10
일주	계미	갑신	을유	병술	정해	무자	기축	경인	신묘	임진
양력	12	13	14	15	16	17	18	19	20	21

음력	11	12	13	14	15	16	17	18	19	20
일주	계사	갑오	을미	병신	정유	무술	기해	경자	신축	임인
양력	22	23	24	25	26	27	28	29	30	31

음력	21	22	23	24	25	26	27	28	29
일주	계묘	갑진	을사	병오	정미	무신	기유	경술	신해
양력	8/1	2	3	4	5	6	7	8	9

7월

음력	1	2	3	4	5	6	7	8	9	10
일주	임자	계축	갑인	을묘	병진	정사	무오	기미	경신	신유
양력	10	11	12	13	14	15	16	17	18	19

음력	11	12	13	14	15	16	17	18	19	20
일주	임술	계해	갑자	을축	병인	정묘	무진	기사	경오	신미
양력	20	21	22	23	24	25	26	27	28	29

음력	21	22	23	24	25	26	27	28	29
일주	임신	계유	갑술	을해	병자	정축	무인	기묘	경진
양력	30	31	9/1	2	3	4	5	6	7

8월

음력	1	2	3	4	5	6	7	8	9	10
일주	신사	임오	계미	갑신	을유	병술	정해	무자	기축	경인
양력	8	9	10	11	12	13	14	15	16	17

음력	11	12	13	14	15	16	17	18	19	20
일주	신묘	임진	계사	갑오	을미	병신	정유	무술	기해	경자
양력	18	19	20	21	22	23	24	25	26	27

음력	21	22	23	24	25	26	27	28	29	30
일주	신축	임인	계묘	갑진	을사	병오	정미	무신	기유	경술
양력	28	29	30	10/1	2	3	4	5	6	7

9월

음력	1	2	3	4	5	6	7	8	9	10
일주	신해	임자	계축	갑인	을묘	병진	정사	무오	기미	경신
양력	8	9	10	11	12	13	14	15	16	17

음력	11	12	13	14	15	16	17	18	19	20
일주	신유	임술	계해	갑자	을축	병인	정묘	무진	기사	경오
양력	18	19	20	21	22	23	24	25	26	27

음력	21	22	23	24	25	26	27	28	29
일주	신미	임신	계유	갑술	을해	병자	정축	무인	기묘
양력	28	29	30	31	11/1	2	3	4	5

10월

음력	1	2	3	4	5	6	7	8	9	10
일주	경진	신사	임오	계미	갑신	을유	병술	정해	무자	기축
양력	6	7	8	9	10	11	12	13	14	15

음력	11	12	13	14	15	16	17	18	19	20
일주	경인	신묘	임진	계사	갑오	을미	병신	정유	무술	기해
양력	16	17	18	19	20	21	22	23	24	25

음력	21	22	23	24	25	26	27	28	29	30
일주	경자	신축	임인	계묘	갑진	을사	병오	정미	무신	기유
양력	26	27	28	29	30	12/1	2	3	4	5

11월

음력	1	2	3	4	5	6	7	8	9	10
일주	경술	신해	임자	계축	갑인	을묘	병진	정사	무오	기미
양력	6	7	8	9	10	11	12	13	14	15

음력	11	12	13	14	15	16	17	18	19	20
일주	경신	신유	임술	계해	갑자	을축	병인	정묘	무진	기사
양력	16	17	18	19	20	21	22	23	24	25

음력	21	22	23	24	25	26	27	28	29	30
일주	경오	신미	임신	계유	갑술	을해	병자	정축	무인	기묘
양력	26	27	28	29	30	31	1/1	2	3	4

12월

음력	1	2	3	4	5	6	7	8	9	10
일주	경진	신사	임오	계미	갑신	을유	병술	정해	무자	기축
양력	5	6	7	8	9	10	11	12	13	14

음력	11	12	13	14	15	16	17	18	19	20
일주	경인	신묘	임진	계사	갑오	을미	병신	정유	무술	기해
양력	15	16	17	18	19	20	21	22	23	24

음력	21	22	23	24	25	26	27	28	29	30
일주	경자	신축	임인	계묘	갑진	을사	병오	정미	무신	기유
양력	25	26	27	28	29	30	31	2/1	2	3

1992년생 (음력기준)

1월
음력	1	2	3	4	5	6	7	8	9	10	11	12	13	14	15	16	17	18	19	20	21	22	23	24	25	26	27	28	29
일주	경술	신해	임자	계축	갑인	을묘	병진	정사	무오	기미	경신	신유	임술	계해	갑자	을축	병인	정묘	무진	기사	경오	신미	임신	계유	갑술	을해	병자	정축	무인
양력	4	5	6	7	8	9	10	11	12	13	14	15	16	17	18	19	20	21	22	23	24	25	26	27	28	29	3/1	2	3

2월
음력	1	2	3	4	5	6	7	8	9	10	11	12	13	14	15	16	17	18	19	20	21	22	23	24	25	26	27	28	29	30
일주	기묘	경진	신사	임오	계미	갑신	을유	병술	정해	무자	기축	경인	신묘	임진	계사	갑오	을미	병신	정유	무술	기해	경자	신축	임인	계묘	갑진	을사	병오	정미	무신
양력	4	5	6	7	8	9	10	11	12	13	14	15	16	17	18	19	20	21	22	23	24	25	26	27	28	29	30	31	4/1	2

3월
음력	1	2	3	4	5	6	7	8	9	10	11	12	13	14	15	16	17	18	19	20	21	22	23	24	25	26	27	28	29	30
일주	기유	경술	신해	임자	계축	갑인	을묘	병진	정사	무오	기미	경신	신유	임술	계해	갑자	을축	병인	정묘	무진	기사	경오	신미	임신	계유	갑술	을해	병자	정축	무인
양력	3	4	5	6	7	8	9	10	11	12	13	14	15	16	17	18	19	20	21	22	23	24	25	26	27	28	29	30	5/1	2

4월
음력	1	2	3	4	5	6	7	8	9	10	11	12	13	14	15	16	17	18	19	20	21	22	23	24	25	26	27	28	29
일주	기묘	경진	신사	임오	계미	갑신	을유	병술	정해	무자	기축	경인	신묘	임진	계사	갑오	을미	병신	정유	무술	기해	경자	신축	임인	계묘	갑진	을사	병오	정미
양력	3	4	5	6	7	8	9	10	11	12	13	14	15	16	17	18	19	20	21	22	23	24	25	26	27	28	29	30	31

5월
음력	1	2	3	4	5	6	7	8	9	10	11	12	13	14	15	16	17	18	19	20	21	22	23	24	25	26	27	28	29
일주	무신	기유	경술	신해	임자	계축	갑인	을묘	병진	정사	무오	기미	경신	신유	임술	계해	갑자	을축	병인	정묘	무진	기사	경오	신미	임신	계유	갑술	을해	병자
양력	6/1	2	3	4	5	6	7	8	9	10	11	12	13	14	15	16	17	18	19	20	21	22	23	24	25	26	27	28	29

6월
음력	1	2	3	4	5	6	7	8	9	10	11	12	13	14	15	16	17	18	19	20	21	22	23	24	25	26	27	28	29	30
일주	정축	무인	기묘	경진	신사	임오	계미	갑신	을유	병술	정해	무자	기축	경인	신묘	임진	계사	갑오	을미	병신	정유	무술	기해	경자	신축	임인	계묘	갑진	을사	병오
양력	30	7/1	2	3	4	5	6	7	8	9	10	11	12	13	14	15	16	17	18	19	20	21	22	23	24	25	26	27	28	29

7월
음력	1	2	3	4	5	6	7	8	9	10	11	12	13	14	15	16	17	18	19	20	21	22	23	24	25	26	27	28	29
일주	정미	무신	기유	경술	신해	임자	계축	갑인	을묘	병진	정사	무오	기미	경신	신유	임술	계해	갑자	을축	병인	정묘	무진	기사	경오	신미	임신	계유	갑술	을해
양력	30	31	8/1	2	3	4	5	6	7	8	9	10	11	12	13	14	15	16	17	18	19	20	21	22	23	24	25	26	27

8월
음력	1	2	3	4	5	6	7	8	9	10	11	12	13	14	15	16	17	18	19	20	21	22	23	24	25	26	27	28	29
일주	병자	정축	무인	기묘	경진	신사	임오	계미	갑신	을유	병술	정해	무자	기축	경인	신묘	임진	계사	갑오	을미	병신	정유	무술	기해	경자	신축	임인	계묘	갑진
양력	28	29	30	31	9/1	2	3	4	5	6	7	8	9	10	11	12	13	14	15	16	17	18	19	20	21	22	23	24	25

9월
음력	1	2	3	4	5	6	7	8	9	10	11	12	13	14	15	16	17	18	19	20	21	22	23	24	25	26	27	28	29	30
일주	을사	병오	정미	무신	기유	경술	신해	임자	계축	갑인	을묘	병진	정사	무오	기미	경신	신유	임술	계해	갑자	을축	병인	정묘	무진	기사	경오	신미	임신	계유	갑술
양력	26	27	28	29	30	10/1	2	3	4	5	6	7	8	9	10	11	12	13	14	15	16	17	18	19	20	21	22	23	24	25

10월
음력	1	2	3	4	5	6	7	8	9	10	11	12	13	14	15	16	17	18	19	20	21	22	23	24	25	26	27	28	29
일주	을해	병자	정축	무인	기묘	경진	신사	임오	계미	갑신	을유	병술	정해	무자	기축	경인	신묘	임진	계사	갑오	을미	병신	정유	무술	기해	경자	신축	임인	계묘
양력	26	27	28	29	30	31	11/1	2	3	4	5	6	7	8	9	10	11	12	13	14	15	16	17	18	19	20	21	22	23

11월
음력	1	2	3	4	5	6	7	8	9	10	11	12	13	14	15	16	17	18	19	20	21	22	23	24	25	26	27	28	29	30
일주	갑진	을사	병오	정미	무신	기유	경술	신해	임자	계축	갑인	을묘	병진	정사	무오	기미	경신	신유	임술	계해	갑자	을축	병인	정묘	무진	기사	경오	신미	임신	계유
양력	24	25	26	27	28	29	30	12/1	2	3	4	5	6	7	8	9	10	11	12	13	14	15	16	17	18	19	20	21	22	23

12월
음력	1	2	3	4	5	6	7	8	9	10	11	12	13	14	15	16	17	18	19	20	21	22	23	24	25	26	27	28	29	30
일주	갑술	을해	병자	정축	무인	기묘	경진	신사	임오	계미	갑신	을유	병술	정해	무자	기축	경인	신묘	임진	계사	갑오	을미	병신	정유	무술	기해	경자	신축	임인	계묘
양력	24	25	26	27	28	29	30	31	1/1	2	3	4	5	6	7	8	9	10	11	12	13	14	15	16	17	18	19	20	21	22

1993년생 (음력기준)

1월

음력	1	2	3	4	5	6	7	8	9	10	11	12	13	14	15	16	17	18	19	20	21	22	23	24	25	26	27	28	29
일주	갑진	을사	병오	정미	무신	기유	경술	신해	임자	계축	갑인	을묘	병진	정사	무오	기미	경신	신유	임술	계해	갑자	을축	병인	정묘	무진	기사	경오	신미	임신
양력	23	24	25	26	27	28	29	30	31	2/1	2	3	4	5	6	7	8	9	10	11	12	13	14	15	16	17	18	19	20

2월

음력	1	2	3	4	5	6	7	8	9	10	11	12	13	14	15	16	17	18	19	20	21	22	23	24	25	26	27	28	29	30
일주	계유	갑술	을해	병자	정축	무인	기묘	경진	신사	임오	계미	갑신	을유	병술	정해	무자	기축	경인	신묘	임진	계사	갑오	을미	병신	정유	무술	기해	경자	신축	임인
양력	21	22	23	24	25	26	27	28	3/1	2	3	4	5	6	7	8	9	10	11	12	13	14	15	16	17	18	19	20	21	22

3월

음력	1	2	3	4	5	6	7	8	9	10	11	12	13	14	15	16	17	18	19	20	21	22	23	24	25	26	27	28	29	30
일주	계묘	갑진	을사	병오	정미	무신	기유	경술	신해	임자	계축	갑인	을묘	병진	정사	무오	기미	경신	신유	임술	계해	갑자	을축	병인	정묘	무진	기사	경오	신미	임신
양력	23	24	25	26	27	28	29	30	31	4/1	2	3	4	5	6	7	8	9	10	11	12	13	14	15	16	17	18	19	20	21

3월 윤달

음력	1	2	3	4	5	6	7	8	9	10	11	12	13	14	15	16	17	18	19	20	21	22	23	24	25	26	27	28	29
일주	계유	갑술	을해	병자	정축	무인	기묘	경진	신사	임오	계미	갑신	을유	병술	정해	무자	기축	경인	신묘	임진	계사	갑오	을미	병신	정유	무술	기해	경자	신축
양력	22	23	24	25	26	27	28	29	30	5/1	2	3	4	5	6	7	8	9	10	11	12	13	14	15	16	17	18	19	20

4월

음력	1	2	3	4	5	6	7	8	9	10	11	12	13	14	15	16	17	18	19	20	21	22	23	24	25	26	27	28	29	30
일주	임인	계묘	갑진	을사	병오	정미	무신	기유	경술	신해	임자	계축	갑인	을묘	병진	정사	무오	기미	경신	신유	임술	계해	갑자	을축	병인	정묘	무진	기사	경오	신미
양력	21	22	23	24	25	26	27	28	29	30	31	6/1	2	3	4	5	6	7	8	9	10	11	12	13	14	15	16	17	18	19

5월

음력	1	2	3	4	5	6	7	8	9	10	11	12	13	14	15	16	17	18	19	20	21	22	23	24	25	26	27	28	29
일주	임신	계유	갑술	을해	병자	정축	무인	기묘	경진	신사	임오	계미	갑신	을유	병술	정해	무자	기축	경인	신묘	임진	계사	갑오	을미	병신	정유	무술	기해	경자
양력	20	21	22	23	24	25	26	27	28	29	30	7/1	2	3	4	5	6	7	8	9	10	11	12	13	14	15	16	17	18

6월

음력	1	2	3	4	5	6	7	8	9	10	11	12	13	14	15	16	17	18	19	20	21	22	23	24	25	26	27	28	29	30
일주	신축	임인	계묘	갑진	을사	병오	정미	무신	기유	경술	신해	임자	계축	갑인	을묘	병진	정사	무오	기미	경신	신유	임술	계해	갑자	을축	병인	정묘	무진	기사	경오
양력	19	20	21	22	23	24	25	26	27	28	29	30	31	8/1	2	3	4	5	6	7	8	9	10	11	12	13	14	15	16	17

7월

음력	1	2	3	4	5	6	7	8	9	10	11	12	13	14	15	16	17	18	19	20	21	22	23	24	25	26	27	28	29
일주	신미	임신	계유	갑술	을해	병자	정축	무인	기묘	경진	신사	임오	계미	갑신	을유	병술	정해	무자	기축	경인	신묘	임진	계사	갑오	을미	병신	정유	무술	기해
양력	18	19	20	21	22	23	24	25	26	27	28	29	30	31	9/1	2	3	4	5	6	7	8	9	10	11	12	13	14	15

8월

음력	1	2	3	4	5	6	7	8	9	10	11	12	13	14	15	16	17	18	19	20	21	22	23	24	25	26	27	28	29
일주	경자	신축	임인	계묘	갑진	을사	병오	정미	무신	기유	경술	신해	임자	계축	갑인	을묘	병진	정사	무오	기미	경신	신유	임술	계해	갑자	을축	병인	정묘	무진
양력	16	17	18	19	20	21	22	23	24	25	26	27	28	29	30	10/1	2	3	4	5	6	7	8	9	10	11	12	13	14

9월

음력	1	2	3	4	5	6	7	8	9	10	11	12	13	14	15	16	17	18	19	20	21	22	23	24	25	26	27	28	29	30
일주	기사	경오	신미	임신	계유	갑술	을해	병자	정축	무인	기묘	경진	신사	임오	계미	갑신	을유	병술	정해	무자	기축	경인	신묘	임진	계사	갑오	을미	병신	정유	무술
양력	15	16	17	18	19	20	21	22	23	24	25	26	27	28	29	30	31	11/1	2	3	4	5	6	7	8	9	10	11	12	13

10월

음력	1	2	3	4	5	6	7	8	9	10	11	12	13	14	15	16	17	18	19	20	21	22	23	24	25	26	27	28	29	30
일주	기해	경자	신축	임인	계묘	갑진	을사	병오	정미	무신	기유	경술	신해	임자	계축	갑인	을묘	병진	정사	무오	기미	경신	신유	임술	계해	갑자	을축	병인	정묘	무진
양력	14	15	16	17	18	19	20	21	22	23	24	25	26	27	28	29	30	12/1	2	3	4	5	6	7	8	9	10	11	12

11월

음력	1	2	3	4	5	6	7	8	9	10	11	12	13	14	15	16	17	18	19	20	21	22	23	24	25	26	27	28	29	30
일주	무진	기사	경오	신미	임신	계유	갑술	을해	병자	정축	무인	기묘	경진	신사	임오	계미	갑신	을유	병술	정해	무자	기축	경인	신묘	임진	계사	갑오	을미	병신	정유
양력	13	14	15	16	17	18	19	20	21	22	23	24	25	26	27	28	29	30	31	1/1	2	3	4	5	6	7	8	9	10	11

12월

음력	1	2	3	4	5	6	7	8	9	10	11	12	13	14	15	16	17	18	19	20	21	22	23	24	25	26	27	28	29
일주	무술	기해	경자	신축	임인	계묘	갑진	을사	병오	정미	무신	기유	경술	신해	임자	계축	갑인	을묘	병진	정사	무오	기미	경신	신유	임술	계해	갑자	을축	병인
양력	12	13	14	15	16	17	18	19	20	21	22	23	24	25	26	27	28	29	30	31	2/1	2	3	4	5	6	7	8	9

1994년생 (음력기준)

1월	음력	1 2 3 4 5 6 7 8 9 10	11 12 13 14 15 16 17 18 19 20	21 22 23 24 25 26 27 28 29 30
	일주	정 무 기 경 신 임 계 갑 을 병 묘 진 사 오 미 신 유 술 해 자	정 무 기 경 신 임 계 갑 을 병 축 인 묘 진 사 오 미 신 유 술	정 무 기 경 신 임 계 갑 을 병 해 자 축 인 묘 진 사 오 미 신
	양력	10 11 12 13 14 15 16 17 18 19	20 21 22 23 24 25 26 27 28 **3/1**	2 3 4 5 6 7 8 9 10 11
2월	음력	1 2 3 4 5 6 7 8 9 10	11 12 13 14 15 16 17 18 19 20	21 22 23 24 25 26 27 28 29 30
	일주	정 무 기 경 신 임 계 갑 을 병 유 술 해 자 축 인 묘 진 사 오	정 무 기 경 신 임 계 갑 을 병 미 신 유 술 해 자 축 인 묘 진	정 무 기 경 신 임 계 갑 을 병 사 오 미 신 유 술 해 자 축 인
	양력	12 13 14 15 16 17 18 19 20 21	22 23 24 25 26 27 28 29 30 31	**4/1** 2 3 4 5 6 7 8 9 10
3월	음력	1 2 3 4 5 6 7 8 9 10	11 12 13 14 15 16 17 18 19 20	21 22 23 24 25 26 27 28 29 30
	일주	정 무 기 경 신 임 계 갑 을 병 묘 진 사 오 미 신 유 술 해 자	정 무 기 경 신 임 계 갑 을 병 축 인 묘 진 사 오 미 신 유 술	정 무 기 경 신 임 계 갑 을 병 해 자 축 인 묘 진 사 오 미 신
	양력	11 12 13 14 15 16 17 18 19 20	21 22 23 24 25 26 27 28 29 30	**5/1** 2 3 4 5 6 7 8 9 10
4월	음력	1 2 3 4 5 6 7 8 9 10	11 12 13 14 15 16 17 18 19 20	21 22 23 24 25 26 27 28 29
	일주	정 무 기 경 신 임 계 갑 을 병 유 술 해 자 축 인 묘 진 사 오	정 무 기 경 신 임 계 갑 을 병 미 신 유 술 해 자 축 인 묘 진	정 무 기 경 신 임 계 갑 을 사 오 미 신 유 술 해 자 축
	양력	11 12 13 14 15 16 17 18 19 20	21 22 23 24 25 26 27 28 29 30	31 **6/1** 2 3 4 5 6 7 8
5월	음력	1 2 3 4 5 6 7 8 9 10	11 12 13 14 15 16 17 18 19 20	21 22 23 24 25 26 27 28 29 30
	일주	병 정 무 기 경 신 임 계 갑 을 인 묘 진 사 오 미 신 유 술 해	병 정 무 기 경 신 임 계 갑 을 자 축 인 묘 진 사 오 미 신 유	병 정 무 기 경 신 임 계 갑 을 술 해 자 축 인 묘 진 사 오 미
	양력	9 10 11 12 13 14 15 16 17 18	19 20 21 22 23 24 25 26 27 28	29 30 **7/1** 2 3 4 5 6 7 8
6월	음력	1 2 3 4 5 6 7 8 9 10	11 12 13 14 15 16 17 18 19 20	21 22 23 24 25 26 27 28 29
	일주	병 정 무 기 경 신 임 계 갑 을 신 유 술 해 자 축 인 묘 진 사	병 정 무 기 경 신 임 계 갑 을 오 미 신 유 술 해 자 축 인 묘	병 정 무 기 경 신 임 계 갑 진 사 오 미 신 유 술 해 자
	양력	9 10 11 12 13 14 15 16 17 18	19 20 21 22 23 24 25 26 27 28	29 30 31 **8/1** 2 3 4 5 6
7월	음력	1 2 3 4 5 6 7 8 9 10	11 12 13 14 15 16 17 18 19 20	21 22 23 24 25 26 27 28 29 30
	일주	을 병 정 무 기 경 신 임 계 갑 축 인 묘 진 사 오 미 신 유 술	을 병 정 무 기 경 신 임 계 갑 해 자 축 인 묘 진 사 오 미 신	을 병 정 무 기 경 신 임 계 갑 유 술 해 자 축 인 묘 진 사 오
	양력	7 8 9 10 11 12 13 14 15 16	17 18 19 20 21 22 23 24 25 26	27 28 29 30 31 **9/1** 2 3 4 5
8월	음력	1 2 3 4 5 6 7 8 9 10	11 12 13 14 15 16 17 18 19 20	21 22 23 24 25 26 27 28 29
	일주	을 병 정 무 기 경 신 임 계 갑 미 신 유 술 해 자 축 인 묘 진	을 병 정 무 기 경 신 임 계 갑 사 오 미 신 유 술 해 자 축 인	을 병 정 무 기 경 신 임 계 묘 진 사 오 미 신 유 술 해
	양력	6 7 8 9 10 11 12 13 14 15	16 17 18 19 20 21 22 23 24 25	26 27 28 29 30 **10/1** 2 3 4
9월	음력	1 2 3 4 5 6 7 8 9 10	11 12 13 14 15 16 17 18 19 20	21 22 23 24 25 26 27 28 29
	일주	갑 을 병 정 무 기 경 신 임 계 자 축 인 묘 진 사 오 미 신 유	갑 을 병 정 무 기 경 신 임 계 술 해 자 축 인 묘 진 사 오 미	갑 을 병 정 무 기 경 신 임 신 유 술 해 자 축 인 묘 진
	양력	5 6 7 8 9 10 11 12 13 14	15 16 17 18 19 20 21 22 23 24	25 26 27 28 29 30 31 **11/1** 2
10월	음력	1 2 3 4 5 6 7 8 9 10	11 12 13 14 15 16 17 18 19 20	21 22 23 24 25 26 27 28 29 30
	일주	계 갑 을 병 정 무 기 경 신 임 사 오 미 신 유 술 해 자 축 인	계 갑 을 병 정 무 기 경 신 임 묘 진 사 오 미 신 유 술 해 자	계 갑 을 병 정 무 기 경 신 임 축 인 묘 진 사 오 미 신 유 술
	양력	3 4 5 6 7 8 9 10 11 12	13 14 15 16 17 18 19 20 21 22	23 24 25 26 27 28 29 30 **12/1** 2
11월	음력	1 2 3 4 5 6 7 8 9 10	11 12 13 14 15 16 17 18 19 20	21 22 23 24 25 26 27 28 29 30
	일주	계 갑 을 병 정 무 기 경 신 임 해 자 축 인 묘 진 사 오 미 신	계 갑 을 병 정 무 기 경 신 임 유 술 해 자 축 인 묘 진 사 오	계 갑 을 병 정 무 기 경 신 미 신 유 술 해 자 축 인 묘
	양력	3 4 5 6 7 8 9 10 11 12	13 14 15 16 17 18 19 20 21 22	23 24 25 26 27 28 29 30 31
12월	음력	1 2 3 4 5 6 7 8 9 10	11 12 13 14 15 16 17 18 19 20	21 22 23 24 25 26 27 28 29 30
	일주	임 계 갑 을 병 정 무 기 경 신 진 사 오 미 신 유 술 해 자 축	임 계 갑 을 병 정 무 기 경 신 인 묘 진 사 오 미 신 유 술 해	임 계 갑 을 병 정 무 기 경 신 자 축 인 묘 진 사 오 미 신 유
	양력	**1/1** 2 3 4 5 6 7 8 9 10	11 12 13 14 15 16 17 18 19 20	21 22 23 24 25 26 27 28 29 30

1995년생 <small>(음력기준)</small>

1월

음력	1	2	3	4	5	6	7	8	9	10
일주	임술	계해	갑자	을축	병인	정묘	무진	기사	경오	신미
양력	31	2/1	2	3	4	5	6	7	8	9

음력	11	12	13	14	15	16	17	18	19	20
일주	임신	계유	갑술	을해	병자	정축	무인	기묘	경진	신사
양력	10	11	12	13	14	15	16	17	18	19

음력	21	22	23	24	25	26	27	28	29
일주	임오	계미	갑신	을유	병술	정해	무자	기축	경인
양력	20	21	22	23	24	25	26	27	28

2월

음력	1	2	3	4	5	6	7	8	9	10
일주	신묘	임진	계사	갑오	을미	병신	정유	무술	기해	경자
양력	3/1	2	3	4	5	6	7	8	9	10

음력	11	12	13	14	15	16	17	18	19	20
일주	신축	임인	계묘	갑진	을사	병오	정미	무신	기유	경술
양력	11	12	13	14	15	16	17	18	19	20

음력	21	22	23	24	25	26	27	28	29	30
일주	신해	임자	계축	갑인	을묘	병진	정사	무오	기미	경신
양력	21	22	23	24	25	26	27	28	29	30

3월

음력	1	2	3	4	5	6	7	8	9	10
일주	신유	임술	계해	갑자	을축	병인	정묘	무진	기사	경오
양력	31	4/1	2	3	4	5	6	7	8	9

음력	11	12	13	14	15	16	17	18	19	20
일주	신미	임신	계유	갑술	을해	병자	정축	무인	기묘	경진
양력	10	11	12	13	14	15	16	17	18	19

음력	21	22	23	24	25	26	27	28	29	30
일주	신사	임오	계미	갑신	을유	병술	정해	무자	기축	경인
양력	20	21	22	23	24	25	26	27	28	29

4월

음력	1	2	3	4	5	6	7	8	9	10
일주	신묘	임진	계사	갑오	을미	병신	정유	무술	기해	경자
양력	30	5/1	2	3	4	5	6	7	8	9

음력	11	12	13	14	15	16	17	18	19	20
일주	신축	임인	계묘	갑진	을사	병오	정미	무신	기유	경술
양력	10	11	12	13	14	15	16	17	18	19

음력	21	22	23	24	25	26	27	28	29
일주	신해	임자	계축	갑인	을묘	병진	정사	무오	기미
양력	20	21	22	23	24	25	26	27	28

5월

음력	1	2	3	4	5	6	7	8	9	10
일주	경신	신유	임술	계해	갑자	을축	병인	정묘	무진	기사
양력	29	30	31	6/1	2	3	4	5	6	7

음력	11	12	13	14	15	16	17	18	19	20
일주	경오	신미	임신	계유	갑술	을해	병자	정축	무인	기묘
양력	8	9	10	11	12	13	14	15	16	17

음력	21	22	23	24	25	26	27	28	29	30
일주	경진	신사	임오	계미	갑신	을유	병술	정해	무자	기축
양력	18	19	20	21	22	23	24	25	26	27

6월

음력	1	2	3	4	5	6	7	8	9	10
일주	경인	신묘	임진	계사	갑오	을미	병신	정유	무술	기해
양력	28	29	30	7/1	2	3	4	5	6	7

음력	11	12	13	14	15	16	17	18	19	20
일주	경자	신축	임인	계묘	갑진	을사	병오	정미	무신	기유
양력	8	9	10	11	12	13	14	15	16	17

음력	21	22	23	24	25	26	27	28	29	30
일주	경술	신해	임자	계축	갑인	을묘	병진	정사	무오	기미
양력	18	19	20	21	22	23	24	25	26	27

7월

음력	1	2	3	4	5	6	7	8	9	10
일주	경신	신유	임술	계해	갑자	을축	병인	정묘	무진	기사
양력	28	29	30	31	8/1	2	3	4	5	6

음력	11	12	13	14	15	16	17	18	19	20
일주	경오	신미	임신	계유	갑술	을해	병자	정축	무인	기묘
양력	7	8	9	10	11	12	13	14	15	16

음력	21	22	23	24	25	26	27	28	29
일주	경진	신사	임오	계미	갑신	을유	병술	정해	무자
양력	17	18	19	20	21	22	23	24	25

8월

음력	1	2	3	4	5	6	7	8	9	10
일주	기축	경인	신묘	임진	계사	갑오	을미	병신	정유	무술
양력	26	27	28	29	30	31	9/1	2	3	4

음력	11	12	13	14	15	16	17	18	19	20
일주	기해	경자	신축	임인	계묘	갑진	을사	병오	정미	무신
양력	5	6	7	8	9	10	11	12	13	14

음력	21	22	23	24	25	26	27	28	29	30
일주	기유	경술	신해	임자	계축	갑인	을묘	병진	정사	무오
양력	15	16	17	18	19	20	21	22	23	24

8월 윤달

음력	1	2	3	4	5	6	7	8	9	10
일주	기미	경신	신유	임술	계해	갑자	을축	병인	정묘	무진
양력	25	26	27	28	29	30	10/1	2	3	4

음력	11	12	13	14	15	16	17	18	19	20
일주	기사	경오	신미	임신	계유	갑술	을해	병자	정축	무인
양력	5	6	7	8	9	10	11	12	13	14

음력	21	22	23	24	25	26	27	28	29
일주	기묘	경진	신사	임오	계미	갑신	을유	병술	정해
양력	15	16	17	18	19	20	21	22	23

9월

음력	1	2	3	4	5	6	7	8	9	10
일주	무자	기축	경인	신묘	임진	계사	갑오	을미	병신	정유
양력	24	25	26	27	28	29	30	31	11/1	2

음력	11	12	13	14	15	16	17	18	19	20
일주	무술	기해	경자	신축	임인	계묘	갑진	을사	병오	정미
양력	3	4	5	6	7	8	9	10	11	12

음력	21	22	23	24	25	26	27	28	29	30
일주	무신	기유	경술	신해	임자	계축	갑인	을묘	병진	정사
양력	13	14	15	16	17	18	19	20	21	22

10월

음력	1	2	3	4	5	6	7	8	9	10
일주	무오	기미	경신	신유	임술	계해	갑자	을축	병인	정묘
양력	23	24	25	26	27	28	29	30	12/1	2

음력	11	12	13	14	15	16	17	18	19	20
일주	무진	기사	경오	신미	임신	계유	갑술	을해	병자	정축
양력	3	4	5	6	7	8	9	10	11	12

음력	21	22	23	24	25	26	27	28	29
일주	무인	기묘	경진	신사	임오	계미	갑신	을유	병술
양력	13	14	15	16	17	18	19	20	21

11월

음력	1	2	3	4	5	6	7	8	9	10
일주	정해	무자	기축	경인	신묘	임진	계사	갑오	을미	병신
양력	22	23	24	25	26	27	28	29	30	31

음력	11	12	13	14	15	16	17	18	19	20
일주	정유	무술	기해	경자	신축	임인	계묘	갑진	을사	병오
양력	1/1	2	3	4	5	6	7	8	9	10

음력	21	22	23	24	25	26	27	28	29
일주	정미	무신	기유	경술	신해	임자	계축	갑인	을묘
양력	11	12	13	14	15	16	17	18	19

12월

음력	1	2	3	4	5	6	7	8	9	10
일주	병진	정사	무오	기미	경신	신유	임술	계해	갑자	을축
양력	20	21	22	23	24	25	26	27	28	29

음력	11	12	13	14	15	16	17	18	19	20
일주	병인	정묘	무진	기사	경오	신미	임신	계유	갑술	을해
양력	30	31	2/1	2	3	4	5	6	7	8

음력	21	22	23	24	25	26	27	28	29	30
일주	병자	정축	무인	기묘	경진	신사	임오	계미	갑신	을유
양력	9	10	11	12	13	14	15	16	17	18

1996년생 (음력기준)

1월
음력	1	2	3	4	5	6	7	8	9	10
일주	병술	정해	무자	기축	경인	신묘	임진	계사	갑오	을미
양력	19	20	21	22	23	24	25	26	27	28
음력	11	12	13	14	15	16	17	18	19	20
일주	병신	정유	무술	기해	경자	신축	임인	계묘	갑진	을사
양력	29	3/1	2	3	4	5	6	7	8	9
음력	21	22	23	24	25	26	27	28	29	
일주	병오	정미	무신	기유	경술	신해	임자	계축	갑인	
양력	10	11	12	13	14	15	16	17	18	

2월
음력	1	2	3	4	5	6	7	8	9	10
일주	을묘	병진	정사	무오	기미	경신	신유	임술	계해	갑자
양력	19	20	21	22	23	24	25	26	27	28
음력	11	12	13	14	15	16	17	18	19	20
일주	을축	병인	정묘	무진	기사	경오	신미	임신	계유	갑술
양력	29	30	31	4/1	2	3	4	5	6	7
음력	21	22	23	24	25	26	27	28	29	30
일주	을해	병자	정축	무인	기묘	경진	신사	임오	계미	갑신
양력	8	9	10	11	12	13	14	15	16	17

3월
음력	1	2	3	4	5	6	7	8	9	10
일주	을유	병술	정해	무자	기축	경인	신묘	임진	계사	갑오
양력	18	19	20	21	22	23	24	25	26	27
음력	11	12	13	14	15	16	17	18	19	20
일주	을미	병신	정유	무술	기해	경자	신축	임인	계묘	갑진
양력	28	29	30	5/1	2	3	4	5	6	7
음력	21	22	23	24	25	26	27	28	29	
일주	을사	병오	정미	무신	기유	경술	신해	임자	계축	
양력	8	9	10	11	12	13	14	15	16	

4월
음력	1	2	3	4	5	6	7	8	9	10
일주	갑인	을묘	병진	정사	무오	기미	경신	신유	임술	계해
양력	17	18	19	20	21	22	23	24	25	26
음력	11	12	13	14	15	16	17	18	19	20
일주	갑자	을축	병인	정묘	무진	기사	경오	신미	임신	계유
양력	27	28	29	30	31	6/1	2	3	4	5
음력	21	22	23	24	25	26	27	28	29	30
일주	갑술	을해	병자	정축	무인	기묘	경진	신사	임오	계미
양력	6	7	8	9	10	11	12	13	14	15

5월
음력	1	2	3	4	5	6	7	8	9	10
일주	갑신	을유	병술	정해	무자	기축	경인	신묘	임진	계사
양력	16	17	18	19	20	21	22	23	24	25
음력	11	12	13	14	15	16	17	18	19	20
일주	갑오	을미	병신	정유	무술	기해	경자	신축	임인	계묘
양력	26	27	28	29	30	7/1	2	3	4	5
음력	21	22	23	24	25	26	27	28	29	30
일주	갑진	을사	병오	정미	무신	기유	경술	신해	임자	계축
양력	6	7	8	9	10	11	12	13	14	15

6월
음력	1	2	3	4	5	6	7	8	9	10
일주	갑인	을묘	병진	정사	무오	기미	경신	신유	임술	계해
양력	16	17	18	19	20	21	22	23	24	25
음력	11	12	13	14	15	16	17	18	19	20
일주	갑자	을축	병인	정묘	무진	기사	경오	신미	임신	계유
양력	26	27	28	29	30	31	8/1	2	3	4
음력	21	22	23	24	25	26	27	28	29	
일주	갑술	을해	병자	정축	무인	기묘	경진	신사	임오	
양력	5	6	7	8	9	10	11	12	13	

7월
음력	1	2	3	4	5	6	7	8	9	10
일주	계미	갑신	을유	병술	정해	무자	기축	경인	신묘	임진
양력	14	15	16	17	18	19	20	21	22	23
음력	11	12	13	14	15	16	17	18	19	20
일주	계사	갑오	을미	병신	정유	무술	기해	경자	신축	임인
양력	24	25	26	27	28	29	30	31	9/1	2
음력	21	22	23	24	25	26	27	28	29	30
일주	계묘	갑진	을사	병오	정미	무신	기유	경술	신해	임자
양력	3	4	5	6	7	8	9	10	11	12

8월
음력	1	2	3	4	5	6	7	8	9	10
일주	계축	갑인	을묘	병진	정사	무오	기미	경신	신유	임술
양력	13	14	15	16	17	18	19	20	21	22
음력	11	12	13	14	15	16	17	18	19	20
일주	계해	갑자	을축	병인	정묘	무진	기사	경오	신미	임신
양력	23	24	25	26	27	28	29	30	10/1	2
음력	21	22	23	24	25	26	27	28	29	
일주	계유	갑술	을해	병자	정축	무인	기묘	경진	신사	
양력	3	4	5	6	7	8	9	10	11	

9월
음력	1	2	3	4	5	6	7	8	9	10
일주	임오	계미	갑신	을유	병술	정해	무자	기축	경인	신묘
양력	12	13	14	15	16	17	18	19	20	21
음력	11	12	13	14	15	16	17	18	19	20
일주	임진	계사	갑오	을미	병신	정유	무술	기해	경자	신축
양력	22	23	24	25	26	27	28	29	30	31
음력	21	22	23	24	25	26	27	28	29	30
일주	임인	계묘	갑진	을사	병오	정미	무신	기유	경술	신해
양력	11/1	2	3	4	5	6	7	8	9	10

10월
음력	1	2	3	4	5	6	7	8	9	10
일주	임자	계축	갑인	을묘	병진	정사	무오	기미	경신	신유
양력	11	12	13	14	15	16	17	18	19	20
음력	11	12	13	14	15	16	17	18	19	20
일주	임술	계해	갑자	을축	병인	정묘	무진	기사	경오	신미
양력	21	22	23	24	25	26	27	28	29	30
음력	21	22	23	24	25	26	27	28	29	30
일주	임신	계유	갑술	을해	병자	정축	무인	기묘	경진	신사
양력	12/1	2	3	4	5	6	7	8	9	10

11월
음력	1	2	3	4	5	6	7	8	9	10
일주	임오	계미	갑신	을유	병술	정해	무자	기축	경인	신묘
양력	11	12	13	14	15	16	17	18	19	20
음력	11	12	13	14	15	16	17	18	19	20
일주	임진	계사	갑오	을미	병신	정유	무술	기해	경자	신축
양력	21	22	23	24	25	26	27	28	29	30
음력	21	22	23	24	25	26	27	28	29	
일주	임인	계묘	갑진	을사	병오	정미	무신	기유	경술	
양력	31	1/1	2	3	4	5	6	7	8	

12월
음력	1	2	3	4	5	6	7	8	9	10
일주	신해	임자	계축	갑인	을묘	병진	정사	무오	기미	경신
양력	9	10	11	12	13	14	15	16	17	18
음력	11	12	13	14	15	16	17	18	19	20
일주	신유	임술	계해	갑자	을축	병인	정묘	무진	기사	경오
양력	19	20	21	22	23	24	25	26	27	28
음력	21	22	23	24	25	26	27	28	29	30
일주	신미	임신	계유	갑술	을해	병자	정축	무인	기묘	경진
양력	29	30	31	2/1	2	3	4	5	6	7

1997년생 (음력기준)

1월
음력	1	2	3	4	5	6	7	8	9	10	11	12	13	14	15	16	17	18	19	20	21	22	23	24	25	26	27	28	29
일주	신사	임오	계미	갑신	을유	병술	정해	무자	기축	경인	신묘	임진	계사	갑오	을미	병신	정유	무술	기해	경자	신축	임인	계묘	갑진	을사	병오	정미	무신	기유
양력	8	9	10	11	12	13	14	15	16	17	18	19	20	21	22	23	24	25	26	27	28	3/1	2	3	4	5	6	7	8

2월
음력	1	2	3	4	5	6	7	8	9	10	11	12	13	14	15	16	17	18	19	20	21	22	23	24	25	26	27	28	29
일주	경술	신해	임자	계축	갑인	을묘	병진	정사	무오	기미	경신	신유	임술	계해	갑자	을축	병인	정묘	무진	기사	경오	신미	임신	계유	갑술	을해	병자	정축	무인
양력	9	10	11	12	13	14	15	16	17	18	19	20	21	22	23	24	25	26	27	28	29	30	31	4/1	2	3	4	5	6

3월
음력	1	2	3	4	5	6	7	8	9	10	11	12	13	14	15	16	17	18	19	20	21	22	23	24	25	26	27	28	29	30
일주	기묘	경진	신사	임오	계미	갑신	을유	병술	정해	무자	기축	경인	신묘	임진	계사	갑오	을미	병신	정유	무술	기해	경자	신축	임인	계묘	갑진	을사	병오	정미	무신
양력	7	8	9	10	11	12	13	14	15	16	17	18	19	20	21	22	23	24	25	26	27	28	29	30	5/1	2	3	4	5	6

4월
음력	1	2	3	4	5	6	7	8	9	10	11	12	13	14	15	16	17	18	19	20	21	22	23	24	25	26	27	28	29
일주	기유	경술	신해	임자	계축	갑인	을묘	병진	정사	무오	기미	경신	신유	임술	계해	갑자	을축	병인	정묘	무진	기사	경오	신미	임신	계유	갑술	을해	병자	정축
양력	7	8	9	10	11	12	13	14	15	16	17	18	19	20	21	22	23	24	25	26	27	28	29	30	31	6/1	2	3	4

5월
음력	1	2	3	4	5	6	7	8	9	10	11	12	13	14	15	16	17	18	19	20	21	22	23	24	25	26	27	28	29	30
일주	무인	기묘	경진	신사	임오	계미	갑신	을유	병술	정해	무자	기축	경인	신묘	임진	계사	갑오	을미	병신	정유	무술	기해	경자	신축	임인	계묘	갑진	을사	병오	정미
양력	5	6	7	8	9	10	11	12	13	14	15	16	17	18	19	20	21	22	23	24	25	26	27	28	29	30	7/1	2	3	4

6월
음력	1	2	3	4	5	6	7	8	9	10	11	12	13	14	15	16	17	18	19	20	21	22	23	24	25	26	27	28	29
일주	무신	기유	경술	신해	임자	계축	갑인	을묘	병진	정사	무오	기미	경신	신유	임술	계해	갑자	을축	병인	정묘	무진	기사	경오	신미	임신	계유	갑술	을해	병자
양력	5	6	7	8	9	10	11	12	13	14	15	16	17	18	19	20	21	22	23	24	25	26	27	28	29	30	31	8/1	2

7월
음력	1	2	3	4	5	6	7	8	9	10	11	12	13	14	15	16	17	18	19	20	21	22	23	24	25	26	27	28	29	30
일주	정축	무인	기묘	경진	신사	임오	계미	갑신	을유	병술	정해	무자	기축	경인	신묘	임진	계사	갑오	을미	병신	정유	무술	기해	경자	신축	임인	계묘	갑진	을사	병오
양력	3	4	5	6	7	8	9	10	11	12	13	14	15	16	17	18	19	20	21	22	23	24	25	26	27	28	29	30	31	9/1

8월
음력	1	2	3	4	5	6	7	8	9	10	11	12	13	14	15	16	17	18	19	20	21	22	23	24	25	26	27	28	29	30
일주	정미	무신	기유	경술	신해	임자	계축	갑인	을묘	병진	정사	무오	기미	경신	신유	임술	계해	갑자	을축	병인	정묘	무진	기사	경오	신미	임신	계유	갑술	을해	병자
양력	2	3	4	5	6	7	8	9	10	11	12	13	14	15	16	17	18	19	20	21	22	23	24	25	26	27	28	29	30	10/1

9월
음력	1	2	3	4	5	6	7	8	9	10	11	12	13	14	15	16	17	18	19	20	21	22	23	24	25	26	27	28	29
일주	정축	무인	기묘	경진	신사	임오	계미	갑신	을유	병술	정해	무자	기축	경인	신묘	임진	계사	갑오	을미	병신	정유	무술	기해	경자	신축	임인	계묘	갑진	을사
양력	2	3	4	5	6	7	8	9	10	11	12	13	14	15	16	17	18	19	20	21	22	23	24	25	26	27	28	29	30

10월
음력	1	2	3	4	5	6	7	8	9	10	11	12	13	14	15	16	17	18	19	20	21	22	23	24	25	26	27	28	29	30
일주	병오	정미	무신	기유	경술	신해	임자	계축	갑인	을묘	병진	정사	무오	기미	경신	신유	임술	계해	갑자	을축	병인	정묘	무진	기사	경오	신미	임신	계유	갑술	을해
양력	31	11/1	2	3	4	5	6	7	8	9	10	11	12	13	14	15	16	17	18	19	20	21	22	23	24	25	26	27	28	29

11월
음력	1	2	3	4	5	6	7	8	9	10	11	12	13	14	15	16	17	18	19	20	21	22	23	24	25	26	27	28	29	30
일주	병자	정축	무인	기묘	경진	신사	임오	계미	갑신	을유	병술	정해	무자	기축	경인	신묘	임진	계사	갑오	을미	병신	정유	무술	기해	경자	신축	임인	계묘	갑진	을사
양력	30	12/1	2	3	4	5	6	7	8	9	10	11	12	13	14	15	16	17	18	19	20	21	22	23	24	25	26	27	28	29

12월
음력	1	2	3	4	5	6	7	8	9	10	11	12	13	14	15	16	17	18	19	20	21	22	23	24	25	26	27	28	29
일주	병오	정미	무신	기유	경술	신해	임자	계축	갑인	을묘	병진	정사	무오	기미	경신	신유	임술	계해	갑자	을축	병인	정묘	무진	기사	경오	신미	임신	계유	갑술
양력	30	31	1/1	2	3	4	5	6	7	8	9	10	11	12	13	14	15	16	17	18	19	20	21	22	23	24	25	26	27

1998년생 (음력기준)

1월

음력	1	2	3	4	5	6	7	8	9	10
일주	을해	병자	정축	무인	기묘	경진	신사	임오	계미	갑신
양력	28	29	30	31	2/1	2	3	4	5	6
음력	11	12	13	14	15	16	17	18	19	20
일주	을유	병술	정해	무자	기축	경인	신묘	임진	계사	갑오
양력	7	8	9	10	11	12	13	14	15	16
음력	21	22	23	24	25	26	27	28	29	30
일주	을미	병신	정유	무술	기해	경자	신축	임인	계묘	갑진
양력	17	18	19	20	21	22	23	24	25	26

2월

음력	1	2	3	4	5	6	7	8	9	10
일주	을사	병오	정미	무신	기유	경술	신해	임자	계축	갑인
양력	27	28	3/1	2	3	4	5	6	7	8
음력	11	12	13	14	15	16	17	18	19	20
일주	을묘	병진	정사	무오	기미	경신	신유	임술	계해	갑자
양력	9	10	11	12	13	14	15	16	17	18
음력	21	22	23	24	25	26	27	28	29	
일주	을축	병인	정묘	무진	기사	경오	신미	임신	계유	
양력	19	20	21	22	23	24	25	26	27	

3월

음력	1	2	3	4	5	6	7	8	9	10
일주	갑술	을해	병자	정축	무인	기묘	경진	신사	임오	계미
양력	28	29	30	31	4/1	2	3	4	5	6
음력	11	12	13	14	15	16	17	18	19	20
일주	갑신	을유	병술	정해	무자	기축	경인	신묘	임진	계사
양력	7	8	9	10	11	12	13	14	15	16
음력	21	22	23	24	25	26	27	28	29	
일주	갑오	을미	병신	정유	무술	기해	경자	신축	임인	
양력	17	18	19	20	21	22	23	24	25	

4월

음력	1	2	3	4	5	6	7	8	9	10
일주	계묘	갑진	을사	병오	정미	무신	기유	경술	신해	임자
양력	26	27	28	29	30	5/1	2	3	4	5
음력	11	12	13	14	15	16	17	18	19	20
일주	계축	갑인	을묘	병진	정사	무오	기미	경신	신유	임술
양력	6	7	8	9	10	11	12	13	14	15
음력	21	22	23	24	25	26	27	28	29	30
일주	계해	갑자	을축	병인	정묘	무진	기사	경오	신미	임신
양력	16	17	18	19	20	21	22	23	24	25

5월

음력	1	2	3	4	5	6	7	8	9	10
일주	계유	갑술	을해	병자	정축	무인	기묘	경진	신사	임오
양력	26	27	28	29	30	31	6/1	2	3	4
음력	11	12	13	14	15	16	17	18	19	20
일주	계미	갑신	을유	병술	정해	무자	기축	경인	신묘	임진
양력	5	6	7	8	9	10	11	12	13	14
음력	21	22	23	24	25	26	27	28	29	
일주	계사	갑오	을미	병신	정유	무술	기해	경자	신축	
양력	15	16	17	18	19	20	21	22	23	

5월 윤달

음력	1	2	3	4	5	6	7	8	9	10
일주	임인	계묘	갑진	을사	병오	정미	무신	기유	경술	신해
양력	24	25	26	27	28	29	30	7/1	2	3
음력	11	12	13	14	15	16	17	18	19	20
일주	임자	계축	갑인	을묘	병진	정사	무오	기미	경신	신유
양력	4	5	6	7	8	9	10	11	12	13
음력	21	22	23	24	25	26	27	28	29	
일주	임술	계해	갑자	을축	병인	정묘	무진	기사	경오	
양력	14	15	16	17	18	19	20	21	22	

6월

음력	1	2	3	4	5	6	7	8	9	10
일주	신미	임신	계유	갑술	을해	병자	정축	무인	기묘	경진
양력	23	24	25	26	27	28	29	30	31	8/1
음력	11	12	13	14	15	16	17	18	19	20
일주	신사	임오	계미	갑신	을유	병술	정해	무자	기축	경인
양력	2	3	4	5	6	7	8	9	10	11
음력	21	22	23	24	25	26	27	28	29	30
일주	신묘	임진	계사	갑오	을미	병신	정유	무술	기해	경자
양력	12	13	14	15	16	17	18	19	20	21

7월

음력	1	2	3	4	5	6	7	8	9	10
일주	신축	임인	계묘	갑진	을사	병오	정미	무신	기유	경술
양력	22	23	24	25	26	27	28	29	30	31
음력	11	12	13	14	15	16	17	18	19	20
일주	신해	임자	계축	갑인	을묘	병진	정사	무오	기미	경신
양력	9/1	2	3	4	5	6	7	8	9	10
음력	21	22	23	24	25	26	27	28	29	30
일주	신유	임술	계해	갑자	을축	병인	정묘	무진	기사	경오
양력	11	12	13	14	15	16	17	18	19	20

8월

음력	1	2	3	4	5	6	7	8	9	10
일주	신미	임신	계유	갑술	을해	병자	정축	무인	기묘	경진
양력	21	22	23	24	25	26	27	28	29	30
음력	11	12	13	14	15	16	17	18	19	20
일주	신사	임오	계미	갑신	을유	병술	정해	무자	기축	경인
양력	10/1	2	3	4	5	6	7	8	9	10
음력	21	22	23	24	25	26	27	28	29	
일주	신묘	임진	계사	갑오	을미	병신	정유	무술	기해	
양력	11	12	13	14	15	16	17	18	19	

9월

음력	1	2	3	4	5	6	7	8	9	10
일주	경자	신축	임인	계묘	갑진	을사	병오	정미	무신	기유
양력	20	21	22	23	24	25	26	27	28	29
음력	11	12	13	14	15	16	17	18	19	20
일주	경술	신해	임자	계축	갑인	을묘	병진	정사	무오	기미
양력	30	31	11/1	2	3	4	5	6	7	8
음력	21	22	23	24	25	26	27	28	29	30
일주	경신	신유	임술	계해	갑자	을축	병인	정묘	무진	기사
양력	9	10	11	12	13	14	15	16	17	18

10월

음력	1	2	3	4	5	6	7	8	9	10
일주	경오	신미	임신	계유	갑술	을해	병자	정축	무인	기묘
양력	19	20	21	22	23	24	25	26	27	28
음력	11	12	13	14	15	16	17	18	19	20
일주	경진	신사	임오	계미	갑신	을유	병술	정해	무자	기축
양력	29	30	12/1	2	3	4	5	6	7	8
음력	21	22	23	24	25	26	27	28	29	30
일주	경인	신묘	임진	계사	갑오	을미	병신	정유	무술	기해
양력	9	10	11	12	13	14	15	16	17	18

11월

음력	1	2	3	4	5	6	7	8	9	10
일주	경자	신축	임인	계묘	갑진	을사	병오	정미	무신	기유
양력	19	20	21	22	23	24	25	26	27	28
음력	11	12	13	14	15	16	17	18	19	20
일주	경술	신해	임자	계축	갑인	을묘	병진	정사	무오	기미
양력	29	30	31	1/1	2	3	4	5	6	7
음력	21	22	23	24	25	26	27	28	29	30
일주	경신	신유	임술	계해	갑자	을축	병인	정묘	무진	기사
양력	8	9	10	11	12	13	14	15	16	17

12월

음력	1	2	3	4	5	6	7	8	9	10
일주	경오	신미	임신	계유	갑술	을해	병자	정축	무인	기묘
양력	18	19	20	21	22	23	24	25	26	27
음력	11	12	13	14	15	16	17	18	19	20
일주	경진	신사	임오	계미	갑신	을유	병술	정해	무자	기축
양력	28	29	30	31	2/1	2	3	4	5	6
음력	21	22	23	24	25	26	27	28	29	
일주	경인	신묘	임진	계사	갑오	을미	병신	정유	무술	
양력	7	8	9	10	11	12	13	14	15	

1999년생 (음력기준)

1월	음력	1	2	3	4	5	6	7	8	9	10	11	12	13	14	15	16	17	18	19	20	21	22	23	24	25	26	27	28	29	30
	일주	기해	경자	신축	임인	계묘	갑진	을사	병오	정미	무신	기유	경술	신해	임자	계축	갑인	을묘	병진	정사	무오	기미	경신	신유	임술	계해	갑자	을축	병인	정묘	무진
	양력	16	17	18	19	20	21	22	23	24	25	26	27	28	3/1	2	3	4	5	6	7	8	9	10	11	12	13	14	15	16	17
2월	음력	1	2	3	4	5	6	7	8	9	10	11	12	13	14	15	16	17	18	19	20	21	22	23	24	25	26	27	28	29	
	일주	기사	경오	신미	임신	계유	갑술	을해	병자	정축	무인	기묘	경진	신사	임오	계미	갑신	을유	병술	정해	무자	기축	경인	신묘	임진	계사	갑오	을미	병신	정유	
	양력	18	19	20	21	22	23	24	25	26	27	28	29	30	31	4/1	2	3	4	5	6	7	8	9	10	11	12	13	14	15	
3월	음력	1	2	3	4	5	6	7	8	9	10	11	12	13	14	15	16	17	18	19	20	21	22	23	24	25	26	27	28	29	
	일주	무술	기해	경자	신축	임인	계묘	갑진	을사	병오	정미	무신	기유	경술	신해	임자	계축	갑인	을묘	병진	정사	무오	기미	경신	신유	임술	계해	갑자	을축	병인	
	양력	16	17	18	19	20	21	22	23	24	25	26	27	28	29	30	5/1	2	3	4	5	6	7	8	9	10	11	12	13	14	
4월	음력	1	2	3	4	5	6	7	8	9	10	11	12	13	14	15	16	17	18	19	20	21	22	23	24	25	26	27	28	29	30
	일주	정묘	무진	기사	경오	신미	임신	계유	갑술	을해	병자	정축	무인	기묘	경진	신사	임오	계미	갑신	을유	병술	정해	무자	기축	경인	신묘	임진	계사	갑오	을미	병신
	양력	15	16	17	18	19	20	21	22	23	24	25	26	27	28	29	30	31	6/1	2	3	4	5	6	7	8	9	10	11	12	13
5월	음력	1	2	3	4	5	6	7	8	9	10	11	12	13	14	15	16	17	18	19	20	21	22	23	24	25	26	27	28	29	
	일주	정유	무술	기해	경자	신축	임인	계묘	갑진	을사	병오	정미	무신	기유	경술	신해	임자	계축	갑인	을묘	병진	정사	무오	기미	경신	신유	임술	계해	갑자	을축	
	양력	14	15	16	17	18	19	20	21	22	23	24	25	26	27	28	29	30	7/1	2	3	4	5	6	7	8	9	10	11	12	
6월	음력	1	2	3	4	5	6	7	8	9	10	11	12	13	14	15	16	17	18	19	20	21	22	23	24	25	26	27	28	29	
	일주	병인	정묘	무진	기사	경오	신미	임신	계유	갑술	을해	병자	정축	무인	기묘	경진	신사	임오	계미	갑신	을유	병술	정해	무자	기축	경인	신묘	임진	계사	갑오	
	양력	13	14	15	16	17	18	19	20	21	22	23	24	25	26	27	28	29	30	31	8/1	2	3	4	5	6	7	8	9	10	
7월	음력	1	2	3	4	5	6	7	8	9	10	11	12	13	14	15	16	17	18	19	20	21	22	23	24	25	26	27	28	29	30
	일주	을미	병신	정유	무술	기해	경자	신축	임인	계묘	갑진	을사	병오	정미	무신	기유	경술	신해	임자	계축	갑인	을묘	병진	정사	무오	기미	경신	신유	임술	계해	갑자
	양력	11	12	13	14	15	16	17	18	19	20	21	22	23	24	25	26	27	28	29	30	31	9/1	2	3	4	5	6	7	8	9
8월	음력	1	2	3	4	5	6	7	8	9	10	11	12	13	14	15	16	17	18	19	20	21	22	23	24	25	26	27	28	29	
	일주	을축	병인	정묘	무진	기사	경오	신미	임신	계유	갑술	을해	병자	정축	무인	기묘	경진	신사	임오	계미	갑신	을유	병술	정해	무자	기축	경인	신묘	임진	계사	
	양력	10	11	12	13	14	15	16	17	18	19	20	21	22	23	24	25	26	27	28	29	30	10/1	2	3	4	5	6	7	8	
9월	음력	1	2	3	4	5	6	7	8	9	10	11	12	13	14	15	16	17	18	19	20	21	22	23	24	25	26	27	28	29	30
	일주	갑오	을미	병신	정유	무술	기해	경자	신축	임인	계묘	갑진	을사	병오	정미	무신	기유	경술	신해	임자	계축	갑인	을묘	병진	정사	무오	기미	경신	신유	임술	계해
	양력	9	10	11	12	13	14	15	16	17	18	19	20	21	22	23	24	25	26	27	28	29	30	31	11/1	2	3	4	5	6	7
10월	음력	1	2	3	4	5	6	7	8	9	10	11	12	13	14	15	16	17	18	19	20	21	22	23	24	25	26	27	28	29	30
	일주	갑자	을축	병인	정묘	무진	기사	경오	신미	임신	계유	갑술	을해	병자	정축	무인	기묘	경진	신사	임오	계미	갑신	을유	병술	정해	무자	기축	경인	신묘	임진	계사
	양력	8	9	10	11	12	13	14	15	16	17	18	19	20	21	22	23	24	25	26	27	28	29	30	12/1	2	3	4	5	6	7
11월	음력	1	2	3	4	5	6	7	8	9	10	11	12	13	14	15	16	17	18	19	20	21	22	23	24	25	26	27	28	29	30
	일주	갑오	을미	병신	정유	무술	기해	경자	신축	임인	계묘	갑진	을사	병오	정미	무신	기유	경술	신해	임자	계축	갑인	을묘	병진	정사	무오	기미	경신	신유	임술	계해
	양력	8	9	10	11	12	13	14	15	16	17	18	19	20	21	22	23	24	25	26	27	28	29	30	31	1/1	2	3	4	5	6
12월	음력	1	2	3	4	5	6	7	8	9	10	11	12	13	14	15	16	17	18	19	20	21	22	23	24	25	26	27	28	29	
	일주	갑자	을축	병인	정묘	무진	기사	경오	신미	임신	계유	갑술	을해	병자	정축	무인	기묘	경진	신사	임오	계미	갑신	을유	병술	정해	무자	기축	경인	신묘	임진	
	양력	7	8	9	10	11	12	13	14	15	16	17	18	19	20	21	22	23	24	25	26	27	28	29	30	31	2/1	2	3	4	

2000년생 (음력기준)

1월

음력	1	2	3	4	5	6	7	8	9	10
일주	계사	갑오	을미	병신	정유	무술	기해	경자	신축	임인
양력	5	6	7	8	9	10	11	12	13	14

음력	11	12	13	14	15	16	17	18	19	20
일주	계묘	갑진	을사	병오	정미	무신	기유	경술	신해	임자
양력	15	16	17	18	19	20	21	22	23	24

음력	21	22	23	24	25	26	27	28	29	30
일주	계축	갑인	을묘	병진	정사	무오	기미	경신	신유	임술
양력	25	26	27	28	29	3/1	2	3	4	5

2월

음력	1	2	3	4	5	6	7	8	9	10
일주	계해	갑자	을축	병인	정묘	무진	기사	경오	신미	임신
양력	6	7	8	9	10	11	12	13	14	15

음력	11	12	13	14	15	16	17	18	19	20
일주	계유	갑술	을해	병자	정축	무인	기묘	경진	신사	임오
양력	16	17	18	19	20	21	22	23	24	25

음력	21	22	23	24	25	26	27	28	29	30
일주	계미	갑신	을유	병술	정해	무자	기축	경인	신묘	임진
양력	26	27	28	29	30	31	4/1	2	3	4

3월

음력	1	2	3	4	5	6	7	8	9	10
일주	계사	갑오	을미	병신	정유	무술	기해	경자	신축	임인
양력	5	6	7	8	9	10	11	12	13	14

음력	11	12	13	14	15	16	17	18	19	20
일주	계묘	갑진	을사	병오	정미	무신	기유	경술	신해	임자
양력	15	16	17	18	19	20	21	22	23	24

음력	21	22	23	24	25	26	27	28	29
일주	계축	갑인	을묘	병진	정사	무오	기미	경신	신유
양력	25	26	27	28	29	30	5/1	2	3

4월

음력	1	2	3	4	5	6	7	8	9	10
일주	임술	계해	갑자	을축	병인	정묘	무진	기사	경오	신미
양력	4	5	6	7	8	9	10	11	12	13

음력	11	12	13	14	15	16	17	18	19	20
일주	임신	계유	갑술	을해	병자	정축	무인	기묘	경진	신사
양력	14	15	16	17	18	19	20	21	22	23

음력	21	22	23	24	25	26	27	28	29
일주	임오	계미	갑신	을유	병술	정해	무자	기축	경인
양력	24	25	26	27	28	29	30	31	6/1

5월

음력	1	2	3	4	5	6	7	8	9	10
일주	신묘	임진	계사	갑오	을미	병신	정유	무술	기해	경자
양력	2	3	4	5	6	7	8	9	10	11

음력	11	12	13	14	15	16	17	18	19	20
일주	신축	임인	계묘	갑진	을사	병오	정미	무신	기유	경술
양력	12	13	14	15	16	17	18	19	20	21

음력	21	22	23	24	25	26	27	28	29	30
일주	신해	임자	계축	갑인	을묘	병진	정사	무오	기미	경신
양력	22	23	24	25	26	27	28	29	30	7/1

6월

음력	1	2	3	4	5	6	7	8	9	10
일주	신유	임술	계해	갑자	을축	병인	정묘	무진	기사	경오
양력	2	3	4	5	6	7	8	9	10	11

음력	11	12	13	14	15	16	17	18	19	20
일주	신미	임신	계유	갑술	을해	병자	정축	무인	기묘	경진
양력	12	13	14	15	16	17	18	19	20	21

음력	21	22	23	24	25	26	27	28	29
일주	신사	임오	계미	갑신	을유	병술	정해	무자	기축
양력	22	23	24	25	26	27	28	29	30

7월

음력	1	2	3	4	5	6	7	8	9	10
일주	경인	신묘	임진	계사	갑오	을미	병신	정유	무술	기해
양력	31	8/1	2	3	4	5	6	7	8	9

음력	11	12	13	14	15	16	17	18	19	20
일주	경자	신축	임인	계묘	갑진	을사	병오	정미	무신	기유
양력	10	11	12	13	14	15	16	17	18	19

음력	21	22	23	24	25	26	27	28	29
일주	경술	신해	임자	계축	갑인	을묘	병진	정사	무오
양력	20	21	22	23	24	25	26	27	28

8월

음력	1	2	3	4	5	6	7	8	9	10
일주	기미	경신	신유	임술	계해	갑자	을축	병인	정묘	무진
양력	29	30	31	9/1	2	3	4	5	6	7

음력	11	12	13	14	15	16	17	18	19	20
일주	기사	경오	신미	임신	계유	갑술	을해	병자	정축	무인
양력	8	9	10	11	12	13	14	15	16	17

음력	21	22	23	24	25	26	27	28	29	30
일주	기묘	경진	신사	임오	계미	갑신	을유	병술	정해	무자
양력	18	19	20	21	22	23	24	25	26	27

9월

음력	1	2	3	4	5	6	7	8	9	10
일주	기축	경인	신묘	임진	계사	갑오	을미	병신	정유	무술
양력	28	29	30	10/1	2	3	4	5	6	7

음력	11	12	13	14	15	16	17	18	19	20
일주	기해	경자	신축	임인	계묘	갑진	을사	병오	정미	무신
양력	8	9	10	11	12	13	14	15	16	17

음력	21	22	23	24	25	26	27	28	29
일주	기유	경술	신해	임자	계축	갑인	을묘	병진	정사
양력	18	19	20	21	22	23	24	25	26

10월

음력	1	2	3	4	5	6	7	8	9	10
일주	무오	기미	경신	신유	임술	계해	갑자	을축	병인	정묘
양력	27	28	29	30	31	11/1	2	3	4	5

음력	11	12	13	14	15	16	17	18	19	20
일주	무진	기사	경오	신미	임신	계유	갑술	을해	병자	정축
양력	6	7	8	9	10	11	12	13	14	15

음력	21	22	23	24	25	26	27	28	29	30
일주	무인	기묘	경진	신사	임오	계미	갑신	을유	병술	정해
양력	16	17	18	19	20	21	22	23	24	25

11월

음력	1	2	3	4	5	6	7	8	9	10
일주	무자	기축	경인	신묘	임진	계사	갑오	을미	병신	정유
양력	26	27	28	29	30	12/1	2	3	4	5

음력	11	12	13	14	15	16	17	18	19	20
일주	무술	기해	경자	신축	임인	계묘	갑진	을사	병오	정미
양력	6	7	8	9	10	11	12	13	14	15

음력	21	22	23	24	25	26	27	28	29	30
일주	무신	기유	경술	신해	임자	계축	갑인	을묘	병진	정사
양력	16	17	18	19	20	21	22	23	24	25

12월

음력	1	2	3	4	5	6	7	8	9	10
일주	무오	기미	경신	신유	임술	계해	갑자	을축	병인	정묘
양력	26	27	28	29	30	31	1/1	2	3	4

음력	11	12	13	14	15	16	17	18	19	20
일주	무진	기사	경오	신미	임신	계유	갑술	을해	병자	정축
양력	5	6	7	8	9	10	11	12	13	14

음력	21	22	23	24	25	26	27	28	29
일주	무인	기묘	경진	신사	임오	계미	갑신	을유	병술
양력	15	16	17	18	19	20	21	22	23

2001년생 (음력기준)

1월

음력	1	2	3	4	5	6	7	8	9	10	11	12	13	14	15	16	17	18	19	20	21	22	23	24	25	26	27	28	29	30
일주	정해	무자	기축	경인	신묘	임진	계사	갑오	을미	병신	정유	무술	기해	경자	신축	임인	계묘	갑진	을사	병오	정미	무신	기유	경술	신해	임자	계축	갑인	을묘	병진
양력	24	25	26	27	28	29	30	31	2/1	2	3	4	5	6	7	8	9	10	11	12	13	14	15	16	17	18	19	20	21	22

2월

음력	1	2	3	4	5	6	7	8	9	10	11	12	13	14	15	16	17	18	19	20	21	22	23	24	25	26	27	28	29	30
일주	정사	무오	기미	경신	신유	임술	계해	갑자	을축	병인	정묘	무진	기사	경오	신미	임신	계유	갑술	을해	병자	정축	무인	기묘	경진	신사	임오	계미	갑신	을유	병술
양력	23	24	25	26	27	28	3/1	2	3	4	5	6	7	8	9	10	11	12	13	14	15	16	17	18	19	20	21	22	23	24

3월

음력	1	2	3	4	5	6	7	8	9	10	11	12	13	14	15	16	17	18	19	20	21	22	23	24	25	26	27	28	29	30
일주	정해	무자	기축	경인	신묘	임진	계사	갑오	을미	병신	정유	무술	기해	경자	신축	임인	계묘	갑진	을사	병오	정미	무신	기유	경술	신해	임자	계축	갑인	을묘	병진
양력	25	26	27	28	29	30	31	4/1	2	3	4	5	6	7	8	9	10	11	12	13	14	15	16	17	18	19	20	21	22	23

4월

음력	1	2	3	4	5	6	7	8	9	10	11	12	13	14	15	16	17	18	19	20	21	22	23	24	25	26	27	28	29
일주	정사	무오	기미	경신	신유	임술	계해	갑자	을축	병인	정묘	무진	기사	경오	신미	임신	계유	갑술	을해	병자	정축	무인	기묘	경진	신사	임오	계미	갑신	을유
양력	24	25	26	27	28	29	30	5/1	2	3	4	5	6	7	8	9	10	11	12	13	14	15	16	17	18	19	20	21	22

4월 윤달

음력	1	2	3	4	5	6	7	8	9	10	11	12	13	14	15	16	17	18	19	20	21	22	23	24	25	26	27	28	29
일주	병술	정해	무자	기축	경인	신묘	임진	계사	갑오	을미	병신	정유	무술	기해	경자	신축	임인	계묘	갑진	을사	병오	정미	무신	기유	경술	신해	임자	계축	갑인
양력	23	24	25	26	27	28	29	30	31	6/1	2	3	4	5	6	7	8	9	10	11	12	13	14	15	16	17	18	19	20

5월

음력	1	2	3	4	5	6	7	8	9	10	11	12	13	14	15	16	17	18	19	20	21	22	23	24	25	26	27	28	29	30
일주	을묘	병진	정사	무오	기미	경신	신유	임술	계해	갑자	을축	병인	정묘	무진	기사	경오	신미	임신	계유	갑술	을해	병자	정축	무인	기묘	경진	신사	임오	계미	갑신
양력	21	22	23	24	25	26	27	28	29	30	7/1	2	3	4	5	6	7	8	9	10	11	12	13	14	15	16	17	18	19	20

6월

음력	1	2	3	4	5	6	7	8	9	10	11	12	13	14	15	16	17	18	19	20	21	22	23	24	25	26	27	28	29
일주	을유	병술	정해	무자	기축	경인	신묘	임진	계사	갑오	을미	병신	정유	무술	기해	경자	신축	임인	계묘	갑진	을사	병오	정미	무신	기유	경술	신해	임자	계축
양력	21	22	23	24	25	26	27	28	29	30	31	8/1	2	3	4	5	6	7	8	9	10	11	12	13	14	15	16	17	18

7월

음력	1	2	3	4	5	6	7	8	9	10	11	12	13	14	15	16	17	18	19	20	21	22	23	24	25	26	27	28	29
일주	갑인	을묘	병진	정사	무오	기미	경신	신유	임술	계해	갑자	을축	병인	정묘	무진	기사	경오	신미	임신	계유	갑술	을해	병자	정축	무인	기묘	경진	신사	임오
양력	19	20	21	22	23	24	25	26	27	28	29	30	31	9/1	2	3	4	5	6	7	8	9	10	11	12	13	14	15	16

8월

음력	1	2	3	4	5	6	7	8	9	10	11	12	13	14	15	16	17	18	19	20	21	22	23	24	25	26	27	28	29	30
일주	계미	갑신	을유	병술	정해	무자	기축	경인	신묘	임진	계사	갑오	을미	병신	정유	무술	기해	경자	신축	임인	계묘	갑진	을사	병오	정미	무신	기유	경술	신해	임자
양력	17	18	19	20	21	22	23	24	25	26	27	28	29	30	10/1	2	3	4	5	6	7	8	9	10	11	12	13	14	15	16

9월

음력	1	2	3	4	5	6	7	8	9	10	11	12	13	14	15	16	17	18	19	20	21	22	23	24	25	26	27	28	29
일주	계축	갑인	을묘	병진	정사	무오	기미	경신	신유	임술	계해	갑자	을축	병인	정묘	무진	기사	경오	신미	임신	계유	갑술	을해	병자	정축	무인	기묘	경진	신사
양력	17	18	19	20	21	22	23	24	25	26	27	28	29	30	31	11/1	2	3	4	5	6	7	8	9	10	11	12	13	14

10월

음력	1	2	3	4	5	6	7	8	9	10	11	12	13	14	15	16	17	18	19	20	21	22	23	24	25	26	27	28	29	30
일주	임오	계미	갑신	을유	병술	정해	무자	기축	경인	신묘	임진	계사	갑오	을미	병신	정유	무술	기해	경자	신축	임인	계묘	갑진	을사	병오	정미	무신	기유	경술	신해
양력	15	16	17	18	19	20	21	22	23	24	25	26	27	28	29	30	12/1	2	3	4	5	6	7	8	9	10	11	12	13	14

11월

음력	1	2	3	4	5	6	7	8	9	10	11	12	13	14	15	16	17	18	19	20	21	22	23	24	25	26	27	28	29
일주	임자	계축	갑인	을묘	병진	정사	무오	기미	경신	신유	임술	계해	갑자	을축	병인	정묘	무진	기사	경오	신미	임신	계유	갑술	을해	병자	정축	무인	기묘	경진
양력	15	16	17	18	19	20	21	22	23	24	25	26	27	28	29	30	31	1/1	2	3	4	5	6	7	8	9	10	11	12

12월

음력	1	2	3	4	5	6	7	8	9	10	11	12	13	14	15	16	17	18	19	20	21	22	23	24	25	26	27	28	29	30
일주	신사	임오	계미	갑신	을유	병술	정해	무자	기축	경인	신묘	임진	계사	갑오	을미	병신	정유	무술	기해	경자	신축	임인	계묘	갑진	을사	병오	정미	무신	기유	경술
양력	13	14	15	16	17	18	19	20	21	22	23	24	25	26	27	28	29	30	31	2/1	2	3	4	5	6	7	8	9	10	11

2002년생 (음력기준)

1월

음력	1	2	3	4	5	6	7	8	9	10	11	12	13	14	15	16	17	18	19	20	21	22	23	24	25	26	27	28	29	30
일주	신해	임자	계축	갑인	을묘	병진	정사	무오	기미	경신	신유	임술	계해	갑자	을축	병인	정묘	무진	기사	경오	신미	임신	계유	갑술	을해	병자	정축	무인	기묘	경진
양력	12	13	14	15	16	17	18	19	20	21	22	23	24	25	26	27	28	**3/1**	2	3	4	5	6	7	8	9	10	11	12	13

2월

음력	1	2	3	4	5	6	7	8	9	10	11	12	13	14	15	16	17	18	19	20	21	22	23	24	25	26	27	28	29	30
일주	신사	임오	계미	갑신	을유	병술	정해	무자	기축	경인	신묘	임진	계사	갑오	을미	병신	정유	무술	기해	경자	신축	임인	계묘	갑진	을사	병오	정미	무신	기유	경술
양력	14	15	16	17	18	19	20	21	22	23	24	25	26	27	28	29	30	31	**4/1**	2	3	4	5	6	7	8	9	10	11	12

3월

음력	1	2	3	4	5	6	7	8	9	10	11	12	13	14	15	16	17	18	19	20	21	22	23	24	25	26	27	28	29
일주	신해	임자	계축	갑인	을묘	병진	정사	무오	기미	경신	신유	임술	계해	갑자	을축	병인	정묘	무진	기사	경오	신미	임신	계유	갑술	을해	병자	정축	무인	기묘
양력	13	14	15	16	17	18	19	20	21	22	23	24	25	26	27	28	29	30	**5/1**	2	3	4	5	6	7	8	9	10	11

4월

음력	1	2	3	4	5	6	7	8	9	10	11	12	13	14	15	16	17	18	19	20	21	22	23	24	25	26	27	28	29	30
일주	경진	신사	임오	계미	갑신	을유	병술	정해	무자	기축	경인	신묘	임진	계사	갑오	을미	병신	정유	무술	기해	경자	신축	임인	계묘	갑진	을사	병오	정미	무신	기유
양력	12	13	14	15	16	17	18	19	20	21	22	23	24	25	26	27	28	29	30	31	**6/1**	2	3	4	5	6	7	8	9	10

5월

음력	1	2	3	4	5	6	7	8	9	10	11	12	13	14	15	16	17	18	19	20	21	22	23	24	25	26	27	28	29
일주	경술	신해	임자	계축	갑인	을묘	병진	정사	무오	기미	경신	신유	임술	계해	갑자	을축	병인	정묘	무진	기사	경오	신미	임신	계유	갑술	을해	병자	정축	무인
양력	11	12	13	14	15	16	17	18	19	20	21	22	23	24	25	26	27	28	29	30	**7/1**	2	3	4	5	6	7	8	9

6월

음력	1	2	3	4	5	6	7	8	9	10	11	12	13	14	15	16	17	18	19	20	21	22	23	24	25	26	27	28	29	30
일주	기묘	경진	신사	임오	계미	갑신	을유	병술	정해	무자	기축	경인	신묘	임진	계사	갑오	을미	병신	정유	무술	기해	경자	신축	임인	계묘	갑진	을사	병오	정미	무신
양력	10	11	12	13	14	15	16	17	18	19	20	21	22	23	24	25	26	27	28	29	30	31	**8/1**	2	3	4	5	6	7	8

7월

음력	1	2	3	4	5	6	7	8	9	10	11	12	13	14	15	16	17	18	19	20	21	22	23	24	25	26	27	28	29
일주	기유	경술	신해	임자	계축	갑인	을묘	병진	정사	무오	기미	경신	신유	임술	계해	갑자	을축	병인	정묘	무진	기사	경오	신미	임신	계유	갑술	을해	병자	정축
양력	9	10	11	12	13	14	15	16	17	18	19	20	21	22	23	24	25	26	27	28	29	30	31	**9/1**	2	3	4	5	6

8월

음력	1	2	3	4	5	6	7	8	9	10	11	12	13	14	15	16	17	18	19	20	21	22	23	24	25	26	27	28	29
일주	무인	기묘	경진	신사	임오	계미	갑신	을유	병술	정해	무자	기축	경인	신묘	임진	계사	갑오	을미	병신	정유	무술	기해	경자	신축	임인	계묘	갑진	을사	병오
양력	7	8	9	10	11	12	13	14	15	16	17	18	19	20	21	22	23	24	25	26	27	28	29	30	**10/1**	2	3	4	5

9월

음력	1	2	3	4	5	6	7	8	9	10	11	12	13	14	15	16	17	18	19	20	21	22	23	24	25	26	27	28	29	30
일주	정미	무신	기유	경술	신해	임자	계축	갑인	을묘	병진	정사	무오	기미	경신	신유	임술	계해	갑자	을축	병인	정묘	무진	기사	경오	신미	임신	계유	갑술	을해	병자
양력	6	7	8	9	10	11	12	13	14	15	16	17	18	19	20	21	22	23	24	25	26	27	28	29	30	31	**11/1**	2	3	4

10월

음력	1	2	3	4	5	6	7	8	9	10	11	12	13	14	15	16	17	18	19	20	21	22	23	24	25	26	27	28	29
일주	정축	무인	기묘	경진	신사	임오	계미	갑신	을유	병술	정해	무자	기축	경인	신묘	임진	계사	갑오	을미	병신	정유	무술	기해	경자	신축	임인	계묘	갑진	을사
양력	5	6	7	8	9	10	11	12	13	14	15	16	17	18	19	20	21	22	23	24	25	26	27	28	29	30	**12/1**	2	3

11월

음력	1	2	3	4	5	6	7	8	9	10	11	12	13	14	15	16	17	18	19	20	21	22	23	24	25	26	27	28	29	30
일주	병오	정미	무신	기유	경술	신해	임자	계축	갑인	을묘	병진	정사	무오	기미	경신	신유	임술	계해	갑자	을축	병인	정묘	무진	기사	경오	신미	임신	계유	갑술	을해
양력	4	5	6	7	8	9	10	11	12	13	14	15	16	17	18	19	20	21	22	23	24	25	26	27	28	29	30	31	**1/1**	2

12월

음력	1	2	3	4	5	6	7	8	9	10	11	12	13	14	15	16	17	18	19	20	21	22	23	24	25	26	27	28	29
일주	병자	정축	무인	기묘	경진	신사	임오	계미	갑신	을유	병술	정해	무자	기축	경인	신묘	임진	계사	갑오	을미	병신	정유	무술	기해	경자	신축	임인	계묘	갑진
양력	3	4	5	6	7	8	9	10	11	12	13	14	15	16	17	18	19	20	21	22	23	24	25	26	27	28	29	30	31